제4판

사회복지학개론

조흥식 · 권기창 · 이태수 · 박경수 · 이용표 · 엄규숙 · 박기훈

창지사

머리말

사회복지학은 우리 시대 최고의 인간학이자 사회과학이다. 따라서 인간과 사회의 본성을 다루는 그 어떤 학문도 사회복지학에 용해되어 왔고 앞으로도 끊임없이 새로운 형태로 용해되어 나갈 것이다. 이미 사회학, 경제학, 정치학, 행정학, 법학, 심리학, 교육학, 철학, 윤리학, 의학, 심지어 미학, 원예학까지도 사회복지 정책과 실천기술의 학문적 기반을 구축하는 데 원용된 지 오래다. 그렇기에 사회복지학은 종합 학문이자 오늘날 인류가 개척한 학문적 성과의 최대 집적물이라 할 수 있다.

그만큼 사회복지학의 깊이는 심대하고 넓이는 광활하다. 이런 특성이 종종 사회복지학에 접근하는 데 어려움을 낳고 있는 것이 사실이다. 학문으로써의 기초 개념들과 범주, 기본적인 이론체계와 실천 영역 등에 대한 정의와 구성 틀이 통일적이거나 일관적이지 않다고 생각할 수도 있을 만큼 다양한 접근과 견해가 존재하기 때문이다. 또한 사회복지학은 인간과 사회의 문제가 시대와 환경에 따라 끊임없이 그리고 동태적으로 변하기 때문에 학문으로써 해결해야 할 과제와 관심 영역이 변하고 이는 당연히 새로운 접근과 견해를 탄생시키게 마련이다.

사회복지학이 지니고 있는 총체성과 심대성, 광활성, 그리고 가변성이라는 특성이 사회복지에 대한 순수한 열정 하나만을 갖고 학문의 세계에서 사회복지를 만나는 사람들을 때론 당혹하게 하기도 하고 때론 어려움을 호소하게도 만든다. 그러나 이러한 사회복지학문의 특성들이 결코 사회복지학의 단점이나 한계로 작용하는 것은 아니요, 더군다나 사회복지학문에 대한 체계적 이해를 시도하는 이들에게 장애가 되는 것은 아니다. 왜냐하면, 이러한 특성이야말로 사회복지학을 진정 사회복지학으로 만드는 요소이자, 궁극적으로는 복잡한 인간과 사회의 문제를 입체적으로 이해하게 만드는 수단이기 때문이다.

무릇 사회복지학은 실천학문이요 응용학문으로서, 이론을 위한 이론, 논리를 위한 논리를 배격해야 한다. 현재 우리가 몸담고 있는 이 시대와 사회에 점철되고 있는 현실의 문제들이 무엇인지를 의식하고 그 문제의 해결을 위한 현실의 해법을 추구하는 것이 사회복지학의 사명이요 존재 이유다. 지금 이 시각에도 구조적 실업의 고통에 찌든 청 · 장년층, 육아의 짐을 진 채 생업의 현장을 전전하는 여성 가장, 한때는 산업화 시대의 역군이었으나 이제는 병든 자기 몸 하나 간수하기 어려운 노인들, 아직도 모든 인간의 가장 기본적인 이동권조차 담보 받지 못하고 있는 수많은 장애인들, 아무런 죄 없이 단지 부모를 잘못 만났다는 사실 때문에 빈곤의 성장기를 보내야 하는 우리 이웃의 아동들, 인간은 없고 오직 성적만이 존재하는 '죽은' 교실의 '살아 있는' 우리의 소중한 청소년들, 한국 사회의 배타성과 야만성에 그대로 노출되어 있는 이주노동자 및 결혼이주여성들…… 이들의 고통과 소외의 문제들이 우리 안에 존재하기에 이를 해결하기 위해서라면 사회복지학은 더욱 더 많은 학문들의 성과물을 수용해야 하고, 그 깊이와 넓이를 더함은 물론 새로운 관점과 이해의 틀을 모색하는 데 게을리할 수 없음을 끝내 부정할 수 없다.

이 책은 이러한 문제의식에서 출발하였다. 현재 이미 수많은 사회복지학 개론서들이 있음에도 굳이 이 책을 만들고자 욕심을 냈던 이유도 바로 이러한 문제의식 때문이었음을 고백한다. 그렇다고 이 책이 이러한 문제의식을 완전히 해결하였다거나 이미 세상에 나와 있는 훌륭한 책들보다 훨씬 나은 개론서라는 것은 결코 아니라는 것을 명백히 밝혀 둔다. 다만 이런 문제의식을 좀 더 많은 이들과 나누고 싶을 뿐이며, 특히 사회복지학의 입문의 길에 서 있는 이들에게 이런 문제의식이 전달되어 앞으로 우리 사회의 문제를 해결해 나가는 길에 조금이라도 도움이 되었으면 하는 바람을 갖고 있을 뿐이다.

이 책이 2008년도에 세상에 처음 나온 이래, 시대의 흐름에 따라 사회복지의 패러다임, 정책과 법제, 실천 현장 등 제 영역에서 적지 않은 변화가 지속되어 왔다. 이에 저자들은 새로운 변화를 반영하여 출판 5년 뒤인 2013년에 처음 개정을 하였고, 6년 만인 2019년에 이어, 또다시 5년에 지난 시점에서 재차 개정하게 되었다.

이 책의 출판에 함께한 저자들은 앞으로도 이 책을 더욱 진화시켜 나갈 것을 약속드리며 또한 많은 이들의 질정을 바란다. 끝으로 이 책의 출판을 기꺼이 허락해 주신 창지사의 김기섭 사장님과 관계자 여러분께 감사드린다.

2024년 1월

저자 일동

차례

PART
01

사회복지의 기초

Introduction to Social Welfare

어떤 사회에서나 어려운 사람들은 존재하기 마련이다. 따라서 사회적 약자를 보호하거나 언제 닥칠지 모르는 위험에 대비하려는 협동을 통하여 예방하고 해결하려는 상부상조는 사회와 문화에 따라 다양한 형태로 나타났다. 사회복지가 제도적으로 확립된 것은 현대 사회의 일이라고 하더라도 실제로 약자를 보호하거나 상부상조하는 사회적 실천은 인류역사 이래 존재해 왔던 전통이라고 할 수 있다.

제1부 사회복지의 기초에서는 사회복지에 대한 기초적 이해를 도모하기 위하여 사회복지의 등장배경으로서 사회위험, 사회문제, 욕구 등에 관하여 살펴본다. 그리고 역사와 이념에 따라 다양하게 나타나고 있는 사회복지의 개념에 관하여 고찰하며 실제적으로 사회복지가 작동하기 위한 구성요소들을 알아보는 것을 그 목표로 하였다.

이를 위해 '제1장 현대사회와 인간 그리고 사회복지'에서는 인간에 대한 이해를 기초로 하여 생존과 인간다운 삶의 질을 위협하는 여러 문제들의 해결을 위한 단서로서 사회위험, 사회문제, 욕구의 의미를 파악하고자 하였다. 그리고 이와 같은 논의를 토대로 사회복지가 갖는 중요한 의의와 역할을 설명하였다.

'제2장 사회복지의 개념'에서는 사회복지 개념의 다양한 측면들을 살펴보고 넓은 의미의 사회복지와 좁은 의미의 사회복지를 알아보았다. 그리고 사회복지라는 용어의 구체적인 이해를 위해서 관련 용어와의 비교 검토를 통해 사회복지, 사회서비스, 사회보장, 사회복지서비스, 사회사업 그리고 자선사업과의 관계를 정리해 보았다. 또한 '무엇이 사회복지인가?'라는 질문에 답하기 위하여 학자들에 의해 제시된 사회복지 개념의 기준에 관하여 검토하였으며, 사회복지 개념의 다원성 혹은 다양성의 근저에 내재해 있는 이념적, 철학적 차이를 이해하기 위하여 사회복지의 관점에 관한 주요 쟁점을 소개하고 사회복지학의 접근방법과 정체성 문제를 간략하게 검토하였다.

제3장 사회복지의 구성요소에서는 사회복지의 주체, 대상, 급여형태, 전달체계 및 재원 등에 관한 이론적 관점, 변화 경향 그리고 그것이 가지는 사회복지정책상의 함의를 설명하였다.
이와 같은 사회복지의 기초에 관한 기본적 이해는 다양한 사회복지에 관한 학습의 중요한 토대가 될 것이다.

01 현대 사회와 인간, 그리고 사회복지

1. 인간의 이해

인간의 행복을 추구하는 사회복지를 알기 위해서는 우선 "인간이란 무엇인가?"라는 질문에서 출발해야 한다. 이 질문은 인간 존재와 함께 오래전부터 끊임없이 연구해 온 주제이다. 그러나 이 질문에 대해 하나로 통일된 정확한 답을 내리기는 힘들다. 왜냐하면 인간을 보는 시각이 각각 다르며, 인간이 겪는 일과 그에 대한 이해도 천차만별이기 때문이다. 그럼에도 불구하고 인간이 겪고 있는 여러 사회문제들을 해결하고, 개개인이 보다 행복하게 살 수 있는 사회를 만드는 것이 사회복지이므로 이러한 사회복지를 이해하려면 우선 인간 존재와 본질에 대한 이해가 필요함은 당연하다.

1) 인간 이해에 대한 다양한 시각

인간의 존재와 본질을 밝히기 위한 작업은 고대로부터 다양한 분야에서 행해져 왔다. 철학, 종교, 고고학, 심리학, 사회학 등의 다양한 분야에서 인간이란 무엇인가에 대해 제각각 의견들을 제시해 온 것이다.

일찍이 철학자인 소크라테스는 인간을 '이성을 가진 동물', 아리스토텔레스는 '사회생활을 하는 동물' 등으로 표현하였으며, 플라톤은 인간을 이원론적으로 보는 견해를 가졌는데, 그는 인간의 영혼이나 정신은 육체와는 별개로 존재하는 비물질적인 실체로 간주하였다. 실존주의 철학자 사르트르는 인간의 본질에 대한 진술을 거부했는데, 그는 인간의 존재란 그 본질에 선행한다고 보았기 때문이다. 즉, 우리 인간은 어떤 목적에 따라 만들어지지 않았고 또 신이 창조한 것도 아니며, 진화에 따라 생겨난 것도 아니고 그 무엇에 의해서도 창조된 것이 아니라는 것이다. 단지 우리는 우리가 존재하고 있음을 발견하게 될 뿐이며, 그다음 우리 자신 스스로 어떤 존재가 될 것인가 결정해야 하는 것으로 생각했다임철규 역, 1981 : 124.

종교에서 기독교는 인간을 단순한 윤리적, 철학적 존재가 아닌 하나님과 예수 그리스도의 영과 인격을 가진 피조물이 될 수 있음을 중시한다. 반면에 유교는 형이상학적인 이론체계에서보다도 일상의 실천윤리 안에서 인간을 찾아낸다. 그리고 불교에서는 인간을 '깨닫는 사람'으로 이해한다.

고고학에서는 인간이란 원인猿人, 곧선直立사람, 슬기 사람호모 사피엔스, 슬기 슬기 사람호모 사피엔스 사피엔스으로 진화하면서 문화를 이루어 온, 진화하는 인간으로 본다손보기, 1980 : 8–22. 즉, 사람을 신성불가침의 존엄한 존재라고 하는 관념론에서 벗어나, '진화된 동물' 또는 '구조와 기능을 가진 창조하는 기계'로 파악한다.

심리학, 특히 정신분석학에서는 인간을 무의식의 명령을 받은 사람으로 표현한다. Skinner는 과학적인 사람으로서 오직 과학만이 본질에 관한 진리를 우리에게 말해 줄 수 있다고 믿으며, 인간의 행동을 정신적 실체라는 관점에서 설명하려는 어떠한 시도도 거부하면서, 인간의 행동은 어떤 종류의 과학법칙에 의해서 지배된다고 보았다. 이런 법칙들이 환경적 요소들과 인간행동 사이에 인과적 관계를 밝혀 준다는 것이다임철규 역, 1981 : 145–148.

사회학에서는 대체로 인간의 본성은 본질적으로 사회적이라는 관점을 취한다. 특히 마르크스는 사회적 존재가 인간의 의식을 결정한다고 보았다. 사회는 개인에게 영향을 주는 하나의 추상적인 실체가 아니라, 사회 안에 있는 개인이 어떤 종류의 인간이며, 어떤 종류의 일을 행하고 있는가 하는 점을 사회학은 중요시한다. 사회학은 각 개인이 살고 있는 사회가 어떤 성격의 사회인가에 의해서 개인의 성격이 결정된다고 본다. 즉, 인간의 의식이 그들의 존재를 결정하는 것이 아니라 그 반대로 사회적 존재가 그들의 의식을 결정한다고 보는 것이다임철규 역, 1981 : 82–83.

2) 사회복지가 보는 인간의 이해

사회복지는 개인의 행복한 삶, 삶의 질을 높이기 위하여 무엇을 변화시킬 것인가 하는 질문을 제기하면서, 인간이 갖고 있는 많은 문제의 원인은 무엇이며, 이러한 문제에 대해 어떻게 해결책을 모색할 것인가 등에 관해 관심을 가져왔다. 따라서 사회복지는 인간의 존재와 본질에 대해 어느 한 입장만을 취하기보다는 다양한 이론을 응용하여 각 개인이 겪고 있는 문제 해결에 대처하고 있다. 이런 점에서 사회복지는 인간이 경험하는 각종 문제의 원인을 개인 또는 환경 중 어느 한쪽의 결함으로 보기보다는 양자의 요소가 서로 어우러져서 나타난 결과로 보는 것이다. 왜냐하면 현실 사회에서 인간이 겪는 문제의 양상은 매우 복잡하여 어느 한 이론만으로 적용될 수 없는 성격을 가지고 있기 때문이다.

따라서 사회복지는 인간을 '환경 속의 인간Person in Environment ; PIE'으로 이해하여 개인-환경 간 상호 증진의 책임을 개인과 환경 모두에게 둔다. 즉, 개인의 역할 기능 수행과 아울러 개인 주변으로부터의 지지 환경상황 모두를 고려하면서 개인과 환경 모두에 초점을 두어 인간을 파악하려고 하는 것이다.

2. 현대사회와 사회문제

인간은 남성의 정자와 여성의 난자에 의해 수정되는 순간부터 죽음에 이르는 전 생애에 걸쳐 삶을 영위하는 데 역동적 변화를 경험하게 된다. 이렇게 역동적으로 변화하는 존재인 인간은 때로는 환경적 조건에 의해 단순히 영향을 받거나 환경적 조건에 자신을 적응해 나가는 수동적 위치에 서기도 하지만, 오히려 환경을 자신에게 맞도록 변화시키거나 수정하기도 하는 능동적 주체로서 삶을 이끌어가기도 한다.

궁극적으로 인간은 이렇게 환경과의 끊임없는 상호작용을 통해 행복한 삶을 영위하는 데 삶의 중요한 목적을 둔다. 그러나 행복한 삶은 그렇게 쉽게 이루어지는 것이 아니다. 인간은 전 생애에 걸쳐 생존과 인간다운 삶의 질을 위협하는 여러 가지 위험을 경험하게 된다. 특히 환경과의 상호작용을 잘 이루어내지 못함으로써 욕구를 충족하지 못하거나, 문제 상황에 직면하여 해결할 수 있는 방법과 자원들을 동원하지 못하게 될 때 행복한 삶을 영위할 수 없게 되는 것이다.

여기서는 이러한 행복한 삶을 영위할 수 없게 하는 현대사회에서의 여러 가지 사회적인 위험과 문제들에 대해 살펴보기로 한다.

1) 사회위험

인간은 태어난 이후부터 죽을 때까지 생존과 인간다운 삶을 위협하는 여러 가지 위험들을 경험하게 된다. 이런 위험은 사회구성원 대부분에게 보편적으로 발생할 가능성이 높다. 즉, 위험의 발생과 그 결과에 대한 책임을 위험에 놓여 있는 개인에게만 돌릴 수 없는 경우가 많다. 이러한 위험을 사회위험social risks이라 한다. 사회위험은 사회가 공동체 차원에서 공동으로 대처하기로 명시적 혹은 묵시적으로 승인한 위험을 말한다고 할 수 있다. 따라서 한 사회가 어떤 위험을 사회적 위험으로 간주하느냐 여부는 그러한 위험 발생의 원인에 대한 사회적 인식에 달려 있기 때문에 각 사회마다 승인된 사회위험의 목록은 다를 수 있다.

그러나 국제노동기구ILO는 1952년에 “사회보장의 최저기준에 관한 조약”에서 현대 산업사회에서 국가가 보장해야 할 아홉 가지 사회위험들을 열거하고, 국가가 이러한 위험들로부터 시민들을 지키기 위하여 아홉 가지의 사회보장 급여를 제공할 것을 권고하였다. 또한 이러한 사회보장 급여는 외국인에게도 평등하게 제공되어야 한다는 것을 명시함으로써 사회보장에 대한 권리가 시민의 권리를 넘어서서 전 세계적인 인간의 보편적 권리로 보장되어야 할 것을 선언하고 있다.

ILO 조약에서 열거된 사회위험들의 목록은 ① 의료, ② 질병휴양, ③ 실업, ④ 노령, ⑤ 산업재해, ⑥ 자녀양육, ⑦ 직업능력의 상실, ⑧ 임신과 분만, ⑨ 부양자가장의 사망 등이다. 이러한 사회위험들은 개인의 노동 능력을 감소시키거나, 상실하게 하고, 뿐만 아니라 소득 자체를 상실하게 하거나 감소시켜서 인간생활을 위협한다. 이러한 ILO 조약에서 열거한 사회위험 목록에 대응하는 사회보장 급여를 보면 순서대로 의료보호medical care, 상병급여sickness benefit, 실업급여unemployment benefit, 노령급여old age benefit, 산재급여employment injury benefit, 가족급여family benefit, 폐질급여invalidity benefit, 모성급여maternity benefit, 유족급여survivors benefit 등이다.

2) 사회문제

일반적으로 문제란 '사람에게 그에 대한 해결욕구를 유발시키는 불만족스런 상태 또는 조건'Anderson, 1979 : 52–53 ; 안해균, 1990 : 134이라고 규정된다. 문제는 인간의 욕구 충족을 가로막는, 때로는 욕구의 불충족 그 자체인 것으로 해석된다. 그러므로 사회복지에서 문제는 일단 욕구와 연관된 것으로서 존재하며, 사회복지의 중요한 관심거리이다.

문제는 일반적으로 개인문제와 사회문제 등 크게 두 가지로 분류된다. Mills는 문제를 개인문제와 공공문제로 구분하였다. 개인문제는 사람의 성격 및 타인과의 당면한 관계의 범위 내에 있는 문제를 말한다. 반면에 공공문제는 첫째, 크기 및 범위 차원에서 사회의 상당수의 사람이 특별한 결과를 공유하고 있어야 하며, 둘째, 고유성 차원에서 연령, 성별, 민족집단과 같은 집단에서 공통적으로 발견되어야 하며, 셋째, 영속성의 차원에서 문제의 결과가 수년간 지속적으로 나타난 상태이어야 하며, 넷째, 결과가 특정한 사람 등에 의하여 경험되는 동안 반드시 그들에 의해서만 야기되는 것이 아니라 정치, 경제, 교육, 보건과 같은 주요한 제도가 그러한 결과를 경험하는 자들과 어떻게 관련되는가에서 비롯된 것이어야 한다는 등 일련의 뚜렷한 특징이 있는 문제를 말한다고 하였다Meenaghan & Washington, 1983 : 52–53. 그가 말하는 공공문제야말로 진정한 의미의 사회문제라는 것이다.

일반적으로 사회문제가 개인문제와 다른 점은 사회문제가 지니고 있는 사회성과 보편성에서 분명히 구분된다. 여기서 사회성이란 개인의 욕구 충족이 어려운 사건과 상태가 특정 문제에 직면한 개인의 책임보다는 상대적으로 사회적 제도나 구조상의 결함과 실패로 인하여 야기되는 경우를 말한다. 즉, 문제발생의 사회적 맥락을 의미한다. 한편 보편성이란 사회문제가 지닌 부정적인 영향력이 특정 개인에게만 한정된 것이 아니라 사회구성원 전체에 보편적으로 미칠 수 있는 영향력이 높다는 의미를 갖는다. 이러한 두 가지 점은 개인문제와 엄격하게 구별하기 위한 지침으로 제시된 것이지만, 사회문제의 발생에는 그 전제로서 개인문제의 발생이 선행되며, 개인문제는 욕구의 불충족으로 야기된다현외성 외, 1993 : 26–27.

3. 욕구의 이해

인간은 사회위험과 사회문제들과 접하게 될 때 가장 근본적인 인간이 갖는 욕구와 관련하여 충족해 가고자 노력하게 된다. 따라서 문제 해결을 위한 단서로서 욕구의 의미를 파악하는 것은 대단히 중요하다.

1) 욕구의 의미

인간이 스스로 자신의 욕구를 충족시킬 수 없을 때 외부로부터 도움을 받지 않을 수 없다. 이러한 외부의 도움을 사회적으로 체계화, 제도화한 것이 사회복지이므로 이러한 사회복지를 이해하기 위해서는 먼저 욕구에 대한 이해가 있어야 한다 남세진 · 조흥식, 1995 : 33.

욕구는 대부분 어떠한 목적을 위해 좋은 것, 필요한 것, 필수적인 것을 의미한다. 즉, 목적을 위해 필요하거나 필수적인 것이 결여되거나 결핍된 것을 지칭한다. 따라서 욕구의 목적이 갖는 중요성은 여러 연구에서 언급되는데, Plant 등1980 : 25-33은 욕구의 목적을 생존survival과 자율autonomy이라고 보며, Miller1979 : 130-132는 삶의 계획을 욕구의 목적으로 보고 있다. 또한 Weale1983 : 28-38은 사회적 최소social minimum에 대한 사회적 행위자의 의무를 욕구의 목적으로 본다.

이렇게 볼 때 욕구는 인간의 생존, 자율, 생활의 계획, 사회적 행위자의 의무를 다하기 위해 필요하여 구하는 것으로 볼 수 있으며, 또한 이러한 욕구는 충족되어야 할, 즉 해결되어야 할 문제로 보고, 많은 경우 욕구는 문제와 같은 의미로 사용되는 성격을 갖는다.

한편, 욕구 개념의 구성요소에 대하여 여러 학자들은 어느 정도 공통적인 것을 지적하고 있다. 특히 Weale1983 : 32-33은 욕구가 인간에게 사용되는 경우에는 4요소, 즉 인간이 갖고 있는 목적, 목적을 갖는 인간, 목적에 수단이 되는 조건, 목적이 생기는 상황이 항상 함축되어 있다고 본다. 예를 들어 'A는 C를 위하여 B를 욕구한다. 단, D가 없는 상황 때문에 B를 욕구한다'는 문장에서 B를 펜이라 하고 D를 타자기라고 한다면, 처음부터 펜을 욕구한 것이 아니라 타자기가 없다는 상황 때문에 어쩔 수 없이 펜을 욕구하지 않을 수 없다는 것이다.

따라서 욕구개념에는 다양한 상황적 요소가 영향을 미치고 있음을 충분히 고려하지 않으면 안 될 것이다.

2) 욕구의 분류

다양하고 무한한 인간의 욕구를 분류하기란 그리 쉬운 일이 아니다. Maslow의 욕구단계이론에 의한 분류 등 다양한 분류가 있지만, 여기서는 사회복지에서 중요하게 고려되는 인간욕구human needs, 기본욕구basic needs, 사회욕구social needs로 나누어 살펴보고자 한다.

(1) 인간욕구

이상적이고 보편적인 인간형을 전제로 하여 인간이 어떠한 목적을 위하여 필요하거나 필수적인 것이 결핍될 때 갖게 되는 공통적인 모든 욕구를 인간욕구라 하는데 그 유형은 다양하다Bradshaw, 1972.

Maslow는 인간의 욕구를 단계별로 다섯 가지를 분류하고 있다. 즉, ① 생리적 욕구physiological need, ② 안전의 욕구safety need, ③ 사랑의 욕구love need, ④ 존경의 욕구self-esteem need, ⑤ 자아실현의 욕구self-actualization need 등이 그것이다Hjelle & Ziegler, 1981 : 368- 374.

우선, 생리적 욕구는 인간의 욕구 중에서 가장 기본적이고 강한 생물학적 생존의 욕구이다. 예컨대, 배고픔, 갈증, 수면, 성욕, 피로 등 감각적 자극에 대한 욕구를 말하는데, 이러한 생리적 충동들은 유기체의 생물학적 유지와 직접적으로 관련되어 있는 기본적 욕구이다.

둘째, 안전의 욕구는 일단 생리적 욕구가 만족되면 개인은 새로운 안전욕구에 관심을 갖게 되는데, 이러한 동기는 개인의 환경 내에서 안전성, 안락함, 평정, 평온 등으로 적절히 보장받고자 하는 욕구이다.

셋째, 사랑의 욕구는 주로 생리적 및 안전의 욕구가 충족되었을 때 건전한 사랑의 관계로 나타나는데, 개인은 한 집단 내에서 타인과의 애정적인 관계, 준거집단, 사회적 관계 등을 갈망하는 욕구를 말한다.

넷째, 존경의 욕구는 사회적으로 사랑을 받고 남을 사랑하려는 욕구, 즉 자기존중과 타인으로부터의 존경을 받고자 하는 것이다. 이러한 욕구는 개인의 능력, 신뢰감, 자신감, 자기개발, 긍정적인 자아관 등을 통해 나타나게 된다.

마지막으로, 이상의 모든 욕구가 충족됨으로써 자아실현에 대한 욕구가 발생하는데, 자아실현은 자신이 성취할 수 있는 모든 것을 이루려는 욕구를 말한다. 예컨대, 자아를 실현한다는 것은 자신의 재능, 능력, 잠재력을 충분히 발휘하여 자기가 원하는 유형의 사람이 된다는 것이다.

Miller1979 : 130–133는 인간욕구를 ① 도구적instrumental 욕구, ② 기능적functional 욕구, ③ 본질적intrinsic 욕구로 구분했다. 도구적 욕구란 특정의 목적을 달성하는 데 발생되는 수단적 욕구이며, 기능적 욕구는 특정의 기능을 수행하는 데 요구되는 성격의 욕구이고, 본질적 욕구는 인간의 정상적인 생활을 유지하기 위하여 필요한 의 · 식 · 주 · 의료 등의 욕구라고 설명한다.

Veit–Wilson1987 : 185은 인간욕구를 생리적physiological 욕구와 심리적psychological 욕구로 구분하였다. 전자의 조건으로는 인간의 육체 및 생리에 영향을 주는 좋은 영양과 환경을 들고 있으며, 후자의 조건으로는 정신건강과 건전한 사회행동의 바탕이 되는 정체감과, 집합적 사회통합의 바탕이 되는 공동체 의식을 들고 있다.

이렇게 인간욕구는 다양하지만 사회복지를 논할 때의 욕구는 인간이 원하는 어떤 것이나, 혹은 모든 것을 뜻하는 것이 아니기 때문에 기본욕구라는 개념이 등장하게 되는 것이다.

(2) 기본욕구

기본욕구는 인간의 욕구들 중에서도 누구에게나 공통적이면서 필수적인 것들의 최저 수준에만 적용되는 욕구를 의미한다. 특히 기본욕구라는 개념을 사용하여 욕구의 개념을 사회복지로 한정시킬 때 기본욕구는 첫째, 그것이 모든 인간에게 공통적이라는 점과 둘째, 인간성의 유지에 필수적이라는 점, 셋째, 해결을 목적으로 하는 사회서비스의 양과 질에서 일정한 수준이 정해진다는 세 가지 특성을 갖춘다 김상균, 1987 : 17–18.

이렇게 볼 때 기본욕구라는 말 속에는 인간이면 누구나 그 수준 이하로 떨어져서 생활해서는 절대로 안 되는 일종의 규범적 선언이 포함되어 있다고 할 수 있다.

(3) 사회욕구

여러 사회위험 때문에 개인의 기본욕구를 충족시키지 못하는 사회구성원들의 수가 상당히 많게 될 때, 이들이 처해 있는 사회위험으로부터 탈피하려는 집단적 욕구가 바로 사회욕구이다. 특정의 구체적 욕구가 사회욕구로 규정될 수 있는가, 없는가에 관한 결정은 궁극적으로는 특정 사회의 정치, 경제, 사회, 문화적 특성과 시대적 변천, 그리고 개인의 가치판단에 따라 차이가 날 수 있다. 하지만 사회욕구는 두 가지 중요한 의미를 가진다. 첫째, 그것의 해결방법은 사회적이고 공통적이라는 의미이다. 둘째, 욕구해결의 주 동기가 이윤의 추구가 되어서는 안 된다는 것이다김상균, 1987 : 21-22.

따라서 다양한 인간욕구들 중에서 기본욕구로 1차 제한을 가한 뒤, 사회복지의 개념으로 2차 제한을 가한 결과가 최종 개념으로서의 사회욕구가 된다고 하겠다. 일례로 Harvey는 ① 음식, ② 주택, ③ 의료, ④ 교육, ⑤ 사회 및 환경, ⑥ 소비재, ⑦ 레크리에이션, ⑧ 이웃 분위기, ⑨ 대중교통 등과 같은 아홉 가지 영역에 관한 욕구를 사회욕구로 제시한 바 있다남세진 · 조흥식, 1995 : 37.

4. 사회복지의 의의와 역할

사람은 누구나 행복한 삶을 살고자 한다. 그러나 살아가는 데 필요한 삶의 조건들은 사람들에게 언제나 행복을 보장해 주지 않는다. 사람들은 누구나 전 생애에 걸쳐 행복하게 살아가는 데 위협을 가하는 여러 가지 위험을 만나게 된다.

이런 위험 중에는 개인의 인간다운 생존을 위협하는 현상이 사회구성원 대부분에게 보편적으로 발생할 가능성이 높은 사회위험이 있다. 질병, 노령, 장해, 폐질, 실업, 출생과 양육, 사망 등이 대표적이다. 즉, 사회위험은 사회가 공동체적 차원에서 공동으로 대처하기로 인정한 위험을 말한다고 할 수 있다. 이러한 사회위험도 오늘날에 와서는 두 유형으로 구분할 수 있다. 빈곤과 실업에 의해 소득보장이 되지 않는 전통적인 과거의 사회위험구 사회위험과, 최근에 일을 해도 가난한 근로빈곤층이 점점 많이 등장하게 되어 나타난 신 빈곤문제와 함께 급격한 저출산 · 고령화에 따른 새로운 사회위험신 사회위험으로 나눌 수 있다.

구 사회위험이든, 혹은 신 사회위험이든 이러한 사회위험들은 개인 누구에게나 노동능력을 감소시키거나 상실하게 하며, 소득 자체를 상실하게 하거나 감소시켜서 생활을 어렵게 함으로써 사람들을 불행하게 만든다. 따라서 이들 사회위험들이 가져다주는 여러 문제들을 해결하기 위해서는 광범위한 사회적 노력이 필요한데, 사회복지는 바로 대표적인 사회적 노력의 하나이다.

다시 말해서 사회위험이 발생하면 그 위험에 처한 사람이나 가족들은 삶을 영위하는데 필요한 기본욕구 충족에 어려움을 겪게 된다. 그러나 위험에 처한 사람들의 수가 많아지고 사회적으로 용납할 수 있는 범위를 넘어서게 되면 그러한 사회욕구의 미충족 상태는 해결해야 할 사회문제로 규정된다. 이렇게 일단 사회문제로 규정되면 당연히 문제를 해결하기 위한 광범위한 사회적 노력이 나타나게 되는데, 사회복지는 이러한 대표적인 사회적 노력의 일환으로 작용하게 되는 것이다백종만 외, 2001 : 52-53.

이렇게 볼 때 사회복지의 개념을 한마디로 규정한다면 다함께 행복을 추구하기 위한 인간들의 공동체적 노력을 의미한다고 하겠다. 좀 더 구체적으로 말해서 사회복지는 빈곤, 불평등, 차별 등 사회문제의 해결과 예방, 생활의 질적 향상 등에 직접적으로 관심을 갖는 제반 공동체적 노력을 말한다. 요컨대 사회복지란 전 생애에 걸쳐서 행복하고, 안정된 바람직한 삶을 추구하는 인간의 사회적 노력을 말한다고 할 수 있다.

이러한 사회복지가 갖는 중요한 의의와 역할을 좀 더 자세히 살펴보자.

1) 사회복지의 의의

사회복지가 오늘날 현대사회에서 갖는 의의는 다음과 같다김상균 외, 2007 : 34-38.

(1) 사회 불평등과 양극화 문제의 해소

오늘날 전 세계적으로 노인인구의 급증과 저출산으로 인한 생산연령 인구의 정체 내지 감소, 가족해체에 따른 편부모 가구의 증가, 그리고 무엇보다도 고용 없는 성장 등은 상대적으로 빈곤에 빠질 가능성이 높아지는 위험사회를 초래하고 있다. 그 결과 불평등과 빈곤의 심화현상이 나타나고 연쇄적으로 사회복지의 수요가 증대됨으로써 공급 측면에서 재정위기를 초래하는 원인이 되고 있다. 이 뿐만 아니라 세계자본주의체제 하에 관철되고 있는 자유무역과 자유경쟁의 결과는 '20대 80의 사회' 혹은 '승자가 독식하는 사회winner-take-all society'를 만들어내고 있다. 이에 대한 인위적 조정기제가 발동되지 않는다면 소수에 대한 부의 집중과 다수의 상대적 박탈감의 확산에 따른 양극화 현상을 막을 길이 없어진다.

이러한 사회 불평등과 양극화의 정도가 더욱 가속화될수록 사회복지의 적극적 실천은 필수불가결한 방책이 될 수밖에 없다.

(2) 경제성장에 기여

전 세계적으로 경제성장 동력은 고갈되어가고 있다. 단기적인 의미의 경제성장 지상주의가 노동력의 재생산 구도를 오히려 악순환의 고리로 내몰았던 것이다. 건강한 가족구도를 깨고, 아동과 청소년이 사회의 건전한 자원으로 육성되지 못하고, 여성들은 가사부담에 짓눌리고, 장애인과 노인 등 취약계층에 대한 노동력 보전 및 회복기능을 상실케 하여 엄청난 사회적 비용을 지불함과 동시에 성장의 동력을 스스로 방기해 버리는 측면이 강하다.

일반적으로 삶의 질을 추구하는 사회복지의 효과는 경제적으로 환산하기 어렵기 때문에 소비적인 것으로 인식하는 경향이 있다. 그러나 사회복지는 다음과 같이 경제성장에 기여할 수 있다.

첫째, 사회적 갈등과 정치적 불안을 해소시킴으로써 경제의 불확실성을 줄여 투자를 촉진시킨다. 가령 분배구조의 악화는 임금에 대한 과잉기대를 낳아 노동운동을 격렬하게 하고 취약한 사회안전망은 해고에 대해 극단적으로 저항하게 만듦으로써 노사갈등을 초래한다.

둘째, 중산층과 저소득층의 구매력을 높여 내수를 진작시킨다. 저소득층의 소비

성향은 고소득층보다 높기 때문에 이러한 소득의 불균형 자체가 총 소비수요를 낮추게 하는 것이다. 사회복지를 통한 소득분배의 불평등 감소는 결국 경제성장에 기여하게 된다.

셋째, 건강하고 우수한 노동력을 재생산함으로써 고도산업사회의 인적 자본 형성에 기여하는 중요한 사회적 기능을 수행함으로써 성장 동력의 밑거름이 되는 효과를 발휘한다. 특히 경제개발의 초기에는 물적 자본의 축적이 경제성장의 주요한 엔진 노릇을 하였고 이는 소득의 불평등이 저축률을 높임으로써 가능하였다. 그러나 경제구조가 지식기반경제로 전환함에 따라 인적 자본human capital이 경제성장의 엔진으로 등장하였는데, 이러한 상황에서는 소득의 평등이 인적 자본에 대한 투자를 증대시키는 효과를 지니며 따라서 소득의 평등이 경제성장을 촉진한다는 것이다. 역으로 소득의 불평등은 빈곤의 덫poverty trap과 경제성장을 저해하는 것으로 귀결된다는 것이다Galor, 2000.

넷째, 임금인상의 요인이 되는 주거 · 사회복지서비스 · 환경 · 보건 · 교육 등에 대한 과도한 개인적 부담을 완화하여 생산비용을 절감시켜 국제경쟁력 강화에 기여한다.

마지막으로, 출산율 증대와 더불어 여성의 경제활동 참가를 촉진시키는 기능을 담당한다.

(3) 복지권의 확립

서구의 선진국가들은 20세기 초부터 사회복지의 필요성과 당위성을 인지하고 국가적 기반을 마련하기 시작하여 제2차 세계대전 이후 복지국가의 기틀을 확립하였다. 이들 선진국들은 복지국가 확립의 과정을 통해 모든 사회구성원의 최저한의 생존을 보장하고 실질적 평등이라는 사회정의를 구현하기 위한 사회적 기본권 사상을 강조함으로써 인간의 존엄성과 인권을 보장하는 보편적 사회복지를 실현할 수 있었다. 다시 말해서 더불어 사는 공동체 의식을 토대로 하는 복지권 중심의 국가 사회복지를 수행할 수 있었던 것이다.

이러한 사회적 기본권 사상의 대두와 함께 시민법 체계는 크게 수정되었으며 그 결과가 바로 사회복지법과 같은 이른바 사회법의 등장이었다. 사회복지법은 사회문제, 특히 그 중에서도 사회경제적 약자의 삶의 문제를 해결하려는 데서 생성되었다. 따라서 사회복지법에 근거하여 사회복지서비스가 사회경제적 약자에게 전달된다고 할 때, 사회복지권에 대한 올바른 인식과 이해는 국민의 인간다운 삶의 실현에 매우 중요하다.

(4) 성장과 분배의 선순환 효과 달성

세계적으로 경제성장 중심만의 발전은 국민의 행복을 보장해 주지 못하고, 불평등을 심화시킨다는 점이 신자유주의 경제체제가 극대화된 1990년대 말부터 실제로 나타나기 시작했다. 특히 21세기에 들어와 전 세계적으로 발생한 미국 금융위기, 남유럽국가의 재정위기 등 세계경제 위기상황에 직면하면서부터는 전 세계가 낙수효과trickle down effect를 토대로 한 경제발전 모델에 의문을 제기하였던 것이다. 높은 경제성장에도 불구하고 성장을 통한 혜택이 불평등 증가로 인한 역충격에 의해 상쇄되거나 작게 될 경우 오히려 불평등이 증가할 수 있는 이른바 일찍부터 Bhagwati1973가 명명한 “궁핍화 성장immiserizing growth”이 등장한 것이다.

이러한 궁핍화 성장, 고용 없는 성장 등으로 발생한 분배구조 악화의 문제를 해결하기 위해서는 전통적인 성장 중심의 경제발전 모델에서 탈피하여 불평등을 완화하고 분배를 중요하게 여기는 새로운 성장 모델로의 전환을 모색하지 않으면 안 되었다. 그 대안의 하나로 여러 국제기구들은 포용성장inclusive growth을 들고 나왔다. IMF는 포용성장을 경제성장의 혜택과 기회를 최대한 폭넓게 공유하는 성장으로 정의하였고IMF, 2007, World Bank는 대대적 빈곤 감축과 지속 성장을 위해 광범위한 경제적 기반을 구축하고 다수 국민을 고용과 소득분배에 참여시키는 성장으로 정의했다Ianchovichina & Lundstrom, 2009. EU는 고용확대, 능력향상, 직업훈련, 사회보장, 빈곤퇴치 등을 통해 모든 계층, 모든 지역의 유럽연합 구성원들에게 삶의 기회를 균등하게 분배하여 사회통합과 지역통합을 촉진하는 성장이라 했다European Commission, 2010. 그리고 OECD는 모든 소득계층을 위해 기회를 만들고 번영의 과실을 모든 구성원에게 골고루 분배하는 성장으로 정의 내리면서 성장과정 자체가 모든 사람의 참여를 통해 이루어지는 것임을 강조하였다OECD, 2017.

이처럼 국제기구마다 개념 정의는 약간 다르지만, ▲빈곤개선, 불평등 축소 등

소득분배 개선 강화, ▲인적 자본을 위한 투자 증진 등 교육 강조, ▲부가가치와 생산성 증대를 위한 기술창조 등 경제혁신 강조, ▲일자리 창출, 차별금지, 사회적 포용과 참여의 활성화, ▲사회보장 확충을 위한 누진적 조세체계 구축 등을 강조하는 점은 공통적이다. 다시 말하여 포용성장을 통해 사회복지의 활성화와 확장을 기함으로써 국민의 행복을 보장해 주겠다는 것이다.

그러나 여기서 간과하지 말아야 할 것은 '포용'은 무엇을 품거나 보듬어 안는 것이 아닌, 공평, 친밀감, 상호존중을 의미한다는 점이다. 자칫 포용을 거리감이 없다는 의미로 해석하여 무엇을 품거나 보듬어 안는 것으로 판단할 경우 포용성장, 포용복지 역시 다분히 성장 중심, 잔여적 복지의 성격을 드러낼 수 있다. 즉 포용을 잘못 해석하면 강한 자가 약한 자를 포괄하는 의미로 볼 수 있어 관용과 시혜적 용어로 해석할 가능성이 높아질 수 있다. 이는 사회권의 의미와 동떨어지는 문제를 야기하게 되어 공적 책무성의 국가정책 방향을 오히려 방기하거나 후퇴시킬 수 있기 때문이다.

이런 점에서 이러한 포용성장의 열매를 골고루 나눈다는 의미에서 포용성장과 대비를 이루는 포용복지를 유추해 볼 수 있다. 포용복지는 '경제성장의 과실로서의 소득보장과 사회서비스를 모두가 골고루 누리도록 복지제도의 사각지대를 없애고 사회위험에 대한 보장성을 강화함으로써 개개인이 행복한 일상생활을 하도록 하는 복지'를 말한다고 할 수 있는데, 이는 분배 담론의 하나라 할 수 있다. 포용복지는, ▲계층, 세대, 지역 간 배제를 극복하고, 미래세대를 위한 사회통합·빈곤극복·기회균등 사회를 위한 복지정책 추진, ▲노동시장 차별 문제 해결, ▲기회불평등 인식의 확산 저지, ▲교육을 통한 인적자본과 사회자본 형성, ▲공공과 민간의 균형적 일자리 창출, ▲사회보장 확충을 위한 누진적 조세체계 구축 등 주로 재분배 기능을 정책적으로 요구한다.

이렇게 볼 때 포용복지는 포용성장과 적절히 연계되는 개념으로서 포용성장을 통해 포용복지를 성취하며, 역으로 포용복지를 통해 포용성장을 더 활성화하는 성장과 분배의 선순환을 기대할 수 있다. 즉 포용복지는 포용성장과 밀접히 연계되는 개념으로서 포용성장을 통해 포용복지가 성취되며, 역으로 포용복지를 통해 포용성장이 더 활성화될 수 있다(조흥식, 2019).

2) 사회복지의 역할

인간의 욕구는 무한한 반면에 그 욕구를 충족시키기 위한 사회적 자원은 부족하기 때문에 자원 배분을 둘러싼 사회적 갈등이 있기 마련이다. 그러나 일반적으로 이들 욕구들 중에서 욕구가 기본적인 것일수록, 사회는 그러한 욕구를 충족시키기 위해 적절한 사회복지 급여를 제공하게 된다.

Maslow이론에서 보는 바와 같이 생존의 욕구가 가장 기본적인 욕구이기 때문에 대부분의 사회적 노력은 이러한 기본적인 생존의 욕구와 안전의 욕구를 충족시키는 것부터 출발하게 된다. 예를 들면, 공공부조, 고용보험, 연금, 의료보장, 산재보험 등 사회복지의 대부분은 바로 생존의 욕구 충족을 지향하는 프로그램으로 비교적 일찍 도입되었다. 반면에 사랑이나 존경, 자아실현의 욕구 등 좀 더 상위의 욕구를 충족시키는 사회복지서비스 프로그램은 대체로 생존욕구를 충족시키는 앞의 프로그램들이 도입된 이후에 도입되어 발전된다. 이와 같이 전 국민이 전 생애에 걸쳐 직면하게 되는 여러 가지 욕구, 문제, 위험들을 해결하여 보다 높은 삶의 질을 도모하기 위한 제도, 법, 프로그램 등이 바로 사회복지의 역할과 직결되는 것이다.

특히 Beveridge의 '요람에서 무덤까지'라는 말에는 바로 국가가 국민의 전 생애에 걸쳐 사회복지를 제공해야 한다는 의미가 담겨 있으며, 나아가 현대 복지국가는 생활주기의 더 확장된 개념인 '태아에서 무덤까지'라는 말을 사용하고 있음은 현대에 와서는 국가나 사회가 인간의 생애 전반에 걸쳐 국민의 욕구와 문제해결을 위해 사회복지가 역할을 제대로 수행해야 한다는 점이 강하게 부각되어 있음을 보여준다고 하겠다.

이러한 사회복지의 역할도 사회복지가 갖는 영역의 범위에 따라 광의의 역할과 협의의 역할로 구분할 수 있으며, 사회복지의 기능에 따라 잔여적 역할과 제도적 역할로 구분할 수 있다.

(1) 사회복지의 광의의 역할과 협의의 역할

사회복지의 문헌에 나타나고 있는 사회복지의 범위에 관한 논의는 이를 논의하는 학자의 수만큼이나 다양하여 간단명료하게 정리하기는 그렇게 쉽지 않다. 사회복지는 인간의 삶의 질에 관련된 광범한 영역을 포괄하기 때문에 아주 넓게 추상적으로 간주할 수도 있고 혹은 아주 좁게 구체적으로 간주할 수도 있다.

넓은 의미로 흔히 인용되는 사회복지 정의로는 Romanyshyn의 정의를 들 수 있는데, 그에 따르면 "사회복지는 개인과 사회 전체의 복지를 증진시키려는 모든 형태의 사회적 노력을 포함하며 사회문제의 치료와 예방, 인적 자원의 개발, 인간생활의 향상에 직접적인 관련을 갖는 일체의 시책과 과정을 포함한다. 또 사회복지는 개인이나 가정에 대한 사회적 서비스의 제공뿐만 아니라 사회제도를 강화시키거나 개선시키려는 노력을 포함하는 것"이라고 말하고 있다Romanyshyn, 1971 : 3.

또 Friedlander와 Apte에 따르면 "사회복지란 국민의 복지를 도모하고, 사회질서를 원활히 유지하는 데 반드시 필요하다고 생각되는 사회적 욕구를 충족시키기 위한 제반 시책으로서의 입법, 프로그램, 급여와 서비스를 포함시키는 제도"라고 말하고 있다Friedlander and Apte, 1980 : 4.

이상의 두 정의를 통해서 우리는 사회복지의 개념에 다음과 같은 역할 내용이 들어 있음을 간파할 수 있다.

첫째, 사회복지는 인간이 만들어 낸 사회제도의 하나로서 다른 사회제도와 구별될 수 있는 특유의 사회적 기능과 역할을 갖는다는 점이다.

둘째, 사회복지는 특수 대상층의 복지뿐만 아니라 사회 전체 성원의 복리well-being를 추구하는 역할을 수행한다는 점이다.

셋째, 사회성원의 복리는 그들의 사회욕구를 충족시키는 역할을 사회복지가 잘 수행함으로써 증진된다는 점이다.

넷째, 사회복지는 인간생활을 향상시키려는 제반 시책과 노력을 포함한 다양한 역할을 수행한다는 점이다. 따라서 사회복지는 정부에 의한 시책뿐만 아니라 민간부문에 의한 노력도 포함하는 것이며, 어느 특정 전문 분야예를 들면, 사회사업의 노력뿐만 아니라 관련 전문 분야와 자원봉사의 영역까지도 포함할 수 있다는 것을 의미한다.

마지막으로 사회복지는 사회질서를 유지하고 사회안정을 도모하는 수단이 되는 역할을 수행한다는 점이다. 이러한 점에서 사회복지는 다른 사회제도에 의해서 파생되는 문제를 예방하고 해결하는 데 중요한 기능과 역할을 수행한다는 것을 알 수 있다.

반면에, 이와는 달리 전문적인 사회사업social work을 중심으로 사회복지의 역할을 협의로 이해하려는 입장도 있다. 즉, 사회복지의 역할이 궁극적으로는 전 국민의 복지를 추구한다고 하지만 현실에서 그 대상범위는 상당히 제한되어 있고, 또 그럴 수밖에 없다는 입장이다. 미국의 Kadushin 교수는 "사회복지는 흔히 국민 전체의 복지를 지원 · 제고시키는 것이라고 정의되고 있지만, 실제에 있어서 사회복지의 범위는 보다 협의적이고 잔여적 방향residual orientation을 취하고 있다"고 지적하고 "현 미국의 사회복지는 국민 중 특수 계층의 욕구를 충족시키려는 정책, 급여, 프로그램, 서비스를 의미한다"고 했다Kadushin, 1972 : 7.

이러한 협의의 입장을 반영하자면 일반적으로 사회복지의 역할은 빈곤, 노령, 신체적 혹은 정신적 장애, 질병, 기타 특정한 상황으로 인해서 도움을 필요로 하는 사람들에게 현금이나 물품, 기타 서비스를 제공하는 것으로 이해되며, 때로는 더 협의적으로 '공공부조public assistance'의 역할과 동일시하기도 한다.

(2) 사회복지의 잔여적 역할과 제도적 역할

하나의 국가와 사회가 존립하기 위해서는 그 구성원인 개인, 가족, 지역주민, 국민이 마음 놓고 살아갈 수 있는 수많은 기능이 국가와 사회로부터 제공되어야 하고 이들 기능을 가장 효과적이고도 효율적으로 수행하기 위한 사회제도가 있어야만 한다.

공동체로서의 국가와 사회가 그 구성원들에게 제공해야 하는 여러 가지 기능이란 자녀 양육, 물자와 서비스의 생산과 분배, 교육, 여가 등을 포함하는 인간활동을 의미한다. 모든 사회가 공통적으로 수행해야 하는 주요 기능에 대해서 Gilbert와 Specht1974는 다음의 다섯 가지, 즉 ① 생산 · 분배 · 소비, ② 사회화, ③ 사회통제, ④ 사회통합, ⑤ 상부상조의 기능으로 나누어 설명하고 있다. 생산 · 분배 · 소비 기능은 주로 경제제도가 맡고, 사회화 기능은 가족제도가, 사회통제의 기능은 정치제도가, 사회통합의 기능은 종교제도가, 그리고 상부상조의 기능은 사회복지 제도가 맡는다는 것이다.

이렇게 볼 때, 사회복지는 가족제도, 경제제도, 정치제도, 종교제도와 함께 현대사회의 중요한 사회제도의 하나임은 분명하다. 그러나 사회복지제도가 수행하는 주요 기능으로서의 상부상조가 다른 사회적 기능들과 보충적 관계를 갖느냐, 그렇지 않으면 비교적 독자적인 위치를 차지하느냐에 따라 사회복지의 개념과 역할은 크게 양분되며, 이에 따라 사회복지의 분야를 설정하는 데 상당한 영향을 미치게 된다.

먼저 Wilensky와 Lebeaux1965 : 138–139는 사회복지의 기능과 역할을 '잔여적殘餘的, residual'인 것과 '제도적制度的, institution'인 것으로 구분하고 있다. 잔여적 개념은 "사회복지는 사회적 기능의 정상적인 공급원으로서의 가족이나 시장경제가 제 기능을 원활히 수행치 못할 경우에 파생되는 문제를 보완 내지는 해소하기 위한 제도로서 필요하다"고 본다. 사회복지는 가족이나 시장경제의 기능과 역할을 임시로 보충할 뿐이며, 사회복지 역할이 사회를 유지하고 발전시키는 데 필수적이라고 생각하지 않는다.

이러한 잔여적 역할로 사회복지를 규정하게 될 때 사회복지 역할은 단순한 사회의 안전망 역할만 수행하는 것으로 간주하게 된다. 다시 말하여 현대의 산업사회에서 개인은 누구나 가정과 경제생활이라는 정상적인 궤도에서 스스로 살아가는 것으로 기대되나, 개인은 자발적이든 비자발적이든 간에 개인적 결함으로 인해 궤도를 이탈하게 되는 낙오자 혹은 일탈자deviant가 되어 사회로부터 최소한도의 보호를 받지 않을 수 없는 상태에 놓일 수 있으며, 이들에게 안전망 기능을 수행하는 것이 사회복지의 역할이라고 하는 것이다. 이러한 관점 하에서 사회는 가족이나 시장경제와 같은 주요 제도들이 제대로 그 기능을 수행하게 되면 결국 사회복지 역할은 필요치 않게 되는 일시적, 임시적, 보충적, 잔여적인 것으로 간주하게 된다. 따라서 다른 주요 사회제도들, 즉 가족제도, 경제제도, 정치제도, 종교제도 등의 잠정적 실패에 따른 사회복지의 역할은 잔여적인 것으로 간주하게 된다.

한편, 사회복지의 제도적 역할 개념은 현대의 산업사회에서 가족과 시장경제 제도는 온전히 운영될 수 없어 제 기능과 역할을 발휘할 수 없기 때문에 사회복지가 사회를 유지하는 데 필수적인 기능과 역할을 수행할 수밖에 없다는 것이다. 사회복지의 필수적인 기능이란 사회구성원 간의 상부상조로서 이러한 기능은 다른 사회제도가 수행하는 기능과 구별되며 독립적으로 수행된다. 현대의 산업사회에서는 핵가족화가 불가피하고 가족기능이 약화되어 가기 때문에 아동의 양육과 노인, 장애인의 보호 및 그들의 사회화를 가족이 전적으로 책임지는 것은 불가능하다. 또한 경제제도가 생산과 분배에 따른 제 기능을 온전히 수행할 수 없어 예상치 못한 실직과 빈곤을 경험할 가능성이 높아지게 된다. 이러한 상황 속에서 개인과 가정의 경제적 안정을 도모하는 수단으로서 사회복지제도는 매우 중요한 기능을 할 수밖에 없다는 것이다. 사회복지의 제도적 역할 개념은 가족제도, 경제제도, 정치제도, 종교제도 등 다른 사회제도의 기능 및 역할과 중복되는 기능과 함께 독자적인 기능과 역할을 확보하고 있는 것이다.

전통적으로 사회복지제도의 역할은 잔여적인 성격이 강했으나, 산업화의 진전과 더불어 제도적인 성격이 강조되고 있다. Wilensky와 Lebeaux에 따르면 사회문제의 발생 원인과 관련하여 잔여적 역할은 개인의 책임을 강조하는 반면, 제도적 역할은 사회구조적인 책임을 강조한다는 것이다. 따라서 사회복지의 역할은 잔여적 성격에서 비롯된 자선과 구호, 시혜에서 벗어나 사회문제의 발생을 예방하고 경감시키는 지속적이고 독자적인 제도적 성격으로 발전해 간다고 하겠다.

요약

인간 이해에 대한 다양한 시각들을 철학, 종교, 고고학, 심리학, 사회학 등의 분야를 중심으로 먼저 살펴본 후, 인간을 '환경 속의 인간(Person in Environment; PIE)'으로 보는 사회복지의 시각을 소개하였다.

그리고 행복한 삶을 영위할 수 없게 하는 현대사회에서 발생하는 여러 가지 사회적인 위험과 문제들에 대해 살펴보았다. 사회위험은 사회가 공동체적 차원에서 공동으로 대처하기로 명시적 혹은 묵시적으로 승인한 위험을 말하는데, ILO 조약에서 열거된 사회위험들의 목록은 ① 의료, ② 질병(휴양), ③ 실업, ④ 노령, ⑤ 산업재해, ⑥ 자녀양육, ⑦ 직업능력의 상실, ⑧ 임신과 분만, ⑨ 부양자(가장)의 사망 등이다.

사회문제는 공공문제의 의미를 가지며, 일반적으로 개인문제와 다른 사회성과 보편성의 성격을 갖고 있다. 이러한 사회문제의 발생에는 그 전제로서 개인문제의 발생이 선행되며, 개인문제는 욕구의 불충족으로 야기된다. 욕구는 인간의 생존, 자율, 생활의 계획, 사회적 행위자의 의무를 다하기 위해 필요하여 구하는 것으로 볼 수 있으며, 또한 이러한 욕구는 충족되어야 할, 즉 해결되어야 할 문제로 보고, 많은 경우 욕구는 문제와 같은 의미로 사용되는 성격을 갖는다. 일반적으로 사회복지에서 중요하게 고려되는 욕구는 인간욕구, 기본욕구, 사회욕구로 나누어 볼 수 있다. 아울러 Bradshaw는 욕구 인식의 기준에 따라 욕구를 네 가지로 분류하였다.

사회복지가 오늘날 현대사회에서 갖는 중요한 의의는 첫째, 양극화 문제의 해소 둘째, 경제성장에 기여 셋째, 복지권의 확립 등을 들 수 있다. 사회복지의 역할은 사회복지가 갖는 영역의 범위에 따라 광의의 역할과 협의의 역할로 구분할 수 있고, 사회복지의 기능에 따라 잔여적 역할과 제도적 역할로 구분할 수 있다.

탐구문제

1. 인간을 보는 사회복지의 시각에 대해 논하라.
2. 사회위험, 사회문제, 욕구 간의 관계는 어떻게 설명할 수 있는가?
3. 욕구 인식의 기준에 따라 욕구를 네 가지로 분류한 Bradshaw의 욕구 분류에 대해 논하라.
4. 사회복지가 오늘날 현대사회에서 갖는 중요한 의의를 논하라.

참고문헌

김상균(1987). **현대사회와 사회정책**. 서울대출판부.

김상균·최일섭·최성재·조흥식·김혜란·이봉주·구인회·강상경·안상훈(2007). **사회복지개론**(개정2판). 나남출판.

남세진·조흥식(1995). **한국사회복지론**. 나남출판.

백종만 외(2001). **사회와 복지**. 나눔의 집.

손보기(1980). "진화하는 사람", **도대체 사람이란 무엇일까?**. 뿌리깊은나무.

안해균(1990). **정책학원론**. 다산출판사.

임철규 역(1981). **인간의 본질에 관한 일곱 가지 이론**. 종로서적.

조흥식(2019). "포용복지, 성공의 정석". **행정포커스, No. 137**. 한국행정연구원.

현외성 외(1993). **사회복지학의 이해**. 유풍출판사.

Anderson, J. E.(1979). *Political Policy Making*. N.Y. : Holt.

Bhagwati, B. N.(1973). "The Theory of Immiserizing Growth: Further Applications 1," Edited By Michael B. Connolly, Alexander K. Swoboda. *International Trade and Money*. London : Routledge.

Bradshaw, J.(1972). "The Concept of Social Needs," *New Society*. Vol.30. March.

European Commission(2010). *Europe 2020: A strategy for smart, sustainable and inclusive growth*.

Friedlander, W.A. & Apte, R.Z.(1980). *Introduction to Social Welfare*. 5th ed.. Englewood Cliffs, N.J. : Prentice-Hall.

Galor, O.(2000). "Income Distribution and the Process of Development," *European Economic Review*. Vol.44.

Gilbert, N. & Specht, H.(1974). *Dimensions of Social Welfare Policy*. Englewood Cliffs, N.J.: Prentice-Hall.

Hjelle, L. & Ziegler, D.(1981). *Personality Theories*. London: McGraw-Hill.

Ianchovichina, E. & Lundstrom, S.(2009). "Inclusive growth analytics : framework and application (English)," Policy Research working paper; no. WPS 4851. Washington, DC: World Bank.

IMF(International Monetary Fund)(2007). "Globalization and Inequality." In World Economic Outlook, chapter 4. Washington, DC.

Kadushin, A.(1972). *Developing Social Policy in Conditions of Dynamic Change*. N.Y. : International Council on Social Welfare.

Meenaghan, T. M. & Washington, R. O.(1983). Social Policy and Social Welfare. 김한주 역. **사회정책과 사회복지**. 법문사.

Miller, D.(1979). *Social Justice*. Oxford : Oxford University Press.

Plant, R. et al.(1980). *Political Philosophy and Social Welfare Essays on the Normative Basis of Social Provision*. London : R.K.P.

OECD(2017). *Bridging the Gap: Inclusive Growth 2017 Update Report*.

Romanyshyn, J. M.(1971). *Social Welfare, Charity to Justice*. N.Y. : Random House.

Veit-Wilson, J. H.(1987). "Consensual Approaches to Poverty Lines and Social Security," *Journal of Social Policy*. Vol.16, No.2.

Weale, A.(1983). *Political Theory and Social Policy*. London : Macmillan.

Wilensky, H. L. & Lebeaux, Charles N.(1965). *Industrial Society and Socal Welfare*. Free Press.

02 사회복지의 개념

1. 사회복지 개념의 다양한 측면

사회복지라는 용어는 매우 다양하게 사용되면서 여러 가지 의미로 이해되고 있다. 그것은 사회복지라는 개념이 정치인, 사회복지전문가, 지역사회 활동가, 복지 수급자 등의 복수의 사람들과 관련된 다양한 이해관계에 따라 차별적으로 받아들여지고 다른 의미로 사용될 수 있기 때문이다. 그러나 보다 근본적인 이유는 '사회복지'의 형태 자체가 뚜렷한 실체를 가진 것이기보다는 시대와 장소에 따라 다양하면서도 독특한 모습으로 나타나기 때문일 것이다.

어의적으로 사회복지는 영어의 'social welfare'를 번역한 것으로서 사회social와 복지welfare의 합성어이다. 여기에서 social은 개인의 효용 극대화를 위해 이기적으로 행동한다는 가정을 가진 economic과는 상반되는 개념으로 사람과 사람 사이의 관계성을 강조하는 의미를 가진다. 그리고 welfare는 편안하고 만족스러운 상태를 의미하고 있다. 단순하게 어의적으로 연결한다면 사회복지는 '사회적 관계에서 편안하고 만족스러운 상태'를 의미하는 것으로 이해될 수 있다.

그렇지만 사회적 관계에서 편안하고 만족스러운 상태가 어떤 상태를 말하는가 하는 것도 상당히 복잡한 문제이다. 사회복지를 규정하고 한 사회에서 그것을 실현해 나가기 위해서는, 그에 관한 사회적 합의를 도출하고 합의에 따라 제도를 형성하는 과정이 필요하다. 따라서 그것은 그 사회의 역사와 지배적인 이념에 따라 다양한 형태의 합의로서 모습을 드러내고 각기 고유한 특성을 가지게 된다.

역사적으로 살펴보면 소수의 극빈층을 보호하기 위해 이루어졌던 최소한의 구제활동을 공공부조로 제도화한 것이 사회복지의 초기 형태로 볼 수 있다. 현대사회로 이행하면서 사회복지는 전체 사회구성원을 대상으로 경제적 결핍에 대한 지원을 넘어 사회심리적인 지원과 다양한 환경적 문제의 개선을 위한 제도나 프로그램까지를 포섭하는 보다 큰 개념으로 확대되어 왔다. 또한 각각의 사회가 가진 이념적 지평의 차이가 사회복지의 대상범주나 사회적 실천의 영역을 다양한 형태로 발전시킨다. 즉, 보수적 입장이 지배적인 사회에서는 사회복지를 대상이나 기능의 측면에서 매우 한정적이고 일시적인 것으로 이해함으로써 소수의 극빈계층에 대한 일시적 구호에 국한된 활동을 사회복지로 규정한다. 반면에 보다 진보적인 입장이 지배적인 사회에서는 전체 사회구성원들의 사회적 비복지disweltare를 예방하고 제거하는 포괄적이고 지속적인 제도 및 프로그램으로서, 소득, 건강, 주택, 문화, 노동 그리고 환경 등을 포괄하는 광범위한 영역에 관한 제도와 프로그램을 사회복지로 인식한다.

또한 사회복지라는 용어의 복잡성을 더하는 것은 그것이 이념적 차원과 실체적 차원을 동시에 내포하고 있기 때문이다전국대학사회복지교육협의회, 1999. 예를 들어 한 사회가 추구하고자 하는 '사회적 관계에서 편안하고 만족스러운 상태'로서 빈곤이나 질병이 없는 사회, 좀 더 구체적으로 사회구성원 전체에게 최소한 소득을 보장하고 무료로 의료서비스를 제공하는 사회보장제도의 이념을 사회복지라는 용어로 표현하면서, 다른 한편으로는 그러한 사회를 구축하기 위한 실체적 활동들도 같은 용어를 사용한다. 즉, 빈곤과 질병으로부터 자유로운 상태라는 한 사회의 이념적 목표를 사회복지로 규정하면서, 사회복지사들이 소외계층들의 소득상태나 생활상의 욕구를 파악하고 서비스를 연결하는 작업이나 직접적으로 서비스를 제공하는 것과 같은 실체적 활동들도 사회복지라고 표현하고 있다. 다시 말하면 우리 사회가 달성하고자 하는 사회적 목적도 사회복지이고 그 목적을 달성하기 위한 다양한 실천방법 또한 사회복지로 이해되고 있는 것이다.

이와 같이 사회복지라는 용어가 가진 역사성 및 이념성은 그것을 단순하게 정리하는 것을 어렵게 한다. 실제적으로 사용되는 상황이나 입장에 따라 그 의미는 매우 큰 차이를 가지게 되는 경우가 많다. 어느 정치인이 사회복지를 확대, 발전시키겠다고 공언하는 때에는 그 의미는 전체 국민의 소득, 건강, 교육, 주택, 환경 그리고 노동 등의 문제에 대한 개선을 포함하고 있다고 볼 수 있다. 기초생활보장수급자가 사회복지 혜택 확대를 주장할 때는 소외계층에 대한 기초적인 생계비를 포함한 교육, 훈련 등의 기회 제공에 초점이 있을 것이다. 이와 같은 다양한 대상과 범주를 가진 사회복지라는 개념을 이해하기 위해서는 그것을 단순화하는 것이 하나의 좋은 방법이 될 수 있다.

일반적으로 사회복지학계는 복합적이고 역동적인 사회복지 개념의 용이한 이해를 위해 사회복지를 좁은 의미와 넓은 의미로 범주화하는 방법을 사용하고 있다. 이렇게 사회복지를 좁은 의미와 넓은 의미로 범주화하게 되면 그 개념적 틀을 근거로 사회복지와 관련된 개념인 사회보장, 사회서비스, 사회사업 그리고 사회복지서비스 등의 개념을 이해하는 데에도 매우 유용하다.

좁은 의미의 사회복지는 일반적으로 사회복지 대상범주를 빈곤계층, 아동, 노인, 장애인 등의 사회적 약자로 한정하여 경제적 지원과 교육, 훈련, 재활, 치료 등의 서비스를 제공하는 것을 의미한다. 영국의 구빈법poor law과 같은 빈곤계층을 대상으로 한 공공부조와 19세기 후반 영국과 미국의 박애사업이 좁은 의미의 사회복지의 초기 형태이며, 현재의 사회보장제도에서는 주로 공공부조, 사회복지서비스 등이 좁은 의미의 사회복지로 이해되고 있다. 실제 사회복지사 전문직의 주된 활동영역이 이 영역이라고 할 수 있다.

넓은 의미의 사회복지는 대상범주가 전체 사회구성원을 대상으로 전통적인 공공부조와 사회복지서비스 외에 소득, 건강, 주택, 교육, 고용 그리고 문화를 포함하여 생활의 다양한 측면에서 비복지를 해결하고 적극적으로 인간다운 삶의 질을 확보하려는 사회서비스들을 총칭한다. 실제 넓은 의미의 사회복지는 사회복지 전문직의 활동범위를 뛰어넘는 것이며, 정부부처의 소관업무로는 보건복지부뿐만 아니라 고용노동부, 국토교통부, 교육부 그리고 문화체육관광부 등에 광범위하게 걸쳐있다.

Romanyshyn1971은 사회복지를 '개인과 사회 전체의 복지를 증진시키려는 모든 형태의 사회적 노력을 포함하며, 사회문제의 치료와 예방, 인적 자원의 개발, 인간생활의 향상에 직접적 관련을 갖는 일체의 시책과 과정을 포함하는 것'이라고 정의하였다. 이와 같은 정의는 사회복지의 대상범주를 전체 사회구성원으로 확장하고 있으며, 사회적 실천의 범주도 생활상의 광범위한 욕구에 대응하는 정책영역으로 그 범위를 넓히고 있다.

또한 Friedlander와 Apte1974도 '사회복지는 사회구성원의 복지와 사회질서의 제대로 된 기능 수행을 위하여 기본적이라고 여겨지는 사회적 필요를 해결하기 위한 법, 프로그램, 서비스 등으로 이루어진 하나의 체계'라고 규정하였다. 여기에서 기본적 사회적 필요를 경제적 의미의 소득에 국한된 것이 아니라 건강, 주택, 노동, 여가 및 문화 등을 포함하는 것으로 볼 수 있으며, 이때 사회복지의 기능은 소수 취약계층에게 한정적이고 일시적인 지원을 의미하는 좁은 의미의 사회복지보다 훨씬 광범위하고 보편적인 영역으로 확장되어 있다.

2. 사회복지와 관련 개념

사회복지 개념은 사회복지의 대상, 기능, 이념 등과 같은 다차원적인 측면을 가지고 있기 때문에 국가마다 독특한 형태를 가지고 발전해 오고 있는 사회복지는 그것을 의미하는 용어도 다양하게 형성되었다. 따라서 사회복지라는 용어의 구체적인 이해를 위해서는 좁은 의미와 넓은 의미의 사회복지 개념을 기초로 관련 용어와의 비교 검토가 이루어질 때 이해의 폭을 확장할 수 있다.

1) 사회서비스

사회복지는 주로 미국에서 사용하는 개념이다. 유럽의 국가들은 사회복지라는 용어를 사용하기보다 사회정책social policy이라는 용어를 주로 사용한다. 사회정책의 범주에는 소득보장, 건강, 교육, 주택, 개별 사회서비스, 조세, 노동, 환경, 문화, 교통 등을 광범위하게 포괄함으로써 넓은 의미의 사회복지와 유사한 개념이 된다. 영국의 경우 사회서비스social service라는 개념을 사용하며, 사회서비스는 소득보장, 건강, 교육, 주택, 개별 사회서비스personal social service 등의 5대 영역을 포함한다.

사회서비스 개념 영역에 속하는 서비스에 대해서는 국가가 책임을 가지고 구성원들의 욕구에 대한 대응이 공적으로 이루어져야 한다는 인식이 내재해 있는 것으로 볼 수 있다. 즉, 소득, 건강, 교육, 주택 등에 대한 욕구는 사회구성원의 인간다운 생활을 위한 최소한의 욕구로서 그 적정 수준의 보장을 국가가 책임을 가져야 한다는 인식이 그 전제가 되는 것이라고 하겠다.

개별 사회서비스는 개인적 문제해결과 성장을 위한 특수한 욕구에 대응하는 대면적 서비스를 말하는데, 최근 우리나라에서도 아동의 인지능력 향상, 문제행동 치료, 장애인 능력개발 그리고 여성 활동지원 등의 영역에서 사회서비스혁신사업의 프로그램을 통해 발전되기 시작하였다. 이 프로그램은 사회적 취약계층의 자활 및 재활을 위한 교육·훈련에 초점을 둔 종래의 사회복지서비스 개념을 확장하여 일반계층의 보다 광범위한 문화, 예술, 체육 그리고 건강 등 사회적 욕구 충족까지 포괄한다. 그리고 서비스비용은 신용카드와 유사한 전자바우처를 지급하고 일부는 자부담하도록 하고 있다.

최근 개정된 우리나라의 「사회보장기본법」 제3조에서 사회서비스는 '국가·지방자치단체 및 민간부문의 도움이 필요한 모든 국민에게 복지, 보건의료, 교육, 고용, 주거, 문화, 환경 등의 분야에서 인간다운 생활을 보장하고 상담, 재활, 돌봄, 정보의 제공, 관련 시설의 이용, 역량개발, 사회참여 지원 등을 통하여 국민의 삶의 질이 향상되도록 지원하는 제도'로 정의하고 있다. 이와 같은 정의는 사회서비스 혁신사업의 개념을 법적으로 수용한 것이며 영국의 개별 사회서비스 개념과 유사한 정의로 볼 수 있다.

북유럽을 중심으로 국가의 사회복지에 대한 책임을 광범위하게 강조하고, 사회문제에 대한 예방과 전체 구성원에 대한 보편적 서비스를 핵심적 요소로 구축해 온 사회서비스체계는 넓은 의미의 사회복지 개념의 현실적 모형이라고 할 수 있다. 이는 유럽 사회가 가장 먼저 산업혁명을 경험하면서 그 과정에서 나타나는 비자발적 대규모 실업과 빈곤문제에 대응하기 위해 건강보험, 노령연금, 실업보험 그리고 산재보험 등과 같은 제도적, 사회적 안전망을 구축하고 점차 사회서비스의 범주를 확대해 나가는 역사적 과정을 통해 형성된 것이다.

2) 사회보장

전 세계적으로 통용되고 있는 사회보장social security이란 용어는 미국에서 고안된 것이다. 1929년 대공황이 점점 심화되어 미국 사회에 유래 없는 경제적, 사회적 위기를 초래하자 당시 미국 대통령인 루즈벨트는 1934년에 경제보장위원회the Committee on Economic Security를 설치하여 포괄적인 소득보장계획안을 만들도록 하였다. 이 위원회가 제시한 보고서를 토대로 한 정부법안이 1935년 의회에 상정되어 법안심의를 받는 과정에서 그 법의 명칭이 사회보장법으로 불리면서 이후 사회보장이란 개념이 널리 확산되었다.

미국의 사회보장법에는 연방정부 관장의 공적연금, 의료보험65세 이상 노인들만을 대상, 주정부 관장의 실업보험, 공공부조, 사회복지서비스 등 다양한 프로그램들이 규정되어 있다. 그럼에도 불구하고 미국에서 사회보장 프로그램들은 전반적으로 경제적 보장 프로그램의 일부분으로서 범위 면에서 매우 좁은 것으로 인식되고 있다성민선 외, 2005. 예컨대 대다수의 미국인들에게 사회보장은 연방정부에 의해 관리 · 운영되는 사회보험 프로그램인 노령 · 유족 · 장애보험제도를 의미하는 것으로 받아들여지고 있다.

미국과 매우 다른 형태의 사회복지체계를 가진 영국의 경우에도 사회보장은 소득보장을 의미하는 것으로 이해되고 있다. 영국 복지국가의 설계자라고 할 수 있는 베버리지는 사회보장을 소득보장을 의미하는 것으로 정의하였는데, 사회보장은 실업, 질병 및 사고, 노령, 사망, 예외적 지출과 같은 특정 위기 상황에 대처하기 위한 필요한 금전적 혜택의 제공이라고 정의하였던 것이다. 이러한 베버리지의 사회보장에 대한 정의는 오늘날까지도 영국에서 통용되는 일반적인 정의로서 자리 잡고 있는데, 사회보장은 소득보장을 의미하는 것으로서 의료보장과 구분하고 있다. 하지만 영국을 제외한 미국이나 캐나다, 국제노동기구ILO에서는 의료보장을 사회보장의 하위영역에 포함시키고 있다. 미국은 1935년도에 사회보장법을 제정했을 때는 의료보장을 사회보장에 포함시키지 않았지만 1965년에 메디케어제도Medicare를 사회보장법에 추가하면서 소득보장과 의료보장을 사회보장의 영역으로 포함하고 있다.

ILO는 사회보장을 "질병, 부상, 출산, 실업, 노령, 사망 등으로 인한 소득의 중단 또는 감소에 의하여 발생하는 사회적, 경제적 곤란에 대처하기 위하여 사회가 그 구성원들에게 제공하여 주는 소득보장, 의료제공, 아동수당 등과 같은 일련의 공적인 조치"라고 정의하고 있다. ILO의 정의에서는 사회구성원들에게 발생할 수 있는 다양한 위험에 대하여 사회가 적절한 공적 수단을 통해 대비한다는 사회적 안전망이라는 측면과 소득유지, 의료서비스, 아동의 보호 등에 관한 보장이 강조되고 있다.

최근 개정된 「사회보장기본법」제3조에서 사회보장은 출산 · 양육 · 실업 · 노령 · 장애 · 질병 · 빈곤 및 사망 등의 사회적 위험으로부터 모든 국민을 보호하고 국민의 삶의 질을 향상시키기 데 필요한 소득 · 서비스를 보장하는 사회보험 · 공공부조 · 사회서비스를 말한다고 규정되어 있다. 즉, 이 법은 사회보장의 범위를 사회보험 · 공공부조 · 사회서비스로 규정하고 있는데 이는 기존 사회복지서비스 및 관련복지제도를 사회서비스라는 용어로 개정한 것이다. 사회보험은 국민에게 발생하는 사회적 위험을 보험방식에 의하여 대처함으로써 국민건강과 소득을 보장하는 제도로 규정되며, 공공부조는 국가 및 지방자치단체의 책임 하에 생활유지 능력이 없거나 생활이 어려운 국민의 최저생활을 보장하고 자립을 지원하는 제도를 말한다. 그리고 사회서비스는 국가 · 지방자치단체 및 민간부문의 도움이 필요한 모든 국민에게 복지, 보건의료, 교육, 고용, 주거, 문화, 환경 등의 분야에서 인간다운 생활을 보장하고 상담, 재활, 돌봄, 정보의 제공, 관련 시설의 이용, 역량개발, 사회참여 지원 등을 통하여 국민의 삶의 질이 향상되도록 지원하는 제도로 정의되고 있다.

이렇게 본다면 사회보장은 각 나라의 이념이나 재정상황 등에 따라 다양하게 나타나고 있음에도 불구하고, 사회구성원들의 다양한 사회적, 경제적 위험에 대처하기 위한 일련의 공적인 제도로서 최소한의 인간다운 생활을 보장하기 위한 사회보험, 공공부조, 사회서비스 등의 제도라고 정의될 수 있다. 우리나라의 경우 영국, 미국 등이 소득보장을 중심으로 사회보장을 이해하고 있는 데에 비하여, 사회보험, 공공부조 외에 사회서비스를 포함시킴으로써 일반적인 사회보장의 개념보다 좀 더 넓은 정의를 채택하고 있다. 그러므로 일반적인 의미의 사회보장은 넓은 의미의 사회복지의 상당부분이 포함될 수 있으나 환경, 노동, 여가문화, 교육 등과 같은 광범위한 영역까지를 포괄하는 넓은 의미의 사회복지에 비하면 다소 영역이 제한된 협의의 개념으로 볼 수 있다. 반대로 공공부조와 사회서비스를 중심으로 하는 좁은 의미의 사회복지에 비해서 사회보장은 상대적으로 넓은 개념이라고 하겠다.

3) 사회복지서비스

사회복지서비스는 영국의 개별 사회서비스Personal Social Service와 유사한 개념으로서 개인, 가족, 집단의 특수한 욕구에 따라 서비스 제공자와 수급자 간의 대면접촉을 통해 제공되는 서비스를 말한다. 우리나라의 경우 빈곤계층의 아동, 노인, 미혼모, 장애인 등 사회적 취약계층으로 서비스대상이 한정되어 있었으나, 2007년부터 장애인활동보조사업, 노인가사도우미사업, 사회서비스혁신사업 등의 사업을 시행하면서 소득제한을 상당부분 해소하고 보편적인 일반 인구를 대상으로 특수한 욕구에 기초하여 서비스를 제공하고 있다.

우리나라 「사회복지사업법」 제2조 제6호는 '사회복지서비스'란 "국가 · 지방자치단체 및 민간부문의 도움을 필요로 하는 모든 국민에게 「사회보장기본법」 제3조 제4호에 따른 사회서비스 중 사회복지사업을 통한 서비스를 제공하여 삶의 질이 향상되도록 제도적으로 지원하는 것을 말한다"라고 규정하고 있다. 그리고 「사회복지사업법」 제2조 제1호에서는 '사회복지사업'은 "각 목의 법률에 의한 보호 · 선도 또는 복지에 관한 사업과 사회복지상담 · 부랑인 및 노숙인 보호 · 직업지원 · 무료숙박 · 지역사회복지 · 의료복지 · 재가복지 · 사회복지관 운영 · 정신질환자 및 한센병력자 사회복귀에 관한 사업 등 각종 복지사업과 이와 관련된 자원봉사활동 및 복지시설의 운영 또는 지원을 목적으로 하는 사업을 말한다「사회복지사업법」 제2조"라고 규정하고 있다. 따라서 우리나라의 사회복지서비스는 국가 · 지방자치단체 및 민간부문의 도움을 필요로 하는 모든 국민에게 「사회복지사업법」 제2조 제1호의 '사회복지사업'에 속하는 상담 · 재활 · 직업소개 및 지도, 사회복지시설의 이용 등을 제공하여 정상적인 사회생활이 가능하도록 제도적으로 지원하는 것으로 이해된다.

사회복지서비스가 가지는 특성은 첫째, 사회복지서비스는 서비스의 욕구 차이에 따라 개별적으로 제공되는 서비스이다. 사회복지서비스는 특수하고, 구체적이고, 개별적인 개인, 가족, 집단의 문제에 대응하는 것이며, 이는 보편적, 평균적, 균등적으로 빈곤문제에 대응하는 사회보험과는 차이가 있다. 사회복지서비스는 개인의 적응력 회복 또는 향상을 목적으로 함으로써 욕구에 따라 유연하게 제공된다. 둘째, 대면접촉을 통한 서비스로서, 일선 사회복지사들이 이용자와 직접적인 대면접촉을 통해 제공되는 무형의 서비스이다. 셋째, 사회복지서비스는 사회복지사의 주된 활동의 장이 된다. 사회복지사들은 주로 사회복지서비스 분야에서 활동하고 있으며, 사회복지서비스는 사회사업의 기반인 동시에 전문화가 이루어지는 장이다. 넷째, 사회복지서비스는 비경제적 보장이다. 사회보험, 공공부조, 사회수당 등이 주로 경제적 보장에 초점을 둔 반면 사회복지서비스는 신체적, 정신적 재활 혹은 기능 향상 등과 같이 비경제적 보장에 초점을 둔다. 다섯째, 사회복지서비스의 재원은 혼합재원이다. 사회복지서비스는 대부분의 국가에서 일반 조세재원과 민간재원의 혼합으로 충당되는 경향이 있다성민선 외, 2005.

이와 같이 규정된 사회복지서비스는 우리나라 사회보장체계에서는 사회보험, 공공부조와 함께 사회보장의 구성요소 중 하나였다. 그러나 사회보장법 개정으로 사회보장을 사회보험, 공공부조 그리고 사회서비스로 규정하게 됨에 따라 사회복지서비스는 사회서비스의 일부 영역으로서 사회복지사업에 의하여 제공되는 서비스로 한정된다. 종래에는 공공부조와 취약계층 대상 사회복지서비스가 좁은 의미의 사회복지를 의미하였다. 그러나 최근에는 사회복지사업의 대상이 보편적인 인구집단으로 확산됨에 따라, 사회복지서비스도 좁은 의미의 사회복지 개념에서 벗어나 영역을 점차 확장하고 있다.

4) 사회사업

사회사업은 우리나라에서 많은 혼동을 일으키고 있는 개념이다. 실제 사회사업은 미국의 "social work"을 번역하여 사용하는 개념으로써, 주로 사회복지사 전문직의 활동을 지칭하고 있다. 이와 같은 이유로 사회복지사를 양성하는 교육현장에서는 1970년대까지 현재의 사회복지학을 사회사업학으로 지칭하였으며, 일부 학교에서 사회사업학이라는 용어를 지속적으로 사용하고 있다. 또한 사회사업은 자선사업과 혼용되기도 하여 불우한 학생들에 대한 장학사업, 개인적으로 어려운 이웃을 돌보는 행위를 이렇게 표현하는 경우도 종종 있다.

미국사회복지사협회National Association of Social Workers, 1983는 사회사업이란 개인, 가족, 지역사회가 사회적 기능을 원활하게 수행할 수 있도록 그들의 능력을 향상시키거나 회복시킬 수 있도록 도와주는 전문적인 활동이라고 정의하였다. 즉, 사회사업의 목적은 개인, 가족, 이웃의 사회적 기능 향상이며, 이를 위해서 전문적인 기술과 지식의 기반 위에서 이루어지는 실천활동으로 규정하고 있다. 미국에서는 이와 같은 활동들을 20세기 초반부터 전문직의 직무로서 구축하여 왔으며, 사회복지사는 인간서비스 전문직으로 확실한 현장토대를 구축하고 있었기 때문에 자신들의 활동을 일반적인 자원봉사자나 자선가의 활동과 구분할 개념적 도구로 사회사업을 개념화하였다. 그러나 이와 같은 전문직으로서의 역사적 전통이 미흡한 우리 사회에서는 선의의 행위를 주로 이 개념으로 사용하는 경향이 존재해 왔기 때문에 혼동을 가져왔으며, 또한 사회사업 개념이 자리를 잡기도 전인 1980년대에 사회복지라는 용어가 확산되면서 그 상황은 더욱 가중된 것이라고 하겠다.

사회사업과 비교할 때 사회복지는 일반적으로 넓은 의미의 개념을 사용한다. 두 개념을 개괄적으로 비교해 보면, 다음의 〈표 2-1〉과 같이 정리할 수 있다. 좁은 의미의 사회복지는 대상과 목적의 측면에서 사회사업과 유사한 개념이지만, 넓은 의미의 사회복지는 광범위하게 대비되는 개념이라고 할 수 있다. 즉, 사회복지가 이념적인 측면을 강조하고 바람직한 사회건설을 목적으로 한다면, 사회사업은 구체적인 실천적 측면을 강조하면서 바람직한 인간으로의 변화를 실천목적으로 한다. 또한 사회복지가 전체적이고 보편적인 사회구성원을 대상으로 제도적, 정책적 접근을 시도한다면, 사회사업은 선별적이고 개별적인 개인이나 집단을 대상으로 전문적 지식과 기술에 기반한 대면적인 접촉을 중심으로 접근한다. 따라서 사회복지가 사전적, 예방적, 적극적 특성을 가진다면, 사회사업은 사후적, 치료적, 소극적인 특성을 가진다.

〈표 2-1〉 넓은 의미의 사회복지와 사회사업 개념의 비교

구분	사회복지	사회사업
의미	이념적 측면 강조	실천적 측면 강조
목적	바람직한 사회	바람직한 인간
대상	보편적, 전체적	선별적, 개별적
방법	제도와 정책	지식과 기술
특성	사전적, 예방적, 적극적	사후적, 치료적, 소극적

출처 : 김융일 외(2003).

이와 같은 개념적 차이를 정리하면, 넓은 의미의 사회복지가 사회구성원들의 복지를 위해 기본적 사회적 필요를 해결하기 위한 포괄적인 하나의 체계라면, 사회사업은 사회복지체계 내의 특정의 기능을 수행하는 하나의 전문적 서비스라고 할 수 있다김태성 · 홍선미, 2006. 또한 사회사업은 개인, 집단, 지역사회가 사회적 혹은 개인적 만족과 독립성을 확보할 수 있도록 원조하는 인간관계상의 과학적 지식과 기술에 바탕을 둔 전문적인 서비스로서 사회복지의 영역 중 사회복지서비스와 주로 관련된다고 할 수 있다. 그러나 사회복지서비스에 속하는 모든 활동이 전문가에 의하여 수행되는 활동은 아니므로 사회사업은 사회복지서비스 영역의 일부분의 활동이라고 할 수 있다.

5) 자선사업

자선사업Charity은 개인적인 금품 시여를 통해 개인이나 집단을 도와주는 비공식적, 비전문적 활동이다. 즉, 친인척 간의 부조, 금품 시여 등이 이에 해당되는데 사회복지의 비공식적 영역을 구성하는 것으로 공식적인 의미의 사회복지나 사회사업과는 구별된다.

자선사업은 공식적인 제도하에서 수행되는 것이 아닌 비공식적 활동을 의미하며, 자선 수혜자의 권리성은 전혀 없다. 만일 자선가가 어렵게 사는 이웃 학생에서 현금을 지원했다고 하더라도 그 옆집에 더 어려운 처지에 있는 학생이 그 자선가에게 자신도 지원해 달라고 할 근거는 전혀 없다는 것이다.

6) 사회복지와 관련 개념과의 관계

사회복지Social Welfare를 넓은 의미에서 인간의 기본욕구를 증진시키고 사회적 장애를 예방 · 경감시키기 위하여 정부나 민간이 금품이나 서비스를 제공하는 전반적인 제도, 법, 서비스, 활동 등으로 규정할 때, 앞서 언급한 사회복지, 사회보장, 사회복지서비스, 사회사업 그리고 자선사업 등의 관계는 아래의 [그림 2-1]과 같이 표시될 수 있다.

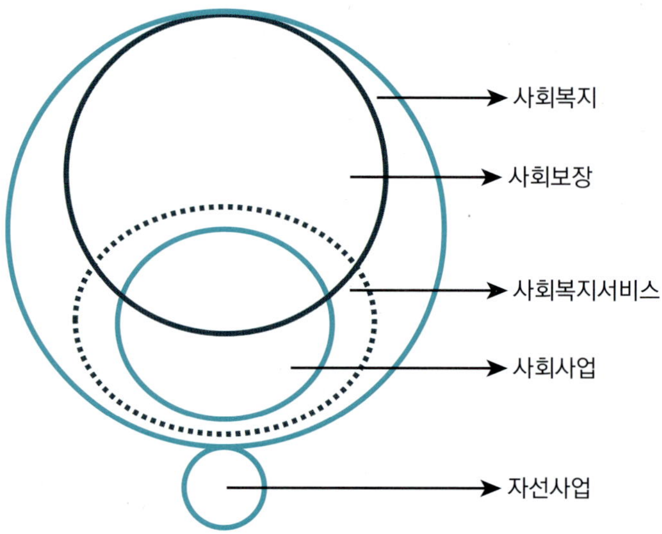

[그림 2-1] 사회복지, 사회보장, 사회복지서비스, 사회사업 그리고 자선사업 등의 관계
출처 : 성민선 외(2005).

그림에서 보는 것처럼, 넓은 의미의 사회복지는 사회보장, 사회복지서비스, 사회사업 등이 모두 포함되는 개념이다. 그리고 사회보장을 일반적인 의미에서 사회보험, 공공부조, 사회복지서비스로 이해한다면, 사회복지서비스의 일부는 사회보장 영역에 속하지만 국가가 보장해 주지 않는 영역에서 사적으로 지불하는 교육, 상담 등의 사회복지서비스도 존재한다.

사회사업은 사회복지서비스 중 사회복지사에 의해 행해지는 전문적인 활동을 의미하기 때문에 사회복지서비스의 일부가 되지만, 임상심리전문가, 특수교사 등에 의해 제공하는 사회복지서비스나 자원봉사활동과 같은 서비스는 사회사업의 영역에는 속하지 않는다.

자선사업은 사회복지와는 달리 비공식적 영역에서 행하여지는 활동이기 때문에 사회복지의 영역과 교차되는 영역이 존재하지 않는다.

3. 사회복지의 기준

앞서 사회복지 개념의 다양한 측면과 관련 개념과의 관계를 검토하였다. 그러나 구체적으로 특정한 활동이나 제도를 사회복지라는 개념에 속한다고 할 수 있는가를 정하는 기준들은 모호한 채 남아 있다. 따라서 여기에서는 학자들에 의해 제시된 사회복지 개념의 기준에 관하여 살펴본다.

Wilensky와 Lebeaux1965는 현대 산업사회에서 사회복지활동이라고 개념화될 수 있는 기준을 다음과 같은 다섯 가지로 제시하였다.

첫째, 공식적 조직에 의해 제공하는 활동이 사회복지활동이다. 즉, 사회복지사업을 목적으로 설립된 사회복지시설 및 기관에서 제공되는 활동이나 공동모금회나 기업의 사회공헌팀과 같은 사회복지활동을 할 수 있는 제도적 근거에 의해 설립된 조직에 의해 수행되는 활동이 사회복지로 이해된다는 것이다. 이와 같은 기준에서는 개인적인 원조는 사회복지활동이 아니다.

둘째, 사회복지활동은 사회적으로 승인된 목적과 방법으로 수행되고 사회적 책임을 가지는 활동이다. 즉, 불법행위를 지원하는 것은 행위 자체가 원조행위라고 하더라도 사회적 승인을 받을 수 없기 때문에 사회복지활동이 될 수 없으며 방법도 「사회복지사업법」이나 관련 법규에서 정한 테두리 내에서 이루어져야 한다.

셋째, 사회복지활동은 이윤추구를 배제한 활동이어야 한다. 즉, 영리를 목적으로 한 활동은 사회복지활동이 아니라고 보는 것이다. 그러나 최근 사회복지활동은 영리조직의 활동을 인정하고 있기 때문에 절대적인 기준이 되기는 어렵다고 하겠다.

넷째, 사회복지활동은 인간의 욕구에 대한 통합적 관심을 가지고 접근하는 활동이다. 여기에서 통합적 관심이란 개인적인 경제적 결핍이나 신체적 고통의 해소에 초점을 둔 활동이 아니라, 사회적, 심리적, 경제적 욕구들에 광범위한 관심을 가지고 이 욕구의 충족을 위해 다양한 형태로 접근한다는 것을 의미한다.

다섯째, 사회복지활동은 인간의 소비욕구에 대한 직접적 관심을 가진 활동이다. 즉, 인간의 의식주를 비롯한 다양한 결핍문제에 대하여 직접적인 욕구 충족에 관심을 가지는 활동이다. 간접적인 활동의 대표적인 예는 경제정책인데, 경제정책은 빈곤계층의 아동의 결식문제에 대해 경기 부양을 통해 빈곤의 감소를 가져옴으로써 결핍문제를 해결하고자 하는 것이므로 소비욕구에 대하여 간접적인 관심을 가지는 것으로 보아야 한다. 반면 사회복지활동은 결식아동들의 영양결핍과 건강문제에 대하여 직접적인 관심을 가지고 도시락 배달, 방문진료의 연결 등을 추진한다.

Wilensky와 Lebeaux1965가 제안한 사회복지 개념의 기준은, 송근원 · 김태성1993에 의하여 더욱 구체화 되어 다음과 같이 일곱 가지로 제시되었다.

첫째 사회복지는 기본적인 욕구를 개별적배타적으로 해결하는 것이다. 사회복지는 사람들의 개별적인 필요에 따라 차별적인 급여를 제공하는 것과 같은 원칙을 중시한다. 반면 국방이나 환경서비스와 같은 공공서비스는 개별적 방식이 아니라 일률적, 집합적 방식으로 제공되며, 이러한 이유로 사회복지 개념에 포함되기 어렵다.

둘째, 사회복지는 사람들의 기본적 필요를 직접적으로 해결한다. 이는 인간의 경제적 욕구에 대한 간접적 해결방식을 추구하는 경제정책과는 달리, 직접적으로 현금을 지원하는 것과 같은 방식이 사회복지의 차별성임을 의미한다.

셋째, 사회복지는 기본적 필요를 비시장적으로 해결한다. 자본주의에서 인간의 욕구 충족을 위한 소득은 일차적으로 시장에서 노동력을 제공한 대가로 획득된다. 그러나 사회복지는 일반적으로 사회보장정책과 같은 재분배를 통해 시장기제 바깥에서 이루어진다. 그러나 현대사회에서 많은 사회복지는 시장기제와 관련되어 있다. 예를 들어 보육 프로그램을 통해 여성인력이 노동시장에의 참여를 장려함으로써 가계소득을 높이려고 하는 정책은 사회복지와 시장기제가 연결되어 있는 정책으로 볼 수 있다.

넷째, 사회복지는 기본적 욕구를 공식적인 조직이나 제도를 통하여 해결한다. 이는 앞서 설명한 Wilensky와 Lebeaux1965가 말한 사회복지활동은 공식적 조직을 통해 수행되는 활동을 의미한다는 것과 같은 내용이다.

다섯째, 사회복지는 기본적 욕구를 비영리적 부문에서 해결한다. 전통적으로 사회복지는 비영리조직에 의해서 주도되어 왔다. 그러나 최근의 복지다원주의 경향은 사회복지영역에서의 영리조직의 활동을 인정하는 추세이며, 노인복지영역과 개별사회서비스 분야에서 활성화될 전망이다.

여섯째, 사회복지는 일방적인 이전이다. 자본주의 시장의 기본적인 원리는 등가의 교환이다. 그러나 전통적으로 사회복지는 소외계층 수급자에 대하여 대가없는 일방적 이전의 형태로 수행되어 왔다. 최근에는 사회복지서비스에 대한 일부 이용자부담을 부가하는 경우가 보편적인 형태로 나타나고 있다. 또한 아동복지프로그램은 현 시점에서는 일방적인 이전이지만 장기적으로 보면 미래사회의 국가 생산성 증대라는 측면에서 하나의 투자라는 관점으로 파악될 수도 있다.

일곱째, 사회복지는 기본적인 욕구 가운데 소비적인 욕구를 해결한다. 전통적으로 사회복지는 사회적 욕구에 의한 소비욕구를 대상으로 하여 소득보장을 중심으로 발전한 것이 주지의 사실이다. 즉, 국민연금의 경우 노후생활의 소비에의 욕구를 해결하기 위한 프로그램이라고 할 수 있다. 그렇지만 현재 사회복지의 다양한 형태들 중에는 보육프로그램, 건강보험처럼 생산적 욕구와 높은 관련을 가진 프로그램이 있어 일률적으로 파악하는 데에는 한계가 있다.

사회복지 개념의 기준에 관한 논의는 사회복지의 성격적 특성이 무엇인가와 같은 맥락에 있는 논의라고 할 수 있다. 앞에서 제시한 두 가지 이론적 틀은 현대의 사회복지를 일률적으로 판단하는 기준이 되기에는 많은 한계를 가지고 있다고 할 수 있다. 왜냐하면 사회복지의 성격이 빠른 속도로 변화하고 있기 때문에 기존의 기준들로는 설명하기 어려운 새로운 형태가 지속적으로 출현하고 있기 때문이다. 그러나 근본적인 사회복지 개념의 형태를 이해할 수 있는 사회복지의 기준에 관한 논의는 변화하고 있는 사회복지의 특성을 이해하고 보다 정교화할 수 있는 이론적 근거를 제공한다는 측면에서 여전히 의의를 가지는 것으로 볼 수 있다.

4. 사회복지의 관점

앞에서 사회복지의 개괄적인 의미와 유사개념, 그리고 그 개념의 기준들을 검토하였다. 이와 같은 사회복지 개념의 다원성 혹은 다양성의 근저에는 사회복지의 적용 · 자격대상과 기능에 관련된 서로 다른 관점들이 내재해 있다. 여기에서는 사회복지의 관점에 관한 주요 쟁점으로서 잔여주의 · 제도주의 · 발달주의, 선별주의 대 보편주의에 관한 논쟁을 소개한다.

1) 잔여주의 · 제도주의 · 발달주의

Wilensky와 Lebeaux1965는 사회복지를 기능적 관점에서 잔여주의와 제도주의로 구분하였다. 사회복지정책에서 잔여적residual 관점은 개인의 욕구는 가족이나 시장을 통해 충족되어야 한다는 가정에 기초한 사회복지 개념으로서, 사회복지는 경기침체나 가족위기와 같은 한정적이고 예외적인 상황에서나 작동하는 필요악이자 일종의 보완장치로서 기능하는 것이라고 본다. 예를 들어 고아나 무의탁 노인들처럼 가족의 보호를 받을 수 없으면서 본인이 노동시장에서 자신의 욕구를 충족시킬 수 있는 정도의 소득을 획득할 수 없는 극소수의 사람들에게 매우 제한적으로만 사회복지는 작동해야 하는 것으로 본다. 그래서 사회복지는 시장과 가족이 제 기능을 회복하면, 즉 고아가 성장하여 노동능력을 가지게 되면 복지혜택은 사라져야 한다는 입장이며, 자격대상을 엄격한 욕구검증에 기초하여 결정되어야 한다는 것이다. 이와 같은 잔여적 관점은 좁은 의미의 사회복지 개념과 같은 맥락에 있다고 볼 수 있다.

제도적institutional 관점은 오늘날 사람들은 복잡하고 어려운 환경에 살고 있기 때문에 사회복지는 현대사회에서 꼭 필요한 정당한 기능으로 받아들여진다는 입장이다. 예를 들면 누구나 노인이 되면 일을 중단해야 하므로 소득결핍문제에 직면하게 되기 때문에 국민연금과 같은 제도적 구조를 통해 욕구를 충족하는 것이 정상적인 것으로 간주된다. 제도적 관점에서는 사회복지는 정상적이고 영구적이며, 필요한 것이고 사회구조의 바람직한 부분으로 받아들여진다. 즉, 넓은 의미의 사회복지 개념과 같은 맥락에 있다.

발달적developmental 관점은 현대사회의 모든 시민들은 사회에 대한 참여능력을 개발하고 바람직한 생활수준을 달성하고 유지하기 위해서는 사회적으로 제공되는 재화나 서비스들이 필요하다고 가정한다. 이러한 관점에서 사회복지는 문제를 해결하거나 고통을 겪고 있는 사람들을 원조하는 식으로 정의되지는 않으며, 그보다는 나은 생활을 가져야 하고, 생활의 질을 높이고, 인간 개발을 성취하는 등 보다 적극적인 의미를 띤다.

이와 같은 발달적 관점은 사회복지재정을 사회투자social investment로 인식하면서, 사회서비스를 통해 인적 자본을 개발하여 더 나은 미래사회를 구축하려는 사회복지정책과 같은 맥락에 있다고 할 수 있다. 즉, 건강보험이나 빈곤계층에 대한 의료급여 및 직업훈련 프로그램은 현재의 문제를 해결함과 동시에 미래 노동생산성을 향상시킬 수 있다는 의미에서 인적 자본의 개발을 도모할 수 있다고 보는 것이다.

2000년대 후반부터 우리나라에서 유럽과 같은 넓은 범주의 공공 개별 사회서비스가 시작되었다. 초기에 사회서비스혁신사업이라고 명명된 이 사업은 현금급여 중심의 사회보험과 빈곤계층을 대상으로 한 기초생활보장제도 적정관리에 초점을 두어 왔던 기존 사회복지 범주에서 벗어나, 보편적 사회계층을 대상으로 교육, 훈련, 치료, 문화 등과 같은 영역의 서비스에 국가가 일정 비율의 재정을 지원하여 시장화를 도모한다는 목적으로 추진되고 있다. 이 정책의 기존 사회복지정책과의 차별성은 기회의 평등보장을 통하여 사회적 이동성을 제고시키고, 모든 시민의 경제활동 참여를 활성화함으로써 사회정책의 효율성 및 지속가능성을 제고시키고자 하는 목적을 가진다는 것이다. 즉, 이 정책은 경제정책과 사회정책을 유기적으로 결합하여 사회서비스 제공을 통해 보편적 사회적 욕구를 충족시킴과 동시에 경제활동을 활성화시키고자 한다. 그리고 이와 같은 사회서비스는 전통적 복지의 빈곤계층보다 보편적 대상으로 범주를 확장하고, 미래투자 혹은 예방투자의 관점에서 아동과 아동의 보호자인 여성에 대한 서비스와 근로능력이 있는 저소득층에 대한 지원을 강조한다정형선, 2011.

2) 선별주의 대 보편주의

선별주의 프로그램은 욕구 또는 개인의 재정적 자산에 기초하여 수급자격이 결정되는 프로그램인 반면, 보편주의 프로그램은 어떤 계층, 범주, 지역 기준에 부합되면 누구에게나 권리로서 제공된다.

선별주의 프로그램은 사회복지의 대상을 사회적 취약계층으로 한정하려는 목적을 가지며, 사회복지에 소요되는 비용을 제한하려는 보수주의 이데올로기에 부합한다. 이는 중상소득계층에 의한 집중적 급여활용을 방지하여 재정의 절감을 도모할 수 있다는 장점을 가진다. 반면에 보다 넓은 수혜계층을 가지는 보편주의 프로그램에 비하여 정치적 지지 기반이 협소하며, 가난한 사람에 대한 낙인stigma 부여, 자격 있는 빈자의 신청 기피, 부정 수급, 과다한 행정운영비로 인한 비효율성, 수급자와 비수급자 간의 통합 저해 등의 단점이 있다.

보편주의 프로그램은 사회적 취약계층뿐만 아니라 사회구성원 전체의 복지욕구 충족을 위한 공공정책상의 개입이다. 건강, 소득, 주택, 교육, 여가활동, 노동 등과 같은 광범위한 영역에서 사회구성원들의 욕구에 대응하기 위한 정책들이 여기에 해당하며, 욕구 결핍이 발생한 후의 사후적 개입보다는 문제에 대한 사전적 예방이 강조된다. 이와 같은 프로그램은 낙인이 발생하지 않으며, 드러나지 않게 가난한 사람을 원조할 수 있을 뿐 아니라 광범위한 지지 기반을 형성함으로써 사회적 통합을 증진시키는 장점을 가진다. 반면에 급여가 필요하지 않거나 원래 대상이 아닌 계층에게로 막대한 금액이 지급되는 데서 오는 급여 비효율성benefit inefficiency의 단점이 있다.

5. 사회복지학의 접근방법과 정체성

사회복지에 대한 사회복지학의 접근방법을 크게 분류한다면, 개인의 욕구 충족과 문제해결에 초점을 둔 사회사업social work과 사회제도 및 정책에 관심을 가지는 사회정책social policy으로 구성되어 있다김융일 외, 2003. 이와 같은 두 가지 접근방법은 서구에서 사회사업학의 태동기에 나타났던 서로 다른 형태의 빈민구제활동에 뿌리를 두고 있다. 즉, 19세기 후반 영국에서 태동된 자선조직협회Charity Organization society 운동과 인보관Neighborhood House 운동은 서로 다른 이념과 방법에 따라 발전하였는데, 이와 같은 전통이 서로 다른 접근방법의 모체가 되었다고 볼 수 있다. 자선조직협회는 빈곤의 원인을 개인적인 도덕적 문제로 보고 빈곤가정에 우애방문원을 파견하여 인격적 감화를 통해 개인을 변화시킴으로써 빈곤문제를 해결하고자 하였다. 반면에 인보관운동은 빈곤문제를 사회구조적인 문제로 보았으며, 젊은 대학생이나 지식인들이 주도가 되어 빈곤지역에 들어가 함께 거주하면서 빈곤을 영속화시키는 환경을 개선시키는 데에 초점을 두었다. 이처럼 인간의 문제를 바라보는 서로 다른 관점이 다양한 접근방법을 발전시키게 되었으나, 다른 한편으로는 사회복지학의 내적 일관성이라는 측면에서는 지속적인 학문적 과제를 던져 주고 있다고 할 수 있다.

우리나라 사회복지학의 뿌리는 미국 학문인 사회사업학에 있다고 하겠으며, social worker라는 특정 전문직의 발전과 함께 학문적 발전이 이루어져 왔다고 할 수 있다. 미국에서 사회사업학은 1917년 Mary Richmond가 '사회진단Social Dignosis'이라는 저술을 내놓음으로써 이론적 근거가 형성되었으며, 초기 발전과정에서 Freud 이론을 중심으로 한 심리학이론의 영향 아래에서 실천방법을 중심으로 이론과 지식을 발전시켰다. 이와 같은 영향으로 초기 사회사업은 주로 인간의 심리사회적 문제에 접근하는 미시적 접근을 주된 내용으로 하였으며, 외부로부터 이론과 실천방법의 측면에서 심리학이나 정신의학과 구별되는 정체성을 가지고 있는가 하는 문제에 대한 정체성의 도전을 받기도 하였다. 이와 같은 초기 사회사업학의 경향은 빈곤과 같은 문제의 원인을 사회구조적인 문제가 아니라 개인 내부의 문제로 간주하였던 미국 사회의 이념적 경향과 맥락을 같이하는 것이라고 볼 수 있다.

사회사업학에서 개인에게 영향을 미치는 사회환경적인 문제의 중요성을 인식하기 시작한 것은 1960년대에 와서 미국사회의 빈곤문제나 인종차별의 문제로 인한 사회적 동요가 빈번하게 발생하면서 부터라고 할 수 있다. 이 시기에 와서 개인의 빈곤이나 부적응의 문제를 사회환경적인 관점으로 접근하는 다양한 정책, 예를 들어 빈곤과의 전쟁war on poverty과 같은 정책들이 시행되면서 개인 내부적 접근과 함께 사회환경의 개선을 목표로 하는 접근이 발전되기 시작하였다. 이와 같은 상황은 사회사업학이 사회문제를 개인과 사회환경과의 관련성 속에서 조망하고 개인 내적 변화와 함께 사회환경적 변화를 동시에 추구하는 이론 및 실천방법상의 독자성을 확보하는 기회를 제공하였으며김융일 외, 2003, 기존 미시적 접근방법 이외에 사회정책과 같은 거시적 접근방법을 발전시킬 수 있도록 하였다. 그리고 사회문제에 대한 애초의 미시적 접근이 거시적 접근을 받아들이고 통합을 추구해 나가는 과정에서 사회사업학은 영역을 확장하면서 사회복지학으로 명칭이 변경되는 단초가 제공되었다고 할 수 있다.

일반적으로 사회복지학은 인간의 욕구 결핍과 관련된 사회문제를 과학적 지식과 전문적 기술을 토대로 해결하고자 하는 것을 추구하는 실천 응용학문으로 정의된다김융일 외, 2003. 실제 사회복지학의 가장 큰 특징은 그것이 실천 응용학문이라는 것이다. 사회복지학은 사회복지사라는 전문직의 발전을 위한 지식과 이론을 제공하면서, 다른 한편으로는 그들의 활동 범위와 내용에 따라 학문적 영역에 커다란 영향을 받으면서 발전해 나가고 있다. 사회복지학처럼 실천 현장과 결부되어 발전하는 학문영역이 대부분 부딪치는 문제는 과학과 기술이라는 이중체계의 문제이다. 즉, 인간의 욕구 결핍과 사회문제라는 사회현상을 연구하는 과학이면서 다른 한편으로는 사회복지의 목적 달성을 위한 실천기술이라는 이중적 체계의 문제이다. 이와 같은 이유로 추상적 이론화의 수준이 낮은 실천지식들은 폄하되는 경향이 발생하기도 한다.

그러나 사회복지학의 정체성은 실천지식에 기반한 실천기술에 있다고 보아야 할 것이다. 사회복지학이 가지는 실천지식과 기술은 다른 학문과의 차별성을 뚜렷하게 보여주는 구성요소이며, 이 부분을 제외한다면 사회학, 심리학, 행정학 등의 타 학문과의 차별성을 보여주는 데에 많은 어려움이 있다고 할 수 있다. 오히려 사회복지학의 발전은 실천기술들을 어떻게 정교한 이론적 도구에 의해 설명하고 실천의 효과를 과학적 방식으로 검증해 낼 수 있는가에 달려있다고 본다.

사회복지학의 발전에 있어서 오히려 어려운 과제는, 외연적 특징에 의한 다른 학문과의 차별성보다 미시적인 개별 사회서비스의 이론과 거시적 정책 이론과의 범주적 간극을 극복할 수 있는 이론적 체계를 개발하는 일이다. 즉, Freud 이론으로 사회현상을 설명하는 한계와 권력이론으로 개인의 행동을 바라보는 어려움을 극복할 수 있는 내적 일관성이 있는 이론적 체계를 구축하는 것이 향후 사회복지학 발전의 가장 중요한 과제가 될 것이다.

사회복지학이 실천 응용학문이라는 특징에서 연유하는 또 하나의 중요한 특징은 그것이 가치지향성을 가진다는 것이다. 일반적으로 사회학, 정치학, 심리학 등은 사회현상, 정치현상 그리고 인간행동을 야기시키는 심리현상에 관한 객관적이고 탈가치적인 이해를 추구한다. 반면 사회복지학이 추구하는 이론이나 지식은 바람직한 인간이나 사회를 형성하는 데 도움을 주려는 목적을 가지고 있는 것들이다. 다시 말하면, 사회복지학은 사회적이거나 심리적인 현상 탐구 자체에 목적을 두는 것이 아니라 사회복지의 실현을 목적으로 이론과 지식을 탐구한다는 측면에서 독특한 정체성을 가지는 것이다.

요약

이 장에서는 사회복지의 개념을 설명하기 위해 사회복지 개념의 다양한 측면들을 살펴보고 넓은 의미의 사회복지와 좁은 의미의 사회복지를 알아보았다. 그리고 사회복지라는 용어의 구체적인 이해를 위해서는 관련 용어와의 비교 검토를 통해 사회복지, 사회서비스, 사회보장, 사회복지서비스, 사회사업 그리고 자선사업과의 관계를 정리해 보았다.

다음으로는 이와 같은 사회복지 개념의 다양한 측면과 관련 개념과의 관계 검토에도 불구하고 모호하다고 볼 수 있는 사회복지 개념의 준거, 즉 구체적으로 어떤 활동이나 제도가 사회복지인가 하는 문제에 대한 답을 찾기 위해 학자들에 의해 제시된 사회복지 개념의 기준에 관하여 검토하였으며, 또한 사회복지 개념의 다원성 혹은 다양성의 근저에 내재해 있는 이념적, 철학적 차이를 이해하기 위하여 사회복지의 관점에 관한 주요 쟁점으로서 잔여주의 · 제도주의 · 발달주의, 선별주의 대 보편주의의 논쟁을 소개하였다.

마지막으로는 사회복지를 대상으로 하는 사회복지학의 접근방법과 정체성 문제를 간략하게 제시하였다.

탐구문제

❶ 현대사회에서 사회복지 개념이 점점 확대되어 가는 이유는 무엇인가?

❷ 노인복지 분야와 개별 사회서비스 분야에서 영리기업이 사회복지서비스에 참여하는 것과 같은 변화가 사회복지 분야에 초래할 변화는 무엇인가?

❸ 사회복지 영역과 개념의 확대는 사회복지사의 활동 영역과 방법에 어떠한 변화를 초래할 것인가?

참고문헌

김융일·김기환·김미혜·김형식·박능후·신준섭·오창순·이영분·정무성·황성철(2003). **사회복지개론**. 동인.

김태성·홍선미(2006). **사회복지개론**. 청목출판사.

성민선·권문일·김인숙·김종해·김용석·노연희·엄미선·이상균·이용표·백은령·정재훈(2005). **사회복지개론**. EM커뮤니티.

송근원·김태성(1993). **사회복지정책론**. 나남출판.

전국대학사회복지교육협의회 편(1999). **사회복지개론**. 유풍출판사.

정형선(2011). "보장성 강화정책에 대한 평가 및 제언". **대한임상보험의학회지**. 제21권 제4호.

Friedlander, W. & Apte, R.(1974). *Introduction to Social Welfare*. Englewood Cliffs : Prentice Hall.

National Association of Social Workers(1983). *Standards for Social Service Manpower*. N.Y. : NASW.

Romanyshyn, J. M.(1971). Social Welfare : *Charity to Justice*. N.Y. : Random House.

Wilensky, H. & Lebeaux, C. N.(1965). *Industrial Society and Social Welfare State*. N.Y. : Russel Sage Foundation.

03 사회복지의 구성요소

사회복지의 구성요소는 사회복지제도나 프로그램이 실제로 실행되기 위해 필요한 요소이다. 예를 들어, 청소년복지기관에서 근무하는 사회복지사가 청소년상담을 실행하기 위해서는 ① 서비스 주체: 사회복지조직 혹은 사회복지사, ② 서비스 대상: 청소년, ③ 급여형태: 상담, ④ 재원: 청소년복지기관 운영비, ⑤ 전달체계: 재원과 사업운영지침을 행정체계를 통해 청소년복지기관을 지원하는 체계가 필요하다는 것이다. 사회복지서비스에 관한 정책 및 행정은 특정한 목적과 목표를 추구하기 위해 이러한 구성요소를 어떻게 조직화하여 정책을 실행하는 것이 효과성 및 효율성을 고양시킬 수 있는가 하는 문제를 주로 다룬다.

이 장에서는 사회복지의 구성요소를 주체, 대상, 급여, 전달체계 그리고 재원 등으로 규정하고 이와 같은 각각 구성요소의 특성과 사회복지정책상의 의미를 살펴본다.

1. 사회복지의 주체

1) 전통적 주체로서 공공과 민간

사회복지는 빈민구제라는 사회적 실천에서 출발하였다고 볼 수 있다. 사회복지 발달사를 보면 1601년 엘리자베스 구빈법이 제정되기 전까지 유럽에서 빈민구제는 주로 가톨릭교회와 같은 종교기관에 의해 이루어졌다. 엘리자베스 구빈법의 제정은 더 이상 종교기관에 의존한 구호나 자선활동으로는 사회적 안정을 유지하기 힘들었다는 것을 의미하며, 이와 같은 상황 인식을 토대로 국가는 빈민구제를 제도화하였다. 즉, 사회복지의 출발은 빈민에 대한 종교기관의 자선적 구제에서 비롯되었으며, 이를 국가가 제도화함으로써 점진적인 발달이 이루어졌음을 알 수 있다.

빈민에 대한 국가 책임이 제도화된 이후에도 공공영역에서 빈민구제의 책임을 전적으로 지지는 않았다. 초기에는 빈민구제라기보다 사회적 통제의 성격을 가진 감금, 강제노역 등이 행하여졌으며, 재정적 능력에서나 이념적 입장에서도 구제활동을 최소화하려는 경향이 강하였다. 민간영역의 구제활동은 유사 이래 다양한 이유에서 어떤 형태로든 존재해 왔던 활동이며, 현대 사회에서는 그 활동 자체가 단체 설립을 통한 활동, 자원봉사 그리고 기부금에 대한 세재혜택 등으로 다양하게 제도화되고 조직화되어 발전되어 왔다.

일반적으로 사회복지의 공공주체는 국가와 지방자치단체를 의미하며, 민간주체는 사회복지법인, 종교단체들이 그 대표적인 예이다. 우리나라에서는 사회복지법인은 제도화되고 공식화된 보편적인 민간 사회복지 주체라고 할 수 있다.

공공과 민간 사회복지 주체의 특성을 비교해 보면, 공공 주체는 사회복지를 통하여 사회적 형평성 확보를 추구하는 반면, 민간 주체는 자선이나 사랑의 실천을 추구한다. 공공 사회복지의 의사결정 주체는 정책과 예산에 대한 결정권을 가지는 의회가 되는 반면, 민간 사회복지는 법인의 이사회가 의사결정 주체가 된다. 서비스의 특성은 공공 사회복지 주체인 정부나 지방자치단체가 사회구성원의 다양한 욕구에 따라 광범위한 서비스를 안정적으로 제공하는 특성을 가지는 반면, 민간 주체는 특정영역에 대한 전문적인 서비스를 융통성을 가지고 제공한다. 공공 사회복지의 재원은 조세와 사회보험료를 통해 조달되는 반면, 민간은 기부금을 그 재원으로 한다.

〈표 3-1〉 사회복지의 공공 및 민간 주체의 특성 비교

구분	공공	민간
이념	사회적 형평성	자선, 박애
의사결정 주체	의회	이사회
서비스 성격	광범위, 안정성	전문성, 융통성
재원	조세, 사회보험	기부금

이와 같은 사회복지의 공공 주체와 민간 주체의 특성은 현실적 사회복지 주체에서는 명확하게 구분되지 않는다. 그 이유는 대표적인 민간 주체인 사회복지법인의 경우 자체의 기부금을 토대로 사업을 영위하기보다 공공영역의 사회복지사업을 위탁받는 형태로 사업을 수행하기 때문에 재원의 제공자인 정부의 사업지침 내에서 활동하는 경우가 대부분이기 때문이다. 결과적으로 민간 주체 서비스의 특징인 융통성이나 전문성이 뚜렷하지 않고 오히려 관료적인 특성이 표출되는 경우가 많다. 이와 같은 이유에서 사회복지의 주체를 공공과 민간으로 이분화하는 분류는 현실적 설명력으로는 한계를 가지기 때문에 다양한 분류방식이 나타나게 된다.

2) 정책주체, 운영주체, 실천주체

사회복지 주체에 관한 논의의 설명력을 높이기 위해서는 그것을 정책주체, 운영주체, 실천주체로 나누어 볼 필요가 있다. 실제 우리나라의 사회복지는 이와 같은 세 주체가 서로 다른 형태로 나타나는 경우가 대부분이다.

정책주체는 사회복지정책을 계획하고 실행하며 평가하는 주체를 말하는데, 일반적으로 국가 및 지방자치단체가 그 주체가 된다. 우리나라에서 2005년부터 사회복지 재정을 중앙정부로부터 지방에 이양함으로써 재정적 책임과 행정적 책임을 단일화하는 재정분권이 제도화되었는데, 이 제도는 향후 지방자치단체가 중요한 정책주체의 역할을 하는 계기가 될 것으로 보인다. 왜냐하면 지방분권 이전의 지방자치단체는 중앙정부의 사업지침에 따라 사업을 집행하는 주체로서의 성격이 강한 반면, 지방 실정에 맞는 정책주체으로서의 역할은 미비했기 때문이다.

운영주체는 사회복지사업을 조직단위에서 운영하는 주체를 말하며, 민간 사회복지법인이 일반적인 주체이지만 국립재활원처럼 국가가 직접 운영하는 경우도 있다. 즉, 운영주체는 국가 및 지방자치단체, 사회복지법인, 종교단체, 개인도 될 수 있으며, 최근에는 영리기업도 노인복지나 사회서비스 분야에서 활동하고 있다.

실천주체는 사회복지서비스를 대상자들에게 직접 전달하는 개인적 주체로서, 사회복지사, 임상심리사, 작업치료사, 언어치료사, 특수교사 등과 같은 다양한 주체가 사회복지조직에서 활동하고 있다.

3) 사회복지 주체의 다양화

공공부문, 즉 국가나 지방자치단체가 사회복지에 관한 재화나 서비스를 주도적으로 공급해야 하는 이유에 대해서는 두 가지 입장이 있다. 하나는 규범적이고 가치적인 측면에서 평등, 소득재분배, 사회통합 등에 대한 국가의 의무이며, 다른 하나는 경제적 효율성의 측면에서 국가의 역할이 필요하다는 것이다김태성 · 성경륭, 1993.

공공부분이 사회복지를 제공해야 하는 경제적인 이유를 김태성 · 성경륭1993은 다음과 같은 일곱 가지로 정리하여 제시하고 있다. 첫째, 사회복지에 관한 재화 및 서비스는 공공재적인 성격을 가지기 때문에 공공부분이 제공하는 것이 효율적이라고 할 수 있다. 공공재란 사회 전체적으로 커다란 이익을 가져다주지만 시장에 맡겨두는 경우에 사회적으로 필요한 만큼 공급되기 힘든 재화를 말한다. 예를 들어 각종 질병에 관한 예방서비스는 사회적으로 질병의 확산을 방지함으로써 개인 건강적 측면이나 사회적 생산성 측면에서 매우 필요한 것이지만, 개인에게 맡겨둘 경우 질병의 확산을 방지할 만큼의 서비스를 개인들이 구매하지 않는다는 것이다. 이와 같이 노인에 대한 여가서비스는 노인들의 건강증진을 통하여 사회적으로 의료비용 부담을 완화시키는 데 효율적이지만 개인적 비용을 통하여 구매하는 데에는 한계가 있는 재화라고 볼 수 있다.

둘째, 사회복지에 관한 재화 및 서비스는 외부효과를 가지기 때문에 국가에 의해 제공되어야 한다는 것이다. 외부효과란 어떤 사람의 행동이 다른 사람의 복지증진에 시장기제 밖에서 영향을 주는 것을 말한다Rosen, 1998 ; 김태성 · 성경륭, 1993에서 재인용. 예를 들어 어떤 부자가 지역사회의 실업자들에게 재정적 지원이나 일자리를 마련해 준다면 지역사회의 범죄율 감소가 나타나 지역사회의 상업이 발전하거나 밤거리가 안전하게 됨으로써 주변 사람들도 이득을 보게 되는 효과를 말한다. 그러나 이러한 동기를 가지고 활동을 할 부자나 기업이 현실에서 존재하기 어렵기 때문에 국가의 개입을 필요로 한다. 또한 사회복지 재화의 공급은 빈곤 감소와 사회적 유대 강화를 통해 사회적 통합과 안정을 가져오는 효과를 가지고 있으나 사회적 약자들이 지불능력이 취약한 경우가 대부분이기 때문에 공공부분이 제공하여야만 한다.

셋째, 불완전한 정보로 인하여 시장에서 효율적으로 배분이 이루어지기 어려운 재화는 공공영역에서 공급할 필요가 있다. 예를 들어 의료서비스와 사회복지사의 전문적 개입처럼 매우 세부적이고 전문적인 기술을 토대로 한 서비스는 시장에 맡겨두면 불필요한 서비스의 과잉공급이 일어나 사회적인 부담이 급증하는 경우나 전혀 공급되지 않는 경우가 발생하기 때문에 공공영역에서 제공하는 것이 바람직하다는 것이다. 현재 우리나라 의료체계에서 발생하는 과다한 약물처방, 필요불가결하지 않은 의료행위의 과잉이용 그리고 정신장애인의 장기입원 등은 의료서비스를 사적 시장에 지나치게 의존한 결과로 볼 수 있다.

넷째, 역의 선택adverse selection이 발생하는 재화는 공공영역에서 제공되어야 한다. 역의 선택이란 건강보험을 사회보험으로 강제화하지 않는 경우 의료이용 가능성이 높은 건강상태가 좋지 못한 사람이나 노인계층이 주로 가입하게 됨으로써 가입자나 민간보험회사는 그 비용을 감당하지 못하게 되는 결과를 말한다. 따라서 이와 같은 경우에는 전체 사회구성원의 가입을 강제화하여 공공영역에서 서비스를 주도함으로써 건강보험이 사회적으로 예측가능한 일정한 위험에 대한 보장기능을 수행할 수 있도록 하는 것이다.

다섯째, 도덕적 해이가 발생하기 쉬운 서비스는 공공영역에서 제공할 필요가 있다. 예를 들어 실업보험의 경우 그 제도가 잘 정비되어 있을수록 사람들이 쉽게 직장을 그만두고 실업보험 급여로 생활하고자 하는 경향이 나타나기 쉽다. 이런 경우 사적 시장에서는 이 문제를 다루기 어렵기 때문에 공공영역에서 해결하여야 한다.

여섯째, 사회복지의 재화나 서비스가 필요한 위험의 발생이 사람들 사이에서 상호의존되어 있는 경우 공공영역에서 제공하여야 한다. 즉, 우리나라의 IMF구제금융 도입과 같은 상황은 일시에 많은 사람의 실업과 소득의 문제를 만들어낸 것처럼, 서비스를 제공해야 하는 상황의 위험이 사람들마다 독립적이 아니라 동시에 대규모로 나타날 수 있는 사회복지에 관한 재화나 서비스는 민간영역에서 담당하기는 어렵다는 것이다. 실업보험과 같은 것은 실제로 민간영역이 담당하기에는 많은 위험을 가지고 있다.

일곱째, 규모의 경제가 작용하는 경우 공공영역에서 서비스를 제공하는 것이 효율적이다. 즉, 대량의 주택공급, 교육, 의료, 노인케어 등과 같은 서비스는 국가가 대량으로 공급하는 경우 낮은 비용을 제공할 수 있으나, 개별기업에 맡기는 경우는 많은 거래비용을 소모하게 된다는 것이다.

공공영역에서 사회복지를 제공해야 하는 경우 이와 같이 자원배분의 효율성이 강화되는 결과를 가져오는 경우가 많지만, 현실적으로는 다양한 형태의 민간영역이 함께 서비스를 제공하는 경우가 점차 증가하고 있다. 이와 같은 변화는 사회복지라고 인식되는 서비스의 총량이 이전과 비교하기 어려울 만큼 확대되고 있으며, 그에 따라 전통적인 사회복지 공급주체로는 서비스에 한계를 가져다주고 있기 때문이다.

국가는 사회복지서비스를 다양한 조직에 위탁하여 제공함으로써 전통적인 공공과 민간 공급주체의 이분법의 실효성을 약화시켰으며, 사회복지서비스를 공급하는 영리기업이 등장하고 있어 전통적으로 선의에 입각해 수행되던 사회복지에 많은 변화를 초래하게 되었다. 그것은 공공부분이 경제적 효율성을 가지고 오는 경우도 있으나, 관료적 경직성과 같은 문제로 인하여 서비스 질을 약화시키고 재정적 한계로 인해 사회적으로 필요한 서비스를 제대로 공급해 오지 못한 결과를 가져오기도 하였기 때문이다.

따라서 현재 사회복지 재화 및 서비스를 공급하는 주체는 이전보다 다양화되고 있는데, 이를 다음과 같이 비공식 부문, 공공 부문, 민간비영리 부문, 민간영리 부문으로 나누어 볼 수 있다.

(1) 비공식적 부문

비공식적 부문이란 가족, 친구, 친척 등과 같은 대면적이고 원초적인 인간관계의 영역을 말한다. 비공식 부문에 의한 사회복지의 공급은 주로 가족 및 친구, 친척 그리고 이웃들에 의한 보호를 의미한다. 이러한 비공식적 부문은 전통사회에서 국가보다 중요한 주된 사회복지서비스 공급주체였으며, 현대사회에서도 화폐적으로 환산한다면 가장 많은 사회복지를 공급하는 주체이다. 실제 사회복지정책에서 재정적 부담을 완화하기 위해 의도적으로 사회복지서비스 공급의 책임을 가족에게 두는 경우가 많다. 예를 들어 기초생활보장 수급자의 수급자격에는 부양의무자가 없거나 있어도 부양능력이 없는 경우 수급자가 될 수 있다. 즉, 부양능력이 있는 부양의무자가 국가보다 우선순위의 사회복지 공급자가 되는 것이다.

(2) 공공 부문

공공 부문에서는 국가 및 지방자치단체가 사회복지 공급자이다. 우리나라 사회복지체계에서 공공 부문이 명확하게 책임을 지는 영역은 기초생활보장제도에 근거한 사회복지급여이다.

(3) 민간비영리 부문

민간비영리 부문은 우리나라에서 사회복지법인과 같은 영역을 말하며, 국가가 아닌 민간이 운영한다는 측면에서 공공 부문과는 구별되며 영리를 추구하지 않는다는 측면에서 민간기업과도 구별된다. 우리나라에서 전통적으로 대부분의 사회복지서비스는 민간비영리 부문에 의해 전달되고 있다. 이는 국가의 입장에서 전문인력의 고용 회피를 통하여 전체 서비스 비용의 절감효과를 가지기 때문이라고 볼 수 있다.

(4) 민간영리 부문

민간영리 부문은 복지서비스를 경제적 시장에서 공급하는 체계를 의미한다. 이와 같은 영역은 미국, 일본과 같은 국가에서는 이미 상당히 발전하였다. 우리나라에서도 노인보건복지시설의 운영주체로서 영리기업이 허용되고 있으며, 2007년부터 시작된 사회서비스혁신사업에서도 영리기업들이 민간비영리 조직과 서비스질의 경쟁을 하는 관계가 형성되었다. 이와 같은 변화는 실제 사회전체의 사회복지 총량을 매우 빠른 속도로 확산시키면서 국가의 입장에서 인프라 구축비용을 절감할 수 있는 정책적 방안이 될 수 있다. 그러나 다른 한편으로는 사회복지서비스 욕구가 가장 강하면서도 시장화가 어려운 빈곤계층에 대한 서비스는 사회적으로 감소할 우려가 존재한다는 문제를 가질 수 있다. 또 다른 한편으로는 기존에 경제적 이해관계와는 상관없이 미풍양속으로 지속되어 왔던 돌봄과 같은 노동이 시장화됨으로써 복지국가에는 가까워지지만 인간적 유대에 의한 복지사회와는 점점 멀어지는 결과를 초래할 수도 있다.

2. 사회복지의 대상

사회복지의 대상이라고 하면 사회복지서비스의 수급자격을 의미하는 것으로 이해되고 있다. 즉, 선별적 관점에서 빈곤계층만을 사회복지서비스의 대상으로 설정하는가 아니면 보편적 관점에서 경제적 수준에 관계없이 특정의 사회복지 급여에 대한 사회적 욕구를 가지고 있는 일반인을 모두 사회복지의 대상으로 하는가의 문제라고 하겠다. 따라서 사회복지의 대상에 관한 논의는 단순히 실천적 측면에서 수급자의 범주를 어떻게 결정하는가의 차원과 사회복지가 대상으로 하는 사회적 욕구 혹은 사회문제가 무엇인가의 차원에서 논의될 수 있다.

1) 사회복지의 수급자

사회복지 발달과정에서 초기 사회복지는 소수의 빈민을 대상으로 최소한의 생존만을 보장하는 의식주를 제공하는 수준이었다. 즉, 외부적 지원이 없이는 생존이 불가능한 사람들을 대상으로 생존에 필요한 최소한의 의식주가 제공되었다. 결국 누가 사회복지프로그램의 수급을 받을 수 있는가는 경제적 사유에 의해 결정되었고, 복지문제는 경제적 문제와 분리되지 못하였다고 할 수 있다.

사회복지 발달과정에서 대상과 관련한 두 가지 변화는 아동, 노인, 장애인, 병자 등과 같은 소수의 소외계층을 대상으로 한 사회복지가 보편적인 일반 인구에게 확대되어 갔다는 것과 경제적 문제를 중심으로 사회복지 대상을 규정하였던 것이 교육, 훈련, 상담 및 지지 등과 같은 다양한 보호 욕구를 그 대상으로 포괄해 나갔다는 것이다. 즉, 이미 발생한 빈곤의 문제를 중심으로 수행되는 사회복지가 장래에 발생가능한 다양한 사회적 욕구의 결핍을 예방하기 위한 기능으로 확대되면서 사회복지는 모든 인구집단을 대상으로 그 범주를 확대해 나갔으며, 경제적 문제 이외에 사회적 보호가 필요한 부적응, 중독 등과 같은 문제도 대상영역으로 삼게 되었다.

이와 관련해 Romanyshyn1971은 산업화 이전과 산업화 이후의 사회복지 대상에 관한 인식과 범위의 변화를 다음과 같은 맥락으로 제시하였다. 그 변화는 첫째,

보충적 · 선별적 차원에서 제도적 · 보편적 차원으로, 둘째 자선에서 시민의 권리로, 셋째 특수성에서 보편성으로, 넷째 최저조건에서 최적조건의 급여나 서비스로, 다섯째 개인 변화에서 사회개혁으로, 여섯째 민간에서 공공지원으로, 일곱째 빈민복지에서 복지사회로 변화되어 왔다는 것이다. 이는 국가마다 정도의 차이는 있다고 하더라도 변화의 경향성을 이해하는 데에는 많은 통찰을 가져다주는 관점이라고 할 수 있다.

Romanyshyn의 견해는 또 다른 측면에서 사회복지 대상에 관한 논의를 가능하게 한다. 즉, 그가 말한 '자선에서 시민의 권리로의 변화'는 사회복지제도에서 제공한 재화 및 서비스를 받는 사람을 '수혜자'로 보는 관점을 중립적인 용어인 '수급자'로 변화시키게 하였다. 최근에는 사회복지서비스의 개념이 사회서비스로 확장되면서 '이용자user'라는 용어가 점점 확산되어 가는 추세인데, 이는 서비스에 대한 구매자로서 선택권을 강조한 개념으로 볼 수 있다. 향후 사회서비스에 대한 시장화가 확산될수록 이용자라는 용어가 보편화될 전망이다.

2) 사회복지 대상으로서의 욕구

사회복지 대상으로서의 욕구need는 사회복지 혹은 사회정책이라는 범주에서 정책적으로 다루어질 수 있는 사회적 욕구나 위기의 영역을 의미한다. 욕구란 어떠한 목적을 위해 좋은 것, 필요한 것, 필수적인 것을 의미하며 나아가 목적을 위해 이러한 필수적인 것들이 결여되거나 결핍된 상태를 지칭하는데성민선 외, 2005, 인간다운 삶을 위해 사회적으로 일정 수준을 보장해 줄 필요가 있는 사회적 욕구가 무엇인가 하는 문제가 사회복지 대상으로서의 욕구가 된다.

사회복지 대상으로서의 욕구는 그 사회가 해결해 나가야 할 사회적 문제나 위기가 무엇인가에 따라 다양하게 나타났다. 현재 한국 사회의 고령화는 매우 압축적으로 진행되고 있다. 2008년 10.2%이던 65세 이상 노인비율은 2017년 8월에 14.0%로 이미 고령사회로 진입했으며, 2026년에는 20%에 이르러 초고령사회로 이행하는 압축적 고령화가 예상되고 있다. 또한 고령화와 더불어 나타나고 있는 저출산 현상은 사회복지정책의 측면에서 고령화의 위기를 한층 가중시키는 심각한 사회적 영향이 우려되고 있다.

우리 사회가 직면하고 있는 저출산 · 고령화는 사회 전체에서 경제활동인구의 비율을 급속하게 감소시키는 동시에 사회적 부양계층을 빠른 속도로 증가시키고 있기 때문에 궁극적으로는 사회적 생산력의 문제뿐만 아니라 사회보장제도의 유지라는 측면에서 심각한 문제에 직면할 수 있다. 현실적으로 일부 지역사회는 저출산으로 인한 인구의 급격한 감소, 산업의 공동화, 노인 인구의 과도한 증가 등으로 인하여 지역사회의 존립조차 불투명한 상태이다. 사실상 이와 같은 현상은 이미 서구에서 경험되었던 문제이지만 상대적으로 완만한 속도로 진행되었던 것에 반해, 우리 사회의 경우 그 진행속도가 매우 빠르게 진행되고 있기 때문에 충분한 대비책이 마련되어 있지 않다는 데에 심각성이 있다. 이제 우리 사회는 이전 산업사회에서 사회복지정책의 중요 변수가 되지 못했던 인구 구조를 핵심변수로서 고려해야 하는 상황이 되었으며, 시혜의 성격으로 소득이전에 초점을 두었던 기존의 정책으로는 현실의 문제에 대응하기 어려운 시점에 도달하였다고 할 수 있다이용표, 2005.

서구의 전통적인 복지국가는 지속적 경제성장을 바탕으로, 높은 고용율과 남성 가장 노동자의 가족임금을 중심으로 한 사회경제구조를 형성하였다. 따라서 이 시대의 가장 큰 사회적 위기는 가장인 남성 노동자의 실업, 장애, 사망 등으로 인해 발생하는 소득의 중단이었다. 따라서 이러한 문제에 대응하기 위해서 노령연금, 질병보험, 실업보험 등의 소득이전을 중심으로 하는 사회보험을 통해 사회적 위험에 대처하는 전통적 복지국가가 수립되었고 그 유지에 별다른 문제가 없었다. 그러나 서구사회에서 1980~90년대부터 두드러진 저출산 · 고령화 양상의 인구 구조 변화는 많은 사회경제적 변화를 야기시키고 소득이전 중심의 전통적 복지국가 운영방식에 새로운 위험을 가져다주게 되었다.

저출산 · 고령화라는 인구 구조 변화를 핵심으로 하는 사회경제적 변화는 이전과는 다른 사회적 위험을 발생시키게 되었다. 즉, 핵가족 중심 가정에서 여성의 노동시장 참여 확대로 인한 아동양육문제, 노인인구 증가에 의한 돌봄에 대한 부담 증가 등과 같은 새로운 사회적 위험이 등장하게 되었다. 따라서 소득이전 중심의 사회복지는 새로운 사회적 위험에 대응하는 데 상당한 한계를 지닐 수밖에 없는 상황이 되었다.

따라서 기존의 사회복지 주요대상 욕구가 산업구조의 변화와 그에 따른 비자발적 실업에 대한 대응이었다면, 새로운 시대의 중요한 사회적 욕구는 첫째, 가족 기능의 약화에 따른 아동양육, 노인 케어의 사회화 욕구, 둘째 인구 고령화와 장애인의 증가 등으로 인한 재가복지 서비스에 대한 욕구, 셋째 여성 취업 증가에 따른 고용 평등 및 안정에 대한 욕구, 넷째 생활수준의 향상과 자원의 증가, 건강 및 삶의 질에 대한 관심 증가로 인한 여가 및 건강에 대한 프로그램 욕구 등이라고 하겠다(성민선 외, 2005).

사회복지정책을 통해 제공하는 서비스에서 근거해야 하는 욕구의 수준은 무엇인가와 관련하여 Bradshaw의 욕구에 대한 분류는 분석의 용이성을 제공한다. Bradshaw는 인간의 욕구를 사회적 측면에서 규범적 욕구(normative need), 감지된 욕구(felt need), 표현된 욕구(expressed need), 비교적 욕구(comparative need)로 구분하였다.

규범적 욕구란, 전문가 및 행정가들이 바람직한 욕구의 수준을 정해놓고 이 수준에 미치지 못하는 사람은 욕구를 가진 것으로 인정하는 것을 말한다. 최저 생계비는 정책적으로 최소한 보장되어야 하는 빈곤계층의 최소한의 생계비를 규정한 것이며, 인간의 최소한 욕구 충족을 위해 필요한 정도의 비용을 의미한다.

감지된 욕구란, 주관적인 것으로 개인이 스스로 결핍된 상태에 있다고 인식할 때 가지는 그것을 욕구로 인정하는 것이다. 욕구조사에서 이 지역에 어린이집이 설립된다면 이용 의사가 있는지를 질문하고 그 결과를 토대로 어린이집 건립계획을 수립한다면 이는 감지된 욕구를 중심으로 정책을 수립하는 것이다.

표현된 욕구는 실제 욕구를 가졌고 그것을 충족하기 위한 행위로 표현되는 것을 의미한다. 이러한 욕구측정의 예는 지역사회의 어린이집 대기자, 즉 아이가 생기면 어린이집을 이용하겠다고 구체적으로 신청한 아동의 수를 지역사회의 어린이집에 대한 욕구로 파악하는 경우이다. 대부분의 경우 표현된 욕구는 감지된 욕구보다 적게 나타나는 것이 일반적일 것이다.

마지막으로 비교적 욕구란 어떤 서비스를 받고 있는 사람들과 비슷한 특징을 가지면서도 서비스를 받고 있지 않은 사람들을 욕구상태에 있는 것으로 규정하는 것이다. 예를 들어 A라는 지역의 장애인 재활 프로그램에 참여하는 사람의 수를 프로그램이 실시되지 않지만 유사한 특징을 가진 B라는 지역사회의 욕구로 보는 것이다.

3. 급여형태

사회복지의 급여형태는 일반적으로 현금, 현물, 서비스, 증서, 기회, 권력 등이 있다성민선 외, 2005.

현금cash은 일단 수급한 이후에 어디에 사용하는가 하는 문제가 수급자에게 전적으로 맡겨져 있다는 측면에서, 수급자의 효용을 극대화하고 수급자 선택의 자유와 소비자 주권을 강화시키며, 인간의 존엄성을 존중하며, 프로그램 운영비용을 최소화한다는 장점을 가진다. 예를 들어 노인장기요양보험에서 노인케어 비용을 노인들에게 현금으로 지급하게 되는 경우 행정은 매우 간단하며, 그 현금을 가지고 케어서비스를 어떻게 구매할 것인가는 소비자인 노인들에게 전적으로 맡겨지게 된다. 반면에, 기대하는 용도와 다른 사용으로 인한 낮은 목표효율성, 사회 전체의 효용을 감소시키는 단점을 가진다. 즉, 알코올문제를 가진 빈곤계층에 지급된 생계비가 오히려 알코올을 구입하는 비용으로 사용됨으로써 수급자의 건강을 악화시켜 사회적 효용이 떨어지는 경우이다.

현물kind 또는 서비스service는 의료서비스, 교육, 주택, 음식, 직업훈련 및 상담 등과 같은 것이며, 용도와 지출 억제를 통한 목표효율성 제고, 프로그램 이해 관련 집단의 정치적 선호, 물품평등주의commodity egalitarianism로 인한 프로그램 도입 용이, 규모의 경제 등과 같은 장점을 가진다. 반면에, 낙인 발생, 높은 프로그램 운영 비용, 수급자 선택의 자유 제한 등과 같은 단점이 있다.

증서voucher는 정부가 지불을 보증하는 일종의 전표로서 특정한 재화나 서비스를 구입할 수 있도록 구매력을 높여 주는 소득지원의 한 형태이다. 이는 일정한 용도 내에서 수급자로 하여금 원하는 재화나 서비스를 자유롭게 선택할 수 있게 함으로써 이용자의 선택권을 강화하면서 제공자의 서비스 질 경쟁을 유도하는 장점을 가진다. 반면, 중간적 성격으로 확고한 정치적 지지가 없고, 현금보다 크지는 않지만 지정 용도와 다른 용도로의 사용에 따른 목표효율성 감소를 가져오는 문제를 가질 수 있다. 우리나라의 사회서비스혁신사업에서는 신용카드와 유사한 형태의 전자바우처를 지급하여, 월 일정액의 정부지원 비용을 서비스 이용에만 사용하도록 하는 방식을 사용하고 있다.

기회opportunities는 사회의 불이익 집단들소수인종, 여성, 노인, 장애인 등에게 진학, 취업, 진급 등에서 유리한 기회 부여긍정적 차별를 통해 불평등을 완화시키는 장점을 가진다. 그러나 단순한 기회의 제공은 불평등을 완화하는 데 그다지 기여할 것이 없으며 사회의 기득권을 합리화하기 위한 수단으로 이용된다는 비판을 받는다.

권력power은 사회복지프로그램의 수급자로 하여금 정책결정 과정에 참여할 수 있는 권력을 주어 자신들에게 유리한 방향으로 정책의 내용급여자격, 급여액 등들이 결정되도록 하는 것을 뜻한다. 그러나 수급자를 대표한 인물보다는 기존의 정책결정자들에 의해 선호되는 인물이 참여자로 선택되는 경향이 있으며, 참여율이 낮은데다 참여하는 경우에도 프로그램의 내용에 대한 이해가 낮아 실질적인 영향력을 행사하는 경우는 드물어 기득권의 합리화 도구로 전락하기 쉽다.

4. 전달체계

사회복지 전달체계는 사회복지 관련 급여 및 서비스의 공급자와 소비자를 연결해 주는 조직적 체계라고 할 수 있는데, 담당 주체로는 중앙정부, 지방정부, 중앙정부와 지방정부의 혼합체계, 정부와 민간조직 혼합체계, 민간조직 등이 있다. 예를 들어 서울시 종로구에서 제공되는 노인복지서비스는 중앙정부가 정책지침을 정하게 되면, 서울시와 종로구에서 예산을 수립한다. 그리고 서울시에서 수립된 사업예산이 종로구청에 전달되면 종로구의 구예산과 합하여 예산을 마련한다. 그리고 종로구의 담당부서에서는 지역의 노인복지관으로 예산을 지급하고, 노인복지관에 근무하는 사회복지사는 그 예산에 의해 인건비와 운영비를 받아 서비스를 제공하게 되는 절차를 거친다.

위에서 설명한 서비스 전달 과정은 현재 우리나라 사회복지체계에서 매우 보편적인 전달경로이다. 즉, 우리나라의 일반적 사회복지 전달체계는 정책은 중앙정부에서, 예산은 지방자치단체에서 부담하는 형태로 2005년부터 구조화되어 있다. 그리고 실제적인 서비스 전달은 대부분 지방자치단체의 예산을 지원받는 민간비영리 사회복지법인이 운영하는 사회복지기관에 위탁되어 있다.

이와 같은 전달체계에 관한 논쟁은 주로 민영화와 영리화의 문제로 나누어볼 수 있다.

1) 민영화

민영화는 전통적으로 공공영역에서 제공하여 오던 서비스를 민간기관으로 제공주체를 이양하여 서비스를 제공하는 것을 말한다. 사회복지서비스의 민영화는 영국의 대처정부에 의해 정책적으로 추진되었으며, 그 목적은 정부기구의 통폐합, 기구축소 그리고 공무원의 감원을 통해 공공부문은 효율성 증진을 도모하고자 하는 것이다박정호, 2001.

우리나라의 경우 전통적으로 국가가 직접적으로 제공한 경우는 매우 예외적인 상황이며, 전후 사회복지사업의 출발 자체가 민간비영리 조직에 예산을 지원하는 방식을 통해 이루어져 왔다. 따라서 일반적으로 공공영역에서 운영하던 사업을 민간영역으로 이양한다는 의미에서 민영화에 관한 논의는 우리 현실 사회복지에서는 매우 제한적인 의미를 갖는다.

민영화가 추구하는 정책목표는 공공영역의 서비스가 가지는 관료적 획일성과 폐쇄성에 의한 비효율을 제거하기 위해 자유시장의 경쟁논리를 도입하여 서비스 질의 향상과 재정의 효율성을 얻고자 하는 것이다박정호, 2001. 이와 같은 민영화의 전제는 민간기관은 사회복지에 대한 높은 전문성을 가지고 있어야 하며, 시장에서 서비스 질 경쟁을 위한 다수의 서비스공급자를 가지고 있어야 한다. 이와 관련하여 우리나라 기존 사회복지 전달체계는 두 가지 측면의 문제를 가지고 있다.

첫째, 기존 서비스제공자 결정방식이 한 사업에 소요되는 예산을 특정의 사회복지기관에 전적으로 제공하는 계약에 의해 이루어져 왔다. 즉, 지역사회의 특정 사회복지사업은 하나의 기관에 의해 독점적으로 제공되는 방식으로 이루어져 왔기 때문에 실제 서비스의 전달에서 전문화 및 효율화를 위한 경쟁체계가 성립될 수 없었다.

둘째, 기존 사회복지인프라는 정부의 지원에 의존하여 구축되어 왔기 때문에 민영화에 의한 경쟁체계가 수립될 수 있는 여건이 수립되지 않았다는 것이다. 즉, 가장 기초적인 사회복지서비스를 제공할 수 있는 정도의 사회복지인프라조차 구축되지 않은 상황이어서 사회복지조직들 간의 경쟁체계는 형성될 수 없는 상황이었고 민영화는 단지 정부기구의 확장을 방지하는 역할 정도에 머물렀다고 보는 것이 현실이다.

결론적으로 우리나라의 사회복지 민영화는 사회복지서비스의 효율화와는 거리가 멀고, 복지에 대한 공공책임의 방기 수단에 지나지 않는다고 볼 수 있다.

2) 영리화

전통적으로 사회복지서비스는 민간비영리 기관에 의해 제공되었기 때문에 적어도 영리화와는 거리가 멀었다. 그러나 최근 노인복지시설의 영리기관 운영을 법적으로 허용하였고, 사회서비스혁신사업에서도 서비스제공자로서 영리기관 참여를 인정하는 변화가 일어나고 있다. 그리고 향후 노인장기요양제도와 장애인요양제도가 본격적으로 운영되기 시작하면 영리조직의 사회복지서비스 참여는 더욱 확산될 전망이다.

우리나라의 상황에서 영리화가 가지는 장점은 사회복지서비스가 일정 정도 기업적 이윤을 보장해 주는 한 매우 빠른 속도로 인프라가 구축될 수 있다는 점이다. 그리고 수익 창출을 위해 기존 서비스보다 더욱 효과적이고 효율적인 서비스가 개발될 가능성도 있을 것이다. 반면 영리화가 과도하게 진행된다면 사회복지서비스 중 영리가 보장되지 않는 영역이나 지불능력이 없는 사회적 취약계층을 대상으로 서비스가 약화됨으로써 서비스 욕구가 높은 집단에게 오히려 서비스가 소멸되는 결과를 초래할 위험도 가지고 있다. 즉, 우리나라에서 의료서비스가 더욱 필요한 의료급여대상자들이 서비스시장에서 오히려 차별 당하는 것과 유사한 결과를 가져올 수 있다는 것이다.

Gilbert1984는 비영리기관이 영리기관보다 이용자에 대한 책임성과 공익에 대한 고려수준이 높을 것이라는 전제로 사회서비스에서 영리기관과 비영리기관 선택기준을 제시하고 있다박정호, 2001에서 재인용.

첫째, 서비스의 표준화 정도가 하나의 선택기준이 된다. 즉, 공중예방접종과 같은 표준적 절차나 내용을 담고 있는 서비스는 일관적인 절차나 계획에 의해 운영되는 비영리기관이 영리기관보다 적합할 것이다. 그러나 치료서비스와 같이 사례별로 다른 기술이 필요한 서비스에는 적용하기 어렵다.

둘째, 클라이언트의 능력이 중요한 기준이 된다. 즉 아동, 지적 장애인 등과 같이 그들에게 제공되는 서비스의 질을 평가할 능력이 부족한 이용자에 대한 서비스는 공적 책임성이나 자선의 윤리가 높은 비영리기관이 영리기관보다 적합할 것이라는 것이다.

셋째, 서비스의 강제성이다. 보호관찰이나 기초생활보장 조건부수급자의 서비스와 같이 강제적으로 제공되는 서비스는 이용자의 자유에 심각한 위협을 줄 수 있다. 이와 같은 경우 서비스제공기관의 공적 책임성이 매우 중요하기 때문에 비영리기관이 영리기관에 비해 적합하다는 것이다.

넷째, 규제적 환경의 정도가 하나의 기준이 될 수 있다. 영리기관과 비영리기관들이 규정이나 기준을 유지하고, 이용자 보호를 보장하는 공공규제가 충분할 때에는 제공자가 누구인가는 그렇게 중요한 의미를 가지지 않는다. 그러나 공공규제가 불충분한 경우 공적 책임성이 강한 비영리조직이 적합할 수 있다.

5. 재원

재원은 크게 공공재원과 민간재원으로 구분될 수 있고 공공재원은 다시 일반조세수입과 사회보험료, 민간재원은 이용자부담, 기부금 등으로 구분할 수 있다.

1) 공공재원

(1) 조세수입

일반조세수입은 아래와 같은 소득세, 소비세, 부유세 등 다양한 조세로 구성된다. 소득세는 부담능력을 고려하여 누진세율로 부과됨으로써 소득재분배효과가 크다. 반면에 소비세는 부담능력을 고려하지 않고 상품을 소비할 때마다 부과되며, 소득재분배효과가 상대적으로 적다. 부유세는 일반예산 가운데 가장 적은 비중이며 재산세, 상속세, 증여세 등이 있다.

일반조세의 장점은 다른 재원에 비해서 누진적이라서 소득재분배효과가 크며, 소득재분배적 급여를 하는 데 있어서의 제약이 적다. 그리고 급여의 보편성을 획득하는 데 유리하며, 민간재원에 비해 안정성이 높다. 그러나 사회보장재원으로서의 일반조세는 다른 정부정책 프로그램과 경쟁해야 하며, 용도가 정해지지 않아 사회보험료에 비해 조세저항이 크다.

일반조세 수입에 의한 사회복지서비스 재정은 지방교부세로서 지방자치단체에 교부되어 사회복지서비스가 이용자에게 전달된다. 참여정부는 지방분권과 국가균형발전을 핵심적인 국정과제로 설정하고 가시화된 정책성과의 하나로 국고보조금을 2004년 7월 크게 개편하였다. 이와 같은 개혁은 「지방교부세법」 제3조의 개정을 통하여 지방교부세의 종류를 보통교부세와 특별교부세 외에도 분권교부세를 새로이 신설하였다.

2005년 12월 개정된 「지방교부세법」은 교부세 총액을 내국세 총액의 19.13%에서 19.24%로 상향 조정되었으며, 이에 따라 분권교부세는 내국세총액의 0.83%에서 0.94%로 상향되었다. 이와 같이 분권교부세 형태로 지원되는 사회복지서비스 예산은 이전까지 중앙정부에서 사업별, 프로그램별로 지원하던 방식에 비하여 지방자치단체의 사회복지에 대한 재량권을 크게 확대하였다. 그러나 지방재량의 확대 이후에 실제적으로 지방자치단체에서 사회복지서비스를 확대하는 경향은 찾기 어려우며, 오히려 사회복지예산의 동결이나 축소 형태로 나타나 지방자치단체의 다른 사업에 비하여 우선순위가 밀려나기도 하였다. 대안으로 분권교부세를 복지

분권교부세로 개정하여 분권교부세를 지방자치단체에서 사회복지 이외의 용도로 사용하는 것을 방지해야 한다는 주장도 대두되었지만, 분권교부세는 일몰제에 따라 2015년 보통교부세에 편입되었다.

(2) 사회보험료

사회보험료는 자본주의 시장에서의 사회계층상의 위치를 변화시키지 않으면서 위험발생 시 과거의 소득에 비례하여 보장함으로써 정치적 지지기반이 넓다. 그리고 급여에 대한 권리의식이 강하며, 자조의 이념에 입각함으로써 적선에 대한 거부감을 축소시키고, 지출용도가 정해져 있으므로 부과에 대한 거부감이 상대적으로 적다.

사회보험의 단점은 자산소득은 보험료 부과 대상소득에서 제외되어 역진적 현상이 나타나며, 보험료부과는 모든 소득이 아닌 상한선 이하의 소득에 대해서만 부과되며, 소득세와 같이 가족 수나 욕구에 따른 감면이 없고, 근로자 고용비율이 높은 노동집중적인 산업은 그 비율이 낮은 자본집중적인 산업에 비해 보험료 비용면에서 불리하다는 것이다.

현재까지 우리나라에서는 사회보험에 의한 사회복지급여는 의료서비스 형태로 주어지는 건강보험을 제외하면 주로 현금급여 형태로 제공되었다. 2008년부터 시행되는 노인장기요양제도는 노인의 케어를 위한 사회복지서비스를 사회보험에 의해 직접적으로 제공하고 있다.

2) 민간재원

(1) 이용자부담

이용자부담user fee은 서비스이용 시 서비스비용의 전액 혹은 일부 비용을 이용자가 부담하는 것을 말한다. 이는 서비스 남용과 도덕적 해이moral hazard를 방지한다. 그리고 과도한 정부부담의 한계를 극복할 수 있으며 서비스의 질을 제고시키고, 수치심을 줄이고 자기존중감을 높일 수 있는 장점이 있다. 그러나 저소득층에게 부담으로 작용하여 서비스의 이용을 억제하는 단점이 있다.

사회복지관 이용 시 지불하는 서비스에 대한 실비, 건강보험의 자기부담금, 사회서비스혁신사업의 바우처 사용 시 자기부담금이 여기에 해당된다.

(2) 기부금

기부금은 자선 사업이나 공공사업을 돕기 위하여 대가 없이 내놓은 돈을 말한다. 이는 시장실패나 정부실패를 보완하며, 다원화된 사회에서 특정지역이나 집단의 특수한 욕구를 해결할 수 있으며, 새롭고 창의적인 서비스의 개발에 용이하다. 그러나 사회복지의 기부금에 대한 의존은 국가 전체적인 포괄적 통합적 정책발전에 장애가 될 수 있으며, 재원의 불안정성과 지속적 체계적 정책수립이 곤란하다는 문제를 가진다.

민간의 기부문화를 활성화하고 기부금을 합리적으로 활용하기 위하여 우리나라에는 「사회복지공동모금회법」을 근거로 사회복지공동모금회가 설립되어 운영되고 있다. 사회복지공동모금회에 기부된 금품에 대해서는 조세에 대한 감면 혜택을 제공함으로써 기부문화를 활성화하며, 합리적이고 투명한 배분과정을 법규에 의해 제도화함으로써 공신력을 확보하고 있다.

요약

이 장에서는 사회복지가 실제적으로 이루어지기 위한 구성요소를 사회복지의 주체, 대상, 급여형태, 전달체계 그리고 재원 등으로 규정하고 이 요소들의 특성과 사회복지정책상의 함의를 설명하였다.

사회복지의 주체는 전통적으로 공공과 민간으로 양분되어 논의되어 왔으나, 최근 이러한 이분법으로 설명하기 어려운 다양한 주체의 형태가 등장하고 있음을 설명하였다. 그리고 다양한 주체의 등장에도 불구하고 공공부문에 사회복지에 대한 책임을 가져야 하는 실제적 이유를 알아보았다. 사회복지 대상은 역사적으로 사회복지의 수혜자로 간주되었으나 중립적인 용어인 수급자와 선택권을 강조하는 이용자가 사용되는 경향을 살펴보았다. 그리고 사회복지의 대상이 되는 사회적 욕구가 어떻게 확대되고 있는가와 그 이유를 설명하였다.

사회복지의 급여형태는 현금, 현물, 서비스, 증서, 기회 그리고 권력 등이 있다. 또한 전달체계의 문제는 민영화와 영리화가 가지는 사회복지정책상의 의미를 정리하였다. 마지막으로 사회복지의 재원은 공공재원으로서 일반세수입과 사회보험료, 민간재원으로서 이용자부담, 기부금 등을 설명하였다.

탐구문제

❶ 국가가 사회복지에 관한 책임을 지지 않고 민간기관이나 기업들에 의해 전적으로 사회복지가 맡겨져 있는 사회는 어떠한 모습인지 한번 상상해 보고 토론해 보자.

❷ 장애인복지의 재원을 조세로 하는 경우와 사회보험료로 하는 경우에 발생할 수 있는 차이는 무엇인가?

❸ 기초생활수급자에게 생계급여를 포함한 모든 급여를 현금으로 지급하는 경우와 현물로 주는 경우에서 발생할 수 있는 차이는 무엇인가?

참고문헌

김융일·김기환·김미혜·김형식·박능후·신준섭·오창순·이영분·정무성·황성철(2003). **사회복지개론**. 동인.

김태성·성경륭(1993). **복지국가론**. 나남출판.

성민선·권문일·김인숙·김종해·김용석·노연희·엄미선·이상균·이용표·백은령·정재훈(2005). **사회복지개론**. EM커뮤니티.

이용표(2007). "사회투자 관점의 정신건강 분야 적용가능성에 관한 연구". **지역사회정신보건 제9호**.

박정호(2001). **사회복지정책론**. 학지사.

전국대학사회복지교육협의회 편(1999). **사회복지개론**. 유풍출판사.

Gilbert, N.(1984). Welfare for Profit : Moral, Empirical and Theoretical Perspective. *Journal of Social Policy*.

Romanyshyn, J. M.(1971). *Social Welfare : Charity to Justice*. N.Y. : Random House.

Rosen, H.S.(1998). *Public Finance*. Irwin.

PART 02

사회복지제도의 생성과 발달

제2부는 사회복지의 발달과정을 살펴보면서 나라마다 사회복지제도가 생겨나게 되는 원인의 보편성과 특수성에 대한 이해를 돕고자 한다. 4장에서는 사회복지의 기원과 발달에 대해 5장에서는 복지국가의 성립과 변화에 대해 살펴보았다.

국가통치권자의 관심사로서 백성들의 복지의 역사는 고대국가에까지 거슬러 올라갈 수 있겠지만 오늘날의 사회복지제도의 구성 원리와 발달 및 변모과정을 역사적으로 살펴보는 데 꼭 알아야 할 시점에서부터 중요한 제도와 그 도입배경, 변화가 불가피했던 이유 등을 중심으로 서술하였다. 아울러 각 장 뒷부분에는 우리나라에서 사회복지제도의 형성과 복지국가 발달 및 변화 과정에 대해서도 간결하게 소개하였다.

사회복지발달사를 공부하면서 꼭 염두에 두어야 할 사실은 어떤 사회든지 그 사회의 발전과정에 알맞은 사회복지제도를 마련해 왔다는 것이다. 바꿔 말하면 시민사회가 억눌리고, 정치적으로 혼란스럽고, 경제적으로 저발전되어 있는 나라에서 모든 나라가 부러워할 만한 복지제도를 만들어 내기는 어렵다. 사회복지발달사의 상당부분이 선진국의 주요 제도와 그 발달과정을 중심으로 서술될 수밖에 없는 이유가 여기에 있다.

오늘날의 사회복지제도는 중세사회가 해체되고 근대 시민사회와 국민국가가 형성되면서 그 맹아가 형성되기 시작하였다. 봉건사회 해체기의 빈곤문제를 해결하기 위한 구빈제도로부터, 본격적인 산업화 시대로 접어들면서 산업노동자가 안정적으로 노동력을 재생산하도록 지원하기 위한 사회보험제도의 도입, 전 국민에 대한 보장체계의 필요성과 그 가능성을 제시한 베버리지보고서, 그리고 사회복지 발달에 막대한 영향을 미친 자선조직협회와 인보관운동 등이 현대적 사회복지제도의 틀을 제공하는 주요 사건들이었다.

20세기 중반 이후 서유럽의 거의 모든 국가와 영미권, 일본 등이 복지국가의 행렬에 합류하고 자선이 아닌 권리로서의 복지, 특수한 사람을 위한 것이 아니라 시민의 보편적 권리로서의 복지를 확대해 나가는 것처럼 보였다. 그러나 70년대 중반 이후 큰 환경변화로서 세계경제의 극심한 불황 국면에서 국가마다 기존의 복지규모를 유지하기 위해서는 재정적 위기 또는 정치적 반대라는 과제를 해결하지 않을 수 없게 된다.

국경을 넘어 이루어지는 시장의 확대와 자유경쟁은 한 국가의 영토 안에서 복지를 제공하는 것이 갖는 의미를 축소시킨다. 아울러 국가는 자신의 행위가 시장보다 훨씬 효율적이고 합리적이라는 점을 정당화해야만 한다. 즉, 국가개입이 시장의 자유로운 작용을 방해하여 부작용을 초래한다는 자유주의적 비판논리에 대항논리를 확보해야만 하는 새로운 복지국가의 시대가 도래했음을 의미한다. 복지국가의 행동반경이 좁아졌음에도 불구하고, 기존의 사회복지와 시민권의 역사가 발달해 온 과정에서 체화된 한 사회의 사회복지 수용도는 그리 쉽게 변하지 않을 듯 보인다. 해방 이후 50여 년간 경제성장 우선주의에 몰입하여 온 우리나라의 사회복지가 지난 10여 년간의 괄목할 만한 성장에도 불구하고 쉽게 경제와 복지 사이의 선순환 관계를 형성하지 못하는 이유가 바로 여기에 있다.

04 사회복지의 기원과 발달

인류의 역사 속에서 질병, 빈곤, 가족원의 상실 등의 문제를 공동체적으로 해결한 것은 매우 오래된 일이다. 그러나 현대사회에서 우리가 사회복지라 칭하는 제도화된 형태의 사회적 구조물은 비교적 최근에 성립된 경우가 많다. 따라서 이 장에서는 현대적 사회복지의 근간을 이루는 제도들의 형성과정을 중심으로 사회복지의 기원과 발달에 대해 살펴보고자 한다. 이를 위해 현대의 복지국가에 용해되어 있는 주요 제도를 중심으로 국가의 경계선을 넘나들면서 사회복지제도의 발달과정에 대해 살펴본다.

1. 선진국 복지제도의 발달

1) 산업화 이전의 시기

만일 우리가 역사를 하염없이 거슬러 올라간다면 고대사회에서 종족 공동체 안에서 이루어진 상부상조나 고대국가에서 절대적 권력을 휘두르던 제왕이 백성들을 보호하기 위해 행했던 치산, 치수, 관개 및 방위 등의 사업들도 국민의 복리를 위한 일이었다고 볼 수는 있을 것이다. 아울러 중세시대에 서구의 귀족들이 자신의 봉토 안에 머물던 가난한 백성들을 위해 베풀었던 자선도 복지의 일종으로 간주할 수 있다. 좀 더 현대적인 사회복지제도와 정신에 영향을 미친 사건과 역사적 변화에 대해 잘 이해하기 위해서 산업화 이전 시기의 주요 사회복지관련 변화에 대해 특징적인 사항을 중심으로 살펴보겠다.

김상균 등은 서양의 사회복지의 발달단계는 크게 공동체생활단계, 구빈법단계, 자선조직협회단계, 사회보험단계, 복지국가발전과 재편단계를 거쳐 발달해 왔다고 분류하였다(김상균 외, 2007 : 201). 이 분류는 복지국가 선두주자라 할 수 있는 영국의 역사를 기본틀로 하되 독일, 미국 등 선진국의 경험을 일부 고려한 것이라 여겨진다. 국가마다 정치적, 사회적, 문화적 요인들이 복지제도의 발달과정에 독특한 영향을 끼쳤기 때문에 성급하게 일반화시키는 것보다 오히려 사회복지의 발달과정의 국가별 다양성과 특수성에 대해 사례접근 방식으로 이해하는 것이 풍부한 이해를 돕는 길이라 여겨진다.

(1) 봉건사회의 사회복지

신분이 엄격하게 구분된 중세 봉건사회에서 빈곤은 그 자체로서 사회의 통합을 저해하거나 갈등을 야기하는 요인이 아니었다. 타고난 신분에 의해 가난하거나 부유한 것이 사회문제로 간주되지 않았기 때문이다. 이 당시의 사회복지의 맹아는 크게 두 가지로 나누어 볼 수 있다. 먼저 서구에서는 기독교문화의 영향으로 부자들이 가난한 사람들에게 자선을 베푸는 것이 천국에 가는 방편이라 여겨 지역사회 또는 교구에서 빈자에 대한 자선행위가 이루어진 것이다. 또 다른 사회복지제도의 초기적 형태는 상조회, 장인조합길드 등을 중심으로 이루어진 상부상조의 기능이 형성되었다는 점에서 찾을 수 있다. 물론 상부상조는 고대사회부터 존재해 온 것으로 추정되지만, 빈곤한 회원에게 장례비와 유족의 생계를 지원하거나, 빈곤한 회원 자녀의 결혼에 대한 지원, 환자에 대한 보호, 기타 지역사회를 위한 활동 등을 수행하기 위해 갹출금의 형식으로 조합원의 회비를 걷고 유사시에 지급하는 방식은 추후 사회보험방식이 정착하는 데 큰 영향을 미친 것으로 평가된다.

(2) 인클로저 운동과 봉건경제의 붕괴

14세기 중엽 영국에서부터 봉토와 신분제도를 기반으로 한 봉건제도는 점차 붕괴하고, 토지의 활용방식이 농업에서 양모 매뉴팩처로 전환하게 된다. 이 과정에서 봉건영주의 토지에 속해 있던 수많은 농노들이 토지로부터 유리되어 태어날 때부터 속해 있던 지역을 떠나 다른 지역을 떠돌게 된다. 이것이 소위 인클로저 운동이라 일컬어지는 중세 장원경제의 붕괴에 따라 발생하는 대규모의 인구이동이다. 토지에서 이탈한 농민은 도시로 모여들면서 빈민화되고, 지역의 수도원 등 종교시설에서 보호받던 농노들도 교회세를 걷지 못한 수도원들이 해체되면서 유랑민 대열에 합세하게 된다.

(3) 교회의 구빈제도

장원에서 유리된 빈민은 더 이상 귀족봉건영주이 보호하거나 자선을 베푸는 대상이 아니었다. 단, 유랑하는 빈민들이 다른 지역을 넘나드는 것은 사회적인 위협요소로 간주되었기 때문에 중앙정부는 각 지역의 교회조직이 빈민구제의 역할을 하도록 유도하였다. 15세기에서 16세기 전반기까지 빈민에 대해 보호라는 명목으로 행해지는 조치들은 인구이동을 제한하고 걸식과 부랑을 처벌하는 억압적인 성격의 것이었다. 교회 또는 수도원들이 이렇게 통제당하는 부랑인을 보호하는 장소로서 일종의 완충장치로 작용하게 된다. 그러나 영국의 경우 헨리 8세가 수장령을 발표하여 수도원들을 해체시키자 미미한 완충장치로서의 기능이 급격히 약화된다.

(4) 빈민의 노동능력에 따른 차등대우의 시작

중세에서 근대로 넘어가는 시기에는 흑사병 등 전염병의 창궐로 인한 급격한 인구감소, 흉작, 기근 등이 주기적으로 반복되었다. 특히 전염병으로 인구가 줄어 토지를 경작할 사람이 없어지면 노동력 부족이 임금상승을 초래하였는데, 이를 어느 수준에 멈추도록 하는 지주들의 요구에 맞추어 빈민을 통제하는 노동자조례가 국가 차원의 법률로 제정된다. 주된 내용은 노동력이 있는 빈민에 대해서는 구걸할 경우 엄격하게 처벌하는 등 토지로부터 이탈하는 농민을 막고 농업노동력을 확보하고자 하는 것이었지만, 와트 타일러의 반란1381 등 지역별로 수많은 저항에 직면하게 된다.

빈민을 노동능력이 있는 자와 없는 자로 구분하는 조처는 1500년대 중반에 이르러서 나타난다. 1531년경의 노동자조례는 노동능력이 없는 빈민에게는 걸식의 허가증을 내주고, 그렇지 않은 빈민이 걸식하다 발견될 경우에는 낙인을 찍는 등 가혹한 형벌을 가했다고 전해진다. 가장 극단적인 억압은 마녀사냥을 통해 발현되었다. 마녀로 낙인찍혀 처단된 사람들은 주로 가난한 미망인, 독거노인, 정신지체 또는 장애인 등이었으며, 대부분 빈곤층에 속하는 사람들이 같은 공동체에 속하는 이들의 고발 또는 이미 마녀로 판결지워진 사람들의 고문에 따른 자백에 의해 마녀로 지목되고 처단되었다. 특히 가뭄과 흉작 등으로 인해 식량난이 극심한 지역일수록 걸식을 통해서만 목숨을 연명할 수 있는 사람들에 대한 마녀사냥이 심하게 이루어졌다는 점으로 미루어보아Macfarlane, 1970, 마녀사냥이 노동능력이 없는 빈민을 사회적으로 배제시키는 기제였다는 가설에 수긍할 여지가 많다.

2) 국가 개입의 시대

(1) 엘리자베스 구빈법

엘리자베스 구빈법이 제정되기 이전까지 빈곤문제의 해결에 대한 책임은 장원을 중심으로 한 중세 공동체에 지워졌다. 엘리자베스 구빈법은 국가는 비록 소극적일지라도 빈곤문제의 해결을 위해 국가가 직접 개입할 필요가 있다는 점을 인정한 결과물로 여겨진다. 1572년에서 1601년 사이 엘리자베스 여왕은 노동능력이 있는 빈민에게 일거리를 제공하고 일을 하지 않을 경우 처벌하며, 노동할 수 없는 빈민은 구빈원에 수용하도록 하는 내용의 구빈법을 체계화하는 일련의 법령을 제정한다. 엘리자베스 구빈법으로 통칭되는 이러한 법적 조치는 구빈세를 통해 구빈사업의 예산을 확보하고, 사업을 담당하는 구빈감독관을 임명하며, 빈민을 근로능력이 있는 자와 없는 자로 구분하고, 친족의 부양의무를 정하고, 부양할 사람이 없는 요보호아동은 도제수업의 기회를 제공하거나 고아원에 수용하는 등 정교한 구빈행정의 틀을 확대하는 등의 내용으로 구성된다. 그 이전에 지방정부 차원에서 산발적으로 이루어지던 구빈행정을 전국적으로 체계화하면서 공적인 책임체계를 수립한 데 그 의의가 있으며, 빈민을 구제하기 위해 필요한 재정은 토지, 주택에 대한 세금 및 벌과금 등으로 충당하였다.

이 법의 현대적 의미는 세계 최초의 구빈법으로서 빈민구제의 국가책임을 인정한 현대적 공공부조의 효시가 되었다는 점이다. 즉, 빈민을 구제하기 위한 행정적인 체계와 조세를 통해 그 재원을 마련하고, 요부양 아동에 대한 공적인 보호체계 정립, 노동능력이 있는지 여부에 따라 구제의 방법을 달리하고 친족의 부양책임을 강조한 점 등 현대의 공공부조제도의 근원을 이루는 일련의 조처들을 체계화했다.

(2) 구빈법의 변화과정

엘리자베스 구빈법 시행 이후 상업과 공업이 발달하면서 수많은 일자리가 창출되었다. 노동의 기회가 있음에도 불구하고 빈곤한 사람들은 게으르기 때문이라는 프로테스탄트 윤리가 확대되면서 중산층은 보다 엄격한 구빈정책을 요구하게 된다. 당시 대다수의 노동자가 빈곤했기 때문에 노동자는 게으르다고 여겨졌으며, 열심히 일하지 않는 것은 프로테스탄트 윤리에 따르면 신의 시간을 낭비하는 죄를 짓는 것이므로 빈민은 게으르기만 한 것이 아니라 곧 죄인이라고 인식되었다. 따라서 구빈정책을 위해 세금을 내야하는 중산층이 빈민에게 관대한 처우를 하는 것에 반발하자 이들의 거주 이전을 제한하는 거주지제한법정주법, Act on Settlement and Removal, 1662을 제성한다. 이 법은 한 교구에서 다른 교구로 이진하는 것을 어렵게 하려는 취지에서 마련된 것이다. 교구별로 구빈대책의 재원을 마련하여 부담하기 때문에 가난한 사람이 자신의 교구에 유입되는 것을 거부할 수 있는 권리를 각 교구에 부여한 것이다. 노동력이 많이 필요한 도시지역에서는 빈민의 이주에 관대하고, 인구과잉과 빈민의 증대로 고심하는 농촌지역에서는 빈곤한 사람들을 통제하고 억압하는 수단으로 작용하였다.

빈민에게 보다 적극적으로 노동을 강요하기 위해 출현한 제도적 장치가 작업장이다. 나치블법작업장법, Sir Edward Knatchbull's Act, 1722은 빈민이 노동하는 것이 국부의 증대에 기여한다고 하는 인식이 17세기 이후 점차 확산되면서 전국적으로 작업장 설치의 계기가 되는 입법조치이다. 법의 내용은 ① 교구의 동의를 얻어 작업장을 위한 건물을 설치 또는 임차하고, ② 교구빈민의 숙박, 유지, 그리고 고용 등에 관해 민간위탁을 할 수 있으며, ③ 작업장의 임차 또는 건축을 위해 2개 이상의 교구가 연합할 수 있고, ④ 작업장 수용을 거부하는 빈민은 구제등록 명부에서 이름을 삭제하고 자격상실을 당하는 것이었다박광준, 2002 : 105. 작업장은 국가의 구제신청을 억제하면서 노동의욕을 고취시키는 곳으로 정의되고, 이를 위해 되도록 입소하고 싶지 않도록 생활수준과 규칙면에서 엄격하게 통제되었다. 영리를 추구하는 개인에게 작업장을 위탁운영하면서 많은 이윤을 남기기 위해 가혹하게 일을 시키든지, 제공되는 서비스를 줄이는 방식으로 작업장 내의 생활상태는 매우 열악해졌으며, 노동능력의 유무와 상관없이 모든 연령, 성별, 계층이 한꺼번에 수용되는 혼합 작업장으로 변모되었다.

작업장 제도의 문제점이 노정되면서 빈민을 무조건 작업장에 수용하지 않고 노동가능한 빈민이 자신의 집에서 거주하면서 도움을 받을 수 있도록 원외구조의 개념을 도입한 것은 1782년의 길버트법Gilbert Act이다.

원외구조와 더불어 최저임금의 개념이 함께 시도된 것이 스핀햄랜드 제도Speenhamland System의 특별한 점이다. 1795년 버크셔 주의 치안판사들이 스핀햄랜드의 펠리칸 장에 모여 임금보조금의 액수는 빵의 가격에 연동해서 정해야 하며 빈민 개개인의 수입에 관계없이 최저소득이 보증되어야 한다고 권고하였고, 이 권고가 이듬해 법률로 입안되었다. 이 제도는 엘리자베스 구빈법 이래의 구빈제도의 시행 방향과 역행하는 측면이 있다. 기존의 법체계에서는 빈민에게 취득하는 임금과 상관없이 노동을 강요했고 일자리를 구할 수 없는 사람들만이 구호의 대상이 되었다. 스핀햄랜드 제도는 임금이 법률로 정해진 일정액의 가계소득에 미달하는 한 고용되어 있어도 구제의 대상으로 삼도록 하였고, 임금의 부족분은 교구의 구빈세에서 지급하도록 하였다.

이는 당시 도시지역을 중심으로 방적공업이 발달하고 가내공업은 점차 쇠퇴하며, 농촌 지역에서는 2차 인클로저 운동이 진행되는 등 산업노동력의 본격적인 형성이 필요했던 시점에서 인도주의적 생존권 개념의 실험이었지만, 한편으로는 보다 엄격해진 신구빈법 도입의 빌미로 작용하게 된다. 당시의 노동자들은 어떤 일자리에서 일하고 있어도 대개는 매우 빈곤했고, 빵 값을 기준으로 보조되는 구호를 받기 때문에 생업에 최선을 다하지 않았다. 아울러 사용주는 교구에서 임금보조를 해 주기 때문에 임금의 수준을 계속해서 낮출 빌미를 제공받았다. 인도주의적 목적으로 도입된 제도가 오히려 임금을 저하시키고 대다수 농촌지역의 사람들을 빈민화시키는 결과를 초래하였다칼 폴라니, 1997 : 104. 또한 도시의 공장지대에는 인력부족이 심각함에도 불구하고, 노동인구는 농촌지역을 중심으로 집중되어 교구의 구빈비는 급증하였고, 그 부담은 주 고용주인 대지주만이 아니라 교구의 소규모 소작농민이나 영세 토지소유자들에게도 가중되어 농촌지역의 갈등과 해체를 가속화시켰다.

이처럼 스핀햄랜드 제도는 생존이 어려운 빈민을 위한 임금보조제도로서 그 의미가 크지만, 전체적인 구빈제도의 흐름 속에서는 오히려 노동자의 빈민화를 가속화시키고 구빈비의 증가로 인해 보다 엄격하게 통제되는 구빈제도로의 전환을 초래하게 되었다.

구빈법이 발달하는 긴 변화과정은 유랑하고 걸식하는 빈민층에 대한 엄격한 통제와 치안을 유지하는 한편으로 노동력의 확보와 통제를 통해 산업화하는 사회에 대비하는 노동윤리를 형성하는 등 역동적인 변화의 시간이었다.

(3) 신구빈법

1832년 선거법 개정으로 신흥 중산층을 대표하는 자유당이 정권을 잡았다. 자유당 정부는 구빈제도의 문제점을 파악하고 개선책을 마련하기 위해 왕립위원회를 임명한다. 위원회에서 주도적인 역할을 했던 시니어와 채드윅은 개인의 자유를 존중하고 개인의 신장이 곧 사회의 진보를 의미한다는 취지에서 개인의 자유로운 이동을 제한하는 구빈법을 비판하였다. 또한 노령, 질병, 장애 등의 사유로 국가가 빈민을 구제하는 것은 타당하지만, 노동능력을 갖춘 빈민에 대해서는 독립심을 갖도록 하는 것이 당연하기 때문에 이들에 대한 엄격한 처우가 필요하다고 주장하였다.

이들은 보고서에서 당시의 구빈법 운영실태를 분석하고, 전국적 균일처우의 원칙, 열등처우의 원칙, 작업장 수용의 원칙에 의거해 구빈제도를 정비할 것을 제안한다. 빈민이 더 나은 구호를 받기 위해 교구를 떠도는 것을 방지하고, 노동능력이 있는 빈민에 대한 구제는 실제로 아사위험을 면하기 위해 어떠한 조건도 감수할 정도로 자립의 수단과 전망이 없어야 한다. 따라서 구제를 제공할 경우, 그 수준은 자립하고 있는 노동자 중 가장 빈곤한 자보다 높을 수 없다.

이 같은 열등처우의 원칙을 관철하기 위해 반드시 작업장에 입소하여 도움을 받도록 한 것이다. 국가의 구호를 받는 것이 부끄러운 일임을 인지하도록 하기 위해 피구제빈민pauper임을 식별할 수 있는 표지를 부착하도록 하고, 작업장 내에서는 제복착용, 열악한 식사와 식사 중 대화금지, 면회금지, 담배와 홍차의 금지, 선거권 박탈 등의 개인적 자유에 대한 박탈이 전제되었다. 또한 구빈행정의 효율화를 위해 중앙집권적 행정기구를 정비하여 중앙기관을 창립하고, 3인의 구빈법 위원들이 전국적인 구빈행정을 논하도록 하였다. 지방의 행정단위는 교구 연합을 구성할 수 있도록 하고 중앙에 그 조직 권한을 부여하였다. 이 법을 통해 빈민과 피구제빈민 사이의 법적 구분이 완결되고, 스핀햄랜드 제도 시행 이후 사회문제로 대두한 농촌지역 빈곤층의 구빈제도 의존 및 교구 속박을 줄이고 자유로운 노동력으로 변화하도록 유도할 수 있었다.

3) 본격적 산업 자본주의 시대

신구빈법이 지향했던 빈곤문제의 해결은 남부의 농촌지역에 집중된 것이었다. 공업이 발달한 북부지역에서는 불황과 실업에 의한 빈곤이라는 산업화의 부산물이 가시화되고 있었다. 구빈법은 전통적인 노동력의 토지 속박이 느슨해지면서 중세적 노동관행이 사라지고 자본주의적 산업노동이 정착해가는 과정에서 빈곤이라는 문제를 국가 개입에 기반하여 주로 통제하고자 하는 역사적 흔적으로 이해할 수 있다.

산업혁명에 따른 사회변화와 새로운 복지욕구의 출현은 단순히 빈민을 통제하는 것만으로는 해결하기 어려운 것이었다. 대규모의 공장노동이 정착되면서 임금노동자 계층이 형성되고, 이는 토지에서 유리된 농민이 도시로 몰려들면서 가능해졌다. 임금노동자를 안정적으로 확보하기 위해 필요한 것은 거주이전과 직업선택의 자유를 보장하는 것이었다. 새로이 형성된 노동자층은 도시에 거주하되, 일하는 공간으로서 공장과 휴식과 안정의 공간으로서의 거주지가 분리되고, 가족의 구성도 농촌에서보다 핵가족에 가까운 형태로 변화하게 된다.

공장노동을 중심으로 한 산업 생산의 방식이 강도 높은 노동력의 마모를 초래하여 생산의 지속적이고 효율적인 진행을 위해서는 최소 한도나마 노동력의 육체적, 심리적 재생산 내지 원상 유지의 기제가 필요하였다. 즉, 시장경제의 원활한 확산과 상품 생산체제의 확립을 국가적 이익으로 간주할 때 국가는 빈민의 통제와는 다른 차원의 사회적 과제에 직면하게 된 것이다.

(1) 빈민구제와 노동통제

국가마다 정도의 차이는 있지만 19세기로 들어서면서 유럽의 국가들이 고심했던 문제는 급격한 산업화로 발생한 임금노동자 집단의 사회적 갈등 잠재력을 어떤 방식으로 해소할 것인가, 또한 산업화, 도시화, 노동자의 궁핍화 현상으로 인한 빈곤의 문제를 어떻게 해결할 것인가 하는 점이었다. 시민혁명 이후 거주이전의 자유, 직업 선택의 자유, 계약에 근거하여 노동할 권리 등을 부여받은 자유로운 노동자의 본질은 노동력 이외에는 소유한 것이 없다는 점이다.

따라서 자신과 가족의 생존을 위해 노동시장에서 지속적으로 노동력을 상품으로 제공해야 하는 처지이고, 노동력을 행사할 수 없는 상태, 예컨대 건강의 상실, 장애, 노령, 작업장에서의 사고 등으로 일시적 또는 지속적으로 일을 할 수 없게 되었을 때에는 곧 생존이 어려움을 의미했다. 비슷한 처지의 사람들이 몰려있는 대도시에서 이러한 문제를 공동체적인 방식으로 해결할 수는 없었다.

❶ 사회문제로서 노동자문제

산업화가 본격화되면서 전면에 부각되는 사회문제는 바로 이러한 이유로 노동자문제이다. 그 원인은

① 긴 노동시간 : 노동력의 재생산이 어려울 정도로 당시의 노동자들은 장시간 노동했으며, 이는 노동자들의 건강에 악영향을 미쳤다. 1860년대의 노동자의 주당 평균 노동시간은 78시간이었으며, 이는 오늘날의 거의 2배에 달하는 것이다.

② 저임금 : 당시의 도시는 전반적으로 노동력 과잉상태가 유지되었으며, 이것이 저임금을 유지하는 기반으로 작용하였다. 가장의 노동수입만으로 가족의 생계를 해결하는 것이 곤란하기 때문에 여성과 아동도 노동하였으며, 심지어 19세기 전반에는 노동자 가족의 아동이 8~9세에 일하기 시작하는 것이 흔한 일이었다.

③ 비인격적 대우 : 법적으로 자유권이 주어졌다고는 하나 경제적으로 공장주에 종속되어 있는 노동자들이 생존의 근거를 지키기 위해 주어진 노동조건, 작업조건, 비인간적 대우 등을 감수하는 것이 일반적이었다.

④ 고용불안 : 초기의 노동계약은 언제라도 해고가 가능한 조건으로 맺어지고, 지속적인 고용에 대한 보장 장치가 없는 것이었다.

⑤ 최저생계 : 19세기 후반에 이르러 노동자가구의 실질 평균수입은 산업화의 영향으로 상승하지만, 여전히 임금은 최저생계비를 보장하는 수준으로 유지되었다. 또한 많은 경우 사용주가 결혼, 자녀교육, 상품구입, 음식점 방문, 독서, 정치적

활동 등에 대해 수시로 감독하였으며, 정부도 사회불안 요소를 줄이기 위해 노동자계층의 결사의 자유를 오랜 기간 금지하였다.

❷ 19세기 사회문제의 원인

산업화 시기의 빈곤은 농경사회의 빈곤과는 성격이 다른 것이다. 산업화를 통해 보편적인 생활수준의 향상이 이루어지는 가운데, 노동할 수밖에 없는 사람들이 빈곤해졌다는 점이 이전과 다른 현상이었다. 많은 학자들은 당시의 인구 급증이 노동자문제 발생의 기본적 원인으로 보고 있다. 의학 발전으로 사망률이 감소하고, 전염병 등을 정복하면서 평균수명이 연장되었으며, 농민해방과 길드의 철폐 등의 조치를 통해 농노나 도제에 대한 결혼의 장애요인들이 제거되었는데, 이러한 요인들이 모두 인구증가에 기여하였다. 인구성장은 인구의 도시집중과 도시의 주택문제, 일자리를 두고 이루어지는 경쟁, 이에 따른 저임금의 유지 등의 부산물을 낳았다.

독일의 경우 1870년대까지 인구의 4분의 3이 농촌지역에 거주했었는데 1925년에는 인구의 2분의 1 이상이 도시지역에 거주할 정도로 인구이동이 급격히 이루어졌다. 산업화 초기에는 일자리 공급보다 항상 일자리에 대한 노동공급 과잉 상태가 유지되었다. 이로 인해 저임금은 불가피한 현상이고, 장시간 노동과 노조활동에 대한 박해를 통해 노동자 간의 경쟁이 일반적이었다.

제1세대 공장노동자는 산업노동에 대한 준비가 되지 않고 규칙적인 노동, 노동규율, 기계작업 등에도 미숙한 사람들이었다. 상당수가 농업이 주업이고 공장노동이 부업인 사람들이었다. 더 많은 노동자를 확보하기 위해 기업이 생필품의 값을 올려 공장노동에 대한 노동력 공급을 증가시키려 시도하기도 하였다하인쯔 람페트, 1994.

공장에서의 노동은 노동공간과 생활공간의 분리를 의미하며, 그 전에는 생활공동체 안에서 일하던 사람들이 비인간적이고, 해직의 위협이 상존하는 이익사회 속에서 노동해야 하는 생활양식의 변화를 경험하게 된다. 장인이나 도제의 전통 속에서 수공업적인 재능을 바탕으로 이루어지던 소규모 생산은 천편일률적이고 효율 위주의 분업에 기초한 대량 생산방식으로 전환되고, 이는 노동조직의 변화를 의미한다.

노동하는 개인은 전통적 공동체에서는 완전히 유리되었지만, 유사시 보호할 수 있는 새로운 완충장치도 없이 단체 노동협약이 존재하지 않은 상황에서 공장주의 임의에 처분을 맡겨야 되는 개별 노동계약의 위험에 노출되었다.

❸ 사회복지정책의 과제

이 같은 사회문제가 안고 있는 사회적 갈등의 잠재력은 매우 큰 것이다. 갈등을 줄이고 최소한의 복지욕구를 충족시키기 위해서는 최소한의 노동자 보호를 위한 조치가 필요했다.

① 아동, 청소년, 여성의 건강과 발전을 저해하는 노동조건을 철폐, ② 산업재해 및 건강을 위협하는 노동조건의 철폐, ③ 적기에 정당한 임금지불 보장, ④ 생존연장에 충분한 노동소득의 제공, ⑤ 사고, 질병, 취업불능, 부양자의 사망 등의 경제적 위기에 대한 보장제도의 창출, ⑥ 실업발생에 대비한 보장제도의 창출 등이 바로 노동자 보호를 위해 우선적으로 필요한 조치들이었다. 아울러 노동과 기업 관련 법령 제정에서 국가의 조정적 역할의 설정, 주택문제를 해결할 수 있는 방안의 마련, 노동자 계급의 급진화를 막을 수 있는 사회적이고 정치적인 통합의 방안 등이 필요하였다.

(2) 사회보험제도의 형성

❶ 사회적 보상 원칙의 정립

산업노동자의 건강하고 안정된 생활의 보장을 통해 과격한 노동조합운동에 거리를 두고, 숙련노동자를 중심으로 질 높은 노동력을 안정적 · 지속적으로 확보하려는 의도에서 고안된 것이 사회보험제도이다. 당시로서는 산업화의 후발주자였던 독일제국이 세계 최초로 이 제도를 도입하는데, 1866년 오스트리아 전쟁과 1870년 프랑스 전쟁에서 승리하고 독일 통일의 과업을 이룩한 후 독일민족의 내적 통합을 위해 비스마르크가 고안한 것이다. 1883년 질병보험의료보험, 1884년 산재보험, 1889년 노령 및 장해연금보험제도를 도입하였다. 실업보험만이 사회적인 저항에 부딪혀 1927년에 도입되었다. 이는 당시 경제적으로 훨씬 발달되어 있던 벨기에, 영국, 네덜란드, 미국보다 앞당겨 자본주의의 사회적 위험에 대비하는 사회보장제도를 정립했음을 의미한다. 당시 독일의 보수적인 정치가들이 사회보장의 정치를 추구했던 이유는 노동자의 빈궁화로 인한 사회적 갈등요인을 미연에 제거하고자 함이었다.

물론 그 이전에도 기초적인 형태로 광산 또는 수공업자의 조합에서 상호부조의 형식으로 노령, 질병, 산재, 실업 등에 대해 기초적인 형태의 동업자간 보호와 원조의 기제가 존재했었다Schmidt, 1998 : 23. 사회적 보상원칙의 초석은 독일 통일 이후 1871년 "제국고용자책임보상법"이 제정되어 철도, 광산, 채석장과 공장 노동자에게 사고로 인해 장기적, 단기적 직업불능 사태가 발생하면 사용자가 이에 대해 보상해 줄 책임이 있음을 명시하면서 마련되었다. 실제로 보상받은 사람은 소수에 불과해도 산업화의 후유증에 대한 보상에 사용주를 개입시킨다는 원칙은 사회보험의 정착에 제도적 맹아로 작용하였다Frerich and Frey, 1996 ; Bd. 1 : 94.

❷ 비스마르크의 사회보험제도

비스마르크는 한편으로 노동자의 보호를 위해 노동자보험제도의 도입을 시도하였으며, 다른 한편으로는 노동자의 정치적 계급화를 방지하기 위해 사회주의자진압법의 제정을 통해 소위 '단빵과 채찍Zuckerbrot und Peitsche'을 동시에 제공하는 전략을 구사하였다. 그 의도는 사회주의 운동이 노동자계급에 확산되는 것을 방지하는 한편으로, 국가가 적극적으로 이들의 사회복지를 제공함으로써 사회주의의 영향력을 완화시키고 군주제에 대한 충성심을 고취시키는 것이었다.

비스마르크는 '지불 능력이 높고, 고도의 국가 참여에 의해 성립되는 사회보험'이 당시의 산업화로 인해 형성된 '사회적 정의의 진공상태를 메울 수 있다'고 노동자들에게 확신시키고자 하였다. 이러한 의미에서 노동자를 대상으로 한 사회보험정책의 동기는 당시 정치적으로 위협적인 빈민층으로서 조직화와 갈등 생성의 가능성이 높은 산업노동자들을 순치시키는 것이었다A. Gladen, 1974 : 57.

비스마르크 당시의 사회보험은 적용집단이 보편화되지 않은 선택적 보장제도의 성격이 강했다. 1880년 산재보험에 대한 초안을 작성했을 당시, 비스마르크의 제안은 강제보험의 성격을 띠며, 민간보험회사를 배제하고, 제국보험공단의 중앙집중식 통제를 받는 보험제도를 정립하는 것이었다. 그러나 국가의 권력 강화와 관료화를 우려한 의회의 반대로 이 제안은 통과되지 못하였다. 이는 소속 계급집단의 지위를 유지시키고, 지역별 · 직능별로 보험관리 대상을 분리하는 현재 사회보험원칙의 토대가 되었다.

현재까지 지속되고 있는 사회보험을 기초로 한 비스마르크 사회정책의 원칙은 다음과 같다Schmidt, 1998 : 25-26.

㉠ 노령, 장해, 질병1927년 이후 실업으로 인한 소득의 상실에 대해 공법상의 강제보험이 성립되었다. 이 보험의 대상은 임금노동자이고, 그 운영체계는 사용자와 노동자의 대표를 보험의 관리, 운영기구에 참여시키는 보험의 이해당사자 집단의 자치행정형식으로 이루어진다. 국가는 법의 규제를 제공하는 수준에서 간접적으로만 관리, 운영을 책임지도록 구성되어 있다.

㉡ 사회보험의 보장 전략은 노동 및 생산과정에서 사회적 위험의 발생을 사전적으로 예방한다기보다는 위험의 발생 이후 사후적으로 처리한다는 것이다. 비스마르크는 노동조건의 개선을 통한 질병이나 사고의 예방은 '사업장의 자율적 운영권에 대한 침해이고, 사용자의 임금지불 능력을 감소시킬 수도 있다'고 간주하여 사회정책의 전략적 고려대상에서 제외시켰다.

㉢ 사회보험을 통한 사회보장은 이전의 한시적 구호사업이나 자선사업과는 달리 극빈자에게도 자신의 적립된 보험 기여금에 대한 청구권을 허용하는 것이다Alber, 1982 : 26 ; Schulte, 1987 : 109.

㉣ 사회보험의 재원은 대부분 사용자와 노동자의 보험부담금으로 충당되고, 국가는 조세를 기반으로 한 최소한의 재정보조만을 한다. 이를 통해 이후 사회정책의 재원형성과 급부 기반이 임금노동에 연계하여 운영되는 제도의 틀이 형성된 것이다.

㉤ 사회정책의 재원을 사회보험 기여금을 통하여 마련하기 때문에 사용주와 노동자는 사회보험의 관리와 운영에 대한 협의와 자치행정의 권리를 갖는다.

㉥ 사회보험 가입이 의무화되어 있고, 보험 관리조직의 다양성을 허용하였다. 즉, 노령, 질병, 산재, 실업에 대한 보험을 각 직업집단별로 구성하여, 사회적 위험 발생 시 같은 사회적 지위 안에서만 소득의 재분배가 이루어지도록 하였다.

❸ 영국 자유당의 사회개혁

오늘날 우리가 알고 있는 복지국가의 초기 형태는 19세기 말부터 등장하기 시작한 것이다. 현대적 복지제도가 구빈법 시대의 복지제도와 다른 점은 교회나 자선단체를 통해 시혜를 베푸는 성격의 구빈정책에서 벗어나 점차 사회집단별로 나타나는 복지욕구에 대처할 필요가 있음이 사회적으로 인지되고, 또 그렇게 할 수 있는 제도 틀이 유럽의 여러 국가에서 마련되기 시작했다는 점이다.

1906년 총선에서 자유당이 승리한 후 기존의 구빈법과 질적으로 다른 일련의 사회보장제도들을 도입한다. 무갹출 원칙에 의거한 노령연금제도, 영국 최초의 사회보험으로서 국민보험법 등이 이 시기에 도입된 것이다. 로이드 조지와 윈스턴 처칠이 이 같은 사회개혁을 주도하면서 사회보험이 사회주의에 대한 방어책이 될 것이라 주장하였다.

❹ 현대적 복지국가의 발현: 베버리지보고서

2차 대전 중 영국의 연립내각은 베버리지를 위원장으로 임명하여 노동자의 보상을 포함한 국민보험과 관련서비스의 제도 현황을 조사하고, 개선안에 대한 권고를 하도록 명한다. 1년 후 베버리지 위원회는 다음과 같은 사회보장계획의 기본원칙을 전 국민 대상의 복지정책의 틀로 제시한다.

베버리지보고서가 제시한 사회보장계획의 기본원칙은 ① 미래를 위한 어떠한 제안도 이해관계자 집단에 의해 제약받아서는 안 된다. ② 사회보험의 조직은 사회진보를 위한 포괄적인 정책의 한 부분으로 간주되어야 한다. 그 이유는 사회보험은 소득보장, 즉 결핍에 대한 공략일 뿐 소위 5대악의 나머지질병, 무지, 불결, 무위까지 해결할 수는 없기 때문이다. 포괄적인 사회보험과 더불어 나머지 4대악을 제거할 수 있는 서비스 체계가 제공되어야만 사회진보가 이루어진다. ③ 사회보장은 정부와 민간의 협력에 의해 이루어져야 한다. 국가의 역할도 중요하지만, 국가가 사회보장을 조직하는 데에 있어서 개인의 인센티브나 기회 그리고 책임감을 저해해서는 안 되고, 개인이 사회적 미니멈national minimum을 초과하는 여유 있는 삶을 영위하기 위해서는 자원활동을 장려할 수 있는 여지를 남겨두어야 한다는 것이다.

이러한 원칙을 기반으로 베버리지는 사회보장의 6개 원칙과 대상층을 명시하였다. 6개 원칙은 일상생활을 하는 데 불편하지 않을 정도의 ① 충분한 급여수준, ② 소득과 관계없이 정액급여, ③ 정액 갹출, ④ 지방사무소를 관할하는 단일 사회보험금고가 관리 운영하고, 개인은 통합된 갹출료를 납부하는 통합적인 행정, ⑤ 사회부조나 사보험은 물론 사회보험을 포함한 각종 방법을 활용하여 기본적이고 예측 가능한 욕구를 해결하도록 하는 적용범위의 포괄화, ⑥ 인구층을 6개 집단피용자, 자영업자, 전업주부, 기타 노동인구, 취업 전 청소년, 노동불능 고령자으로 나누는 대상집단의 분류화이다. 아울러, 빈곤해지는 주된 원인을 여덟 가지로 분류하고 그에 대한 대책도 제시하였다. 8대 빈곤 원인과 그 해결책은 〈표 4-1〉과 같다.

〈표 4-1〉 8대 빈곤 원인과 대책

욕구	대책
실업	실업급여
장애	장애수당 또는 장애연금
생계수단 상실	직업훈련급여
퇴직	연금
기혼여성의 욕구	출산, 미망인 수당 등
장례비용	장제비
유아	아동수당
질병, 장애	질병치료와 재활

❺ 서구 사회보장제도에서 비스마르크 사회보험과 베버리지보고서의 의미

비스마르크의 사회보험원칙과 베버리지보고서의 사회보장원칙은 서로 다른 특징을 띠면서 현대 사회보장제도 발전에 큰 영향을 미쳤다. 먼저 비스마르크의 사회보험원칙은 일정 소득 수준 미만의 노동자와 가족들을 질병, 산업재해, 노령 등의 사회적 위험에서 보호하고자 하는 취지로 사회보험제도를 도입하였다. 사회보험의 의무가입 범위를 일부 저소득 노동자 집단에 국한시키고 이들에게 국가와 자본이 보험의 비용 일부를 부담하는 방식으로 사회보장의 문제를 해결하려 하였으며, 산업화를 통해 국가의 입지를 굳히기 위해서는 사회보험을 통한 사회적 약자의 보호가 필요하다고 전제하였다. 따라서 개인과 가족의 복지증진보다는 노동력의 보호를 통한 산업입국과 국가 산업정책의 추진에 초점이 맞춰진 제도였다고 볼 수 있다.

한편 베버리지보고서는 국민연대성에 기초한 사회적 미니멈의 보장을 전제로 삼았다. 산업사회의 구성원과 가족의 소득의 감소나 단절과 관련된 모든 사회적 위험으로부터 이들을 보호하고 임금노동자 집단의 범위를 넘어서서 모든 봉급생활자들과 자영업자들, 기타의 경제활동인구 전체로 사회적 미니멈의 급여를 확대하는 새로운 사회보장의 원칙을 제시하였다는 점이 특징적이다. 사회구성원 모두에게 평등하게 제공되는 사회적 미니멈의 급여를 기본으로 하고 이를 넘어서는 높은 수준의 보장은 개인의 선택과 시장기능에 미루며, 사회부조를 통한 사회보장급여의 보조적 기능을 적극 활용하고자 하였다.

이 두 원칙은 현대 서구의 사회보장제도 확립에 큰 영향을 미쳤다. 1950~60년대 자본주의의 황금기를 거치면서 노동운동은 적극적으로 사회보장권을 요구하고 대부분의 국가들이 이에 부응하여 사회권적 기본권으로서 사회보장제도를 확대 정착시킨다. 70년대 초반 대부분의 서구국가에서 노동자와 가족은 60세 정도에 퇴직하고 그와 가족이 종전에 누리던 경제적 생활수준을 그대로 유지할 수 있는 수준의 사회보장의 연금급여를 보장받을 수 있게 된다. 이는 현대사회의 구성원으로서 시민에게 주어지는 사회보장 권리의 수준이 최저생활의 보장수준을 넘어 실질적 생활수준의 보장에 이르렀음을 의미한다. 스웨덴의 경우 사회구성원과 가족의 사회적 미니멈 수준의 소득보장 단계를 넘어 실질적 소득의 보장과 무상의료의 목표를 실현함으로써 역사상 가장 완전한 형태의 사회권을 확립하였다.

(3) 시민사회의 복지정치

산업화로 인한 급격한 사회변동이 인간의 삶에 미치는 영향에 민간의 비영리단체 등을 중심으로 한 시민사회의 반응도 주목할 만한 것이었다. 베버리지는 시민사회에서 자발적으로 이루어지는 민간복지의 형태를 크게 우애조합이나 생활협동조합으로 대표되는 상호부조 활동과 신흥중산층에 의해 이루어진 사적인 빈민구제 활동으로서 인도주의적 박애사업으로 분류하였다. 민간이 주체가 되어 사회복지를 제공한 사례는 무수히 많겠지만, 여기서 관심을 집중하고자 하는 현상은 사회적 위험을 감지하고 개입하는 주체로서 국가가 부각된 이후에 시민사회의 주체들이 수행한 역할이다. 이 맥락에서 볼 때, 사회복지 발달에 큰 영향을 미친 민간 복지의 주체로는 자선조직협회와 인보관운동을 꼽을 수 있겠다.

❶ 자선조직협회(Charity Organization Society: COS)

빅토리아 시대 신흥중산층의 사회규범은 "하늘은 스스로 돕는 자를 돕는다"는 자유방임주의를 철저히 신봉하는 것이었다. 국가가 개인의 자유를 속박하지 않으면 모든 사람이 자신의 능력에 따라 자립하여 살 수 있을 것이라는 생각과는 달리, 도시에서 마주치는 엄청난 규모의 빈곤이 이들로 하여금 기존의 구빈법의 한계를 절감하고, 그 한계를 극복하기 위해 역량 있는 시민이 적극적으로 나설 필요가 있다고 생각하게 만들었다. 특히, 런던의 이스트엔드 지역에 집중된 빈곤은 매우 심각한 상태였는데, 많은 자선단체가 결성되어 박애주의적 실천에 매진하였다.

자선조직협회는 다양한 자선기관이 서로 협력하고 정보를 교환하며 활동을 조직적으로 행할 필요성이 제기되면서 자선기관의 조직화를 목적으로 설립되었다. 자선조직협회의 주요 목적은 ① 자선기관과 구빈법, 그리고 이들 사이의 협력, ② 적절한 사례와 모든 사례에 알맞은 조치를 보장, ③ 구걸을 방지하고 빈민의 생활을 향상시키는 것 등이었다. 즉, 자선의 중복과 남용을 방지하고, 빈곤한 사람의 상황을 면밀하게 조사하여 원조할 필요가 있다고 판단되는 사람에게 충분한 도움을 주어 자립시키는 과학적 자선이 필요하다는 것이다. 이러한 자선조직협회의 원조방법은 현대적인 개별사회사업case work의 기초가 되었다.

자선조직협회의 실천방법과 이념은 빅토리아 시대 중산계급의 가치관을 그대로 반영하는 것이어서 빈곤한 사람도 근면, 자조, 검약의 미덕을 발휘하면 빈곤을 탈피할 수 있다고 믿었다. 협회는 중앙위원회와 지역위원회를 두고, 지역에서 빈곤가정을 개별적으로 방문하여 자선조직협회가 제공하는 급여나 서비스를 받을 자격이 있는지 판정하고 개별적인 상담을 통해 과학적인 자선이 이루어지도록 하고자 하는 취지를 갖고 있었다.

자선조직협회의 원조 필요성에 대한 판단은 구제를 받을 가치가 있는 빈민인지 그렇지 못한 빈민the deserving poor & the undeserving poor인지에 따라 갈라졌다. 선량하고 존경받을 만하고 근검절약하고 의존적이지 않으며 자활 의지가 있는 인물을 주로 구제받을 가치가 있는 빈민으로 묘사하였는데, 지역사회의 지도자들의 의견을 참조하여 직접 도움을 줄 것인지 구빈법에 의한 작업장 행을 권할 것인지 등을 결정하였다.

모든 사례에 대한 조사를 기치로 내걸고, 지역별 자선조직협회에서는 해당지역의 구빈법위원회와 자신들이 원조하는 대상의 명단을 교환하는 등 정보교환과 업무 협력의 관계를 구성하였다. 이것이 훗날 민 · 관협력의 기초적인 모델을 제시한 것으로 평가된다.

자선조직협회의 가장 큰 공헌은 민간 사회복지 종사자의 체계적인 훈련과 관련된 것이다. 빈곤가족을 방문하는 우애방문원friendly visitors의 훈련을 위한 지침서를 두고, 방문시에 유의할 행동지침을 두는 등 오늘날 사회복지담당자들이 지향해야 할 태도와 개별사회사업의 원초적인 형태가 이를 통해 형성되었다박광준, 2002 : 178–179, 한국임상사회사업학회, 2006 : 87–88.

❷ 인보관운동(Settlement Movement)

빈곤지역의 문제를 개별적인 개별사회사업을 통해 해결하려고 했던 자선조직협회와 달리 옥스퍼드학파의 영향을 받은 일군의 지식인들은 빈곤지역에 직접 거주하면서 구빈사업을 수행하고 조직한 성직자들의 예를 보면서 현지정착을 기반으로 빈곤타파에 기여하고자 시도하였다. 빈곤지구 안에 상주하면서 빈곤실태를 조사하고 지역의 생활상태 개선과 원조를 행하는 것이 인보관현지정착운동의 목표였으며, 런던의 토인비 홀이나 시카고의 헐하우스 등이 지역사회를 중심으로 이루어진 이 활동의 역사적 기념물이다. 이 운동에 참여한 지식인들은 사회조사를 통해 빈곤에 대한 체계적인 자료를 작성하고 이를 국가정책에 반영하고자 하였다. 또한 지역주민에게 아동의 양육, 보건, 기술교육, 문맹퇴치 등의 교육과 문화 · 예술 활동을 위한 지원을 하고, 지역의 주택임대, 도서관, 시민의 모임 장소 등을 조성하는 등 빈곤지역 안에서 이루어지는 사회복지의 초기적 형태의 실험을 진행하였다.

인보관운동의 의미는 지역사회 전체를 복지욕구의 대상으로 설정하고, 지역사회를 기반으로 사회복지사업을 행하는 최초의 시도라는 데 있다. 개인의 향상보다는 집단의 진보를 위해 노력하면서 지역사회 전체의 문제에 초점을 맞춰 이를 해결하기 위한 방안을 마련하고자 하였다. 또한 활동의 거점으로 오늘날 지역사회복지관의 맹아적 형태라 할 수 있는 인보관을 설치하고, 이를 중심으로 지역사회의 문제해결 능력을 높이려 하였다는 점도 매우 주목할 만하다. 특히, 이 운동이 지역사회와 지역주민을 바라보는 시각은 이들이 자신의 문제를 스스로 해결할 수 있고, 문제해결 과정에 스스로 참여함으로써 그러한 역량을 키워간다고 보았다는 점, 인보관이라는 지역사회의 거점을 통해 이같은 변화가 이루어지도록 하였다는 점이 높이 평가된다.

2. 한국에서 복지발달의 역사

1) 근대 이전의 복지제도

우리나라가 근대화되기 이전의 복지제도는 왕의 어진 통치를 위해 백성을 살피는 민생구휼의 전통과 공동체 삶 속에 자리 잡은 상부상조제도의 흔적 속에서 찾을 수 있다. 서구와 마찬가지로 근대 이전의 사회의 가장 큰 사회적 혼란은 흉작, 기근, 역병의 창궐 등과 같은 천재지변과 전쟁, 폭동 등에 따른 백성의 삶의 불안정에 있었다. 이러한 급변기에 왕은 구황제도를 통해 백성의 생존을 유지하고 민심을 달래기 위해 노력하게 되는데 최초의 복지제도 흔적은 삼국시대까지 거슬러 올라간다. 고구려 고국천왕은 진대법을 제정하여 춘궁기에 관곡을 대여했다가 추수기에 납입케 하는 제도를 시행하기도 하였다. 이 시도는 재해를 당한 농민에게 구황을 위해 식량을 미리 확보해 두었다가 제공하는 이창, 의창, 상평창, 교제창, 제민창, 사창 같은 고려와 조선의 제도로 연결되었다. 이창과 의창은 촌락에 설치된 것으로 촌민들이 양곡을 공동 저축하여 춘궁기에 빈민에게 공동책임 하에 빌려주고 가을이나 풍년에 갚게 하는 구제제도이고, 상평창은 절량기에 창곡을 싸게 팔고 가을이나 풍년에 고가로 곡물을 구입한 제도이다. 교제창과 제민창은 교통의 요지에 설치하여 지역 간의 흉풍을 조절하기 위한 제도이다.

고려의 복지제도 흔적은 왕의 즉위나 국가의 경사 때에 베푸는 은면지제와 천재지변 등의 시기에 조세, 부역, 형벌을 감면하는 재면지제, 우선보호 대상을 보호하는 환과고독, 쌀, 잡곡, 소금, 간장 등 주요 생활물품과 의료, 주택을 제공하는 수한질여진대지제 등이 있었다김상균 외, 2007 : 221. 궁민 또는 재민을 구호하기 위한 기관으로 제위보, 구제도감, 동서대비원, 혜민국 등이 설치되었다. 제위보는 일종의 빈민을 위한 대부 및 자선사업 기관이고, 구제도감은 구빈행정의 총괄기관으로서 후에 진제도감으로 명칭이 변경되며, 동서대비원과 혜민국은 병약자를 위한 의료구제기관이었다. 또한 국교인 불교도의 구제활동이 왕성하였는데 유아, 기아, 빈민아를 사원에서 수용, 양육하여 승려나 사역승으로 양성하고 행려자시식소를 설치 운영하였다표갑수, 2002 : 123.

조선시대의 빈민구제사업은 유교의 자혜사상을 바탕으로 하며 위에 언급한 창제 이외에 환곡, 자휼전칙, 환과고독 등이 구휼사업의 주된 내용을 이루었다. 비황과 구황이 구분되는데 곡물을 공동 저축하고 유사시에 공동 사용하는 상평창, 의창, 사창, 제민창 등이 비황제도이고, 직접적 구빈대책으로서 노인 등 특별히 곤궁한 사람을 보호하고 음식을 제공하며, 혼례나 장례비용의 제공, 흉년이나 재해를 당한 백성에게 지세, 호세, 부역 등을 감면해 주는 것이 구황제도이다.

아울러 민간의 상부상조 활동은 계, 향약, 두레 등의 형태로 활발히 이루어진다. 계는 성원 간의 경제적 이익을 도모하기 위한 군포계, 공장계, 공인계와 혼례, 식수 등의 비경제적 목적으로 형성된 혼상계, 화수계 등이 있었다. 향약은 중국의 주자향약을 바탕으로 주민의 교화를 위해 자치적으로 정한 규약이다. 4대 실천덕목으로 덕업상권, 과실상규, 예속상교, 환란상휼을 정하고 공동체의 공동가치와 상부상조의 전통을 형성하였다. 두레는 농촌사회의 상호협력과 상호친목을 도모하는 농민공동체 조직이다.

조선시대 말기 기독교 포교활동의 일환으로 고아원이 설립되고, 1907년 평양에 최초의 장애인교육기관으로서 맹아학교가 설립되어 근대적 사회사업기관이 태동된다.

2) 식민통치와 근대적 복지제도

1905년 을사보호조약 이후 우리나라에서는 일본이 강제로 시행하는 목적성 사회복지사업이 전개되었다. 조선총독부는 천황의 온정을 강조하고 식민지 국민의 불만을 잠재우고 통제하는 온정주의적 구빈행정을 시행하였다. 민생문제의 해결보다는 이재민, 행려병인, 궁민을 구호하고 근검절약과 근면정신을 고취하는 교화사업을 주로 시행하였다. 1921년 조선총독부 내무국에 사회과를 독립 설치하여 사회사업을 지도하면서 사회사업이라는 용어가 공식화되었다. 이를 계기로 관계자들 사이에 사회사업연구회가 조직되었고, 이 연구회는 1929년 재단법인 조선사회사업협회로 개칭되었다.

근대적 사회복지제도의 효시는 1944년 식민지 지배가 막바지에 이른 시점에서 조선구호령을 공포하면서 마련되었다. 이 법은 일본의 구호령을 모태로 하여 65세 이상의 노약자, 13세 이하의 유아, 임산부, 불구 · 폐질 · 질병 기타 정신 또는 신체의 장애에 의해 생활능력이 없는 자에 대하여 생계 및 의료부조를 제공하는 것을 그 내용으로 하고 있다.

3) 현대적 사회복지제도의 도입

(1) 미군정과 한국전쟁 전후

일본의 식민지 지배에서는 벗어났지만 이 시기에 우리나라는 정치적인 불안과 전국적인 절대빈곤에 허덕이고 있었다. 미군정은 일제시대의 법규와 시설을 형식적으로 계승하는 한편, 일련의 사회복지 및 구호 관련 각서들을 발표하였다. 1947년 재조선 미국육군사령군정청 법령 제18조에 의해 보건후생국을 설치하고 사변재해의 구제, 빈민에 대한 공공구제, 아동의 후생 및 보호, 노동자의 후생 및 연금, 주택문제 등을 관장하도록 하였다.

한국전쟁의 피해는 수많은 전쟁고아와 요보호대상자의 발생으로도 나타났다. 특히 아동, 여성, 노인 등 취약계층의 고통과 생활불안정은 현격하게 증가하였다. 1952년 8월 280개 시설에 30,473명의 전쟁고아, 혼혈아, 부랑아를 수용하였는데, 이는 전체 후생복지시설의 81%를 점하는 것이었고 1949년과 비교할 때 시설은 2.8배, 수용아동은 4.2배 증가한 것이었다. 아동시설은 이후에도 계속 늘어 1960년 581개 시설에 62,607명을 수용하고 전쟁기간 중 양로원에 수용된 노인의 수와 여성가구주 가구도 급증하였다이영환, 2005 : 109–110. 1950년대 우리나라의 사회복지사업은 이들에 대한 자선, 구호, 일시적 보호 등이 주로 외국 원조 단체들의 지원에 기대어 이루어졌다. 국가는 이들을 보호할만한 마땅한 제도나 재원을 마련하기 어려운 상황이었기 때문이다.

외국의 원조단체들이 사회복지에 기여하는 한편, 이 시기에 현대적 사회복지교육이 도입된 점도 역사적으로 기록할 가치가 있다. 1947년 이화여자대학교에 최초로 기독교사회사업학과가 설치되고, 뒤를 이어 1953년 중앙신학교강남대학교의 전신, 1959년 서울대학교, 한국그리스도신학교 등에 사회사업학과가 설치되었다. 또한 민간의 사회복지관련 단체의 설립도 이루어졌다. 1949년 대한적십자사 창설을 필두로, 1952년 한국사회산업연합회, 1956년 국립중앙사회사업종사자 훈련소한국보건복지인력개발원의 전신가 설치되었다.

(2) 경제발전과 사회복지

제3공화국 이후부터 제5공화국까지의 시기는 본격적인 경제개발정책의 시행과 더불어 사회보장과 관련된 기초적인 입법이 이루어진 시기이다. 「공무원연금법」, 「생활보호법」, 「아동복리법」, 「고아입양특례법」, 「윤락행위 등 방지법」, 「군사원호보호법」, 「재해구호법」, 「사회보장에 관한 법률」, 산업재해보상보험법」 등이 1960년에서 1963년 사이에 제정된다. 한국전쟁 종료 이후 절대적 빈곤의 탈출과 경제발전이 국가의 주된 화두였던 시기인 만큼 상당수의 법은 요보호자의 구호 차원에 머물거나, 제정되고도 실제적으로 발효되기까지 유보기간을 두는 등 실효성이 없었다. 70년대에 「사회복지사업법」과 「의료보험법」이 제정되고 그 전 시기에 제정된 법률이 일부 시행되었으며, 80년대에는 「아동복지법」, 「장애인복지법」, 「노인복지법」 등이 제정되었다.

저개발국으로부터의 탈피에 국가의 모든 에너지가 집중되던 시기였기 때문에 상당수의 법은 형식적인 선언 수준에서 제정되었으며, 공업국가로 전환하는 과정에서 소위 개발독재로 일컬어지는 강력한 노동통제가 사회보장보다는 주된 관심사였다.

요약

이 장에서는 현대의 복지국가에 용해되어 있는 주요 제도들을 중심으로 국가의 경계선을 넘나들면서 사회복지제도의 발달과정에 대해 설명하였다. 구빈법의 오랜 발달과정과 산업화에 따른 새로운 사회문제로서 노동자문제의 발생, 이를 해결하기 위해 최초로 도입된 사회보험제도의 사회경제적, 정치적 의도, 산업화된 대도시의 빈곤과 빈곤지역의 문제를 해결하기 위해 진행된 자선조직협회 및 인보관운동 등은 모두 현대적 사회복지제도의 근간을 이루는 역사적 사건들이었다. 보편적 사회복지의 초석을 마련한 베버리지보고서는 오늘날까지도 비스마르크의 사회보험정책과 더불어 복지국가를 구성하는 양대 원칙으로 자리매김하고 있다.

탐구문제

1. 비스마르크의 사회보험정책과 베버리지보고서의 사회보장원칙을 비교해 보자. 영국 구빈법의 발달과정을 설명해 보자.
2. 빈곤문제의 해결을 위한 국가의 개입방식이 산업노동력의 형성에 어떻게 영향을 미쳤는지 생각해 보자.
3. 현대적인 개별사회사업과 지역사회복지사업의 형성동기에 대해 설명해 보자.

참고문헌

김기원(2003). **한국사회복지정책론**. 나눔의집.

김상균 외(2007). **사회복지개론**. 나남출판.

박광준(2002). **사회복지의 사상과 역사**. 양서원.

이영환(2005). **한국사회와 복지정책–역사와 이슈**. 나눔의집.

표갑수(2002). **사회복지개론**. 나남출판.

하인쯔 람페트(1994). 윤여덕 역. **사회정책론**. 민영사.

한국복지연구회(1995). **사회복지의 역사**. 이론과 실천.

한국임상사회사업학회 편(2006). **사회복지개론**. 도서출판 신정.

Alber, Jens(1982). *Vom Armenhaus zum Wohlfahrtsstaat. Analysen zur Entwicklung der Sozialversicherung in Westeuropa*. Frankfurt/New York.

Frerich, Johannes & Frey, Martin(1996). *Handbuch der Geschichte der Sozialpolitik in Deutschland. Band 1: Von der vorindustriellen Zeit bis zum Ende des Dritten Reiches*. München/Wien

Gladen, A.(1974). a.a.o., S.116.

Macfarlane, A.(1970). *Witchcraft in Tudor and Stuart England*. New York.

Polanyi, Karl(1997). 박현수 역. **거대한 변환: 우리시대의 정치적·경제적 기원**(대우학술총서 47). 민음사.

Schmidt, Manfred G.(1998). *Sozialpolitik in Deutschland. Historische Entwicklung und internationaler Vergleich*. Opladen.

Schulte, Bernd(1987). "Blick über die Grenzen. Der deutsche Sozialstaat im internationalen Vergleich", Michael Opielka, Ilona Ostner(ed.). *Umbau des Sozialstaats*. Essen.

05 복지국가의 성립과 변화

Romanyshyn은 현대사회가 발달하면서 상당수의 국가에서 사회복지 개념이 보완적인 것에서 제도적인 것으로, 자선에서 시민권으로, 특수 서비스에서 보편적 서비스로, 최저 기준의 달성에서 최적 기준의 달성으로, 개인적인 도움에서 사회적인 개혁으로, 자발적인 것에서 공적인 것으로, 빈민구제에서 복지사회건설의 방향으로 변화해 왔다고 일찍이 사회복지발달의 큰 흐름을 표현하였다.

이 장에서 우리는 복지제도의 총체로서 복지국가의 발전과 최근 변화에 대해 살펴볼 것이다. 아울러 이 흐름 속에서 한국 복지국가는 어떤 변화를 겪어왔고, 또 직면하고 있는지 살펴보게 된다.

이를 위해 먼저 복지국가 개념에 대해 정의할 필요가 있다. 고전적 자유주의 국가, 즉 시장과 시민사회에 대한 어떠한 형태의 개입도 거부하는 국가와 상반되는 기능을 가진 국가행위의 유형을 복지국가라고 정의하고자 한다. 법 앞에서의 형식적 평등을 넘어서는 조건의 평등을 보장하기 위해 사회적 또는 경제적 약자에게 현금 또는 현물지원 형태의 급부를 제공하는 제도의 총칭 내지 그러한 국가를 일반적으로 복지국가라 정의해 왔다. 제도와 제도운영원칙의 총체로서 복지국가는 국가별로 결코 획일적인 형태가 아니다. 복지국가의 발달과정은 국가별로 정치·사회·문화·경제의 영향을 받아 상당한 차이를 보인다. 단, 전반적인 흐름이 시혜적·자선적·구빈적 차원의 복지에서 전 국민에게 권리로서 부여되는 보편적 복지를 제공하는 방향으로 진행되었다는 것은 분명한 사실이다.

1. 복지국가 형성과정

선진 복지국가 형성과정은 일반적으로 계급 간 불평등 해결과 노동시장 상품으로서 노동자가 처한 사회적 위험을 해소시키고자 하는 노력이 집적된 결과이다. 국가별로 명실상부한 복지국가로 자리 잡은 시기에도 차이가 있고, 정착 형태 또한 다양하지만, 교회 구빈사업의 전통을 넘어서는 복지제도는 국가가 계급 사이의 갈등을 잠정적 합의 형태로 제도화시키면서 생겨난 것을 기본으로 삼는다. 따라서 국가별로 복지국가의 형태와 성격은 그 나라의 자본주의가 발달해 온 과정 및 발현된 구조와 밀접한 연관성이 있다.

앞서 4장에서 살펴본 바와 같이 복지국가 형성 초기의 복지정책은 전근대적 농업사회가 해체되면서 유리된 빈민들이 사회불안요인이 되는 것을 방지하고, 산업노동력의 형성과정에서 이들의 정치적 과격화를 막는 동시에 사회적 위험으로부터 보호하여 급격한 노동력 상품의 마모를 방지하는 데에 기여하였다. 2차 세계대전 이후 자본주의의 황금기를 거치면서 복지국가는 보편주의를 지향하게 된다. 이 단계에서는 기본적인 사회보장제도 이외에도 아동, 노인, 장애인, 실업자 등을 대상으로 사회정의 내지 공동체의 일원이라는 이유를 들어 사회복지제도들이 마련된다. 산업노동의 일차적 과정 또는 결과로 발생하는 산재, 질병, 노령 및 비자발적 실업 외에도 아동수당, 양육휴가에 대한 보조금, 장애인에 대한 서비스, 학생에 대한 교육지원 등 가족의 부담을 경감하는 조치들이 도입된다.

1) 복지국가 발달과 시민권

Thomas Marshall은 현대 민주주의 국가에서 시민에 대한 사회서비스는 시민권의 한 구성요소라는 점에 착안하여 영국에서 시민권의 발달과정에 대해 분석하였다. 그 결과, 시민권의 질적 구성이 공민권 → 정치권 → 사회권의 순으로 확장되었으며, 그 발달과정은 전 인구를 대상으로 사회보장과 서비스가 확장되는 보편주의의 확대와 맞물려 있음에 주목하였다. 공민권civil right은 개인의 법 앞에서의 평등에 대한 보장, 즉 기본적으로 법률제도를 통해 구현되는 시민혁명 이후 민주주의 초창기인 18세기 시민권의 모습이다. 정치권political right은 선거권과 피선거권을 포함하는 참정권이며, 법 앞에서 평등을 적극적으로 구현할 수 있는 정치제도가 전제된다. 사회권social right은 위 두 차원의 시민권이 정착된 20세기에 '어느 정도의 경제적 복지와 보장', '사회의 지배적인 기준에서 보았을 때 문명화되었다고 할 수 있는 삶을 충분히 누리고 사회의 유산에 충분히 참여할 권리'를 전 국민이 보장받을 수 있는 복지국가 단계에서 사회복지서비스를 통해 구현된다.

시민권은 거대하고 민주주의적인 산업사회의 구성원이 될 자격요건을 정의하는 규범이며, 시민권을 구성하는 세 가지 권리들은 현대사회에 있어서 사회적 연대social solidarity에 직접적인 영향을 미치는 것이다. 산업화된 민주주의 사회는 전근대사회의 귀속지위에 근거한 연대와는 다른 종류의 결속을 필요로 한다. 현대사회의 연대는 권리를 부여받고 보통법에 의해 보호받는 자유로운 인간의 충성심에 근거한 직접적인 공동체 성원의식을 필요로 하며, 이 같은 연대의식은 권리를 획득하려는 투쟁과 획득된 권리의 향유를 통해서 성장하였다. 공민권과 정치권이 시장에서의 경쟁과 개인의 자율이 생존원칙인 사회에서 경기의 규칙을 정하는 차원의 것이라면 사회권은 앞의 두 권리와는 달리 사회적 생산물을 어떻게 나눌 것인가 하는 문제와 직결되어 있다. 즉, 특정 급여가 시장에서 발휘된 능력과 상관없이 제공되어도 되는지, 또 이 경우 어느 정도의 급여가 적절한 것인지에 대한 정치적 논쟁이 선행되어 자원분배에 대한 원칙이 제도화된 것이라 할 수 있다.

정책적 견지에서 시민권 개념은 초기의 자유방임적, 혹은 잔여적 사회급여 형태에 대비되는 '제도적' 사회급여 형태를 위한 근거를 제공하였다. 자본주의사회에서 보편적이고 포괄적이며 '권리로서 주어지는' 사회서비스는 어떤 형태이든 그것에 대해 정당성을 부여하는 작업이 필요했기 때문이다.

그러나 자원배분의 토대로서의 시민권 개념은 자본주의의 지배적인 가치 및 신념과 양립이 불가능하다는 점에 유의해야 한다. 자본주의 사회에서는 자립과 부의 축적 그리고 각종 서비스를 구입할 수 있는 능력 같은 것들이 개인의 능력으로 높이 존중되는데, 시민권 개념에서는 그러한 것들과 반대되는 것도 시민이라는 귀속적 지위를 기반으로 존중받기를 요구하기 때문이다. 또 정책적 측면에서 사회권 개념은 유용하지만 사회권을 구체적으로 구성하는 급여의 수준, 재화와 서비스의 종류 등을 선험적으로 결정하기 어렵다는 점도 문제이다. 다만, 뒷부분에서 살펴볼 복지국가 재편시기의 신자유주의적 복지 삭감에 대항하여 시민권 개념은 복지국가 옹호론자들에게 새로운 의미로 발견되고 있다. 효율과 개인의 능력이 우선시되는 시장경제의 우위가 강조되는데 대항하여 공동체의 성원으로서 시민이 평등하게 대우받을 권리가 있음을 강조할 수 있기 때문이다.

2. 복지국가 형성과 발달의 결정요인

1) 복지국가 발전에 대한 이론적 접근방식

복지국가의 발달에 대한 설명방식은 크게 산업화 혹은 자본주의의 발달이라고 하는 경제적 변수의 중요성을 강조하는 방식과 국가 혹은 노동계급의 운동, 시민사회의 역량 등이 복지국가의 발달과 성격형성에 핵심적 역할을 한다고 설명하는 방식으로 크게 나누어 볼 수 있다.

복지국가 형성 및 발전과정에 대해 경제적 요인의 중요성을 강조하는 가장 대표적인 설명방식이 산업화론이다. 산업화된 사회에서 발생하는 새로운 사회적 욕구를 증가된 자원으로 해결하는 과정에서 복지국가와 그 제도들이 생겨났다는 것이다. 인구와 가족구조의 변화, 노동력의 원활한 재생산에 대한 필요성 등으로 인해 국가의 복지책임이 증대하였다는 설명이다.

독점자본이론은 이와 반대로 자본주의 발전과정에서 국가가 자본가의 이해관계를 보호하고 주어진 계급관계를 유지, 재생산하고자 하는 과정에서 복지국가가 발달한다고 설명한다. 자본가는 시장에서의 단기적 이익에만 관심을 갖지만, 국가는 계급 사이의 갈등으로 인해 발생할 수 있는 사회적 혼란과 정치적 도전을 해소하고, 복지정책을 통해 자본가의 장기적 이익을 보장하고자 한다는 것이다. 일본의 사회과학자들은 자본주의의 발달단계와 복지국가의 역사를 결부시켜 도식화하여 설명한다. 이들은 봉건시대-전기 자본주의 시대-산업자본주의 시대-독점자본주의 시대-국가독점자본주의 시대로 자본주의의 성장과정을 분류하고, 각 단계에 맞춰 사회복지가 상호부조 및 자선-구빈법-신구빈법과 민간 사회사업-국가정책으로서 사회보험-사회보장제도와 복지국가라는 발달단계를 거쳐 왔다고 설명한다박광준, 2002 : 46. 현외성 등1993은 로스토우의 경제성장 단계론에 기대어 사회복지의 발달단계를 구분하였다. 로스토우의 경제성장 단계는 전통사회-준비단계-도약단계-성숙단계-탈공업화 단계로 구분되며, 사회복지는 사회복지 이전-구빈법 시대-민간에 의한 자선조직 활동-사회개혁 운동의 시기-복지국가의 단계로 발달한다고 설명하고 있다.

복지국가 발달과정에서 정치적 요인의 중요성을 강조하는 설명방식 중 대표적인 것은 자원동원이론이다. 복지국가 발전은 노동자 계급의 정치적 세력 확대의 결과이며, 복지국가를 자본주의사회의 기능적 필요성에 의해 생겨나는 필연적 대응기제로 파악한다는 점에서는 산업화이론과 유사한 점이 있다. 그러나 노동자의 투표권, 좌익정당의 정치세력 정도, 노동조합의 강고함 등의 정치적 변수에 따라 복지국가의 발달정도가 국가별로 차이난다고 설명한다는 점이 이 설명방식의 특별한 점이다.

이익집단이론은 사회복지의 발달 원인을 희소자원의 배분을 둘러싸고 이해집단들이 경쟁하게 되며, 국가가 이 과정을 중재한 결과물로 복지국가가 발달한다고 설명한다. 자원동원 능력에 대한 설명방식이 자본주의 사회의 두 계급 사이의 갈등에 주목한 반면, 이익집단이론은 다양한 이익집단의 존재를 설정하고, 이들의 집합적 이익추구가 조정된 결과물로 복지국가를 이해하는 것이다.

국가중심이론은 사회복지 발달과정에서 독립적 행위자로서 국가 또는 국가기구의 중요성을 강조하는 설명방식이다. 정치적이고 전문적인 관료들의 개혁성과 국가발전에 대한 장기적 안목의 존재여부, 사회복지정책을 담당하는 정부부처의 성장 등 국가구조적 변수에 의해 사회복지제도를 입안하고, 유지 및 발전시키게 된다고 보는 것이다.

2) 사회복지발달의 결정요인

현외성 등1993은 사회복지가 발달하는 결정요인을 크게 구조적 요인, 내재적 요인, 매개적 요인으로 분류하고 발달과정을 구분하였다. 구조적 요인은 자본주의의 발달, 산업화, 현대화 같은 복지제도 외곽에 있는 사회구조적 변동이 복지발달에 미치는 영향에 관한 것이고, 내재적 요인은 복지제도를 지배하는 이념과 원리의 변화 또는 사회복지제도의 적용범위, 급여방식, 적용대상, 재정적 여건 같은 제도내적 변화가 복지발달에 어떻게 영향을 미치는지 주목하는 것이고, 매개적 요인은 사회복지 급여대상의 사회적 의식 또는 태도 등 구조적 요인의 변동에 대해 잠재적이거나 현재의 수혜자집단이 주체적으로 반응을 보임으로서 발생하는 정치적 상호작용이 사회복지의 발달에 영향을 미친다고 보는 것이다.

3) 복지국가 유형론

최근의 복지국가 발달에 관한 연구는 일반적이고 단선적인 발달과정에 대한 설명을 포기하고, 국가에 따라 역사적 · 정치적 · 경제적 경험이 복지국가의 성격과 유형에 영향을 미친다는 점에 주목하고 있다. 사회과학에서 유형화는 일반적인 사실이나 개념을 분석대상으로 포착하고, 대상들의 질적인 차이를 분석하는 분석기법이다. 이 같은 방법은 부분 대신 전체를 조망할 때에 간결한 분석이 가능케 하고, 사회변동 과정을 움직이는 원칙이나 인과관계를 발견하는 것이 용이하게 하며, 특히 복지국가 비교연구에서 가설을 세우고 검증하는 데 유용하다.

복지국가에 대해 유형화한 초창기의 시도는 60년대 이후 UN, ILO, OECD 같은 국제기구가 제공한 표준적인 데이터를 기초로 수량적 비교연구를 통해 복지국가 사이의 차이를 보여주고자 한데서 비롯된다. 예컨대 Wilensky는 『복지국가와 평등1975』에서 22개 국가를 복지국가로 규정하고, 각 나라의 GDP에 대한 사회보장지출의 비중을 비교하여 그 비중이 15% 이상인 스웨덴, 독일 등을 선진 복지국가, 10~15%에 해당하는 영국과 당시 소련 등은 중위 지출국, 10% 미만인 미국과 일본은 후진 복지국가로 분류하였다. 이 방법은 비교의 준거틀이 비교적 단순하고 명료한 수치로 산출하여 복지국가 발달의 정도를 비교할 수 있다는 장점이 있지만, 국가별로 사회복지비 산출방식, 복지지출의 성격, 분야별 편차가 있다는 사실을 고려하지 못했다는 한계가 있었다.

유사한 맥락에서 Kurdrle와 Marmor는 보편적으로 복지국가에 존재하는 산재보험, 의료보험, 연금보험, 실업보험, 아동수당이라는 다섯 가지 주요 사회복지프로그램의 도입 시기를 기준으로 복지국가를 제1군과 제2군으로 구분하기도 하였다. 그러나 복지국가의 선발주자인지 후발주자인지에 따라 그 국가의 복지의 성격과 복지국가로의 발전 속도가 결정되지는 않는다는 점에 유의하여야 할 것이다.

보다 정교한 복지국가 유형론은 복지제도의 질적 차이를 보여 주려는 시도들에 그 단초를 두고 있다. 몇 가지 예를 들면 Wilensky와 Lebeaux는 복지에 대한 국가의 책임범위를 기준으로 사회적 위험에 대한 국가의 개입을 최소화하고 될 수 있으면 가족 및 시장을 통해 일차적 복지기능이 수행되도록 유도하는 잔여적 복지국가와 복지제도 및 복지정책이 사회구조의 확고한 구성요소로 자리 잡은 제도적 국가로 분류하였다.

Furniss와 Tilton은 국가, 시장 및 노동 사이의 관계를 기준으로 삼아 경제성장을 정책의 일차적 목표로 설정하고 시장메커니즘의 원활한 작동에 장애가 되는 요인들을 국가가 직접 제거하려 노력하는 적극적 국가positive state, 국가행위의 범위를 동등한 삶의 기회 제공을 위한 최소한의 기초생활 보장에 한정하는 사회보장국가social security state 및 노동자와 시민의 이해관심을 중시함으로써 노동조합을 사회정책 수행의 주된 협력 파트너로 인식하고 삶의 질의 평등을 지향하는 복지정책을 펴는 사회복지국가social welfare state로 분류하였다.

George와 Wilding은 복지국가 비교연구에 정치 · 사회학적 접근방식을 적용하여 사회의 이데올로기적 구도가 복지국가의 성격결정에 영향을 미친다고 주장하였다. 사회주의적 집합주의의 우위는 시장메커니즘의 수정효과가 강한 복지제도의 형성에 영향을 미치는 반면, 반집합주의 내지 개인주의의 우위는 국가의 의한 복지제공에 대한 사회적 저항이 강하게 형성됨을 의미한다는 것이다.

Therborn은 사회의 이데올로기적 지형을 노동자와 자본가의 권력점유도로 전환하여 주요 척도로 삼았다. 이 기준에 따라 재분배 경향이 강하고 사회권이 포괄적으로 정착된 프롤레타리아적 복지국가와, 강한 취업유인을 강조하면서 자본축적에 순기능적인 범위 안에서 노동자계급의 충성심에 대한 대가로 복지혜택을 제공하는 부르주아 복지국가로 구분하였다. 또한 그는 사회복지정책과 노동시장정책에 대한 국가의 개입 정도에 따라 사회복지와 완전고용에 대한 국가개입 정도가 모두 강력한 강성 개입주의 복지국가, 사회복지정책은 확대되었지만 노동시장정책은 약한 연성 보상주의 복지국가, 완전고용정책을 강조하지만 사회복지발달은 미미한 완전고용지향 소형 복지국가, 사회복지와 노동시장정책이 모두 미약하게 발달한 시장지향적 복지국가로 국가별 특성을 분류하기도 하였다.

Mishra도 복지제도와 경제구조 및 노동시장과의 관련에 초점을 맞춘다. 그는 경제와 복지제도를 별개의 영역으로 취급하여 경제정책과 사회정책을 분리하고 복지정책에 의한 경제영역에의 개입을 꺼리는 다원주의적, 분화된 복지국가pluralist, differentiated welfare state와 경제 및 사회정책의 상호의존성을 가정하고 사회정책이 특히 노동시장정책을 통해 적극적으로 완전고용을 촉진하면서 시장메커니즘의 수정을 시도하는 조합주의적, 통합적 복지국가corporatist, integrated welfare state라는 분류를 사용하였다.

4) Esping-Andersen의 복지국가 유형 구분

이전에 존재하던 복지국가의 다양한 성격에 대한 연구와 유형화 시도를 종합하여 Esping-Andersen은 1990년 『The Three Worlds of Welfare Capitalism』이라는 그의 저서로 복지국가에 대한 비교연구에 중대한 기여를 하였다. 그는 복지국가의 유형에 따라 재분배효과, 탈상품화 정도, 계급 불평등의 완화 정도가 다르게 나타난다는 점을 역사적 분석, 통계자료의 분석 및 질적 유형 비교를 통해 논증하였다. 그는 이러한 유형분석을 통해 자유주의적 복지국가 레짐, 조합주의적 복지국가 레짐 및 사민주의적 복지국가 레짐이라는 분류를 도출하고, 국가별로 차이 나는 복지제공 방식의 밀집된 형태를 regime type이라 정의하였다.

각 복지국가 레짐은 역사적 및 정치적 구성역학의 영향을 받아 형성되며, 이는 구체적으로 계급동원의 성격, 계급정치의 연대 형성 구조 및 복지국가 레짐 제도화의 역사적 전통으로 세분화될 수 있다Esping-Andersen, 1990 : 29. 레짐의 차이는 탈상품화 정도와 사회계층화 양상에 상이한 영향을 미치며, 복지제공에서 국가-시장-가족의 역할 분담의 차이를 초래하였다. Esping-Andersen은 특히 복지국가에서 시민의 사회적 권리 확보 정도가 차이가 있음에 주목하였는데, 이를 노동의 탈상품화decommodification라 명명한 개념과 연관시켜 설명하였다.

탈상품화는 복지정책의 시장 영향력 완화 정도를 분석하기 위한 개념적 틀이다. 그는 복지국가의 유형에 따른 탈상품화 정도의 차이를 알아내기 위해 사회보장 최저급여액의 평균 임금에 대한 비율, 사회보장 평균급여액의 평균 근로자임금에 대한 비율, 기여연수로 표현되는 급여 지급의 자격요건, 전체 사회보장 프로그램 재원에 수급자 기여가 차지하는 비중, 실제 사회보장제도의 수급율을 종합하여 탈상품화 지수로 사용하였다. 그 결과 자유주의적 복지국가 레짐의 탈상품화 정도는 낮게, 사민주의적 복지국가 레짐의 탈상품화 지수는 높게 나타났다.

자유주의적 복지국가는 노동윤리를 강조하고, 이에 따라 빈곤한 사람에게 국가가 도움을 줄 때에도 소득조사를 한 연후에 공공부조를 지급하는 방식을 택하게 된다. 국가복지가 최소화되어 있는 이 형태의 국가에 근접하는 예가 미국, 캐나다, 호주 등이다. 보수주의적, 조합주의적 복지국가는 국가복지가 정착되어 있지만 재분배효과는 크지 않고, 민간보험이나 기업복지 등 시장과 시민사회의 역할도 작아 탈상품화 효과가 중간 정도 보이는 국가들이다. 오스트리아, 프랑스, 독일, 이탈리아 등이 여기에 속한다. 사민주의적 복지국가는 보편주의 원칙과 사회권이 정착되어 탈상품화 정도가 가장 높은 스칸디나비아의 국가들로 분류하였다.

〈표 5-1〉 Esping-Andersen의 복지국가 유형구분

지표	자유주의 복지국가	보수주의 복지국가	사민주의 복지국가
탈상품화	약함	중간	강함
복지제도 발달정도	빈곤대책 위주	사회입법	사회입법
국가의 역할	소극적	적극적	적극적
소득재분배 효과	낮음	중간	높음
완전고용	없음	경기연동	있음

Esping-Andersen의 복지국가 유형론은 복지국가의 다양한 특징에 대한 관심을 촉발시키며 복지국가 비교연구 분야에 풍부한 성과가 생겨나는 데 큰 자극이 되었다. 위의 세 가지 복지국가 유형 이외에 남유럽형, 동아시아형, 그리고 새로이 유럽연합에 합류한 동구유럽형 복지국가들의 특징을 새롭게 정의하려는 시도들도 있었고, 같은 유형으로 분류된 국가들 사이의 차이에 대한 분석이 이루어지기도 하였다.

Esping-Andersen은 여러 학자들의 논의 결과 중 특히 여성주의자들의 탈상품

화 효과가 반드시 모든 국가에서 여성과 남성에게 동일하게 나타나지 않을 수 있다고 지적한 점에 주목한다. 여성에게 탈상품화는 그 사회에서 여성과 남성의 사회적 역할이 어떻게 정의되는가에 따라 무보수 돌봄노동을 전담책임에 따른 노동시장으로부터의 배제를 의미할 수 있다. 때문에 복지국가에서도 성별에 따라 다른 사회적 위험에 처할 수 있다는 점을 진지하게 고려하지 않았다는 것이다. 이러한 비판을 고려하여 Esping-Andersen은 복지혼합의 국가-시장-가족 사이의 관계를 측정할 수 있는 지표로서 '탈가족화' 개념을 추가한다1999. '탈가족화'란 개인의 가족에 대한 의존도를 감소시키고, 가족 내지 혼인에 의한 상호성과 분리된 경제적 자원에 대한 처분권을 극대화시키는 것을 의미하며 여성이 탈상품화되기 위한 전제조건이다. 탈가족화의 주된 내용은 복지제공의 주체 중의 하나로서 가족이 제공하는 다양한 형태의 돌봄노동caring work을 국가 또는 시장에서 대신 제공하는 것을 말한다.

3. 복지국가의 위기와 재편

유형 분류에 따르면 소위 선진국들 사이에도 복지발달의 정도나 복지국가의 성격에 일정 정도 차이는 있지만, 자국의 체질에 맞는 복지제도의 기초적 토대를 마련하는 데 오랜 기간이 소요되었고, 역사적 시행착오를 바탕으로 그 사회에 적합한 사회복지의 원칙과 제도를 확립해 왔다. 특히 1950년대부터 70년대 이전까지 전 세계적으로 이루어진 자본주의 황금기의 경제성장을 기반으로 복지제도 수혜자의 범위와 규모가 확대되고, 보편적인 복지제도의 확장으로 복지국가의 전반적인 발달이 이루어졌다.

1973~1974년경 석유위기를 기점으로 전 세계적으로 경제위기의 한파가 몰아치자, 대부분의 국가에서 성장의 폭은 줄고 복지지출은 증가하는 현상이 나타난다. 기존의 복지국가들이 갖고 있던 성격 차이와는 무관하게 복지국가 자체가 위기에 봉착했다는 인식과 함께 복지지출을 줄이거나, 제도적 개혁을 통해 이러한 위기를 극복하려는 시도가 국가별로 나타난다. 아울러 국가의 역할이 지금까지와 다른 방

식으로 이루어져야만 하며 시민사회, 시장과 조화를 이루지 않는 복지제도의 운영은 바람직하지 않다는 의견도 대두되었다.

특히 경제시장의 국가 간 경계가 모호해지면서 발생하는 국가정책 영향력 범위의 축소는 신자유주의적 복지국가 재편 같은 적극적 국가역할 변화 시도로도 귀결된다정이환 외, 2003. 복지국가는 인구고령화나 국가 간 노동력의 자유로운 이동, 가족형태의 다양화, 여성의 사회적 역할 변화 같은 새로운 사회적 현상의 대두에도 대응해야만 하는 새로운 과제에 직면하게 된다.

1) 복지국가 위기의 원인

1970년대 중반 제1, 2차 오일쇼크는 전 세계적인 경제침체로 이어진다. 20여 년간의 경제성장에 길들여져 온 선진 자본주의 국가들은 한편으로 모든 부문에서 긴축지출을 해야 하는 상황과 증가하는 실업자 등으로 인해 늘어나는 복지수요를 감당해야 하는 갈등상황에 봉착한다.

복지국가 위기는 한편으로는 경제성장 방식과 사회복지제도 사이의 관계 속에서 생겨난 것인데, 전후의 사회복지제도의 성장이 경제성장을 기반으로 지속적으로 늘어나는 국가 재정수입과 국민의 부담능력에 기반했었다는 점에 주목할 필요가 있다. 경기침체로 실업자 또는 불안정한 상태의 일자리에 머무는 사람의 숫자가 늘어나면, 이는 국가가 사회보장을 통해 보호해야 하는 인구의 증가를 의미하는 동시에 세원의 감소를 의미한다. 또한 대부분의 국가에서 출산율은 저하하고, 노인인구는 늘어나면서 인구 구조가 고령화되어 의료비, 노령연금 등 지출에 대한 증가요인이 발생하였다. 아울러 젊은 세대의 가치관의 변화도 급격히 진행되어 근면, 사회적 연대성 등에 대한 산업자본주의 시대의 복지국가를 지탱해 온 시민적 가치의식들이 약화되는 현상도 사회보장제도에 대한 지지기반의 약화에 한 몫을 하게 된다.

사회보험제도처럼 보험료를 통해 유지되는 핵심 사회보장제도 운영에서 만성적인 실업과 인구 구조 변화로 인한 수급자와 납입자 사이의 불균형 현상이 발생하고, 이는 국가에 대한 재정압박으로 이어지게 된다. 이에 더하여 경기가 회복되어도 더 이상 일자리가 늘어나지 않는 소위 '고용 없는 성장jobless growth'도 신빈곤층의 발생과 같은 새로운 복지욕구를 창출하면서 재정적인 압박요인으로 작용하게 된다. 재정부담을 늘리는 것에 반대하는 입장에서는 사회보장제도가 관료화하면서 가용자원의 적재적소 배분이 이루어지지 않고 있다면서 복지국가가 효율성 위기에 처했다고 비판하게 된다. 또 국가가 적절한 수준의 급여를 제공할 여력이 줄어들고 세금 등 개별적인 부담이 늘어나는데 반해, 사회보장의 미래가 불투명해지면서 기존 제도의 유지가 과연 정당한 것인가에 대해 회의하는 사람의 수가 늘어나면서 전후 복지국가의 정당성에 대한 사회적 합의의 기반이 흔들리게 된다.

2) 세계화와 복지국가의 위기

복지국가가 직면한 가장 큰 환경변화는 역전 불가능한 세계화 추세라 하겠다. UNDP는 "세계화란 국가, 경제, 사람들 사이의 새로운 상호작용의 시대를 형성하며, 경제, 테크놀로지, 문화 및 거버넌스에서 국경을 초월하는 사람들 간의 접촉을 계속 증가시키고 있지만 동시에 생산과정, 노동시장, 정치기관들과 사회를 분열시키고 있다. 그래서 세계화는 긍정적이고, 혁신적이며 동태적인 측면을 갖고 있으면서, 동시에 부정적이고 파괴적이며 배타적인 측면을 갖고 있다"고 지적하였다.

세계화가 사회복지 분야에 미치는 영향은 아래와 같다송호근, 2001.

① 개발도상국과 선진국 사이의 빈부격차가 심화되고, 한 국가 안에서 소득불평등도 심화된다. 세계 경쟁력이 약한 국가들에서는 국가부채 증가로 인해 교육, 복지 등에 사용할 수 있는 자원이 감소한다.

② 자본의 자유로운 이동이 가능하기 때문에 세금이 낮은 국가로 생산입지를 이전하는 기업이 많아지면서 개별국가의 일자리 유지가 국가정책만으로 유지하기 어려워지고 국가차원의 자산변동이 순간적으로 가능해진다.

③ 같은 국경 안에 머물고 있다고 하더라도 다국적 기업 종사자, 비공식부문 종사자 사이의 복지격차는 커질 수밖에 없기 때문에 시민적 권리로서 보편적 사회보장

의 제공이 점차 퇴보할 가능성이 높아진다.

④ 글로벌 경제의 흐름에서 배제된 국가에서는 세금, 규제나 사회지출 등의 정상적 기능이 마비되면서 빈곤층이 국가로부터 보호받는 것이 어려워진다. 이는 세계화의 흐름에서 벗어나 있는 국가에 속한 시민들의 사회적 배제를 촉진하게 된다.

⑤ 개별국가 차원에서 사회적 재분배가 불가능함을 인지하고 국제기구들이 세계적 차원의 빈곤문제 해결을 위해 대책을 마련하는 등 글로벌 사회정책의 중요성이 대두된다.

⑥ 또한 저발전국가의 복지문제를 해당 국가에 위임하지 않고 국제기구와 정부를 대신한 영리기업, NGO 사이의 협업에 의해 해결하는 사례가 늘면서 글로벌 복지시장의 부상도 새로운 추세로 언급할 수 있겠다.

3) 신자유주의의 복지국가 축소와 그 부작용

신자유주의 정권들은 세계화 현상에 특히 복지국가의 축소 내지 해체를 정치적 사명으로 선언하면서 대응하고자 하였다. 영국의 대처리즘Thatcherism과 미국의 레이거노믹스Reaganomics를 보통 신자유주의적 정책을 추진한 대표주자로 꼽을 수 있겠다. 과도한 사회복지 지출이 경제성장을 둔화시키고 정부의 재정위기를 초래하였기 때문에 복지비용을 삭감하고 지출구조를 변화시키며, 공공부문을 민영화하고 기업규제를 완화하는 등 정부의 역할을 축소해야 한다는 것이 기본적인 주장이다. 이들은 복지제도의 질적, 양적 삭감을 초래하였으며, 특히 빈곤층에 대해 복지제공의 조건으로 근로를 요구하는 근로연계복지workfare를 강화하는 것이 특징이다.

신자유주의적 복지국가 축소의 부작용은 근로연계복지를 통해 근로의욕을 고취했을지언정 근로빈곤층의 급증을 방지할 수 없었다는 데에서부터 찾아야 할 것이다. 복지축소가 핵심 노동자층에 포함되지 못하는 만성적 불안정 고용층, 저숙련 노동자, 이주노동자 등의 사회적 보장장치들에서 우선적으로 진행되면서 노동시장에서 시작된 양극화는 사회 전반으로 확산되고 경제적 · 사회적 기회측면에서 배제된 집단의 문제가 새롭게 부각되는 것이다.

Martin과 Schumann은 세계화의 도전에 직면하여 국가는 기업의 경쟁력을 강화하고 세계시장에서 경쟁우위를 확보하도록 하는 지원을 할 수밖에 없는 위치에 처해 있으며, 이를 위한 재원은 세금을 걷거나 사회복지 축소를 통해 조달할 수밖에 없다고 본다안병영 외, 2000. 이때 조직화되어 있는 노동자는 복지 축소에 대한 저항이 크기 때문에 사회적 저항세력이 잘 형성되지 않는 분야, 예를 들어 노인복지, 극빈자 생계보조금, 병약자 보조금, 학교나 대학교에 지급하던 보조금 등을 삭감하는 선택을 하게 되고, 바로 이 과정에서 사회 전체의 소득재분배가 '아래로부터 위로' 진행되어 사회적 양극화를 가속화하게 된다고 진단하였다.

4) 복지다원주의: 복지거버넌스의 변화와 능력개발국가

Neil Gilbert는 복지국가의 축소가 반드시 복지총량과 제공의 감축을 의미하지 않을 수도 있다는 점을 복지다원주의welfare pluralism 또는 복지의 혼합경제mixed economy of welfare 개념을 통해 설명하고 있다. 복지제공의 주체는 정부뿐 아니라 민간자원영역, 민간비공식영역 및 민간영리영역으로 구성되며, 이들이 역할을 분담하여 제공하는 복지의 총량이 결코 부족하지 않다는 점을 지적하고 있다.

과거의 사회복지정책이 시장으로부터 소외되고 자립할 능력이 없는 계층에 대해 사회적 권리로서 국가가 보편적인 급여를 행하는 것이었다면 탈산업사회에서 복지정책은 수급자 개인의 책임을 강조하고 노동참여를 요구하며 사적 책임에 대해 공적인 지원이 체계를 강조하는 것이다. 이때 공적 책임 자체도 과거처럼 중앙집중적으로 부담하는 것이 아니라 탈집중화, 분권화된 형태로 수행하고, 민간의 다양한 복지제공 주체들과의 협업 속에서 전달하고자 하는 것이 올바른 복지국가의 방향이다. Gilbert는 이를 능력개발국가enabling state라 칭하고 있다. 능력개발국가는 개인, 시장, 민간 자원영역들이 사회적 보호제공 능력을 제고할 수 있도록 유도하고 국가가 이러한 공급행위의 최전선에서 물러난 형태의 국가를 의미하게 된다.

5) 복지국가 재편과 경로의존성

1970년대에 복지국가가 위기에 직면했다는 분석이 나온 지 30년 이상이 훌쩍 지났지만 아직까지 선진국이 복지제도를 모두 포기했다고는 보기 어렵다. 나라마다 오랜 역사적 과정을 거쳐 형성된 사회적 · 정치적 합의의 구성물을 일거에 제거하는 것은 쉽지 않을뿐더러 기존의 복지국가 형성의 경로가 세계화의 도전 및 복지국가의 위기에 대응하는 방식에도 영향을 미친다고 Esping- Andersen은 분석하였다. 이를 복지국가 발전의 경로의존성path dependency이라 한다.

영미권의 자유주의적 복지국가에서는 신자유주의적 복지축소정책에 따라 민간의 복지역량 활용을 적극 강조하고 국가복지를 축소하면서 복지로 인한 근로의욕의 감퇴를 방지한 반면 저임금노동자의 급격한 증대를 초래하였다.

스웨덴을 대표주자로 하는 사민주의적 복지국가는 동일한 세계화의 도전에 대해 공공부문의 고용을 늘림으로써 대처하였다. 전통적으로 가족이 수행하던 아동과 노인 등에 대한 돌봄노동의 수행부담을 적극적으로 사회서비스화하고 적극적 노동시장정책을 통해 고실업의 위험을 타개하였으며, 높은 조세부담을 통해 이러한 조치를 위한 사회적 비용을 확보하면서도 경제적인 안정을 이룰 수 있었다.

독일, 프랑스 등 조합주의적 복지국가는 복지국가의 위기를 사회보험 중심의 복지재정 위기로 절감하였다. 이들의 사회적 합의는 정규직 숙련노동자의 안정적 평생고용과 사회적 위험에 대한 보호를 기반으로 하고 있었으며, 강한 고용보장체제와 고용규제를 유지해 왔기 때문에, 세계화의 도전에 직면해서도 노동시장의 경직성을 해소하기 어려웠다. 이는 탈산업사회 또는 지식기반 경제체제의 유연한 노동력에 대한 요구와 충돌을 일으키고, 상대적으로 젊은층, 또는 그간 노동시장에의 진입이 활발하지 못했던 여성의 고용을 저해하는 결과로 이어진다. 고용실적이 불안정한 계층에게는 사회적 보호도 취약하기 때문에 이들을 위한 비기여 임시급여 프로그램을 늘리는 등 국가의 복지부담이 오히려 늘어날 수밖에 없었다.

6) 21세기 복지국가의 과제

21세기의 복지국가는 세계화로 인한 자유시장의 보편화와 자본의 세계적 통합이라는 국가경계 너머의 도전 이외에도, 국내적인 사회구조의 급격한 변화를 고려하여 기존의 사회보장체제를 어떻게 정비해 나갈 것인가 하는 과제에 직면하고 있다. 변화의 징조는 크게 노동시장, 가족과 가구 안에서 젠더관계의 변화, 그리고 인구 구조의 변화라는 키워드를 통해 감지될 수 있을 것이다.

첫째, 20세기와 같은 남성 정규직 숙련노동자를 위주로 하는 노동시장은 더 이상 존재하지 않는다. 탈산업사회 내지 지식기반사회에서 성별보다는 인적자원의 우수성이 노동시장 참여의 전제조건이 되며, 서비스 경제가 확대되기는 하지만 기술지향적인 고임금의 서비스직종과 단순한 저임금의 서비스직종이 혼재한다. 단순, 저숙련 서비스 노동자의 기술적 수준을 향상시키는 것만으로 노동시장에서 이들을 성공적 지위로 전환시키기는 어렵고, 국가가 하염없이 이들을 위해 공공부문에 일자리를 마련하는 것도 쉽지 않은 일이다. 노동시장에서 안정적인 일자리의 비중이 줄어들면서 저임금 일자리가 늘어나기 때문에 양극화에 대한 처방은 모든 복지국가의 고민거리가 될 것이다. 아울러 육체적인 사고나, 작업과정과 관련된 질병의 위험보다 생산성 향상을 위해 책임이 분권화되고 노동강도가 변화하며, 비정형 근로자의 증가 등의 새로운 문제로 인해 노동자의 정신적 스트레스가 건강보장체계의 가장 큰 해결거리가 될 수도 있다. 이주노동자의 증가도 노동시장의 변화에 대처하는 국가마다의 처방에서 주목할 만한 변화이다. 노동의 국제이동은 우수인력의 초국경적인 채용경쟁의 형태로 나타나기도 하지만 저임금 노동시장에서 보다 저렴한 노동력을 구하고자 하는 수요에 맞춰 저임금 비숙련/반숙련 노동자들의 이동이 이루어지는 현상도 병행한다.

둘째, 가족, 가구 및 젠더관계의 변화와 관련해서는 여성의 노동시장 진출이 보편화되고, 경제적 자립을 기반으로 가족 내에서 젠더관계가 평등해졌으며, 대안적인 가족형태를 선택하는 사람들의 수가 계속 증가하고 있다는 점에 대해 관심을 기울여야 한다. 전후의 가족정책은 남성가장의 소득보장을 기본으로 삼고, 자녀가 많은 가족에 소득을 지원해 주는 방향에서 운영되었다. 그러나 노동시장에서 한

가족의 생계를 혼자서 책임질 만큼 벌이가 좋은 사람이 상대적으로 많지 않고, 홑벌이 가구보다는 맞벌이 가구가 증가하는 추세이며, 여성의 취업으로 인해 보육에 대한 수요가 늘어난다는 점은 이미 상식이 되어 버렸다. 동시에 지식기반경제 아래에서 인적 자원의 우수성이 평생학습과 고용의 잠재력을 결정하는 것이라는 점도 고려되어야 한다. 전 생애에 걸친 좋은 삶과 노동의 기회는 상당부문 어린 시절 삶의 질에서 결정되며, 교육과 능력개발을 위한 투자는 개별 가정의 선택적 행위라기보다는 국가차원에서 차세대의 유능한 인재확보를 위한 사회적 투자로 기획되어야만 한다.

셋째, 인구 구조의 고령화 또한 중요한 사회정책의 과제이다. 전후 관대한 부과방식의 급여를 전재로 하는 연금의 세대 간 계약은 실질임금의 지속적 성장과 수급자 대비 기여자 수의 우위가 유지됨으로 인해 유지될 수 있었다. 현 시점에서 연금제도의 개혁이 단지 공적연금의 급여수준을 줄이거나 갹출금을 더 많이 걷는 방법만을 통해서 해결될 수는 없을 것이다. 출산을 장려하거나 이민을 장려하고, 민영연금의 가입을 촉진시키는 것도 부분적인 해결책이 될 수밖에 없다. 복지국가가 해결해야 하는 과제는 현 세대와 미래 세대 모두에게 노후가 보장되고 평균연령의 상승 등을 고려하여 전 생애의 교육, 취업, 훈련, 퇴직 시기의 배분을 새로이 조정하며, 수명 증가로 인해 추가적으로 폭증하고 있는 장기요양서비스에 대한 수요를 감안한 해법을 마련하는 것이다.

4. 한국 복지국가의 성장과 과제

1) 사회복지제도의 성장

경제성장을 국가의 최고 과제로 삼던 1960~70년대의 개발독재 시대를 지나면서 민주화에 대한 꾸준한 요구가 1980년대 말에는 정치적 민주화로 결실을 맺고, 이 과정에서 그동안 억눌려 있던 사회복지에 대한 국민의 욕구가 조직화된 대중운동을 통해 표출되었다. 정치적 민주화를 전후로 하여 국민연금제도, 최저임금제, 「모자복지법」 등 사회복지 관련 새로운 법의 입안 및 「노인복지법」, 「장애인복지법」의 개정 등 급격한 사회복지의 확대를 경험하게 된다. 아울러 「장애인고용촉진 등에 관한 법률」1990, 「영유아보육법」1991, 「사회복지사업법」 개정1992 등 다양한 사회집단의 욕구에 대한 사회서비스 관련 법 · 제도들도 정비되기 시작한다.

문민정부 시절에는 한편으로 세계화 추세에 발맞추어 나아가겠다는 국정지표를 설정하고, 다른 한편으로는 고용보험제도, 직업안정법, 직업훈련법 등 노동정책에 관련된 일련의 제도들을 도입 · 정비하였다. 사회복지와 관련해서도 국민복지기획단을 구성하여 삶의 질 세계화를 위한 국민복지 기본구상을 발표하기에 이른다. 우리나라 사회보장의 기본계획을 중장기적으로 마련하도록 정한 「사회보장기본법」이나 「여성발전기본법」 등도 이 시기에 제정된 것이다.

국민복지기획단은 세계화의 흐름 속에서 일류국가로 발돋움하기 위해서는 성장과 복지의 조화가 필요하며, 사회복지가 경제발전에 저해되지 않도록 자율적 한계를 설정하여 적절한 경제성장과 공평한 분배를 동시에 달성해야 한다고 주장하였다. 또한 한국적 특수성을 반영하여 전통적 가족구조, 상부상조 정신 등 고유의 장점을 유지 발전시켜 개인주의적인 서구 복지제도의 단점을 보완할 것도 제안하였다. 아울러 복지공급의 주체를 다원화하여 기업이나 종교계 등 민간의 복지주체로서의 역할이 확대되고 국민과 정부가 함께 만드는 복지공동체를 추구하고자 하였다.

국민의 정부 시기에도 사회보험 적용범위의 전면적 확대뿐 아니라, 사회복지전담공무원의 충원, 국민기초생활보장제도의 도입 등 90년대 말의 경제위기를 극복하는 과정에서 사회복지의 양적 팽창이 이루어진다. 우리나라 사회복지발달 과정을 되돌아볼 때, IMF 같은 국제기구가 구제금융을 제공하면서 제시한 구조조정의 조건들을 맞추어 가는 가운데 역사상 유래 없는 양적 · 질적 성장이 이루어졌다는 점에 주목할 만하다. 생산적 복지로 개념화된 국민의 정부의 복지정책 기조도 시장과 복지의 조화 또는 성장과 복지의 조화라는 틀 안에 머물고 있다. 유래 없는 대량실업 사태를 치유하면서 한편으로 복지제도와 급여를 대폭 확장했지만, 이 확장의 이유는 공정한 시장질서 확립을 위한 투자, 자활을 위한 사회적 투자라는 명목하에 정당화되었다.

참여정부의 복지정책도 국민의 정부의 정책 연장선 위에 서 있다. 기초노령연금 및 장기요양보험제도가 새로이 도입되었으며, 심화되는 경쟁 속에서 경제성장을 이루고 이 과정에서 발생하는 빈부격차의 축소가 큰 과제로 대두한다. 아울러 고령화 · 저출산으로 인한 사회정책의 부담을 완화시키고, 급격한 가족구조의 변화와 새로운 가족형태의 출현에 대한 대처방안의 마련, 정보화시대의 정보격차 축소와 심지어는 교육복지의 증대를 위한 대책 등이 참여정부의 정책목록에서 발견된다.

이명박 정부는 참여정부보다 경제성장에 의한 복지증진을 강조하는 시장우위의 정책을 추진하였다. 복지지출의 낭비를 줄이고 효율적인 급여와 서비스 전달을 목적으로 사회복지통합전산망을 설치하고 사회서비스에 대한 바우처 제도의 도입을 확대하였다. 그러나 2008년 경제위기 이후 서민의 삶이 어려워지고 성장의 열매를 나눌 수 있으리라는 기대가 줄어들면서 체감할 수 있는 복지에 대한 욕구가 분출하였다. 이것이 정치권에서 보편적 복지와 선별적 복지 사이의 선택에 대한 논의로 확산되었다. 2010년 6 · 2 지방선거에서 무상급식을 공약으로 내세운 후보들이 당선되면서 본격적으로 무상보육, 반값등록금, 무상의료 등 민생부담을 줄일 수 있는 보편적 복지의 우선적 과제들이 제시되었다.

2) 한국 복지국가 발달의 특징 및 향후 과제

해방 이후 우리나라의 역사 속에서 사회복지가 국민적 관심의 전면으로 부상한 것은 그리 오래된 일이 아니다. 최소한 30여 년간은 보다 많은 사람들이 보다 많은 소득과 안정적 일자리를 갖는 것, 최소한의 주거나 교육의 욕구를 충족하는 것이 전 국민의 주된 관심사였다고 해도 과언이 아니다.

복지제도의 압축 성장은 경제성장에 대한 강조가 정치적 억압만으로 더 이상 유지 불가능한 상황, 또는 비민주적 정치제도가 경제성장에 오히려 족쇄가 되어 더 이상 유지할 수 없는 상태가 시민의 참여에 의한 민주화 대투쟁으로 종결된 이후 이루어진 것이다. 그러나 폭발하는 복지욕구를 다양한 사회복지제도의 마련을 통해 해결해 나오면서도 우리나라의 역대 정부와 시민사회 모두 복지가 결코 경제성장과 상치되는 것이 아니라는 정당화의 근거를 마련하기 위해 고심해 온 흔적이 보인다이영환, 2005. 아마도 이러한 사회복지정책의 경제 콤플렉스는 더욱 거세지는 세계화의 흐름 속에서 그리고 규제의 철폐와 자율을 강조하는 새로운 정부 아래서는 더욱 커질 것이다. 최근에 활발하게 진행되고 있는 한국의 복지국가 성격에 대한 논쟁김연명 외 2002, 정무권 외, 2009도 과연 우리가 어떤 색깔의 복지국가를 원하는지 그것이 우리의 체질에 맞는 것인지에 대한 성찰의 흔적이라 여겨진다.

저출산 · 고령화, 1인 가구의 급증 등 가족구조의 변화, 청년층의 취업 어려움, 영세 자영업자의 급증을 비롯하여 노동시장의 극심한 양극화, 부동산시장의 불안정성으로 인한 주거복지 욕구의 급증, 다문화사회로의 전환 속에서 발생하는 새로운 인적 자원정책과 교육복지의 수요 등 앞으로 한국적 복지국가의 발 앞에 던져진 과제는 실로 막중한 것이다. 사회 전반에서의 복지욕구의 분출은 2000년대에 들어 어떤 복지국가를 이루어 나가야 하는가에 대한 활발한 논의를 이끌어내었다 이창곤 2010, 조흥식, 2012, 참여연대 사회복지위원회, 2008. 그러나 여전히 국가의 경제성장 우선주의를 넘어서서 복지와 경제의 선순환을 지향하는 복지국가의 비전을 사회적 합의로 정착시키는 데에는 장벽이 존재하는 것으로 보인다. 복지의 확대를 조세부담의 증가와 연결시키는 순간, 복지국가 확대에 대한 사회적 동의의 수준이 현저하게 낮아지기 때문이다.

복지는 사회적인 통합과 연대의 표현이고, 미래의 발전을 위한 비시장적 가치와 필요에 대한 공동체적 인정의 결과로 발달해 왔다. 선진국의 복지발달 과정이 우리에게 주는 교훈은 그 사회의 공동가치를 넘어서는 사회복지는 결코 오랜 기간 존재할 수 없다는 점이다.

요약

현대국가가 복지국가라 칭해진 이래, 아무리 보수적인 국가라고 해도 자본주의가 고도로 발달한 나라에서는 전 국민을 대상으로 한 복지제도가 확장되어 온 것이 일반적인 추세이다. 특히 2차 대전 이후 자본주의의 황금기에 선진 복지국가는 괄목할 만한 성장을 하였다. 이 같은 복지국가의 성장에는 민주주의의 발달을 기반으로 시민권의 질적 차원이 확장되어 온 데에도 원인이 있다.

복지국가가 어떤 원인에 의해 발달해 왔는지에 대해서는 산업화와 경제성장을 비롯한 구조적, 내재적, 매개적 요인들이 존재한다. 복지국가 형태의 국가별 다양성은 각국의 역사적 성장 과정과, 위의 요인들 사이의 상관관계 속에서 생겨나는 것이다. 이를 개념적으로 분류하여 이해하고자 하는 시도가 복지국가 유형에 대한 연구이며 우리나라에서도 복지국가 성격 논쟁을 계기로 활발히 진행되었다.

하염없이 지속될 것 같던 복지국가의 성장과 확대는 70년대 중반 세계 경제위기를 계기로 도전을 받게 된다. 국가의 재정위기를 극복하기 위한 복지 축소에서 출발하여 점차 세계화된 시장에서 국가의 규제로 표현되는 복지국가는 더 이상 시의적절하지 않다는 비판으로까지 이어지게 된다. 더 이상 국가가 시민의 모든 복지욕구를 채우지 않고, 스스로 해결하거나 시민사회의 자발적 참여를 통해 다원적으로 해결해야 한다는 복지다원주의의 주장들이 대두하게 된다. 이제 국가는 복지공급의 주체라기보다 국민의 능력개발을 지원하는 국가로 전환해야 한다는 주장이다. 반면 이러한 복지국가 위기에 대처하는 국가들마다 이전의 발달경로에서 완전히 이탈하지는 않는다는 주장도 제기되고 있다.

탐구문제

1. 복지국가의 다양성에 대한 설명방식을 영국, 독일, 미국, 스웨덴 등 특정한 국가의 예를 들어 설명해 보자.
2. 세계화가 복지국가 운영에 어떤 점에서 위협 요인이 되었는지 토론해 보자.
3. 우리나라의 복지국가는 어떤 유형의 복지국가라고 생각하는지 자신의 생각을 펼쳐 보자.
4. 경제성장 없이 복지제도의 확대가 어려운 이유에 대해 생각해 보자.

참고문헌

김기원(2003). **한국사회복지정책론**. 나눔의집.

김상균 외(2007). **사회복지개론**. 나남출판.

김연명 편(2002). **한국복지국가성격논쟁 I**. 인간과복지.

박광준(2002). **사회복지의 사상과 역사**. 양서원.

송호근 편(2001). **세계화와 복지국가**. 나남출판.

안병영·임혁백 편(2000). **세계화와 신자유주의**. 나남출판.

이영환(2005). **한국사회와 복지정책-역사와 이슈**. 나눔의집.

이창곤 편(2010). **어떤 복지국가에서 살고 싶은가?**. 밈.

정무권 편(2009). **한국복지국가성격논쟁 II**. 인간과복지.

정이환·이병훈·정건환·김연명(2003). **노동시장 유연화와 노동복지**. 인간과복지.

조흥식 편(2012). **대한민국, 복지국가의 길을 묻다**. 이매진.

참여연대 사회복지위원회 편(2008). **전환기의 한국 복지 패러다임**. 인간과복지.

한국복지연구회(1995). **사회복지의 역사**. 이론과 실천.

현외성 외(1993). **사회복지학의 이해**. 유풍출판사.

Esping-Andersen, Gøsta(1990). *The Three Worlds of Welfare Capitalism*. Polity Press.

Esping-Andersen, Gøsta et al,(2002). Why We Need a New Welfare State. Oxford University Press.

Gilbert, Neil(2001). 김영화 외 역. **복지국가에서 능력개발국가로**. 한울아카데미.

Lampert, Heinz(1994). 윤여덕 역. **사회정책론**. 민영사.

Martin,, Hans Peter & Schmann, Harald(2003). 강수돌 역. **세계화의 덫**. 영림카디널.

Pierson, Christopher(1999). 현외성 · 강욱모 역. **전환기의 복지국가**. 경남대학교 출판부.

Schmidt, Manfred G.(1998). *Sozialpolitik in Deutschland. Historische Entwicklung und internationaler Vergleich*. Opladen.

PART 03

사회복지방법론

Introduction to Social Welfare

제3부에서는 사회복지방법론에 대해 고찰하고자 한다. 사회복지의 방법론은 대상영역별로 구분하여 미시적인 접근방법과 거시적인 접근방법으로 대별된다. 미시적 접근방법이란 사회복지실천의 영역으로써, 전문적 지식과 기술을 기반으로 개인이나 가족, 소집단 등의 미시적 체계가 경험하는 사회복지문제에 대응하는 실천방법이다. 또한 거시적 접근방법이란 지역사회 혹은 전체 사회 등의 거시적 체계가 개별적인 차원이 아닌 정책적인 차원에서 사회복지문제의 해결을 모색하는 대응 방법을 말한다.

이 같은 체계를 염두에 두면서 제6장에서는 직접적 방법으로 사회복지실천이 무엇을 의미하는지 그 의의와 사회복지실천의 가치, 지식, 기술이라는 실천 기반에 대해 소개한다. 또한 사회복지실천의 기본 틀로서 통합적 접근의 개념과 등장배경, 그리고 그것을 구성하고 있는 이론적 관점들에 대해 살펴볼 것이다. 아울러 사회복지실천의 대상인 실천체계와 실천 분야, 사회복지사의 역할을 정리하고자 한다.
구체적인 실천방법으로 개인과 집단을 대상으로 하는 미시적 차원의 접근과 지역사회를 대상으로 하는 거시적 차원의 접근을 소개하면서, 미시적 접근에서의 실천기술과 과정, 사례관리를 정리하고, 거시적 접근에서의 지역사회복지 실천모델과 과정, 그리고 기술을 다루면서 그 지원체계와 자원 환경에 대해 구체적으로 설명할 것이다.

제7장에서 주로 중도적 접근방법으로 사회복지행정과 사회복지조사의 영역을 다루고자 한다. 사회복지의 방법을 대상 영역별로 구분하면 이들은 사회복지정책을 포함하여 거시적 접근방법에 해당되지만, Whittaker 등은 거시적 접근방법 중에서 사회복지행정과 사회복지조사를 분리하여 중도적 접근방법으로 명명하기도 한다. 사회복지행정과 조사는 거시적인 정책들을 미시적인 실천 현장에서의 활동을 매개하는 중간적인 과정으로 본다는 것이다. 즉, 정책을 행동으로 전환할 수 있도록 구체화하고 가시화하는 역할을 한다는 것이다. 좀 더 구체적으로 사회복지행정에서는 그 의의와 구조론, 관리론 등을 소개하며, 사회복지조사에서는 그 의의와 방법, 그리고 절차에 대해 살펴보고자 한다.

1. 사회복지실천의 개관

1) 사회복지실천의 의미

사회복지실천social work practice은 사회복지를 전문적으로 실천하는 활동이다. 미국 사회복지사협회NASW에서는 사회복지실천을 '개인, 집단, 지역사회가 사회적 기능social functioning을 수행할 수 있도록 능력증진이나 회복을 돕고 이러한 목표를 달성할 수 있는 사회적 여건을 조성하는 전문적 활동'으로 정의하고 있다. 이 정의에 따르면 사회복지실천의 목적은 개인과 사회체계의 사회적 기능 수행이 향상되도록 도와주는 것과 이들의 기능 수행이 어려움을 겪지 않도록 사회적 조건들을 변화시키는 것으로 볼 수 있다. 여기에서 사회적 기능 수행이라 함은 특정한 지위나 역할과 관련된 기대를 충족시킬 수 있는 개인의 능력을 의미한다. 이때 사회복지사는 사람들의 사회적 기능 수행에 문제를 가져올 수 있는 사회적 여건이나 상황을 개선하기 위해 지역주민, 지역사회조직, 사회적 제도 등을 변화시키고, 문제를 사전에 막기 위한 예방활동을 수행해야 한다.

사회복지실천의 목적은 사회와 문화, 시대의 가치 등에 영향을 받아서 조금씩 달라져 왔다. 그러나 사회복지실천의 궁극적인 목적인 '인간의 삶의 질 향상'은 변화되지 않는다. 사회복지실천의 보다 구체적인 목적은 ① 개인의 문제해결 능력 및 대처능력 향상을 위한 지원하는 것, ② 개인과 환경 간 불균형이 발생할 경우 문제가 감소되도록 지원하는 것, ③ 개인과 환경 간의 상호작용에 초점을 두고 사회정책을 개발하는 것, ④ 개인과 환경 간의 상호 유익한 관계를 촉진하는 것 등으로 요약할 수 있다.

한편 사회복지실천의 특징은 '환경 속의 인간person-in-environment'이라는 점과 '계획된 변화planned change'로 요약할 수 있다. 사회복지실천이 다른 전문직의 활동과 구분되는 특징은 상호 교류하는 인간과 환경에 대해 동시적 초점을 가지고, 인간의 대처능력과 환경의 요구 및 자원에 대해 모두 개입한다는 데 있다성민선 외, 2005. 즉, 사회복지실천은 인간과 환경 중 어느 한쪽에만 초점을 두는 것이 아니라 양자를 모두 고려한다는 점에서 '환경 속의 인간'이라는 동시적 초점을 중시한다. 환경 속의 인간은 살아가면서 많은 변화를 경험하게 된다. 사람들이 경험하는 변화들 중 대다수는 사전에 계획되지 않은 채 일어나지만, 어떤 변화는 개인과 집단의 노력을 통해 선택되고 이루어진다. 이러한 변화를 계획된 변화라 부르며, 사회복지사가 계획된 변화를 가져오기 위해 수행하는 활동과 노력을 개입intervention이라 부른다. 일찍이 Perlman1957은 사회복지실천의 핵심적인 내용을 4P로 제시하면서 '문제problem를 가진 사람person이 주어진 변화 과정process 중에서 그를 돕는 전문가가 있는 기관place에 오는 것'이라고 규정하였다. 이때, 사회복지사는 성공적인 변화를 이끌어내기 위해서 클라이언트의 동기와 능력, 변화에 필요한 기회, 사회복지사가 제공하는 자원과 서비스 등의 요소를 고려해야 한다Sheafor et al., 2000.

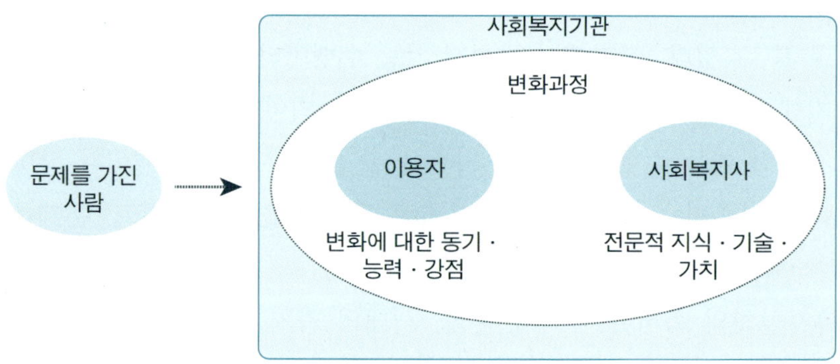

[그림 6-1] 사회복지실천의 구성요소

출처 : 성민선 외(2005). p.106.

2) 사회복지실천의 기반

사회복지실천은 과학science과 예술art의 조화 속에서 이루어진다. 과학적 속성은 사회복지실천이 목적하는 바를 달성하고 그 과정과 결과가 효과적이기 위해서는 체계적인 이론과 과학적 근거들이 뒷받침되는 활동이 이루어져야 함을 의미한다. 여기에는 사회과학, 행동과학, 인문학, 생태학 등 다양한 학문이 배경이 된다. 또한 인간행동과 사회환경, 사회복지정책과 서비스, 미시 · 중범위 · 거시 수준의 실천, 조사 · 연구에 관한 지식들이 동원될 수 있다.

사회복지실천의 예술적 속성은 클라이언트의 정서적 측면에 개입하는 사회복지사의 심리적 특성이나 능력을 적절히 활용하는 것을 말한다. 타인의 고통을 진심으로 이해하고 공감하는 능력, 창의적 사고와 직관적 능력, 클라이언트와 의미있고 효과적인 관계를 맺을 수 있는 능력, 실천 경험에 의해 형성된 전문 행위패턴 등을 의미한다.

과학적 지식에만 의존하는 실천은 기계적인 수행에 그치게 되며, 과학성이 결여된 예술성만으로는 효과적인 실천이 이루어질 수 없다. 만일 사회복지사가 자신의 감정을 부인한다면 기계적인 기술자와 같이 다른 사람들의 문제해결에 관여하기 어렵게 되며, 반대로 지식과 기술을 선택적으로 사용하지 않는다면 아마추어 수준에서 효과적인 성과를 내기 어렵다. 이렇게 사회복지실천에서 과학성과 예술성은 상호보완적이며 의존적 관계에 있기 때문에 서로 조화롭게 적용해 나가야 한다. 이들의 조화 속에서 사회복지실천의 3대 기반은 가치value, 지식knowledge, 기술skill로 제시할 수 있다Bartlett, 1970.

(1) 가치기반

사회복지 전문직은 어떤 지식이나 개입방법만으로는 충족될 수 없으며, 뚜렷한 가치나 신념에 기초해야 한다. 가치란 순수한 감각, 감정 등 추상적 개념이며 인간을 위해 좋은 것과 바람직한 것에 대한 가정으로 인간 본질에 대한 신념이나 선택이다. 바로 이 신념이 사회복지사의 일상적인 활동에 반영되어 전문직의 실천방향을 제시해 준다.

사회복지실천을 계획적 변화라 할 때, '어떤 기준으로 변화의 필요성을 결정할 것인가?, 변화과정의 목표는 어떻게 결정되는가?, 변화를 시키는 정당한 방법은 무엇이며, 얻어진 결과의 평가는 어떻게 할 것인가?' 등의 의문이 생길 수 있다. 즉, 클라이언트를 원조하는데 어떠한 생각을 갖는 것이 바람직하며, 문제를 해결하는데 있어서 어떻게 처리하는 것이 옳은 방법인가를 결정하기 위한 사고나 판단이 필요할 때 가치에 기반하게 된다.

사회복지실천에 있어서 두 가지의 본질적인 가치 존재는 개인의 존엄성과 독특성에 대한 존중, 그리고 클라이언트의 자기결정에 대한 신념이다장인협, 1999. 전자는 각 개인은 존중되어야 할 본래적인 존엄성을 지닌 독특한 존재로 그 자체로 수단이 아니라 목적이 되는 것이며, 후자는 인간이 천부적으로 존엄성을 가지고 있다면 가능한 자신의 생활유형을 스스로 결정하여 자신이 원하는 존재가 되도록 허용되어야 한다는 것이다. 사회복지사는 클라이언트가 스스로 나아갈 방향을 결정하려는 것을 존중하며 그 잠재적인 힘을 자극하여 활동할 수 있도록 돕기 위해 주변의 자원을 발견하고 활용할 수 있도록 원조해야 한다.

(2) 지식기반

사회복지사는 클라이언트에게 만족할 만한 서비스를 제공하기 위해 실질적인 지식을 습득해야 하며, 그것을 적절히 이용할 수 있어야 한다. 사회복지사들에게 필요한 지식은 대체로 두 가지 범주로 나눌 수 있다. 하나는 사회복지사의 실질적인 개입활동을 다루는 실천지식으로 클라이언트의 문제해결을 위해 내가 무엇을 하며, 어떻게 할 것인가와 관련된 지식이다. 다른 하나는 인간과 환경의 상호작용에 관련된 지식으로 인간체계의 발달, 성장, 기능 및 역기능 등에 관한 기초지식이다Compton & Galaway, 1998. 여기에는 개인, 집단, 지역사회 대상의 이론 및 기법에 관한 지식, 사회서비스의 목적 및 프로그램에 관한 지식, 연구 및 평가방법에 관한 지식, 사회복지 동향 및 정책 · 법령에 관한 지식 등이 포함된다.

(3) 기술기반

사회복지실천기술은 '클라이언트개인, 집단, 지역사회와의 관계 속에서, 사회복지의 가치와 지식에 근거하여 클라이언트의 변화를 위한 개입을 할 수 있는 사회복지사의 능력'이라고 할 수 있다김융일 외, 1999. 따라서 기술은 사회복지사가 개인이나 집단과의 관계에서 책임 있고, 의식적이고, 능숙하게 이용하는 것으로 체계적인 관찰과 평가, 그리고 적절한 행동계획을 공식화하는 것이다.

사회복지실천기술은 특별한 상황에 맞는 적절한 기법을 선택하는 것뿐만 아니라 그것을 효과적으로 이용하는 능력을 필요로 한다. 기술의 종류는 전통적으로 다섯 가지로 대분되는데 기본 원조기술basic helping skills, 사정기술assessment skills, 계약기술engagement skills, 관찰기술observation skills, 커뮤니케이션기술communication skills이 그것이다. 기본 원조기술은 면접하는 방법, 사회복지사 자신의 통찰력을 향상시키는 방법, 클라이언트와의 관계 발전시키기, 자신의 일을 효과적으로 조직하는 기술 등을 말한다. 사정기술은 클라이언트를 이해하고 그들이 안고 있는 문제를 정확하게 밝혀내는 기술이다. 계약기술은 모든 사회적 개입의 핵심으로 계약은 사회복지사와 클라이언트 간의 전문적 관계를 형성하는 첫 번째 절차가 된다. 관찰기술은 단순히 보는 것 이상으로 클라이언트의 언어적 표현뿐 아니라 신체적 긴장, 표정, 태도, 행동 등에 유의하는 것이다. 커뮤니케이션기술은 의사소통의 수단으로 전문적 용어를 사용하기보다는 클라이언트가 이해하기 쉬운 언어를 사용해야 하며, 특히 표정, 몸짓, 눈 맞춤 등 비언어적 커뮤니케이션에 주목하는 것을 포함한다. 통상 사회복지실천 현장에서는 실천기술을 증진시키고, 사회복지사의 활동에 지침을 주는 방법으로 특별한 훈련training, 사례기록case recording, 사례회의case conference, 슈퍼비전supervision, 자문consultation 등이 활용되고 있다.

3) 사회복지실천의 기본 틀 – 통합적 접근

사회복지실천에서의 통합적 접근intergrated approach은 모든 사회복지사들이 개인, 집단, 지역사회에 의해 제기되는 욕구와 사회문제에 대처해 나가고자 할 때 활용할 수 있는 공통된 하나의 원리나 개념을 제공할 수 있는 방법을 통합화한 것이다. 사회복지실천에는 여러 전문화된 방법과 관계없이 기본 개념 · 활동 · 기술 · 과업에는 공통적인 핵심이 있으며, 그것이 바로 통합적 접근이 추구하는 지향이기도 하다.

통합적 접근이 등장하게 된 이유는 기존의 전통적 사회복지실천의 3대 방법론인 개별사회사업case work, 집단사회사업group work, 지역사회조직community organization이 지닌 한계를 해결하려는 노력의 결과로 볼 수 있다. 그 첫 번째 한계로는 전통적 방법론은 내용적으로 통일된 체계가 아니라 각기 독자적인 이론과 기틀을 발전시켜 왔다는 것이다. 이처럼 전통적 방법은 너무 분화되고 전문화되어 다양한 문제와 욕구를 가진 클라이언트에게 다양한 기관이나 사회복지사들을 찾아다녀야 하는 부담을 주게 됨으로써 사회복지사가 클라이언트에게 최선의 서비스를 제공할 수 없었다. 둘째, 전통적 방법론은 지식의 공통기반을 전제로 하지 않았기 때문에 각각 별개의 사고와 언어표현으로 분화와 전문화가 진행되어 사회복지 전문직의 정체성 확립에 장애가 되었다. 셋째, 특히 개별사회사업은 극히 제한된 개인의 특정 병리적인 문제에만 적용할 수 있었으며, 급변하는 사회 변화에 따른 새롭고 복잡한 문제 상황에서 기존의 전통적 방법을 이용한 원조기술로는 도저히 처리할 수 없는 한계가 있었다. 넷째, 전통적인 방법들이 Freud의 정신분석학 이론에 의존하여 개인의 정신 내적인 측면에의 지나친 집중으로 환경적, 사회적 구조로부터 야기되는 문제들을 다루는 데 한계가 있었다. 다섯째, 전문화 중심의 교육훈련이 사회복지사들의 분야별 직장 이동에 도움이 되지 않았다임은희, 2010 ; 엄명용 외, 2016.

이에 따라 특정한 문제가 아닌 사회의 변화에 따라 발생하는 복합적인 문제에 적용할 수 있는 새로운 방법론의 필요성이 대두되었고, 1970년대 초부터 통합성에 부합하는 연구들이 체계이론적 관점과 생태학적 관점에서 활발히 이루어졌다. 체계이론적 관점에서 체계는 외부환경과의 상호작용과정에서 체계유지에 필요한 에너지를 투입input하고 이를 전환through-put, 산출output하며 환류작용feedback에 의해 자체의 동적 균형상태를 유지하려는 성향을 갖는다. 종종 클라이언트는 환경으로부터 오는 방해와 그들 자신의 긴장과 스트레스 때문에 생존의 위협을 느끼고 사회복지서비스를 찾게 되는데, 사회복지사는 안정상태를 회복할 수 있는 융통성 있고, 창조적인 해결책을 강구하도록 도와야 한다. 이때 체계이론은 문제현상 내의 제 요소들을 보는 분석적 시각을 제공하며, 사회복지사의 개입활동을 보다 조직적으로 안내해 준다. 그리고 사회현상에 대한 다차원적인 설명을 가능하게 해주는 이점이 있다.

생태학적 관점은 환경과 유기체가 역동적인 평형상태를 유지하면서 성장하는 과정에 관심을 갖는다. 이 관점을 인간행동에 적용할 경우 인간과 인간의 주변 환경 간의 상호작용, 상호 의존성 또는 역동적 교류와 적응에 초점을 둔다. 생태학적 관점은 환경의 모든 요소들과 끊임없이 상호 교류하는 인간의 적응적이고 진화적인 견해를 제공함으로써, 인간과 환경을 통합적으로 보고 개인, 환경 또는 이 두 가지를 모두 변화시키는 데 필요한 이론과 실천 간의 격차를 줄이는 과제를 수행한다. 즉, 개인, 가족, 소집단은 생애주기에 따라 변화하는 욕구와 문제를 갖는데, 생태학적 접근을 통해 이들의 부적응적 인간관계에 관심을 두고 바람직스러운 인간관계의 방해물을 규정해서 적절한 개입전략을 구사할 수 있다.

그러나 생태학만으로 어떻게 에너지가 전달되며, 한 체계 또는 여러 체계의 변화가 왜 다른 것에 영향을 미치는가를 설명하지는 못했다. 다만 관련 체계 간의 적응을 강조하는 가운데 그러한 활동이 일어난다는 사실만을 알려줄 뿐이었다. 1980년대에 들어 한 체계가 환경과 상호작용하는 이유와 방법을 설명해 줄 수 있도록 일반체계이론과 생태학 원리가 결합되어 사회복지실천 통합방법론의 이론적 근거가 된 생태체계관점eco-system perspective이 등장하게 되었다. 이 관점은 유기체들이 어떻게 적응하는 상태를 이루고 또 어떻게 서로 적응해 가는가에 초점을 두면서 인간과 주변 환경의 상호작용, 상호의존성, 적응을 설명한다. 즉 개인의 대처 능력 강화와 개인에게 영향을 주는 환경 모두를 강조하면서 개인과 그를 둘러싸고 있는 다양한 제도, 체계 간의 상호작용을 이해하는 데 필요한 개념적 틀을 제공한다. 생태체계관점은 인간과환경 간의 관계에 대해 이전의 단선적이고 인과론적인 시각을 통합적이고 전체적이며 역동적인 시각으로 전환해 줌으로써 사전에 문제의 현상을 정확히 파악하여 가장 적합한 실천 방법을 판단하고선택할 수 있게 해 주었다. 결국 사회복지실천의 통합적 접근은 생태체계관점을 통해 인간과 환경의 상호작용에 초점을 두면서 클라이언트의 잠재성을 인정하고 개발하며, 미래지향적이고, 광범위한 지식을 활용할 수 있게 되었다.

4) 사회복지실천의 대상과 분야

(1) 실천 대상

사회복지의 대상으로 정책적 측면에서는 사회적 욕구, 사회문제 등을 논할 수 있지만 실천적 측면에서는 서비스 이용자를 중심으로 설명할 수 있다. 초기 사회복지실천은 주로 사회적 약자, 즉 빈곤한 자, 노인, 장애인, 소년소녀가정 등에 대한 선별적 서비스를 제공해 왔다. 그러나 현대의 사회복지실천은 사회적 약자에게 1차적인 관심을 기울이지만 동시에 고도 산업사회, 지능정보사회에서 자신의 의지와는 상관없이 발생하는 각종 사고 및 실업, 질병 등에 의해 누구나가 사회복지의 대상이 될 수 있다는 점에서 전 국민으로 확대되어 왔다.

아울러, 서비스 대상자에 대한 개념도 변화되고 있다. 과거 서비스를 받는다는 차원에서 수혜자라는 의미로 사용되었던 클라이언트client라는 용어가 서비스의 대상자에 대해 힘이 없는 자powerlessness 또는 의존자the dependent의 인상을 부여한다는 비판과 함께 권리 이념의 확대에 따라 서비스 이용자service user로 변화되고 있다 Trevithick, 2000. 서비스 이용자라는 개념은 선택과 개별성을 강조한 것으로 서비스 대상자의 인권을 보다 존중하는 의미를 내포하고 있다.

그러나 궁극적으로 모든 사람에게 모든 서비스가 제공될 수는 없으므로, 사회복지실천은 일차적으로 욕구가 있는 사람이나 집단을 돕는 전문활동으로 볼 수 있다. 따라서 실천대상은 충족되지 않은 욕구를 가진 다양한 연령과 성별, 사회경제적 지위, 종교 능력 등을 가진 사람들을 포함한다. 전통적으로 실업 · 열악한 주거 · 차별 등의 사회환경적 문제를 가진 사람, 환경에 부적응 문제를 가진 사람, 생애주기 혹은 발달상의 문제를 가진 사람, 가족내 문제를 가진 사람 등이 해당한다김상균 외, 2015.

〈표 6-1〉 사회복지실천 대상

• 노숙인 • 아동방임 · 학대가족, 배우자 학대가족 • 심각한 갈등이 있는 부부 • 가출, 비행 혹은 폭력으로 나타나는 심각한 갈등이 있는 가족 • 에이즈 환자와 그 가족 • 위법에 대한 처벌로 생활이 붕괴된 개인이나 가족 • 미혼 임신 청소년 • 개인적 혹은 가족 문제에 직면한 동성애 혹은 양성애자 • 신체적 혹은 정신적 질병이나 장애로 생활이 붕괴된 개인이나 가족 • 약물이나 알코올을 남용하는 개인과 그 가족 • 위탁부모 혹은 부모가 사망하거나 안전하게 돌보지 못하는 부모의 자녀 • 필수 자원이 결핍된 이민자와 소수계 사람 • 심각한 신체적, 발달적 장애를 가진 사람과 그 가족 • 자신을 적절히 돌보지 못하는 노인 • 필수 자원이 결핍된 이주 노동자와 떠돌이 노동자 • 학교와 관련된 문제를 가진 아동 • 상처가 깊은 사건이나 주요 삶의 변화와 관련하여 심각한 스트레스를 겪는 사람

출처 : Hepworth, Rooney & Larsen(1997). p.3.

한편 사회복지실천의 접근은 대상체계의 규모와 실천의 수준에 따라 세 가지로 구분할 수 있는데, 미시 수준의 실천micro level practice, 중범위 수준의 실천mezzo level practice, 거시 수준의 실천macro level practice이 그것이다Hepworth et al., 1997.

첫째, 미시적 수준의 실천은 직접적 실천direct practice 또는 임상적 실천clinical practice이라 칭하기도 하는데, 사회복지사가 접하게 되는 개인, 부부, 가족, 소집단 등에게 대면접촉을 통해 서비스를 제공하기 때문이다. 미시 수준의 사회복지실천 활동은 개인의 심리적 · 사회적 상태, 부모 및 자녀관계나 부부관계 등에 개입하는 경우가 많다. 실천 사례로는 노인상담, 정신장애인 사회기술훈련, 가족치료 등을 들 수 있다.

둘째, 중범위 수준의 실천은 주로 기관이나 조직 내부, 기관이나 조직 간 상호작용 등에 개입하게 되므로 집단, 조직이나 기관 등이 클라이언트가 된다. 서비스를 효과적으로 전달할 수 있도록 사회복지기관을 운영하고 사회복지사의 실천을 지도 · 감독하는 일들이 실천의 사례가 될 수 있다. 중범위 수준의 실천을 수행하는 사회복지사는 대개 사회복지기관에서 중간관리자나 최고관리자의 지위를 가지고 있다. 하지만 미시적 · 직접적 실천을 수행하는 사회복지사들도 일정 정도 행정업무를 수행하기 때문에 중범위 수준의 실천과 전혀 무관하지 않으며 경력이 쌓이게 되면 슈퍼바이저나 행정가의 역할을 자연스럽게 맡게 된다.

셋째, 거시적 수준의 실천은 지역사회나 전체 사회를 대상으로 사회계획social planning, 지역사회 조직화community organization등을 통해 이루어진다. 사회복지정책 분석 및 평가, 지역사회 자원개발, 취약계층의 옹호 등이 실천사례가 될 수 있다. 거시적 실천을 수행하는 사회복지사는 개인, 집단, 조직들로 이루어진 지역사회체계를 지원하는 전문적 변화매개자로 주로 활동하게 된다.

(2) 실천 분야

사회복지의 실천 분야는 전통적으로 장소나 기관, 대상자, 사회문제의 종류, 방법론 등을 기준으로 분류되어 왔다. 사회복지실천이 이루어지는 장소나 기관에 따른 분류로는 의료사회복지, 학교사회복지, 교정사회복지, 군사회복지 등이 있다. 대상자에 따라 아동복지, 노인복지, 장애인복지, 여성복지 등의 영역을 들 수 있다. 또한 사회문제에 따라 아동학대나 알코올 및 약물중독 등을 들 수 있다. 그리고 실천방법론에 따라 개인상담, 집단상담, 지역사회조직사업 등으로도 분류할 수 있다.

개입 방식에 따라 직접 서비스와 간접 서비스로도 분류할 수 있다. 직접 서비스는 욕구나 문제를 가진 사람과 직접적으로 만나 그들의 욕구 충족이나 문제해결을 위해 도움을 제공하는 것이며, 간접 서비스는 사회복지정책, 행정, 조사 등 사회복지실천에 기반이 되는 여건을 조성하는 방식을 활용한다. 미시, 중범위, 거시체계라는 대상체계에 따라 제공되는 서비스의 형태에는 직접 서비스와 간접 서비스 모두가 포함된다. 다만, 미시체계에서 클라이언트와의 대면접촉이 상대적으로 많이 요구된다는 점에서 직접 서비스가 보다 많이 제공되는데 비해, 거시체계로 갈수록 직접 서비스보다는 간접 서비스의 비중이 커지는 경향이 있다.

실천 현장은 단순히 공간적 차원을 넘어 실천 세팅, 클라이언트, 다루게 되는 문제들을 포괄하는 개념이다. 실천 현장은 운영의 주된 목적에 따라 1차 기관primary agency과 2차 기관secondary agency으로 나뉜다. 전자는 사회복지서비스 제공이 기관의 주된 기능으로 지역사회복지관, 노인복지관, 장애인거주시설 등이 해당된다. 후자는 기관의 일차적 목적은 따로 있지만 필요에 의해 사회복지서비스를 제공하는 곳으로 학교, 병원, 교도소, 군대 등을 예로 들 수 있다. 또한 주거서비스 제공 여부에 따라 생활시설과 이용시설로 구분된다. 전자는 주거 서비스를 포함한 사회복지서비스를 제공하는 시설을 의미하며 장애인거주시설, 아동양육시설, 노인요양시설 등이 포함된다. 후자는 주거 서비스를 제공하지 않는 시설로 지역사회종합복지관, 장애인복지관, 지역아동센터, 노인주간보호센터 등이 포함된다.

2. 미시적 실천방법

1) 실천이론과 개입모델

사회복지실천을 위한 많은 지식과 이론은 인접 사회과학과 행동과학에서 빌려온 것으로, 이들 지식과 이론에는 기본적으로 생태체계론eco-systems theory관점이 적용된다. 개인과 집단의 변화를 위한 미시적 실천에 적용되는 이론과 모델은 매우 다양하며 본 절에서는 정신역동모델, 심리사회모델, 인지행동모델, 과제중심모델, 임파워먼트모델, 위기개입모델에 대해 간략하게 살펴본다.

(1) 정신역동모델

정신역동모델은 Freud의 정신분석이론을 비롯하여 정신분석이론의 영향을 받아 탄생한 이론을 모두 포함하는 용어이다. 이 모델은 심리치료기법으로 인간의 성격과 정신세계의 역동성을 설명하고자 하였다. 이 모델에 기반하여 진단주의학파가 태동하였고, 후에 개별사회사업모델로 발전되었다. 이 모델의 목적은 클라이언트의 무의식적 동기와 신념에 의한 내적 사고와 갈등을 스스로 좀 더 잘 이해하도록 도움으로써 개인의 자아개념과 사회적 기능을 향상시키는 것이다. 이를 위해 사회복지사는 클라이언트가 자신의 생각과 느낌을 탐색하고 표현하는 데 안정감과 안전감을 느낄 수 있도록 신뢰를 바탕으로 한 치료적 관계를 형성해야 한다.

이 모델은 결정론과 환원주의적 관점으로 인간의 정신을 의식, 전의식, 무의식의 수준으로 나누어 개념화하였다. 또한 인간의 성격구조는 원초아id, 자아ego, 초자아superego로 구성되어 있다고 본다. 성격 구조적 관점에서 인간은 신경증적 불안, 현실적 불안, 도덕적 불안을 가지고 있는 것으로 간주하고, 심리성적 발달단계를 구강기, 항문기, 남근기, 잠재기, 생식기 등 5단계로 구분하였다.

정신역동모델은 초기 사회복지실천에 많은 영향을 주었으며 전문적 실천의 토대가 되었다. 클라이언트의 전이를 통해 무의식적 저항이나 불안의 해소를 규명하고자 하였고, 자유연상법을 도입하여 개인의 무의식적으로 억압된 감정이나 사고를 탐색하고자 하였다. 그리고 꿈의 분석, 자아방어기제 등을 통해 클라이언트의 심리내적 문제를 해결하고자 하였다.

그러나 이 모델은 사회환경과의 상호작용을 설명하는데 제한적이며, 치료자의 우월성을 강조하였고, 접근방법이 클라이언트의 낙인stigma을 유발한다고 비판받아 왔다. 또한 클라이언트는 지적 능력과 언어구사 능력이 높아야만 도움을 받을 수 있고, 빈곤 문제 혹은 일상적인 문제를 가진 클라이언트에게 적용하는 데에는 한계가 있다.

(2) 심리사회모델

심리사회모델은 특정 인물이 고안한 것이 아니라 사회복지실천이 전문화되는 과정에서 다양한 인물과 활동의 영향을 받아 만들어졌다. 1910년대 M. Richmond에서 출발하여 1930년대 G. Hamilton에 의해 심리사회적 이론으로 불리게 되었으며, 1960년대 F. Hollis에 의해 실천이론과 접근방법으로 체계화되었다. 이 모델은 문제의 원인을 인간의 본능적 충동과 과거의 경험으로 보는 단선적 관점을 뛰어넘어 개인의 심리적 특성뿐만 아니라 신체 생리적인 현상과 사회적 환경까지 고려하는 '상황 속의 인간'이라는 관점을 제시한다. 인간의 수용과 자기결정권의 가치를 존중하며 사회적 자원의 결핍이 개인의 문제에 미치는 영향력을 중시한다.

이 모델에서는 클라이언트가 과거에 겪었던 경험들이 현재의 클라이언트의 심리적 혹은 사회적 기능에 영향을 미친다고 본다. 따라서 클라이언트가 겪는 어려움을 해결하기 위한 개입활동의 목표는 클라이언트가 경험한 과거의 사건이나 경험들 혹은 현재의 경험들과 관련된 심리 내적인 갈등과 어려움을 스스로 이해하고 통찰함으로써 문제해결 능력을 향상시키는 것이다. 이를 위해 문제 요인의 다원성과 문제에 반응하는 인간의 개별성을 중시하며, 이중적인 개입을 통해 클라이언트의 심리적 변화와 사회 환경적인 변화를 시도한다.

심리사회모델은 사회복지실천의 직접적 개입과 간접적 개입을 구분한 효시이기도 하다. 직접적 개입은 클라이언트와 직접 관계하면서 심리적 변화를 추구하는 것으로 구체적인 기법에는 지지하기, 직접 영향주기지시하기, 클라이언트가 사실 및 그와 관련된 감정을 표출하여 감정을 정화시키고 긴장을 완화시킬 수 있도록 하기 위한 탐색-기술묘사-환기, 클라이언트를 둘러싼 현재의 최근 사건에 대해 고찰하게 하여 현실적으로 파악하도록 하기 위한 개인-환경에 관한 반성적 고찰, 클라이언트로 하여금 어떤 특정행위에 이르도록 하는 생각이나 감정의 패턴, 사건에 대한 생각들을 클라이언트 스스로 찾아낼 수 있도록 원조하는 유형-역동성 고찰, 클라이언트의 과거 경험이 현재 기능에 미치는 영향을 자각하게 하는 발달적 고찰 등을 포함한다. 그리고 간접적 개입으로는 환경에 관련된 사람과의 관계에 개입하거나 사회 환경적인 변화를 추구한다. 예를 들면, 클라이언트와 주변 사람들과의 관계를 개선하거나 자원을 발굴하여 제공하고 옹호활동을 하는 방법이 있다.

(3) 인지행동모델

인지행동모델의 이론적 기반은 인지이론, 행동주의이론, 학습이론 등이다. 인지행동모델은 인간이 생각하고 정보를 처리하는 과정에 관한 이론인 인지이론과 행동을 유발하는 원인이 인간 내부에 있는 것이 아니라 외부 환경에 있다고 보는 행동주의이론에서 나온 개념들을 통합 적용한 절충적 접근 모델이다. 기본가정에서 인지활동은 행동에 영향을 미치며, 관찰되고 변경될 수 있으며, 바람직한 행동변화는 인지변화를 통해 영향을 받는다는 것이다. 따라서 이 모델은 비합리적 신념이나 인지적 오류, 자기 패배적 사고의 변화를 통해 감정이나 행동 변화를 유도하며 자기 자신과 타인, 삶에 대한 정확하고 객관적인 평가를 통해 합리적이고 기능적인 인지 창출을 목적으로 한다. 여기에서 비합리적 신념은 인정의 욕구, 과도한 자기 기대감, 비난 성향, 좌절적 반응, 정서적 무책임, 과도한 불안, 문제회피, 의존, 무력감, 지나치게 다른 사람 염려하기, 완전무결주의 등으로 부정적 감정과 증상의 원인이 된다. 대표적인 개입기법으로 Ellis의 합리적 정서행동치료Rational Emotive Behavior Therapy를 들 수 있는데, 그는 개인의 인지적 사고는 특정한 행동이나 사건에 대해 부정적이거나 긍정적인 감정을 갖게 만들기 때문에 단순히 행동을 변화시키기보다는 인지체계를 변화시키는 것이 중요하다고 보았다. 따라서 개입의 목표는 부정적 감정의 근원이 되는 비합리적 신념을 밝혀내고 도전함으로써 재구조화하는 것이다.

한편 인지치료Cognitive Therapy를 제안한 Beck은 정서적 문제를 가지고 있는 사람들은 생활사건에 대해 왜곡된 사고를 하거나 비현실적 인지평가를 함으로써 인지적 오류를 범하기 때문이라고 설명하였다. 따라서 개입의 목표는 클라이언트의 생활 사건에 대한 왜곡된 평가를 좀 더 현실적인 인지적 평가로 대체해 주는 것이며 왜곡된 인지의 근간이 되는 가정이나 신념을 확인하고 바꾸게 하는 것이다.

그러나 인지행동모델은 지적 능력이 낮거나 새로운 시도에 대한 의지가 약한 클라이언트, 즉각적인 위기개입이 필요한 클라이언트에게는 적용이 어렵다는 한계가 있다.

(4) 과제중심모델

과제중심모델은 Reid와 Epstein에 의해 소개되었는데, 문제해결중심의 방법론에 행동주의와 과제task에 대한 개념을 접목한 것이다. 인지행동이론, 행동수정기법, 체계이론 등을 통합하면서 계획적으로 구조화된 치료과정과 단기간의 치료를 강조한다.

이 모델의 목적은 클라이언트가 자신에게 주어진 행동적 과제를 통하여 스스로 문제를 해결할 수 있도록 도와주는 것이다. 과제는 문제를 해결하기 위해 클라이언트와 사회복지사가 수행해야 하는 활동으로 클라이언트와 사회복지사 간 합의에 의해 계획된다. 따라서 사회복지사와 클라이언트 간에 협조적인 관계가 수립되어야 하며, 양자 모두 적극적으로 참여해야 한다.

과제중심모델의 특징으로는 시간 제한적인 단기적 개입2~3개월, 8~12회 이내이며, 클라이언트가 인식하고 동의한 문제에 초점을 두고 집중적으로 원조하고, 클라이언트 스스로 표적문제를 인식하고 수용해야 한다. 클라이언트의 자기결정권, 환경에 대한 개입, 개입의 책무성 등을 강조하고 구조화된 접근을 시도하며, 클라이언트를 범주화하지 않기 때문에 낙인화를 방지할 수 있는 장점이 있다.

이 모델은 사회복지실천에서 전통적으로 중시해온 클라이언트의 대인관계 문제, 개인 내적 문제, 다양한 위기 상황 등 개인과 환경 간의 상호작용에 관련된 문제에 폭넓게 적용가능한 것으로 평가받고 있다.

(5) 임파워먼트모델

임파워먼트empowerment는 역량강화, 능력고취, 권한부여, 유능함, 자존감 등 다양한 의미로 사용되고 있다. 용어가 의미하는 바와 같이 이 모델은 무기력을 경험하는 클라이언트가 자신의 잠재된 역량을 개발하고 힘을 발휘하여 필요한 자원을 획득하도록 원조하는 것이다. 이를 위해 클라이언트에게 자신의 욕구, 복지, 만족감을 강화하는 데 환경과 상호작용할 수 있는 능력을 회복 또는 획득하도록 하는 것이다. 이 과정에서 클라이언트 자신의 삶과 상황에 대해 더 많은 통제력을 갖도록 돕는다. 이 모델의 장점은 클라이언트를 문제 중심으로 보는 것이 아니라, 클라이언트가 가진 잠재력과 자원을 인정하고 문제해결 능력이 있다고 보는 강점strength 중심의 시각이다. 실천은 세 가지 과정을 갖게 되는데 대화의 단계1단계에서는 대화를 통해 클라이언트의 현재 상황과 욕구 등을 공유하며 관계를 발전시키고, 발견의 단계2단계에서는 잠재적 자원들의 사정, 수집된 정보의 분석, 행동의 계획이 이루어진다. 그리고 발전의 단계3단계에서는 계획의 실행, 변화유도, 강화 및 안정화를 시도함으로써 성과를 확인하고 집대성한다. 그러나 이 모델의 결정적인 한계는 특정한 기법이 존재하지 않는다는 것이다.

(6) 위기개입모델

위기개입모델은 위기 상황에 사회복지사가 즉각적으로 개입하여 단기적이고 전문적인 원조를 제공하는 것이다. 위기상황은 위협적 혹은 외상적 위험사건의 경험으로 스트레스나 외상의 대처가 불가능한 불균형 상태를 의미하는데, 사건 자체보다는 사건에 대한 개인의 주관적 현실이 강하게 작용하는 것으로 본다.

위기개입의 목표는 위기로 인한 증상의 제거, 위기 이전의 기능수준으로의 회복, 촉발사건에 대한 이해, 가족 및 지역사회 자원에서 치료기제 규명, 현재의 스트레스를 과거의 생애경험과 연결, 새로운 적응적 대처기제의 개발 등이다. 목표를 달성하기 위한 여덟 가지 개입의 원칙에는 신속한 개입, 행동지향성적극성, 제한된 목표균형상태 회복, 희망과 기대, 지지, 위기 초점적 문제해결, 자아상, 자립 등이있다.

위기개입의 과정은 세 단계로 구분되는데 초기 단계에서는 촉발요인에 초점을 둔 탐색, 주관적 반응과 정서적 반응의 탐색, 위험사건과 악화된 변화의 탐색, 사정문제의 성격, 지속시간, 문제대처 노력 등, 실제 위기상황에 대한 사정 등을 수행한다. 중간 단계에서의 과업은 자료의 조직화, 과거에 대한 탐색, 행동변화, 중간목표의 설정, 구체적인 과업 및 행동 수행방법의 결정, 행동변화 초래 등이다. 그리고 종결 단계에서는 개입상황의 점검, 종결과업 수행, 새로 개발된 대처유형과 성취한 과업의 확인, 장래 활동계획 등의 과업을 포함한다.

그러나 이 모델은 효과성에 대한 연구가 아직 미약하며, 위기 발생 후 4~6주가 지나면 자체 해결되는 경향 때문에 정확한 개입의 효과가 불분명하고, 클라이언트 대부분이 일회성 상담으로 종결되는 한계를 지니고 있다.

2) 개인 대상의 실천

(1) 의의

개별사회사업case work을 체계화한 Richmond는 개인 대상의 사회복지실천을 '개인과 사회환경 간의 개별적, 의식적 조정합리적 성과을 통해 그 사람의 인격발달을 도모 혹은 지원하는 제반과정'으로 보았다. Perlman은 '사회적 기능 수행 중에 나타나는 개인의 문제를 효과적으로 해결하기 위한 복지기관 활용 기술'로 보면서 치료가 아닌 문제해결 과정으로 클라이언트의 주체성을 강조하였다.

개인대상의 실천은 1인 클라이언트체계를 중심으로 진행한다는 점, 클라이언트와 사회복지사의 전문적 관계를 강조한다는 점, 개인의 문제해결을 위한 다양한 개입모델을 활용한다는 점, 개인과 환경과의 상호작용 변화를 유도한다는 점을 그 특징으로 한다.

(2) 기본적 실천기술

❶ 관계형성과 유지기술

관계는 공통의 이해관계를 지닌 두 사람의 상호작용의 산물Perlman, 1957이며 사회복지실천의 핵심적 요소가 된다. 따라서 관계의 목적은 클라이언트와 사회복지사 간의 태도와 감정을 역동적으로 상호작용토록 하는 것이며, 클라이언트 자신과 환경 간의 좀 더 나은 적응의 성취에 있다Biestek, 1957.

관계는 자발적인 클라이언트를 돕는 과정을 촉진하는 매개물이며, 사회복지사와 맺은 원조관계는 많은 클라이언트에게 긍정적 변화의 원인이 된다. 또한 관계의 질은 사회복지사의 영향과 개입에 대한 클라이언트의 수용정도, 그리고 클라이언트를 돕는 과정의 최종 결과를 좌우하게 된다. 클라이언트는 긍정적 관계를 통해 자기존중감과 자신이 가치 있는 존재임을 느끼게 된다. 지속적인 보살핌의 관계를 경험해 보지 못한 클라이언트에게 관계는 정서적 박탈에 대한 보상의 의미에서 교정역할을 하는 정서적 경험일 수 있다.

사회복지사가 클라이언트와 관계를 형성할 때 전이transference 및 역전이counter-transference, 비자발성 등의 어려움을 경험할 수 있다. 전이는 클라이언트가 과거에 알았던 사람에 대한 감정과 태도 등을 사회복지사에게 옮기는 것이다. 이전 경험을 토대로 현재 일어나고 있는 사실을 일반화해서 왜곡된 인식을 갖게 된다. 클라이언트가 사회복지사의 사적 생활이나 취향에 관심을 갖고 태도나 행동을 칭찬하거나 비난하는 경우 전이를 의심해 볼 수 있다. 역전이는 사회복지사가 클라이언트를 마치 자신의 과거 어떤 인물처럼 느끼고 무의식적으로 그처럼 반응을 보이는 것이다. 클라이언트가 이유 없이 싫거나 좋은 경우, 클라이언트가 괜히 어렵고 만나도 편하지 않은 경우, 클라이언트의 문제와 이야기를 공감할 수 없는 경우 역전이를 의심해 볼 수 있다. 또한 클라이언트가 누군가에 의해 억지로 혹은 강제로 왔을 때 나타나는 비자발성은 관계형성의 장애요인이 된다.

사회복지사는 관계 형성의 원칙들을 적절히 구사함으로써 클라이언트와의 전문적 관계를 좀 더 원만하게 맺고 유지할 수 있다. Biestek에 따르면 사회복지사와 클라이언트의 관계는 '클라이언트와 사회복지사 간 또는 사회자원들과의 교류를 가능하게 하는 연결 통로'라고 할 수 있는데 이러한 통로를 통해 사회자원이 동원되고, 면접, 사정, 전문적 개입 등이 이루어지게 된다. Biestek 관계의 기본원리를 개별화, 의도적 감정표현, 통제된 정서적 관여, 수용, 비심판적 태도, 자기결정, 비밀보장 등 일곱 가지로 제시하였다.

〈표 6-2〉 Biestek의 관계형성의 7대 원칙

클라이언트의 욕구	사회복지사의 반응	내 용
개별적 인간으로 대우받고 싶은 욕구	개별화	클라이언트마다 개별적인, 독특한 특성을 가지고 있다는 것을 인정하고 이해하여 개별 클라이언트를 원조하는 내용과 방법, 과정에서 개별적으로 다루어져야 한다는 원칙
감정을 표현하고 싶은 욕구	의도적 감정표현	클라이언트가 감정을 표현하고 싶은 욕구를 인식하여 자신의 감정을 자유롭게 표현하도록 도와주는 원칙
문제에 대한 공감적 반응을 얻고 싶은 욕구	통제된 정서적 관여	클라이언트의 감정에 민감성을 가지며, 그것의 의미를 이해하고, 감정에 대한 의도적이고 적절한 반응을 하는 원칙
가치 있는 인간으로 인정받고 싶은 욕구	수용	클라이언트를 있는 그대로 이해하는 원칙
심판받지 않으려는 욕구	비심판적 태도	문제의 원인이 클라이언트의 잘못 때문인지, 어느 정도 클라이언트에게 책임이 있는지 등을 심판하지 않으며, 클라이언트의 특성 및 가치관을 비난하지 않는 원칙
스스로 선택하고 결정을 내리고 싶은 욕구	자기결정	클라이언트가 모든 의사결정 과정에 참여하여 스스로 선택하고 결정하는 자유를 누리게 하는 원칙
자기에 관한 비밀을 지켜주기를 바라는 욕구	비밀보장	클라이언트가 전문적 관계에서 노출한 정보를 사회복지사가 치료목적 외에 타인에게 알려서는 안 된다는 원칙

출처 : Biestek(1957).

❷ 면접

면접interview은 사회복지사와 클라이언트가 어떤 목적을 가지고 특정한 구조 속에서 함께 이야기를 나누는 일련의 과정이다. 면접은 전문적 관계에 바탕을 두고 정보수집, 과업수행, 클라이언트의 문제나 욕구 해결 등과 같은 목적을 수행하는 시간제한적인 의사소통 방법이다.

Compton과 Galaway1999는 면접의 특성을 맥락의 장, 목적과 방향, 계약, 관련자들 간의 특수한 역할관계로 요약한다. 맥락과 장이란 클라이언트에게 서비스를 제공하는 특정한 기관이 있고, 클라이언트의 문제해결이라는 특정 상황에 국한되어 있다는 것을 의미한다. 목적과 방향이 있다는 것은 개입목적에 관련된 내용들로 의사소통이 제한됨을 의미하며, 계약은 클라이언트가 목적달성을 위해 함께 활동해야 한다는 점과 일련의 과정은 클라이언트와 상호 합의한 상태에서 이루어짐을 의미한다. 그리고 사회복지사와 클라이언트의 역할이 서로 다름으로 인해 관련자들 간의 특수한 역할관계가 규정된다.

Zastrow1999는 면접의 종류를 목적에 따라 정보수집 면접, 사정면접, 치료적 면접으로 분류하고 있다. 첫째, 정보수집 면접은 사회조사social study에 해당하는 것으로 클라이언트의 개인적 · 사회적 문제와 관련된 인구사회학적 배경나이, 성별, 학력, 결혼상태, 경제상태, 거주지 등과 개인성장 발달사영유아기, 아동기, 청소년기, 성인기 등에 관한 정보를 수집하는 것이다. 둘째, 사정면접은 구체적인 서비스에 대한 의사결정을 위한 것으로 정보수집 면접보다 훨씬 목적 지향적이다. 문제가 어느 정도 심각한지, 어떤 개입방법을 사용할 것인지, 개입의 효과는 어느 정도로 예측되는지, 지역사회 자원과 능력은 어느 정도인지 등을 평가하고 판단하는 것이다. 셋째, 치료적 면접은 클라이언트의 변화를 돕기 위한 것과 클라이언트의 더 나은 사회적응을 위해 환경을 변화시키는 것을 포함한다. 클라이언트의 변화는 클라이언트의 자신감과 자기효용성 강화, 필요한 기술훈련, 문제해결능력 향상 등으로 확인할 수 있다. 그리고 환경변화는 클라이언트와 관련된 중요한 사람들과 이루어지기도 하고 클라이언트의 권리와 이익을 옹호하기 위해 사회복지기관, 지역사회, 관련 공무원들과의 관계에서 이루어지기도 한다.

면접의 기술은 관찰, 경청, 질문 등이 대표적이며, 명료화, 직면하기, 해석하기, 요약하기, 감정이입 등 다양한 기법을 활용할 수 있다. 그리고 내용의 유지를 위해 기록recording을 하게 된다.

(3) 실천과정

사회복지실천의 과정을 보는 관점은 학자에 따라 조금씩 차이가 있지만, 대체로 접수 및 자료수집, 사정, 계획수립, 개입, 종결과 평가라는 다섯 단계를 갖는다.

❶ 접수 및 자료수집

접수intake는 도움을 신청하러 온 사람의 문제와 욕구를 확인하여 기관의 정책에 따른 서비스를 받을 자격요건을 갖추었는지의 여부를 결정하는 과정이다. 사회복지사는 신청자의 욕구내용을 평가하여 기관이 적합한 서비스를 제공할 수 있을지를 판단하게 된다. 이때 사회복지사는 클라이언트에게 기관의 정책과 제공 가능한 서비스, 클라이언트에게 요구되는 과업, 기관의 한계점 등을 설명해 주어야 한다.

자료수집은 정보를 모으는 활동으로, 클라이언트 개인과 그의 환경에 관한 객관적 자료를 확보하기 위함이다. 자료수집의 영역은 클라이언트의 정서적 상태, 생활력, 인간관계, 경제문제, 건강, 클라이언트가 처한 문화 등 포괄적이다. 자료의 출처는 클라이언트가 말하는 것, 클라이언트가 작성한 각종 서류, 클라이언트의 비언어적 행동에 대한 사회복지사의 관찰, 친척이나 친구 등 클라이언트에게 중요한 사람들에게서 수집되는 정보, 심리 · 신체 등 각종 검사결과 및 생활기록부나 의료기록 등의 각종 기록물, 클라이언트에 대한 사회복지사의 개인적 경험 등 제 방면에서 다양하게 찾을 수 있다Hepworth et al., 1997.

❷ 사정

사정assessment은 클라이언트의 문제가 무엇인지, 어떤 원인 때문인지 그리고 문제를 해결하거나 줄이기 위해 무엇이 변화되어야 하는지에 대한 답을 구하는 실천과정의 핵심적 활동이다. 정보를 수집 · 분석하고 종합하면서 클라이언트와의 관계를 공식화하는 과정으로 대상영역은 클라이언트의 심리 및 개인적 측면, 가족 및 사회적 측면으로 나눌 수 있다. 전자는 정서 · 심리상태, 자기방어기제, 클라이언트의 강점과 대처방법, 역할수행상의 문제, 클라이언트의 생활력 등을 포함하며, 후자는 가족구조나 가족기능, 사회적 지지 등이 해당된다. 개인의 심리문제를 파악하기 위해서는 표준화된 검사도구를 활용하거나 심리검사를 의뢰할 수 있으며, 가족과 사회적 관계 사정을 위해서는 가계도genogram나 생태도ecomap, 사회도sociogram 등의 사정도구를 사용할 수 있다.

❸ 계획수립

사회복지실천과정은 계획된 변화를 유도하는 과정이다. 계획되었다는 것은 예측 가능한 변화를 일으키기 위해 계획을 세우고 의도적인 행동을 한다는 것을 의미한다. 따라서 계획은 개입의 목적과 목표를 설정하는 활동이라 할 수 있다. 목적은 개입이후 기대되는 광범위한 결과로 클라이언트 및 주변의 주요인물, 사회복지사의 기대를 고려하여 설정해야 한다. 또한 목표는 개인 또는 사회체계의 세부적인 변화로 측정 가능하고 구체적으로 표현누가, 무엇을, 어느 정도, 어떤 상황에서 언제까지 할 것인지 해야 한다.

계획과정에서 서로의 의무와 과업, 실천활동을 상호 약속하는 구체적인 계약engagement이 이루어진다. 계약은 서비스의 종류 및 기간, 사회복지사와 클라이언트의 역할 및 서명, 문제 목록 및 목표, 면접주기 · 빈도 · 시간, 개입기법, 계약변경 조건 등을 포함한다.

❹ 개입

개입은 사회복지사와 클라이언트가 합의하여 결정한 문제를 해결하기 위한 계획을 실천하는 단계로 실제 문제를 해결하고 자원을 동원하는 과정이다. 개입단계에서 사회복지사는 구체적인 변화전략을 수립하고, 개입활동에 대한 효과여부를 설정된 목표에 비추어 계속적으로 평가하며, 개입과정에서 일어나고 있는 변화가 지속될 수 있도록 점검해야 한다. 개입의 효과를 위해 정서적 안정을 위한 기술, 인지구조의 변화를 위한 기술, 클라이언트의 상황인식능력 향상 기술, 행동변화 기술 등을 다양하게 활용할 수 있다.

❺ 종결과 평가

결은 사회복지사와 클라이언트 간의 전문적 관계를 마무리하는 과정이다. 종결은 시간제한에 의한 계획된 종결, 목적달성으로 인한 종결, 특별한 이유로 인한 중단 등 여러 유형이 있을 수 있다. 이때 사회복지사는 종결 시기를 결정하고, 정서적 반응을 해결하며, 목표달성 정도를 평가함과 동시에 성과를 유지하고 발전할 수 있도록 사후관리를 해야 한다. 종결에 따른 클라이언트의 정서적 반응은 복합적이고 양가적일 수 있다. 목표달성으로 인한 만족감과 성취감이 있을 수도 있지만, 사회복지사와 헤어지게 되는 서운함과 두려움도 있을 수 있다. 종결과정에서 클라이언트가 사회복지사에게 집착하거나 과거 문제의 재발, 새로운 문제의 호소 등을 보일 때, 이를 적절히 다룰 수 있는 실천기술도 요구된다.

평가는 개입의 과정과 결과가 제대로 성취되었는지를 판단하는 과정이다. 평가는 목적에 따라 형성평가와 총괄평가로 구분된다. 형성평가는 서비스 전달 과정에서 문제점을 발견하여 이를 수정 및 보완하고자 수행하는 것으로 개입의 과정을 모니터링한다. 총괄평가는 개입에 대한 최종적인 결과를 평가하기 위해 수행하며 일반적으로 효과성과 효율성 등을 측정하게 된다.

3) 집단 대상의 실천

(1) 의의

집단은 공통의 관심사를 지닌 사람들이 공동의 목표를 달성하기 위해 직접적인 상호작용을 하는 두 명 이상의 사람들로 구성된 집합을 말한다. 집단사회복지실천은 전문가에 의한 의도적인 집단과정과 경험을 통해서 집단에 속한 개인의 사회적 기능수행을 향상시키며, 개인, 집단, 지역사회의 당면문제들에 대해 보다 효과적으로 대처해 나갈 수 있도록 도움을 주는 것이다. 따라서 집단사회복지실천이 이루어지기 위해서는 집단, 집단성원, 집단지도 전문가, 프로그램이라는 네 가지 구성요소가 갖추어져야 한다.

집단에 속한 클라이언트가 집단과정과 경험을 통해 얻을 수 있는 이점은 다양하다. 이를 집단의 치료적 효과라고 하는데 그 효과들을 살펴보면 다음과 같다Yalom, 1995.

① 희망주기 : 집단성원들이 좋아지는 것을 보면서 자신의 문제가 개선되고 해결될 수 있다는 희망을 갖게 된다.

② 보편성 : 비슷한 문제를 가진 집단성원을 보면서 나 혼자만의 문제가 아니라 누구에게나 문제가 생길 수 있다는 생각을 갖게 된다.

③ 정보전달 : 사회복지사의 교육내용이나 집단성원들의 제안, 충고 등을 들으면서 자기 문제에 대해 명확하게 이해하게 된다.

④ 이타심 : 성원들이 서로 도움을 주고받는 과정에서 자신도 누군가를 도울 수 있음을 느끼게 되어 자아존중감이 높아진다.

⑤ 사회기술발달 : 집단성원끼리 피드백을 주고받거나 역할극을 통해 사회기술이 학습된다.

⑥ 모방행동 : 집단성원과 집단사회복지사의 행동을 통해 새로운 행동을 습득할 수 있다.

⑦ 대인관계학습 : 집단성원과의 상호작용을 통해 자신의 대인관계를 통찰하고 새로운 대인관계 방식을 적용하게 된다.

⑧ 집단응집력 : 집단 내에서 발달하는 소속감이나 친밀감은 클라이언트에게 위로와 용기를 제공한다.

⑨ 감정의 정화카타르시스 : 집단 내의 비교적 안전한 분위기 속에서 집단성원은 그동안 억압된 감정을 자유롭고 안전하게 표현함으로써 감정을 정화할 수 있다.

⑩ 실존적 요인들 : 집단성원과의 경험 공유를 통해 각 성원은 비록 다른 사람들의 지지가 도움이 될지라도 자기 삶에 대한 궁극적인 책임은 자신에게 있음을 점차 깨닫게 된다.

⑪ 1차 가족집단의 교정적 재현 : 집단은 마치 가족과 같은 성격을 띨 수 있는데 사회복지사는 부모의 역할을, 다른 성원들은 형제의 역할을 할 수 있다. 그 과정을 통해 해결되지 않은 가족갈등을 탐색하기도 하고 새롭게 교정할 수도 있다.

(2) 집단의 유형

Papell과 Rothman은 집단사회복지실천의 이론적 모델을 사회적 목표모델social goals models, 상호작용모델reciprocal model, 치료모델remedial model로 제시하였다. 각 모델은 집단의 기능과 개입의 초점에 따라 구분된다. 사회적 목표모델의 특징은 집단 성원 각 개인은 사회에서 의미있는 참여를 할 수 있는 잠재력을 가지고 있으며 집단은 효과적인 사회변화를 만들어 낼 수 있는 능력을 가지고 있다고 본다. 집단의 초점은 개인의 성숙과 민주시민의 역량개발에 둔다. 대표적으로 스카우트, YMCA 등의 집단이 있다. 상호작용모델은 개별 성원과 집단 간의 상호관계 또는 공생적 관계에 초점을 두는 것으로, 상호관계를 통해 성원의 욕구와 문제해결을 목표로 하는 지지집단으로 대표된다. 그리고 치료모델은 사회적 기능 수행에 문제가 있거나 문제가 발생할 확률이 높은 개인을 원조하는 것을 목표로 한다. 알코올 중독자 회복집단, 공황장애 치료를 위한 집단 등을 예로 들 수 있다.

집단의 유형은 다양한 차원으로 분류할 수 있는데, 우선 상호작용과 정서적 결속정도에 따라 1차 집단과 2차 집단으로 나눌 수 있다. 1차 집단은 직접적 · 대면적 상호작용을 하며 공통 규범을 갖고 친밀하고 긴밀한 접촉을 하며, 2차 집단은 간접적인 상호작용을 하거나 혹은 전혀 직접 접촉을 하지 않는 경우도 있다.

구성방법에 따라 자연발생적 집단과 인위적 형성집단으로도 구분할 수 있다. 전자는 자연적으로 발생한 사건이나 인간관계성의 매력 혹은 성원의 욕구 등을 기초로 구성된 집단을 의미하는데 가족, 또래집단, 친구집단 등이 예가 될 수 있다. 그리고 후자는 치료집단이나 위원회 등을 예로 들 수 있다.

집단형성의 목적에 따라서는 치료집단과 과업집단으로 나눈다. 치료집단은 사회정서적 욕구 충족을 위해 만들어지며 여기에는 지지집단, 교육집단, 성장집단, 치유집단, 사회화 집단이 포함된다. 과업집단은 특정한 과업의 달성을 위해, 성과물을 산출하기 위해, 명령을 수행하기 위해 만들어진다. 팀, 각종 위원회, 이사회, 사회행동집단, 연합체 등이 해당된다. 치료집단과 과업집단은 여러 측면에서 차이가 있으며 이를 비교하면 〈표 6-3〉과 같다.

〈표 6-3〉 치료집단과 과업집단의 비교

구분	치료집단	과업집단
결속력	구성원의 개인적 요구에 근거하여 발달	성취해야 할 과업에 근거하여 발달
역할	집단의 상호작용을 통한 발달	상호작용, 임명을 통한 발달
의사소통	개방적 의사소통	특별한 과제에 대한 토론에 초점
절차	집단에 따라 융통성이 있거나 공식적으로 정해져 있음	공식적 일정이나 규칙의 규정
구성	공동관심사, 문제, 일반적 특성에 근거	요구되는 재능, 전문성, 노동 분화에 근거
자기표출	욕구, 감정, 관심사 등 자기표출이 많음	과업성취에 관한 부분으로 국한

구분	치료집단	과업집단
비밀보장	사적 수준에서 처리되거나 집단 내부에서 유지	때때로 공중에 공개
평가	치료적 목표의 성취정도에 따라 성공여부를 평가	성취한 과업, 의무사항 및 산출에 의해서 평가

출처 : Toseland & Rivas(1995). p.15.

(3) 집단의 역동성

집단 역동성group dynamics은 집단 성원과 집단 지도자 사이에 상호작용에 의해 만들어진 효과와 힘을 의미한다. 집단의 역동성은 개별 성원뿐만 아니라 전체로서의 집단에 영향을 미치는 독특한 힘을 만들어 내기 때문에 집단을 지도하는 사회복지사는 집단의 역동성을 잘 이해하고 활용할 수 있어야 한다. 집단의 역동을 적질히 활용하면 집단과 구성원 모두에게 긍정적이고 결속력을 강화시키며, 목표달성을 촉진시키고 만족스러운 관계를 만들 수 있다. 만약 그렇지 못하면 집단활동에 오히려 부정적 영향을 미치게 된다. 집단의 역동성을 구성하는 요소는 다양한데 대표적인 것은 다음과 같다.

① 집단규범 : 집단 내의 행동과 관련하여 성원들이 공유하는 명백한 기대상황과 신념으로 안정을 주고 예측할 수 있게 하는 규제적 메커니즘이다. 일탈적 행동을 감소시키고 이전의 평온 상태로 회복시켜 준다.

② 지위와 역할 : 지위는 한 집단의 지위 조직상에 점하는 구성원의 위치 혹은 한 개인이 집단 내의 다른 사람에 비해 상대적으로 차지하고 있는 위치를 의미한다. 또한 역할은 집단 내에서 일정한 지위를 점하는 사람에 대한 일련의 기대되는 행동이다. 집단 지도자는 성원들이 다양한 지위와 역할을 경험할 수 있도록 함으로써 집단역동을 증가시킬 수 있다.

③ 집단 응집력결속력 : 성원들이 서로에게 끌리는 정도, 성원들이 그 집단에 머물고자 하는 집단의 영향력과 그 요인을 말한다. 응집력을 최대화하기 위해 성원들에게 집단에 참여함으로써 얻을 수 있는 보상을 제시하거나 성원으로서의 책임성을 강조하고 다양한 프로그램을 활용함으로써 집단응집력을 향상시킬 수 있다.

④ 상호작용 : 집단에 속한 사람들 간에 이루어지는 모든 상호관계를 의미한다. 상

호작용의 기초는 의사소통인데 집단 중심의 상호작용이 이루어지면 성원의 사기가 높아지고 목표를 성취하려는 노력이 증가한다.

⑤ 집단의 크기와 물리적 환경 : 성원의 만족도, 응집력, 성원 간의 상호작용, 집단개입의 결과 등에 영향을 미친다. 집단이 클수록 자원이 풍부하며 익명성이 보장되지만, 응집력은 약화되고 의미 있는 상호작용이 곤란해지며 하위집단이 형성될 가능성이 높아진다. 하위집단은 집단 안에 구성된 또 다른 형태의 소규모 집단으로 전체 집단에 긍정적 혹은 부정적인 영향을 미치기도 하므로 하위집단이 출현했을 때 그 영향을 평가해야 한다. 한편 물리적 환경은 성원들의 위치와 관계있는 것으로, 서로 둘러앉으면 의사소통이나 상호작용을 하기에 훨씬 용이하다.

⑥ 집단문화 : 성원들이 공통적으로 갖고 있는 가치, 신념, 관습, 전통 등을 의미한다. 성원들이 동질적일수록 빠르게, 이질적일수록 느리게 생성되는 경향이 있다. 집단문화는 일반적으로 서서히 발전하지만 일단 형성된 뒤에는 바꾸기 어려운 특성이 있다.

⑦ 피드백 : 환류 또는 대인관계 학습이라고도 한다. 집단 성원들은 적합한 상황에서 적절한 피드백을 통해 이익을 얻게 되므로 집단지도자는 성원들 상호 간에도 피드백을 교환하도록 격려해야 한다.

(4) 집단의 발달단계와 집단사회복지실천 과정

집단은 시간의 경과에 따라 집단 내부구조, 의사소통과 상호작용의 형태, 집단문화 등이 변화하게 되는데 이러한 변화를 집단발달이라고 한다. 그러나 모든 집단이 동일한 발달단계를 거치는 것은 아니다. 일반적으로 폐쇄집단은 비교적 집단발달단계를 구분하고 예측할 수 있으나, 개방집단은 발달단계를 예측하는데 어려움이 있다. 사회복지사는 집단발달을 통하여 각 단계에서 이루어야 할 독특한 행동을 예측할 수 있고 집단에서 발생하는 행동의 중요성을 인지할 수 있다. 또한 장애물을 제거하면서 집단발달과 목적을 달성하도록 적합한 개입방법을 사용할 수 있다.

집단과정group process이란 집단형성부터 종결에 이르기까지 집단이 변화하고 발전해 나가는 단계적인 경과를 말한다Toseland & Rivas, 1995. 따라서 집단과정은 집단의 발달단계에 대한 설명으로 이해할 수 있다. 집단과 구성원 각각의 목표를 성취하기 위해서 사회복지사는 집단의 역동성에 대한 이해와 더불어 집단의 단계별 특성을 고려하면서 이에 적합한 개입전략과 기술을 사용해야 한다.

집단과정은 통상 계획, 초기, 사정, 중간, 종결 등 5단계로 구분한다. 계획단계는 집단이 형성되기 이전에 사회복지사가 집단에 대한 계획과 구성에 대해 준비하는 단계이다. 사회복지사는 집단의 목적 설정, 잠재적 성원의 확인 및 정보수집, 성원의 모집, 집단 구성, 성원행동에 필요한 물리적 환경, 재정적 후원 등 집단의 환경적 요소 마련하기 등의 과업을 수행해야 한다. 초기단계는 집단의 형성 및 탐색의 단계이다. 이 단계에서는 오리엔테이션 등을 통해 성원의 소개, 집단의 목적 명확화, 비밀보장의 한계 설정, 집단소속감 촉진, 개별성원의 목표 수립, 계약, 집단 참여에 대한 동기부여와 능력 격려하기, 장애물 예측 등의 과업을 수행한다.

사정단계는 절차와 결과의 두 측면을 포함한다. 절차상의 사정은 정보를 수집하고 조직화하며 판단하는 것이고, 결과로써의 사정은 집단 및 성원의 기능을 언어나 문서로 진술하는 것이다. 개별성원에 대해서는 성원의 자기관찰, 사회복지사의 관찰, 외부전문가의 보고, 표준화된 도구 등의 방법을 활용할 수 있다. 전체집단에 대해서는 의사소통과 상호작용 유형, 응집력, 사회적 통제와 집단규범 및 문화 등의 방법을, 그리고 집단 환경에 대해서는 기관 사정, 기관 간의 환경사정, 지역사회환경 사정 등의 방법을 활용할 수 있다.

중간단계는 집단의 목적과 목표성취에 있어서 가장 중요한 과정이다. 과업으로는 집단모임의 준비, 집단의 구조화, 성원의 참여유도와 권한 부여, 성원의 목표달성 원조, 저항적인 성원 다루기, 집단 진행과정 점검 및 평가 등이 있다.

마지막으로 종결단계에서는 통합과 종결의 절차를 고려한다. 종결의 유형으로는 목표를 성취했거나, 예정된 회합이 종료된 계획된 종결이 있는 반면 성원들이 참여를 중단하거나, 집단지도자의 사정에 따라 계획되지 않은 종결도 있을 수 있다. 이때 집단지도자는 성원의 변화 유지 및 일반화, 개별 성원의 독립적인 기능 촉진과 의존성 감소시키기, 종결에 대한 감정 다루기, 미래를 위한 계획 세우기, 의뢰하기, 평가하기 등의 과업을 수행해야 한다.

4) 사례관리

(1) 의의

사례관리case management는 복합적 욕구를 가진 사람들의 기능화와 복지를 위해 공식적 · 비공식적인 지원과 활동의 네트워크를 조직 · 조정 · 유지하고, 이러한 활동을 통해서 클라이언트의 생활기술을 향상시키고, 사회적 망과 관련된 대인복지, 서비스 제공자들의 능력을 발전시키며, 제공되는 서비스의 효율성과 효과성을 높이는 것이다Moxley, 1989. 즉, 사례관리는 클라이언트의 다양한 욕구를 충족하고 보호의 지속성continuity of care을 실현하기 위해 지역사회에 퍼져있는 다양한 서비스와 자원 체계를 개발하면서 동시에 이를 통해 클라이언트의 삶을 변화시키는 통합적 실천방법이다. 이에 따라 사례관리의 목표는 다음과 같이 제시할 수 있다.

① 서비스의 지속성 : 횡적으로 다양한 서비스 영역들 속에서 클라이언트에게 필요한 서비스가 어느 시기라도 제공받을 수 있도록 하는 것과 종적으로 변화하는 클라이언트 욕구에 끊임없이 부응하면서 서비스가 통합적으로 제공될 수 있도록 하는 것을 포함한다.

② 서비스의 접근성 : 클라이언트가 필요로 하는 서비스에 접근할 수 있도록 하며, 이를 방해하는 장애물이 있는지를 확인하여 제거한다.

③ 서비스의 책임성 : 클라이언트에게 필요한 서비스가 반드시 제공될 수 있도록 한다.

④ 서비스의 효율성 : 복잡한 서비스 체계 내에서 특정 클라이언트에게 서비스가 중복되거나 누락되지 않도록 서비스 제공 과정을 조정한다.

⑤ 클라이언트 측면의 효과성 : 건강 및 생활기능, 경제 상황, 주거 및 고용, 교육, 비공식적 지지망, 지역사회 통합 등이 실제 클라이언트의 삶의 질 향상을 가져올 수 있도록 한다.

(2) 등장 배경

사례관리가 등장하게 된 시대적 · 사회적 배경은 다음과 같다. 첫째, 탈시설화이다. 1960년대부터 서구에서 시작된 탈시설화는 사례관리 발달의 가장 핵심적인 동인이 되었다. 탈시설화 이전 대부분의 클라이언트는 시설에서 생활하면서 비인간적이고 폐쇄적인 분위기 속에서 한 장소에서 모든 서비스를 제공받았다. 하지만 탈시설화 이후 지역사회로 나오게 된 클라이언트는 신체적 · 정신적 장애, 서비스 정보에 대한 부족, 지역사회 서비스의 파편성 · 분절성으로 서비스 접근성에 어려움을 겪게 되었다. 이에 따라 지역사회 내에 분산되어 있는 서비스를 조정하고 통합하려는 전략이 모색되면서 사례관리가 중요한 실천방법으로 제시되었다.

둘째, 서비스의 분절성과 복합적 욕구에 대한 대응이다. 미국에서는 1960년대 이후 사회복지의 황금기를 거치면서 서비스가 급격히 팽창하여 이용가능한 서비스의 양이 증가하였으나, 세부 서비스별로 공적 자금이 지원되면서 서비스의 복잡성, 분절성, 중복성 등의 문제가 증폭되었다. 서비스 체계의 단편성과 분절성 속에서 복합적 욕구를 가진 클라이언트는 각각의 욕구별로 필요한 서비스를 독립적으로 찾아 나서야 하는 번거로움이 발생하였다. 이에 따라 클라이언트가 다양한 서비스에 실질적으로 접근할 수 있도록 파편화된 기관을 연계하고 조정해야 할 필요성이 제기되었다.

셋째, 서비스 전달의 지방분권화와 비용효율성 문제이다. 지방분권화는 사례관리의 확대를 가속화하였다. 세계적으로 1980년대 이후 신자유주의 영향으로 사회복지에 대한 중앙정부의 역할과 재정이 축소되고 지역사회보호에 대한 지방정부의 권한이 강조되었다. 지방정부는 축소된 재정 속에서 한정된 비용으로 최대의 효과를 낼 수 있도록 서비스 전달의 효율성을 모색하게 되었고, 기존 서비스의 중복과 분절의 문제를 최소화하면서 서비스 사이의 통합과 조정 및 연계가 필요하다는 인식이 증가하게 되었다. 즉 한정된 비용으로 클라이언트가 가장 필요로 하는 욕구가 무엇인지를 과학적으로 사정하여 이를 가장 잘 충족시킬 수 있는 서비스로 연계하는 체계적 활동이 요구되었다.

한국에서 사례관리가 본격적으로 확산되기 시작한 시기는 1990년대 중반 이후 사회복지의 방향이 지역사회복지 중심으로 전환되면서부터이다. 2003년부터 사회복지관 평가에 사례관리가 포함되었다. 2005년 「사회복지사업법」의 개정을 통해 공공 영역에서도 사례관리 기법을 도입해 시 · 군 · 구청장의 책임 아래 보호대상자별로 보호계획을 수립할 수 있도록 하였다. 2011년부터는 공공과 민간의 협력과 통합을 강화하기 위한 원스톱 서비스를 포함하는 '희망복지지원단'을 설치하여 통합사례관리를 추진하였다. 통합사례관리는 지역사회 공공 · 민간자원에 대한 체계적인 관리 · 지원체계를 토대로 복합적이고 다양한 욕구를 가진 대상자에게 복지 · 보건 · 고용 · 주거 · 교육 · 신용 · 법률 등 필요한 서비스를 통합적으로 연계 · 제공하고, 이를 지속적으로 상담 · 모니터링 해나가는 사업을 말한다. 2012년에는 「사회복지사업법」 개정에 따라 사례관리가 사회복지관의 3대 기능 중 하나로 명시되면서 보다 전문적이고 체계적인 실천방법으로 확대되었다.

(3) 과정

사례관리 과정은 사회복지실천 과정과 다르지 않다. 사례관리 역시 사회복지실천의 한 방법이기 때문이다. 과정은 일반적으로 다음과 같이 다섯 단계로 구분할 수 있다.

① 사정 : 클라이언트의 가장 두드러진 욕구와 강점, 어려움 등을 종합적으로 파악하는 과정이다. 클라이언트의 삶에 직·간접적으로 영향을 미칠 수 있는 다양한 외부 환경체계에 대한 폭넓은 분석도 필요하다.

② 계획 : 사정 단계에서 파악된 클라이언트의 상황과 욕구, 강점을 종합적으로 고려하여 그들의 삶을 긍정적으로 변화시키기 위한 목표를 설정하고, 목표달성을 위한 지원계획을 구체화하는 과정이다.

③ 개입 : 사례관리 계획을 중심으로 공식적·비공식적 서비스 및 자원을 의뢰하고 조정하는 단계이다. 단순히 클라이언트를 서비스로 의뢰하는 이상의 활동으로써, 클라이언트가 자원을 활용하는 데 장애물이 있다면 이를 제거함은 물론 옹호활동까지를 포함한다.

④ 모니터링 : 클라이언트의 변화 목표와 서비스 지원이 어떻게 진행되고 있는지를 점검하는 단계이다. 사례관리 과정이 어떻게 수행되고 있으며 어떠한 결과를 가져오는지에 대하여 끊임없이 피드백하는 과정이다.

⑤ 평가 및 종결 : 사례관리를 통하여 클라이언트에게 나타난 변화를 평가하는 단계이다. 또한 사례관리 과정 동안 제공되었던 서비스 양의 충분성, 서비스 내용의

적절성, 서비스 질의 양호성, 서비스 제공 방법의 적절성, 서비스 제공기관 사이의 협력성 등을 종합적으로 평가한다.

3. 거시적 실천방법 : 지역사회 수준에서의 실천방법

1) 의의

지역사회community란 일정한 지리적 범위 내의 사람들의 집단 또는 공동의 이해관계, 소속감, 문화에 기초하여 활동하는 사람들이 집단으로 구성된 사회적 단위를 말한다. 즉, 지역사회는 물리적 공간만을 의미하는 것은 아니며 사회적 · 문화적 동질성을 가진 공동체나 유사한 정체성을 공유하고 있는 집단, 정보통신기술의 발달에 의한 사이버상의 가상공동체도 해당된다.

지역사회복지는 이들 지역사회 수준에서 이루어지는 사회복지실천으로 지역복지, 지역사회조직, 지역사회보호, 지역사회개발 등의 용어와 혼용되기도 한다. 지역사회복지는 협의의 의미와 광의의 의미로 개념화할 수 있는데, 협의의 개념은 '재가복지를 포함하여 생활시설이 아닌 곳에서 서비스 대상자에게 각종 사회복지서비스를 제공하는 것'으로 시설보호와 대비되는 개념이다. 이는 지역사회 구성원의 욕구나 문제해결에 초점을 두고 이루어지는 대인 사회서비스를 의미하는 것이다. 또한 광의의 개념은 '지역사회의 복지향상을 위한 제도 차원의 개념으로, 지역사회 구성원의 다양한 사회적 욕구를 충족하는 공급체계'를 의미한다. 지역사회조건의 변화를 위해 지역조직들 간의 협력적 파트너십 형성과 이를 통한 지역사회역량강화, 지역사회 시스템의 변화, 제도적 변화 등 보다 거시적인 차원에 대한 관심과 실천적 노력을 말한다.

지역사회복지실천community welfare practice은 사회복지실천 방법을 통합적으로 사용하여 일정한 지리적, 기능적 범위 안에서 지역사회 자체를 대상으로 이루어지는 사회복지실천을 의미한다. 이를 위해 지역 구성원들이 공유하는 문제와 관련된 지역사회의 변화를 위해 개입기술을 응용하고 활용하게 된다.

지역사회복지실천의 이념은 지역사회 구성원들에게 당면한 문제에 어떠한 방법으로 접근하여 어느 수준까지 그 욕구를 충족시킬 것인가 하는 것을 의미한다. 일반적으로 강조되는 이념은 정상화, 탈시설화, 사회통합, 주민참여, 네트워크 등으로 대표된다. 정상화는 특별한 장애나 욕구를 가진 사람들을 지역사회와 분리된 시설이나 병원 등에서 살아가게 하는 것은 인간답지 않다고 보고, 이들을 가능한 한 일반 주민들과 유사한 보통의 생활환경 속에서 살아갈 수 있게 한다는 의미이다. 여기에서 탈시설화의 이념이 파생되었다. 탈시설화는 장애인 등 소외계층을 폐쇄적인 시설에 수용하는 것에서 탈피하여 지역사회에 거주하게 하고 필요한 서비스를 제공하는 것이다. 이들에게 지원주택 등을 제공하여 독립생활을 할 수 있도록 원조하거나 생활시설을 지역사회 내에서 그룹홈, 주간보호시설, 단기보호시설 등 소규모의 다양한 형태로 전환하여 모든 사람이 보통의 삶을 살아갈 수 있도록 하자는 이념이다. 사회통합은 계층 간의 격차를 줄이고 사회의 전반적 불평등을 감소시킴으로써 삶의 질을 제고해 가는 것을 의미한다. 즉 지역사회에서 장애인, 노인, 아동 등 요보호대상자들이 일반 주민들과 함께 생활해 나갈 수 있는 조건을 확보하는 것이다. 또한 주민참여는 주민이 서비스의 대상으로만 머무는 것이 아니라 자신의 욕구와 문제해결의 당사자로서 주민의 주체성을 강조하는 것이다. 참여를 통해 주민은 서비스 이용자임과 동시에 제공자로서의 양면성을 지니게 된다. 네트워크는 다양한 욕구를 가진 주민들에게 원하는 서비스를 제공하기 위해서 서비스 공급체계의 네트워크, 지역주민의 조직화, 관련기관의 연계 등이 필요함을 의미한다.

Perlman과 Gurin1972은 지역사회복지실천의 목적을 지역사회 참여와 통합의 강화, 문제대처 능력의 향상, 사회조건과 서비스의 향상, 불이익집단의 이익 증대 등으로 들고 있다. 한편 Dunham1970은 지역사회복지실천의 기능을 지역사회의 변화를 추구하는 것으로 보고 지역사회 계획, 프로그램 운영, 사실발견과 조사, 공적인 관계형성, 기금확보와 배당, 근린집단사업, 지역사회개발, 지역사회행동, 교육 및 자문활동 등으로 제시하고 있다.

2) 지역사회복지 실천모델

지역사회복지실천의 방법은 실천모델로 유형화되는데, 대표적으로 Rothman의 모델이 있다. Rothman에 따르면 지역사회복지실천은 두 가지의 기본적인 목표를 가지고 있다. 하나는 과정중심의 목표이며, 다른 하나는 과업중심의 목표이다. 과정중심의 목표는 체제의 유지와 기능을 강화하려는 것으로 지역사회 집단 간의 협동관계 수립, 자치적인 구조 창조, 문제해결을 위한 역량기반 향상, 주민참여 자극, 토착적인 지도력 증대 등을 통해 지역사회가 장기간에 걸쳐 제 기능을 할 수 있도록 능력을 향상시키는 것이다. 또한 과업중심의 목표는 구체적인 사업의 완성이나 지역사회의 문제해결에 관심을 두는 것으로 서비스를 제공하거나 새로운 서비스를 강구하거나 지역을 위한 입법활동 등을 통해 지역사회의 한정된 문제해결 자체에 관심을 갖는 것이다Rothman, 1995.

이 같은 목표를 고려하면서 Rothman은 지역복지활동을 단일한 형태로 보지 않고 지역사회개발locality development, 사회계획social planning, 사회행동social action이라는 세 가지 모델로 구분하였는데 그의 모델은 지역사회복지 실천모델의 가장 전형적인 것으로 인식되고 있다. 지역사회개발은 지역사회의 변화를 가장 효과적으로 이루기 위해 광범위한 주민들의 변화를 위해 목표를 설정하고 실천행동에 참여시켜야 한다는 전제에서 나왔으며, 사회계획은 비행 · 주택 · 정신건강과 같은 사회문제를 해결하고자 하는 기술적 과정을 강조한다. 그리고 사회행동은 지역사회의 취약계층에 속한 주민들이 사회정의와 민주주의에 입각해서 더 많은 자원과 향상된 처우를 요구하는 행동을 의미한다. 다만 Rothman은 이 세 가지 모델 분류가 실천 변수에 따른 이념적 분류일 뿐, 실제 개입을 위해서는 상호 혼합된 형태, 즉 사회행동과 사회계획, 지역사회개발과 사회계획 등과 같이 결합된 방식으로 활용될 수 있다고 강조하였다.

〈표 6-4〉 Rothman의 지역사회복지실천 모델

구분	지역사회개발 모델	사회계획 모델	사회행동 모델
개념	• 지역사회 변화를 가장 효과적으로 이루기 위해서는 광범위한 주민들을 변화의 목표설정과 실천행동에 참여시켜야 함	• 범죄, 주택, 정신건강과 같은 사회문제를 해결하고자 하는 기술적 과정을 강조	• 지역사회의 불우계층 주민들이 사회정의와 민주주의에 입각하여 보다 많은 자원과 향상된 처우를 요구하는 행동 • 지역사회의 기존 제도와 현실에 대한 근본적인 변화 추구
목표	• 과정중심목표 • 지역사회가 기능적으로 통합을 이루고, 자조적으로 협동적인 문제해결에 참여하며, 민주적 능력 배양	• 과업중심목표 • 주요한 지역사회문제해결	• 과업 · 과정중심목표 • 과업중심 : 특정입법이나 복지 혜택 추구, 공공기관의 정책 변경 등 • 과정중심 : 집단성원의 정치적 영향력 증대
지역사회 구조와 문제 상황에 대한 전제	• 쇠퇴하는 지역사회, 아노미 상황 • 관계와 문제해결능력 결여 • 변화하지 않는 전통적 지역사회	• 주요 사회문제들 • 보건(정신 · 신체건강), 주택, 여가활동 등	• 억압당하는 인구집단, 사회 불의, 박탈, 불평등
변화를 위한 기본전략	• 의사결정과 자신들의 문제해결에 대한 주민들의 광범위한 참여	• 문제에 대한 자료수집과 가능한 한 합리적인 의사결정	• 문제의 구체화와 대 적대집단 행동을 위한 세력규합
변화를 위한 전술과 기법	• 합의 • 지역사회집단, 세력 간 의사교환과 토의 강조	• 사실발견과 분석 • 합의와 갈등	• 갈등 • 정면대결, 직접행동 • 협상
실천가의 주된 역할	• 조력자, 격려자, 조정자, 교육자(문제해결 기술 훈련) • 능력부여자	• 전문가, 계획가 • 정보수집가, 분석가, 기획 및 평가자 • 촉진자	• 옹호자, 행동가 • 매개자, 중재자, 지지자 • 조직가
변화의 매개체	• 과정 지향적인 소집단 간의 합리적인 조정	• 공식집단과 자료조정(수집 · 분석)	• 대중조직과 정치적 과정의 조정
클라이언트 집단에 대한 견해	• 아직 완전히 개발되지 않은 상당한 잠재력을 가진 시민	• 서비스의 혜택을 받는 소비자	• 체제의 희생자 • 특정불이익집단
클라이언트 역할에 대한 기대	• 문제해결 과정에의 내부 참여자	• 소비자, 수용자	• 사용자, 구성원

출처 : Rothman(1995).

Rothman의 모델이 등장한 이후 후속적으로 새로운 실천모델들이 제시되었다. Taylor와 Roberts는 Rothman의 세 가지 모델을 중심으로 프로그램 개발 및 조정 모델, 지역사회연계모델을 새로 추가하여 다섯 가지 모델을 제시하였다. 또 Weil과 Gamble은 기존 지역사회복지 실천모델에 관한 문헌을 검토한 후 목표, 변화표적 체계, 일차적 구성원, 관심 영역, 실천가의 역할 등을 중심으로 여덟 가지 모델로 분류하기도 하였다. 후속적으로 시대적 상황과 개별 국가의 경험, 지역의 특성 등에 따라 다양한 변화모델들이 제시되었다.

3) 지역사회복지실천의 과정

지역사회복지실천의 과정은 지역사회가 당면하고 있는 문제와 충족되지 않은 욕구를 발견하여 효과적인 대응책을 수립하고 이를 실천에 옮기는 일련의 과정이다. 학자들은 지역사회복지실천을 어떻게 보느냐의 관점에 따라 과정에 대해 다양한 견해를 보이고 있다.

Dunham은 지역사회복지를 문제해결의 과정으로 간주하고 ① 문제의 인식, ② 문제의 분석, ③ 계획, ④ 조치, ⑤ 평가, ⑥ 차후 단계 등 6단계로 제시하고 있다. Lippitt 등은 변화매개자가 계획된 변화를 성취하기 위해 수행해야 하는 과정으로 보고 ① 변화의 필요성 개발, ② 변화관계의 수립, ③ 클라이언트 시스템의 문제 규명 또는 진단, ④ 대안적인 경로와 목표의 검토 및 목표와 조치의도의 설정, ⑤ 의도를 변화노력으로 전환, ⑥ 변화의 일반화와 정착화, ⑦ 종료관계의 달성 등 7단계로 보고 있다. 또한 Gilbert와 Specht는 지역사회복지 실천의 과정을 정책형성 과정으로 보고 ① 문제의 발견, ② 분석, ③ 대중홍보, ④ 정책목표의 설정, ⑤ 일반의 지지와 합법성 구축, ⑥ 프로그램 설계, ⑦ 실천, ⑧ 평가와 사정 등 8단계로 제시하고 있다.

이처럼 학자 간의 시각 차이가 있음에도 지역사회복지실천의 과정은 공통적으로 문제의 발견 및 분석, 정책 및 프로그램 개발, 프로그램 실천, 평가과정을 거친다. 첫 번째 과정인 문제발견 및 분석단계에서는 먼저 문제를 규정하는 것이 매우 중요한데, 문제를 어떻게 규정하느냐에 따라 정책의 구상과 해결방안, 실천전략이 달라지기 때문이다. 이때 지역사회 욕구사정과 함께 해당 사회문제와 관련된 이론을 검토하고 활용할 수 있어야 한다. 이를 통해 사회문제의 개념을 규정할 수 있고 실천할 수 있으며 평가할 수 있도록 구체화하고 조작화할 수 있다. 두 번째, 정책 및 프로그램 개발단계에서 정책수립은 문제해결을 위한 조치와 프로그램의 방향을 결정하는 것으로, 다양한 해결대안 중 가장 효과적이고 효율적인 방안을 찾아내는 정책선택의 과정이다. 프로그램 개발 시에도 활동의 종류나 프로그램의 성격과 관련된 업무의 내용, 필요한 인력과 재원 등 관련 자원, 실현 가능성을 주목해야 한다Perlman & Gurin, 1972. 세 번째, 프로그램 실천과정은 정책 목표를 달성하기 위해서 행하는 일련의 활동이다. 프로그램이 전개되는 과정에서 새로운 문제가 발생될 수 있으며, 이 경우 원래의 계획에 수정을 가해야 할 필요도 생긴다. 그리고 마지막으로 평가 과정은 문제해결 전 과정에 영향을 주는 계속적인 활동으로 프로그램을 통해서 성취하고자 하는 목표가 어느 정도 달성되었는지 그 효과성과 영향 등을 측정한다.

4) 사회복지사의 실천기술

지역사회복지실천을 위한 사회복지사의 기술은 옹호 · 대변기술, 연계기술, 조직화기술, 지역사회 교육기술, 자원개발 · 동원기술, 임파워먼트기술 등으로 대표된다.

옹호 · 대변기술은 사회 정의를 지키고 유지하려는 목적으로 지역주민이나 지역사회의 입장에서 직접적으로 대변, 보호, 개입, 지지를 하며 일련의 행동을 제안하는 것이다. 지역주민이나 지역사회를 대신하여 일을 진행하고 대변하는 것으로, 특히 이들이 취약한 상태일 때 적절하다.

연계기술은 지역사회 또는 지역주민이 필요한 자원이나 서비스와 연결하는 것을 돕는다. 지역사회의 유용한 자원에 대한 정보나 그것을 이용할 지역주민의 능력이 부족할 경우 사용한다. 이때 다양한 욕구를 충족시키기 위해 서비스를 패키지화하거나 통합서비스one-stop-service가 이루어질 수 있도록 한다. 연계를 통해 사회복지기관은 서비스의 중복을 막고 새로운 인프라 구축을 위한 시간과 비용을 절감할 수 있다.

조직화기술은 지역사회 전체 또는 일부 집단을 하나의 역동적 실체로 만들어 나가는 과정에서 활용되는 기술이다. 지역주민의 욕구를 파악하고 동기를 부여함으로써 다양한 지역사회활동에 참여하도록 유도한다. 그리고 지역주민에게 자신들의 역할을 분명히 알도록 하고, 이를 효과적으로 수행할 수 있도록 훈련시킨다.

지역사회 교육기술은 지역사회와 지역주민에게 정보를 제공하며 기술을 가르치는 것이다. 지역사회 실정에 맞춘 교육과정이어야 하며 다양한 교육프로그램으로 지역주민이 능력을 개발하고 지역사회의 문제해결에 신념을 갖도록 한다.

자원개발 · 동원기술은 지역사회의 각종 시민단체, 전문가단체, 친목단체 등 기존 조직을 활용하거나 지역사회 내 지도자를 발견하여 활용하는 방법이 있다. 자원은 지역주민의 변화나 그들의 생활을 향상시키는 데 유용하게 사용할 수 있는 인력, 물질, 조직, 정보 등을 말한다. 성공적인 자원개발을 위해서는 지역주민에게 지속적으로 동기부여하여 활동에 적극적으로 참여토록 해야 한다.

임파워먼트기술은 지역사회 또는 지역주민이 처해 있는 어려움을 해결하기 위해서 '치료'가 아니라 '역량'을 강화하는 것이다. 지역주민이나 자신이 속한 지역사회를 긍정적으로 바라보는 입장을 견지하도록 해야 하는데, 이는 스스로 역량을 획득할 수 있는 충분한 잠재력과 회복력을 가지고 있다고 보기 때문이다. 이때 대화, 강점확인, 자원동원기술 등을 활용한다.

5) 추진체계와 자원환경

(1) 지역사회보장협의체와 지역사회보장계획

지방분권화의 강화는 지역복지의 여러 측면에서 주민들에게 긍정적 · 부정적 영향을 미친다. 긍정적 영향으로는 주민의 욕구에 더욱 민감하게 반응하면서, 지역의 특성을 반영한 서비스를 개발할 수 있고, 적절한 서비스를 제공할 수 있다는 점이다. 반면 지역 간 복지수준의 격차로 인한 지역 불균형, 지역이기주의의 팽배, 중앙정부의 사회적 책임성 약화 등은 부정적 영향으로 지적되어 왔다.

지방분권화에 따라 각 지방자치단체에는 과거 중앙부처의 기획을 집행하던 차원에서 벗어나, 지역사회 중심의 사회복지계획 수립 · 운영과 이에 필요한 지역 내 네크워크 구축, 자원발굴 및 연계기능이 중요한 과제로 부각되었다. 시대적 흐름을 반영하여 2003년 「사회복지사업법」 개정 시 지역사회복지협의체 설치 · 운영과 함께 지역사회복지계획 수립을 동시에 의무화하여 지역복지 활성화의 기틀을 마련하였다. 2012년 「사회보장기본법」은 기존 사회복지서비스외에 보건의료, 교육, 고용, 주거 등 다양한 서비스를 포괄하는 사회서비스 개념을 도입하여 국민의 보편적 · 생애주기적인 특성에 맞게 소득과 사회서비스를 함께 보장하는 맞춤형 사회보장제도의 운영을 지향하도록 개정되었다. 그리고 2014년 「사회보장급여의 이용 · 제공 및 수급권자 발굴에 관한 법률」 제정으로 중앙부처와 유기적 연계를 통한 지역단위의 종합적 사회보장, 지역 간 사회보장의 균형발전을 위한 지원체계가 정비되면서 종전의 지역사회복지협의체가 지역사회보장협의체로 전환되었고 그 기능도 확대되었다.

〈표 6-5〉 지역사회보장협의체의 성격 및 기능변화 추이

명칭	지역사회복지협의체	지역사회보장협의체
시기	• '05.7.31.~'15.6.30.	• '15.7.1. 이후
법적 근거	• 「사회복지사업법」 제7조의2	• 사회보장급여법 제41조
범주	• 보건의료 및 사회복지서비스 중심	• 보건의료 및 사회복지뿐만 아니라 고용 · 주거 · 교육 · 문화 · 환경 등 영역 확대
기능	• 관할지역의 사회복지사업에 관한 중요사항과 지역사회복지계획을 심의 또는 건의 • 사회복지서비스 및 보건의료서비스 연계 · 협력 강화	• 심의 · 자문/연계 · 협력 기능 • 심의 · 자문 사항 – 지역사회보장계획의 수립 · 시행 · 평가 – 지역사회보장조사 및 지역사회보장지표 – 시 · 군 · 구 사회보장급여 제공 – 시 · 군 · 구의 사회보장 추진 – 읍 · 면 · 동 단위 지역사회보장협의체 구성 · 운영 등
구성	• 10명 이상 30명 이하 위원으로 구성 – 보건의료 또는 사회복지 전문가, 서비스 제공기관 대표, 공익단체 추천자 등으로 구성	• 위원 수 확대(10명 이상 40명 이하) – 사회보장분야 전문가, 사회보장서비스 제공기관 등의 대표자, 비영리민간단체 추천자 등으로 구성

명칭	지역사회복지협의체	지역사회보장협의체
운영	• 협의체 업무의 효율적 수행을 위하여 실무협의체 구성 · 운영	• 실무협의체 구성 · 운영 • 보장기관의 인력 및 운영비 등 재정 지원
연계 체계	• (시 · 도) 사회복지위원회 • (시 · 군 · 구) 지역사회복지협의체 • (읍 · 면 · 동) 복지위원	• (시 · 도) 사회보장위원회 • (시 · 군 · 구) 지역사회보장협의체 • (읍 · 면 · 동) 읍 · 면 · 동 단위 지역사회보장협의체, 복지위원

기초자치단체별 지역사회보장협의체는 대표협의체, 실무협의체, 실무분과, 그리고 읍 · 면 · 동 지역사회보장협의체로 조직화되어 있다. 대표협의체는 해당 지역사회의 사회보장 관련 공공부문 대표, 민간부문 대표, 이용자 대표 등 세 영역별 주체들과 실무협의체 위원장 등으로 구성된다. 실무협의체는 지역사회보장협의체 업무를 효율적으로 수행하기 위해 각 영역의 종사자 중에서 민주적 절차와 방법으로 선출한다. 실무분과는 지역의 사회보장 관련 기관 · 법인 · 단체 · 시설 간 연계 · 협력 및 실무협의체의 운영 활성화를 위해 구성한다. 그리고 읍 · 면 · 동 단위 협의체는 지역사회 복지문제 해결을 위해 주민 네트워크 조직으로 구성되는데, 시 · 군 · 구 협의체와 상하관계를 갖는 것은 아니다. 각각의 주체별 역할은 〈표 6-6〉과 같다.

〈표 6-6〉 지역사회보장협의체의 주체별 역할

주체	역할
대표협의체	– 시 · 군 · 구의 지역사회보장계획 수립 · 시행 및 평가에 관한 사항 – 시 · 군 · 구의 지역사회보장조사 및 지역사회보장지표에 관한 사항 – 시 · 군 · 구의 사회보장급여 제공에 관한 사항 – 시 · 군 · 구의 사회보장 추진에 관한 사항 – 읍 · 면 · 동 단위 지역사회보장협의체의 구성 및 운영에 관한 사항 – 그 밖에 위원장이 필요하다고 인정하는 사항
실무협의체	– 공동사업개발 및 건의 – 지역사회서비스 제공 및 연계 협력에 관한 협의 – 대표협의체 심의(건의)안건 사전 검토 – 실무분과 간 역할조정 및 협력도모 – 그 밖에 위원장이 필요하다고 인정하는 사항

주체	역할
실무분과	– 사회보장 분야별/대상자별 사례회의 – 서비스 제공 및 연계 – 서비스 제공을 위하여 필요한 사항
읍 · 면 · 동 단위 지역사회보장 협의체	– 관할지역 내 사회보장 대상자 및 자원 발굴 – 사회보장 대상자에 대한 서비스 연계 · 지원 – 지역사회보호체계 구축 · 운영 – 지역 내 복지문제 해결을 위한 자체 특화사업 수행 등

한편 지방자치단체에서는 지역사회의 다양한 주체들의 참여를 통해 지역단위의 사회보장계획을 수립해야 한다. 지역사회보장계획은 지역주민의 복지욕구와 복지자원에 대한 분석을 토대로 지역 차원의 복지사업을 종합적으로 고려하여 수립하는 지역사회 차원의 사회복지에 관한 기본계획이다. 1기 계획2007~2010이 수립된 이후 매 4년 단위로 계획수립이 이루어져 왔다. 계획의 명칭도 지역사회보장협의체의 변화와 함께 지역사회복지계획에서 지역사회보장계획으로 바뀌었다. 지역사회보장계획의 변화 내용은 〈표 6-7〉과 같이 요약할 수 있다.

〈표 6-7〉 지역사회보장계획의 변화

명칭	지역사회복지계획	지역사회보장계획
시기	• '05.7.31.~'15.6.30.	• '15.7.1. 이후
법적근거	• 「사회복지사업법」	• 「사회보장급여법」
범주	• 보건의료 · 사회복지 위주	• 고용 · 주거 · 교육 · 문화 · 환경 등을 포함하는 사회보장 범주 확대
지역주민 참여	• 지역주민의 의견 수렴 • 시 · 도 사회복지위원회 또는 시 · 군 · 구 지역 사회복지협의체 심의	• 지역주민의 의견 수렴 • 시 · 도 사회보장위원회 또는 시 · 군 · 구 지역 사회보장협의체 심의 • 지방의회 보고 절차 신설
계획수입을 위한 사전조사	• 지역주민 복지욕구 및 복지자원 등에 대한 자료수집 및 필요한 조사 실시 • 실태조사 결과에 따라 사업내용을 고려한 계획 수립	• 지역 내 사회보장 실태와 지역주민의 인식 등에 대한 필요한 조사(지역사회보장 조사)를 정기 또는 수시 실시 • 계획 수립 시 동 조사결과 반영 가능

명칭	지역사회복지계획	지역사회보장계획
계획내용	(시 · 군 · 구 계획) • 복지수요의 측정 및 전망 – 사회복지시설 및 재가복지의 장단기 공급 대책 • 인력, 조직 및 재정 등 복지자원의 조달 및 관리 • 사회복지전달체계 • 사회복지/보건의료서비스 연계 제공방안 • 지역복지 통계수집 및 정리 • 사회복지시설 종사자의 처우개선	(시 · 군 · 구 계획내용 확대) • 지역사회보장의 목표를 점검할 수 있는 지역사회보장지표의 설정 및 목표(신설) • 지역사회보장의 분야별 추진전략, 중점 추진사업 및 연계협력 추가 • 사각지대 발굴 및 지원 방안(시 · 군 · 구)
	(시 · 도 계획) • 시 · 군 · 구의 지역사회복지계획을 종합 · 조정	(시 · 도 지역사회보장계획의 차별화) • 시 · 군 · 구 지원목표 및 전략 • 사회보장급여 기반 구축방안 • 사회보장급여 담당인력의 양성 및 전문성 제고방안 등
계획/시행 결과 평가 지원	• 지역사회복지 계획/시행의무 부과 • 보건복지부장관/시 · 도지사의 계획/시행 결과 평가 • 계획/시행결과의 공표	• 지역사회보장 계획/시행의무 부과 • 시 · 도지사의 시 · 군 · 구 계획/시행결과에 대한 평가결과 제출 • 시 · 도 지역사회보장 계획 및 시행결과의 사회보장위원회 보고 절차 도입

(2) 사회복지관

1880년대 영국과 미국의 인보관활동에서 기원한 사회복지관은 지역사회를 기반으로 일정한 시설과 전문 인력을 갖추고 지역주민의 참여와 협력을 통하여 지역사회 복지문제를 예방하고 해결하기 위하여 종합적인 복지서비스를 제공하는 시설로 대표적인 지역사회복지 추진체계라 할 수 있다.

사회복지관은 사회복지서비스 욕구를 가지고 있는 지역주민을 대상으로 사례관리, 서비스 제공, 지역조직화를 3대 핵심 기능으로 하고 있다. 사례관리는 사례발굴, 사례개입, 서비스 연계 등의 방법을 통해 파편화되고 분절화된 서비스의 한계를 극복하면서 보다 통합적인 맞춤형 서비스 전달을 지향한다. 서비스 제공은 지역주민에게 직접적인 전문서비스가 제공되는 영역으로 가족기능 강화, 지역사회보호, 교육문화, 자활지원 등을 내용으로 추진한다. 그리고 지역조직화 기능은 복지네트워크 구축, 주민조직화, 자원개발 및 관리를 주된 내용으로 한다.

그러나 모든 사회복지관이 천편일률적으로 같은 사업을 시행하는 것은 아니다. 복지관의 위치, 지역적 특성, 대상별 특성, 복지관의 규모, 담당 인력 등에 따라 각자가 전문성, 효율성, 책임성을 최대한 살릴 수 있는 능력의 범위 내에서 사업을 선택적으로 시행한다.

서비스 이용자는 사회복지서비스 욕구를 가지고 있는 모든 지역주민이지만 국민기초생활보장 수급자 · 차상위계층 등 저소득 주민, 장애인 · 노인 · 한부모가족 및 다문화가족, 보호와 교육이 필요한 유아 · 아동 및 청소년 등을 우선적인 사업 대상으로 하여야 한다. 그리고 지역성, 전문성, 책임성, 자율성, 통합성, 자원 활용, 중립성, 투명성 등을 원칙으로 운영하여야 한다.

(3) 지역자활센터

자활사업은 근로능력이 있는 기초생활수급자 또는 차상위 계층에게 자활할 수 있도록 지원해 주는 사업으로, 2000년 시행된 「국민기초생활 보장법」에 의해 시작되었다. 따라서 그 목적은 근로능력 있는 저소득층이 스스로 자활할 수 있도록 자활능력 배양, 기능습득 지원 및 근로기회 제공을 통해 최종적으로 탈빈곤을 지향하는 것이다.

1996년 시범사업으로 시작된 자활후견기관은 2007년 지역자활센터로 그 명칭이 변경되었다. 자활사업 대상자는 다음 여섯 가지 유형이 있다.

① 조건부수급자 : 자활사업 참여를 조건으로 생계급여를 지급받는 수급자

② 자활급여 특례자 : 생계 · 의료급여 수급자가 자활근로, 자활기업 등 자활사업 및 취업성공패키지고용노동부에 참가하여 발생한 소득으로 인하여 소득인정액이 기준 중위소득 40%를 초과한 자

③ 일반수급자 : 수급자 중 참여 희망자로 만 65세 이상 등 근로무능력자

④ 특례수급가구의 가구원 : 의료급여특례, 이행급여특례 가구의 근로능력 있는 가구원 중 자활사업 참여를 희망하는 자

⑤ 차상위자 : 근로능력이 있고, 소득인정액이 기준중위소득 50% 이하인 사람 중 비수급권자

⑥ 근로능력이 있는 시설수급자 : 시설수급자 중 생계·의료급여 수급자, 일반 시설생활자주거·교육급여 수급자 및 기타

자활사업 프로그램으로는 자활사례관리, 자활근로사업, 자활기업 지원사업, 자활근로소득공제가 있다. 자활사례관리는 지역자활센터에서 자활참여자의 자립을 위해 수행하는 상담, 교육, 자활프로그램 제공, 사후관리 등 모든 과정을 의미한다. 자활근로사업은 저소득층에게 자활을 위한 근로의 기회를 제공하여 자활 기반을 조성하는 사업이다. 이 사업은 한시적인 일자리 제공에 그치지 않고, 저소득층이 취·창업을 통해 경제활동을 영위할 수 있도록 기초능력 배양 및 자립 장애요인의 제거에 초점을 둔다. 자활기업은 2인 이상의 수급자 또는 차상위자가 상호 협력하여 조합 또는 공동사업자의 형태로 탈빈곤을 위한 자활사업을 운영하는 업체를 의미한다. 자활기업 지원사업은 이들에 대해 창업자금, 한시적 인건비, 자활기금 등을 지원하는 것이다. 자활근로소득공제는 수급자의 근로의욕 감퇴를 예방하기 위해 생계급여 산정 시 소득인정액에서 자활소득의 30%를 공제하여 생계급여를 추가 지급하는 것이다.

(4) 사회복지협의회

사회복지협의회는 지역사회의 복지에 관심 있는 민간단체나 개인의 연합체로써 지역사회의 복지욕구를 효과적으로 해결하기 위해 상호협력 및 조정하는 단체로 1800년대 자선조직협회COS에서 그 기원을 찾을 수 있다.

우리의 경우 중앙협의회로 한국사회복지협의회가 있으며 지역협의회로는 17개 광역자치단체에, 그리고 시·군·구 단위에 설립되어 있다.

한국사회복지협의회의 활동 목적은 사회복지에 관한 조사·연구와 각종 복지사업에 대한 국민의 참여를 촉진시킴으로써 우리나라의 사회복지 증진과 발전에 기여하는 것이다. 「사회복지사업법」에 근거한 주요 업무로는 사회복지에 관한 조사연구 및 정책 건의, 사회복지 관련 기관·단체간의 연계·협력·조정, 사회복지 소외계층 발굴 및 민간사회복지자원과의 연계·협력, 그리고 대통령령으로 정하는 사회복지사업의 조성 등이 있다.

지역사회복지협의회는 지역사회의 대표적인 협의 · 조정기구로, 지역사회의 다양한 서비스를 조정하는 자주적인 민간 조직이라 할 수 있다. 주로 사회복지에 관한 자료수집 및 간행물 발간, 자원봉사활동의 진흥, 사회복지에 관한 조사연구 등을 수행한다.

사회복지협의회는 개별 클라이언트를 상대로 하는 것이 아니라 일반주민과 복지기관을 위해 서비스를 제공한다는 점에서 직접 서비스기관의 활동과는 구별된다. 또한 민간 사회복지법인으로써 지역사회복지의 협의 · 조정기구라는 점에서 공공에서 민 · 관 협치를 통해 지역사회복지정책을 심의 · 협력하는 지역사회보장협의체와 기능의 차이가 있다.

(5) 사회복지공동모금회

사회복지공동모금은 사회복지사업이나 그 밖의 사회복지활동 지원에 필요한 재원을 조성하기 위하여 법에 따라 기부금품을 모집하는 것으로 정의된다. 따라서 공동모금의 목적은 지역주민의 욕구를 충족시키기 위해 기부금을 통한 민간 사회복지의 재원을 조성하기 위한 것으로, 민간 사회복지시설의 재정 운용의 안정성을 부여하는 기능을 수행한다.

공동모금이 필요한 이유는 지역사회 주민들의 자발적이고 적극적인 참여를 통한 상부상조 정신과 시민참여 정신을 고양하고 주민 복지의식을 고취할 수 있기 때문이다. 또한 조직적이고 체계적이며 일원화된 모금활동을 통해 모금의 효율성과 증대된 모금액을 확보할 수 있기 때문이다. 그리고 민간차원에서의 재원 확보를 통해 민간 사회복지기관 및 시설의 자율성과 전문성을 확보할 수 있기 때문이다.

미국의 United Way에서 비롯된 우리나라의 사회복지공동모금회는 1999년 「사회복지공동모금회법」의 제정과 함께 설립되어 종전의 정부 주도의 모금을 폐지하고 민간의 자율성에 기초한 공동모금을 본격화하게 되었다. 조직은 중앙회와 17개 시 · 도별 지회의 형태로 단일 법인으로 구성되어 있으며, 출범 당시 연간 2백억 원에 미치지 못했던 모금 규모는 2022년 말에는 8천억 원에 육박하는 양적 성장을 보이고 있다.

사랑의 열매로 상징되는 공동모금회의 모금방법은 연말캠페인이 대표적이다.

매년 12월 1일부터 다음 해 1월 31일까지 2개월간 전국적인 모금캠페인을 벌인다. 이 기간 동안 기업기부가 집중되고 신문과 방송 등 미디어가 협력하여 행사를 홍보하고 기탁금도 접수하여 공동모금회에 전달한다. 또한 연중으로 이벤트모금, 방송모금과 함께 개인을 대상으로 한 월급자동공제 모금, 직장모금 등 다양한 전략을 활용하고 있다. 고액기부자 클럽인 아너소사이어티와 함께 착한 일터, 착한 가게, 착한 가정 등 생활 속에서 쉽게 기부할 수 있는 프로그램을 개발하여 나눔문화를 확산하는 데에도 기여하고 있다.

공동모금회의 배분은 초기에는 투명성이 강조되었지만 최근 양적 성장과 더불어 사회문제의 해결 등 효과성 담보도 중요한 이슈로 부각되고 있다. 그동안 배분의 특징을 보면 사회복지와 관련된 전 영역 및 대상에 대한 포괄적 배분이라는 점, 중앙회와 지회의 배분이라는 이중구조라는 점, 기관배분형을 우선적으로 취하지만 복지 문제 및 프로그램 배분형을 가미한 혼합 유형이라는 점 등을 들 수 있다.

신청을 통한 대표적 배분사업으로 프로그램을 지원하는 절차는 공모 및 신청접수→적격여부판정→서류심사→면접심사→현장방문심사→최종사정 및 계수조정→위원회 및 이사회 결의→결과 통보의 과정을 거치게 된다.

(6) 자원봉사센터

자원봉사Volunteer라는 말은 라틴어 Voluntas자유의지와 eer사람의 복합어에서 유래하였으며, 자원봉사는 '자유의지를 가지고 자기 스스로 강제 받지 않는 상태에서 다른 사람이나 사회를 위해 헌신하는 사람'이라는 의미를 가진다. 따라서 자원봉사활동은 '반대급부 없이 자발적으로 개인이나 사회를 위해 돕는 사람들의 활동'이라 할 수 있다. 자원봉사활동은 사회공동체의 약화를 방지하며, 시민교육 · 복지교육의 증진과 사회참여의 확대, 사회변동에 따른 새로운 욕구발생에 대처, 여가의 선용과 자아실현에의 기여, 그리고 사회문제의 해결과 예방을 위해 그 필요성이 강조되고 있다.

자원봉사센터는 2005년 제정된 「자원봉사활동기본법」에 의거, 자원봉사활동을 활성화하기 위해 전국 시 · 군 · 구에 설립 · 운영되고 있다. 국가 및 지방자치단체는 자원봉사단체의 활동에 필요한 행정적 지원을 할 수 있으며 「비영리민간단체지원법」에 따라 사업비를 지원할 수 있다.

자원봉사센터는 조직화된 자원봉사활동을 위해 각 센터와 지역사회 조직 간에 연계망을 구축해야 하며 이를 수행하기 위한 다양한 기능들을 담당한다. 그 기능으로는 ① 자원봉사를 원하는 사람 · 단체와 자원봉사가 필요한 사람 · 단체를 서로 소개하는 수급조정의 기능, ② 원활한 수급조정을 위해 자원봉사자의 희망이나 활동에 관한 내용 등을 파악하고 적절한 상담 및 원조방법을 검토하는 기록 · 등록 기능, ③ 자원봉사활동 과정에서 발생하는 고민의 상담, 기재나 자료의 대여, 정보제공 등 자원봉사활동을 지원하는 기능, ④ 자원봉사자의 의식과 인간성을 높이고 기술을 연마할 수 있도록 하는 양성 · 연수 기능, ⑤ 자원봉사자의 활동을 확인 · 정리하고, 자원봉사활동의 방향성을 제시하고, 보다 많은 사람들에게 자원봉사활동을 이해시키기 위한 홍보 · 계발 기능, ⑥ 수급조정 과정에서 파악한 욕구에 대하여 필요한 자원봉사활동을 선구적으로 만들어 내어 육성하고 지역 단위의 자원봉사활동 네트워크 기능, ⑦ 지역사회에서 자원봉사활동을 더욱 원활하고 효과적으로 추진하기 위하여 알려지지 않은 욕구나 자원봉사활동을 하려는 인재를 발굴하고, 활동내용을 발전시키기 위해서 수행하는 조사 · 연구 기능 등으로 정리할 수 있다.

자원봉사센터에서 자원봉사자를 관리하고 운영하는 과정은 ① 자원봉사 프로그램 계획 및 업무설계→② 적절한 자원봉사자의 모집→③ 배치 전 오리엔테이션을 포함한 사전교육→④ 자원봉사자의 요구 · 능력 · 참여 동기 · 기관의 필요성 등을 고려한 배치→⑤ 업무수행과 성과를 증진시키기 위한 교육 및 훈련→⑥ 효과적인 지도감독과 활동성과에 대한 평가→⑦ 활동을 지속시키기 위한 인정과 보상 등의 순서로 이루어진다.

우리나라 자원봉사센터는 최근 자원봉사에 대한 인식 개선과 함께 활용도와 기대 역할이 높아지고 있지만 실무인력의 부족과 낮은 처우 수준, 담당 인력의 비전문성 문제, 표준화되어 있지 못한 운영체계, 상이한 주무부처의 감독을 받는 다양한 센터 간의 업무의 비일관성 및 재정지원의 비형평성 등이 문제점으로 지적되어 왔다.

요약

사회복지실천은 개인, 집단, 지역사회가 사회적 기능을 수행할 수 있도록 능력증진과 회복을 돕고 이러한 목표를 달성할 수 있도록 사회적 여건을 조성하는 전문적 활동이다. 이를 위한 실천의 3대 기반은 가치, 지식, 기술로 요약할 수 있다.

사회복지실천의 주된 대상은 욕구나 문제를 가진 사람들이며, 서비스 제공을 위한 실천 분야는 전통적으로 장소나 기관, 대상자, 사회문제의 종류, 방법론 등을 기준으로 다양하게 분류할 수 있다. 장소나 기관에 따라 학교사회복지, 의료사회복지, 교정사회복지, 군사회복지 등으로 구분할 수 있다. 대상자에 따라 아동복지, 노인복지, 장애인복지, 여성복지 등으로도 분류가 가능하다. 또한 사회문제에 따라 아동학대나 알코올 및 약물중독 등을 위한 실천 분야로, 그리고 실천방법론에 따라 개인상담, 집단활동, 지역사회조직 등으로 분류할 수 있다.

사회복지의 미시적 실천방법은 개인과 소집단을 대상으로 하는 접근방법으로 정신역동모델, 심리사회모델, 인지행동모델, 과제중심모델, 임파워먼트모델, 위기개입모델 등의 이론적 모델을 적용할 수 있으며, 기본적 실천기술로 관계형성과 유지기술, 면접기술, 사례관리 등을 활용할 수 있다. 집단 대상의 실천기술은 욕구나 문제의 유형에 따라 적절한 집단을 구성하여 계획된 변화를 창출하는 것이다. 한편 사회복지의 거시적 실천방법으로 지역사회복지실천은 전통적으로 지역사회개발, 사회계획, 사회행동이라는 세 가지 모델이 있다. 이에 따라 합의와 토론, 사실발견과 분석, 협상과 직접행동 등의 전략을 활용하게 된다. 이 과정에서 사회복지사는 옹호 · 대변기술, 연계 기술, 조직화 기술, 지역사회 교육기술, 자원개발 · 동원기술, 임파워먼트 기술 등을 구사하게 된다. 지역사회복지실천을 위한 대표적인 추진체계로 지역사회보장협의체, 사회복지관, 지역자활센터, 사회복지협의회, 사회복지공동모금회, 자원봉사센터 등이 있다.

탐구문제

❶ 사회복지실천의 기반은 무엇이며 사회복지사는 이를 위해 어떤 노력을 해야 하는가?

❷ 사회복지실천의 전통적 접근의 한계는 무엇이며 이를 극복하기 위한 방안은 무엇인가?

❸ 미시적 실천방법에서 사회복지사와 클라이언트 간의 관계형성을 위한 7대 원칙은 무엇이며, 그 원칙이 등장하게 된 배경은 무엇인가?

❹ 클라이언트가 집단과정과 경험을 통해 얻을 수 있는 이점들은 무엇이 있는가?

❺ 지역사회보장협의체는 우리나라 지역사회복지 전달체계에서 어떤 위상을 점하고 있으며 사회보장급여법 시행 이후에 달라진 점은 무엇인가?

참고문헌

권중돈(2022). **사회복지학개론**. 학지사.
김상균 외(2015). **사회복지개론**. 나남출판.
김융일·조흥식·김연옥(1999). **사회사업실천론**. 나남출판.
김혜란 외(2022). **사회복지실천기술론**. 학지사.
백종만·감정기·김찬우(2015). **지역사회복지론**. 나남출판.
성민선 외(2005). **사회복지개론**. EM커뮤니티.
엄명용 외(2020). **사회복지실천기술의 이해**. 학지사.
엄명용 외(2020). **사회복지실천의 이해**. 학지사.
오정수·류진석(2016). **지역사회복지론**. 학지사.
이용교(2017). **디지털 사회복지개론**. 인간과복지.
임은희(2010). **사회복지실천론**. 학지사.
장인협(1999). **사회사업실천방법론**. 서울대학교출판부.
최일섭(2023). **사회복지개론**. 지식공동체.
최혜지 외(2021). **사회복지실천론**. 학지사.
한국사례관리학회(2020). **사례관리론**. 학지사.

Barker, R.(1995). *Social Work Dictionary*(3rd ed.). Washington, DC: NASW Press.
Bartlett, H. M.(1970). *The Common Base of Social Work Practice*. NASW Press.
Biestek, F. P.(1957). *The Casework Relationship*. Chicago: Loyola University Press.
Compton, B. & Galaway, B.(1998). *Social Work Processes*(6th ed.). Belmont: Wadsworth.
Compton, B. & Galaway, G.(1999). *Social Work Processes*. Homewood, Ill.: Dorsey.
Hepworth, D. H., Rooney, R. H. & Larsen, J. A.(1997). *Direct Social Work Practice: Theory and Skills*(5th ed.). C.A.: Brooks/Cole.
Miley, K. K., O'Melia, M. & Subois, B.(2001). *Generalist Social Work Practice: An Empowering Approach*. Allyn & Bacon.
Moxley, David P.(1989). *The Practice of Case management*. Sage Publications, Inc.
Perlman, H. H.(1957). *Social Casework: A Problem-Solving Process*. Chicago: The University of Chicago Press.
Perlman, R. & Gurin, A.(1972). *Community Organization and Social Planning*. N.Y.: John Wiley & Sons.
Romanyshyn, J. M.(1971). *Social Welfare, Charity to Justice*. N.Y.: Random House.

Rothman, J.(1995). Approaches to Community Intervention, in Jack Rothman et al., *Strategies of Community Intervention*. Peacock.

Sheafor, B. W., Horejsi, C. R., & Horejsi, G. A.(2000). *Techniques and Guidelines for Social Work Practice*(5th ed.). M.A.: Allyn & Bacon.

Toseland, R. W. & Rivas. R. F.(1995). *An Introduction to Group Work Practice*. Needham Height, M.A.: Allyn and Bacon.

Trevithick, P.(2000). *Social Work Skill: A Practice Handbook*. Philadelphia. P.A.: Open University Press.

Yalom, I. D.(1995). *The Theory and Practice of Group Psychotherapy*. N.Y.: Basic Books.

Zastrow, C. H.(1999)., 6th ed. Pacific Grove. C.A.: Brooks/Cole.

1. 사회복지행정

1) 사회복지행정의 의의

(1) 사회복지행정의 개념

사회복지행정이란 무엇인가? 이를 한마디로 정의하기란 대단히 어렵다. 왜냐하면 사회복지행정의 복잡한 현상을 단순하게 일반화하는 것은 거의 불가능하기 때문이다. 하지만 이해를 돕기 위하여, 행정이 다루는 영역을 기준으로 넓은 의미의 사회복지행정과 좁은 의미의 사회복지행정으로 구분하여 정의를 내려 보자.

행정을 넓게 보면, 사회문제를 찾아서 이를 해결하기 위한 목표를 설정하고 그 수단을 채택하여 행동화하는 일련의 과정으로 규정된다. 그러나 행정을 좁게 보면, 이미 주어진 목표를 달성하기 위한 수단을 채택하고 행동화하는 과정으로 한정된다. 이러한 행정의 개념 범위구분을 기반으로, 사회복지행정의 개념을 정의해 볼 수 있다.

먼저, 넓은 의미의 사회복지행정이란 '국민의 기본적 욕구 충족을 위한 목표를 설정하며, 이 목표달성을 위한 최적의 수단을 탐색하고 선택하는 일련의 활동'으로 정의된다. 이러한 과정은 사회가 보유하고 있는 인적 · 물적 자원을 적절히 배분하여 최상의 성과를 도출하여 궁극적으로 국민의 복리를 진작시키는 정부 및 민간 사회복지조직들의 제반 행위들이 된다.

반면에 좁은 의미의 사회복지행정은 하나의 사회복지 실천방법으로 이해하여, '사회복지조직의 목표 달성을 용이하게 하기 위해 관리자에 의해 수행되는 상호의존적인 과업과 기능 및 관련 활동 등의 체계적인 개입과정'을 말한다최성재 · 남기민, 2005 : 17. 다시 말해 사회복지정책이란 이미 주어진 것으로 보고, 이 '사회복지정책을 사회서비스로 전환시키는 데 필요한 사회복지 조직과 관리의 활동들'을 사회복지행정이라 한다Patti, 1983 : 25.

이 같은 구분은 행정활동의 범위를 가치판단과 행동화 과정이 포함되는 것으로 보느냐, 아니면 가치배제적중립적인 집행행위로 제한된 것으로 보느냐에 따른 구분이다. 전자의 경우는 가치지향적인 사회복지정책의 과정을 포함하여 실천지향적인 사회사업의 영역을 포괄하는 가치기반과 지식 및 기술기반의 개념이라 할 수 있다. 후자의 경우는 사회복지조직을 형성하고 관리하는 과정으로써, 실천행동지향적이고 가치중립적인 지식기반 및 기술기반의 활동으로 구성된다. 특히 후자는 사회복지 대상자클라이언트들에 대해 직접적으로 서비스가 행해지지는 않지만 이들 서비스가 원활하게 이루어질 수 있도록 지원하는 기능에 초점을 둔다.

결국 사회복지행정의 개념을 정책의 관점에서 강조하느냐, 사회복지실천의 관점에서 강조하느냐에 따른 구분이다.

사회복지행정이 현실적으로 미시적 관점 및 활동으로부터 거시적 관점 및 활동에 이르는 연속선상에 놓여 있으며, 가치와 지식과 기술이 연속선상에 중첩되어 있는 것이다. 아래 그림은 사회복지의 가치와 이념이 최종 대상자인 수혜자에게로 돌아가는 과정을 보여준다. 사회복지의 가치와 이념이 정책으로 전환되고 이를 행정이라는 정부의 활동을 통해 실천으로 전환하여 대상자들에게 수혜가 돌아가게 된다. 이같은 공공 및 민간부문의 조직과 관리활동을 사회복지행정이라 한다.

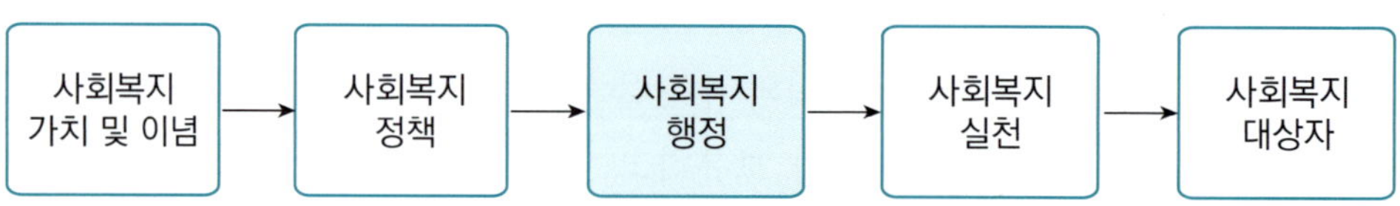

[그림 7-1] 사회복지행정의 개념적 범위

일반행정과 사회복지행정의 차이점

① 사회복지행정은 공공재로써, 국가의 이념이나 정책방향에 따라 결정된다.
② 사회복지행정은 인지된 욕구 충족을 위해 전문적인 방법과 기술을 동원한다.
③ 사회복지행정은 이윤추구나 권력을 목적으로 하는 것이 아니라 인간존엄성과 가치의 존중 등을 추구하는 인간서비스행정이다.
④ 사회복지행정은 사회복지정책의 성격과 내용 등에 밀접한 관련성이 있다.
⑤ 사회복지행정의 클라이언트는 투입인 동시에 산출이다.
⑥ 사회복지행정의 목표는 모호하고, 그 효과성의 측정도 어렵다.

(Skidmore, 1983 : 14)

(2) 사회복지행정의 영역

사회복지행정의 영역은 세 가지로 구분할 수 있다성규탁, 1993 : 7-8. 사회로부터 위임받아 정책을 수립하는 정책영역과 그 정책을 수행할 조직체를 구성하고 관리하는 조직영역, 그리고 사회복지사업을 사회현장에서 실천하는 현장영역이다.

첫째, 정책영역에서는 조직체와 사회 환경과의 상호관계가 주요 관심사가 된다. 사회복지조직이 생존하기 위하여 활동 방향을 설정하는 것과 그 활동 수행을 위하여 외부로부터 필요한 자원을 흡수하여 에너지로 전환할 수 있도록 지원하는 역할을 한다. 따라서 외부로부터 자금 확보, 다른 기관과의 관계 유지, 사회 및 서비스 기술 변화에 대한 대처, 정치적 상황 파악 등이 이 영역에서의 주요 관심사이다.

둘째, 조직영역에서는 정책을 구체적인 서비스로 전환하고, 현장의 경험을 바탕으로 해서 정책을 수정 · 보완하는 기능을 수행한다. 이미 제시된 사회복지정책을 해석하고, 조직의 목적 수행과정에서 개혁과 조정이 필요한 사항을 상급기관에 건의하며, 사업의 필요성을 파악하고 애로점을 발견 · 시정하고, 사업의 전달체계를 개선하는 것이 이 영역에서의 주요 관심사이다.

셋째, 현장영역에서는 클라이언트에게 서비스하는 사회복지요원들의 활동이 주요 관심사가 된다. 조직 내부의 일들로 제한하여 서비스 프로그램의 조정 및 수정, 작업의 평가, 클라이언트의 수혜상태 파악 등이 이 영역에서의 주요 관심사이다.

이들 사회복지행정의 영역들은 각기 분리되어 있는 것이 아니라 조직체를 중심으로 상호 연결되거나 중첩되어 있으며, 이들 서로 간에 역동적인 교류가 진행되는 것이다성규탁, 1999 : 8-9. 그러한 활동의 핵심에는 정책을 수용하고 그 제시하는 바를 현장에서 실현시키는 사회복지조직이 존재한다.

(3) 사회복지행정의 가치와 이념

사회복지행정에 내재한 가치, 추구하는 가치는 무엇인가? 사회복지행정의 개념에서 언급하였듯이 사회복지행정은 가치지향적인 동시에 목표달성의 수단으로서의 전문 분야라는 이중적인 의미를 지니고 있다. 사회복지가 지향하는 인간의 존엄성에 관한 가치와 행정이 지향하는 능률이라는 가치가 함께 조화를 이루면서 존재하고 있는 것이다.

❶ 사회복지에서 도출되는 가치들

가치지향적 개념으로써 사회복지와 관련된 가치로는 인간의 존엄성이다. 또한 이를 구현하기 위한 전제적 이념들로는 자유, 평등, 민주, 사회적 형평 등을 들 수 있다.

첫째, 인간의 존엄성 가치이다. 사회구성원 모두가 인간다운 대우를 받을 수 있는 일정 수준 이상의 생활을 영위하여야 한다. 따라서 누구든 기본적 욕구가 충족되지 못하거나 그럴 가능성이 있는 경우, 이를 사회 또는 국가가 원조하여 인간의 존엄성을 지켜주어야 한다.

둘째, 자유freedom의 이념이다. 자유란 자신의 생활을 스스로 결정할 수 있는 권리적극적 자유와 선택을 함에 있어서 다른 사람의 간섭을 받지 아니하는 것소극적 자유을 의미한다. 이러한 자유를 누릴 때 필연적으로 충돌, 즉 갈등이 수반되기 때문에 자유에는 반드시 그에 상응한 책임이 수반된다. 자유의 이념은 클라이언트의 의견을 존중하고, 스스로 결정할 수 있도록 도와주어야 한다는 '개별화의 원리'와 '자기결정의 원리'라는 하위이념으로 구체화된다.

셋째, 평등equality의 이념이다. 사람의 능력은 각기 다르지만, 인간으로서의 가치나 존엄성은 모든 사람에게 절대적으로 동등하다. 사회복지행정은 상대적 빈곤감이나 박탈감의 차원을 넘어선 불평등의 실제를 시정함으로써 실질적인 평등을 보장한다. 한편, 평등은 분배의 정의를 결정한다. 분배의 정의는 모든 사람에게 동일하게 자원을 배분하거나산술적 평등, 능력에 따라 유사한 조건의 사람에게 동일하게 자원을 배분하는 것을 말한다비례적 평등.

넷째, 민주democracy의 이념이다. 사회복지행정에 있어서 주체 및 대상은 전체 국민이어야 한다는 것이다. 사회복지행정의 과정은 민주적이어야 하고, 국민의 의사를 존중, 반영시켜야 하며, 국민에게 책임을 져야 한다. 그러기 위해서는 대외적으로 행정을 공개하고, 참여를 보장하며, 국민에 의한 통제가 가능한 행정이어야 하며 부적절한 처우에 대해 구제제도가 확립되어야 한다. 동시에 대내적으로는 권력이 분권화되고, 견제와 균형이 가능하며, 국민에 대한 봉사자로서의 공무원 윤리가 확립되어 있어야 한다.

다섯째, 사회적 형평social equity의 이념이다. 사회복지행정서비스는 국민 모두에게 고르게 제공되어야 한다. 즉, 동일한 욕구를 가진 클라이언트는 동일한 서비스를 받아야 한다는 것이다. 그러나 현대 행정에서는 절대적인 형평이 아닌 상대적인 형평, 즉 사회적 형평의 개념을 받아들인다. 행정이 불리한 입장에 있는 자들의 이익을 적극적으로 대변하고 옹호하여야 한다는 것이다. 행정은 국민의 욕구와 기준으로 국민에 대한 대응성을 확보한다Chitwood, 1974 : 33–34.

❷ 행정으로부터 도출되는 가치들

수단지향적 개념인 행정에서 도출되는 가치로는 능률성, 효과성, 그리고 접근성을 들 수 있다.

첫째, 능률성efficiency의 이념이다. 효율성이라고도 하는 능률성이란 투입과 산출 사이의 합리적인 비율을 말하는 것으로, 최소의 자원으로 최대의 효과를 나타내는 이념이다. 사회복지에서 자원의 유한성을 전제로 이용 가능한 자원을 최대한으로 이용하는 것을 의미한다.

둘째, 효과성effectiveness의 이념이다. 효과성이란 사회복지조직의 서비스나 프로그램이 클라이언트의 욕구와 문제해결에 얼마나 기여하였는지를 말한다. 다시 말해 행정업무의 목표달성 정도를 일컫는다. 흔히 목표달성이란 산출된 서비스의 질 혹은 서비스제공의 시기 적절성 등을 들 수 있다.

셋째, 접근성accessibility의 이념이다. 접근성은 클라이언트가 사회적 서비스를 쉽게 이용할 수 있는 정도를 말하는 것으로 편익성convenience이라고도 한다. 사회복지행정의 접근성은 시설이나 설비가 충분히 제공되고 적절한 장소에서 원하는 시간대에 사용할 수 있는가에 대한 물리적 접근, 모든 잠재적 사용자 누구나 복지프로그램을 쉽게 조작할 수 있도록 설계되어 있는가 하는 하드웨어 및 소프트웨어 조작의 적합성, 클라이언트들에게 낙인을 찍지 않고 편안한 마음에서 서비스를 향유할 수 있는가에 대한 심리적 거리의 단축이라는 세 가지 차원으로 구분할 수 있다.

2) 사회복지행정의 구조론

사회복지행정의 구조론은 조직에 관한 논의이다. 조직 자체의 의미와 성격, 조직의 존립 근거가 되는 목표, 조직의 구성과 그를 둘러싼 환경 등이 구조론의 내용에 포함되어질 수 있다.

(1) 조직이론 유형

사회복지행정의 모든 활동은 조직을 통해 수행되어진다. 조직은 그것이 사용되는 상황이나 바라보는 관점에 따라 다양하게 정의되고 있다. 대체로 조직이란 구성원들이 공통된 일정한 목표를 갖고 이를 달성하기 위해 의식적의도적으로 구성된 인간 집합체를 말한다. 즉, 체계화된 구조에 따라 구성원들이 활동하며, 조직 경계 안에서 외부환경에 적응하는 인간들의 사회적 유기체(집단)라고 할 수 있다(Daft, 1992 : 7-8).

이들 조직을 둘러싼 현상들과 그에 연관된 요인들의 상호관계를 기술하고, 설명하며, 처방하는 것이 조직이론이다. 조직이론은 그동안 수많은 학자들에 의해 제시되고 있다. Scott는 다양한 조직이론이 크게 다음 네 가지의 관점으로 수렴될 수 있다고 보았다.

〈표 7-1〉 조직이론의 관점에 따른 분류

구분(관점)	특성	주요 이론
합리체계의 관점	조직목표의 구체성 및 공식화를 강조	관료제론, 과학적 관리론
자연체계의 관점	조직의 인간적, 비공식적 측면을 강조	인간관계론, (신)제도이론
개방체계의 관점	환경과 조직과의 관계를 강조	체제이론, 상황이론
통합적 관점	상기 조직이론 관점들의 통합 강조	구조모형, 학습조직이론

❶ 합리체계의 관점

합리체계적 관점은 조직목표의 구체성 및 공식화를 강조하고 개인의 목표와 조직의 목표가 일치된다고 본다. 조직이 합리적인 체계에 근거하여 기계와 같이 설계되면 효율성과 효과성을 높일 수 있다고 이론화한다. 이는 환경과의 연계성을 고려하지 않는 폐쇄이론으로, 초기의 조직이론 형태라고 할 수 있다. 관료제론과 과학적 관리론이 대표적이다.

이 이론은 대체로 구성원들의 교육수준이 낮으며, 조직 내에서의 제한된 경쟁이 이루어지는 안정되고 예측 가능성이 높은 조직에서 적실성이 높다고 할 수 있다. 이는 대량생산이 이루어지던 초기 산업사회의 미분화된 조직에 적합한 이론이다.

❷ 자연체계의 관점

자연체계의 관점은 합리체계가 갖는 기계적 조직이론을 비판한다. 조직에서 인간의 중요성을 강조하여 조직을 하나의 유기체, 즉 살아있는 생명체와 같이 간주한다. 따라서 조직의 공식적인 면과 더불어 비공식적인 면도 중시된다.

조직관리에 있어 구성원들의 판단이나 주장을 배제하는 가치중립적인 태도를 지양하며 구성원들의 능력 신장을 강조하며, 환경의 중요성을 인지하기 시작한다. 그러나 합리체계이론과 마찬가지로 조직에서 구성원 개인의 욕구가 충족되면 그는 조직의 목표를 위해 일할 것이라고 가정한다. 대표적으로 인간관계론과 (신)제도이론 등이 있다.

❸ 개방체계의 관점

개방체계적 관점에서 보면, 조직이란 외부 환경과 절연된 상태로 존재하는 것이 아니라 환경과의 유기적인 연관 속에서 생성, 발전, 쇠락한다는 인식을 갖는다. 개방체계는 조직요소들의 단순한 집합체로 보기보다는 투입과 전환, 산출, 환류라는 일종의 기능구조를 구축하는 지속적인 과정들로 이해한다. 또한 조직을 유기체로 인식함으로써 외부환경과의 끊임없는 교환과정을 통해 조직의 생명력이 유지되는 것으로 인식한다. 대표적으로 체계이론과 상황이론 등을 들 수 있다.

❹ 통합적 관점

통합적 관점이란 조직에 대한 합리체계의 관점과 자연체계의 관점, 그리고 개방체계의 관점을 종합적으로 통합한 것이다. 합리체계가 인간을 기계적 수단으로 간주하고 환경과의 관계를 간과하고 있다는 점 그리고 인간관계적 접근이 조직에 대한 완전한 시각을 제공해 주지 못하고 부분적인 면만을 부각하고 있다는 점을 극복하려 한다. 따라서 조직은 환경과 끊임없이 상호작용을 하며, 관리자의 시각이 아닌 구성원들의 시각에서 보고자 한다. 또한 조직과 개인의 목표가 일치하지 않을 수도 있다고 본다. 대표적인 이론으로는 구조주의이론과 학습조직이론이 있다.

(2) 조직목표

조직이란 일정한 목표를 달성하기 위하여 구성원들이 의도적으로 구성한 집합체이다. 따라서 목표는 조직의 존립의 이유 내지 근거가 되며, 이를 통해 목표는 조직활동에 정당성을 부여하고, 활동의 지침이 되기도 하며 활동결과의 효과성을 측정, 평가하는 기준이 되기도 한다.

사회복지행정에 있어서 조직목표가 갖는 특성은 다음과 같다. 첫째, 조직목표는 끊임없이 변화한다. 시대적 관심사와 대중의 인식 변화에 따라, 클라이언트의 욕구 변화 혹은 사회경제적 여건의 변화에 따라 조직목표도 이에 맞춰 역동적으로 변화하여야 한다는 것이다.

둘째, 조직목표와 개인목표와의 관계이다. 조직구성원 개인의 목표와 조직의 목표가 상이할 때, 구성원들은 조직에 헌신하지 않을 뿐 아니라 갈등을 경험한다. 따라서 이들을 어떻게 조화시키느냐는 조직관리의 중요한 관심사항으로 다루어지고 있다.

셋째, 조직에 있어서 목표와 수단의 관계이다. 조직목표는 상위의 목표와 하위의 목표로 계층구조를 이루고 있다. 조직목표의 계층구조에서 하위목표는 상위목표를 달성하기 위한 수단이 된다. 그 하위목표는 또 다른 차하위목표를 가지며 종국적으로 세부목표라는 수단을 통하여 구체적인 산출을 생성한다Macmillan, 1974.

넷째, 조직목표의 설정은 사회복지행정의 가치와 이념들을 달성하는 과정이 된다. 이러한 점에서 조직목표는 사회복지에서 도출되는 목표와 행정에서 도출되는 목표로 구분될 수 있다. 전자로는 인간존엄성의 확보라는 궁극적 목표를 갖는다. 국민 모두가 건강하고 문화적인 삶을 살 수 있도록 국가는 보유한 자원을 동원하고 활용하여야 한다는 것이다. 후자는 전자의 목표 달성을 수행하는 과정에서 자원의 낭비 없이 누구나 쉽게 그리고 만족스럽게 서비스를 이용할 수 있어야 한다는 것이다.

(3) 조직구조

조직구조란 조직의 기능과 권한, 책임 등이 어떻게 배분되고 조정되는가를 결정짓는 것이다. 이는 흔히 조직표chart라는 형태로 표현된다. 조직구조를 이해하려면 그 조직이 얼마나 복잡한 구조를 가지고 있는가, 권력은 얼마나 집중되어 있는가, 의사결정의 과정이 얼마나 공식화되어 있는가 등으로 판난하게 된나.

첫째, 복잡성의 정도이다. 복잡성은 수평적 분화인 분업과 수직적 분화인 직위로 구분할 수 있다. 분업은 특정한 업무를 수행하기 위해 기능을 분담하는 것으로 분업의 정도는 역할과 전문화의 정도로 나타난다. 직위란 업무의 난이도와 책임도의 정도에 따른 계층구조의 수를 말한다. 대체로 업무의 수와 직위의 수가 많을수록 세분화가 이루어지고 조직은 복잡한 구조를 갖는다.

둘째, 집권성의 정도이다. 집권성은 권력배분의 집중 정도를 말한다. 즉, 수직적 위계의 엄격성으로써 명령계통, 권한의 위임, 명령의 통일성을 의미한다. 조직에는 의사결정이 상부로부터 하부로 연결되는 서열적 체계로 이루어진 명령계통이 있다. 한편, 정당성이 승인된 권력이라 할 수 있는 권한을 기반으로, 수직적 상명하복의 공식관계가 형성되어 상급자들은 하급자들의 행동을 지휘하며 자원을 할당하는 등의 의사결정을 하게 된다.

셋째, 공식성의 정도이다. 공식성이란 직무가 얼마나 표준화, 정형화 되어 있는가를 말한다. 이는 행정업무의 수행에 있어서 신뢰성과 일관성을 높이기 위한 중요한 기준이 된다. 이를 위해 규칙이나 절차 등을 구체화하여 담당자들의 재량적인 행동을 축소시키거나 의사결정 과정들을 일상화시키게 된다. 공식성은 각 업무에 대한 역할을 명확히 제시하여 혼란을 방지하고 권한의 임의적 사용을 억제하지만, 경직성을 증가시켜 창의력과 주도력을 저해하는 한계가 있다.

이처럼 조직구조는 여러 요인에 의해 결정된다. 조직구조를 결정짓는 변수들을 상황변수라 하며, 이러한 상황변수로는 대체로 규모, 기술, 환경, 권력관계 등을 들 수 있다. 규모란 조직구성원의 수나 물적인 수용 능력을 말하고, 기술이란 투입을 산출로 변환시키는 방법을 말하며, 환경이란 조직 경계의 밖에 있는 일체의 요소들을 말하고, 권력관계란 조직 내 · 외부의 이해관계자들 간에 형성되는 힘의 관계를 말한다.

조직구조에 있어서 전통적인 구조로 계층구조hierarchy structure가 있다. 엄격한 분업과 공식적인 법령에 의한 명령계통을 갖춘 피라미드 모형의 구조를 계층구조라 한다. 이러한 계층구조는 산업화 초기의 정적인 환경의 대규모 조직에는 적합하였으나, 협조와 조정, 신속한 의사결정이 어려워 급변하는 환경에 처해있는 현대조직에는 적합하지 못하다는 비판을 받아왔다. 이에 대한 대안적 구조로 행렬조직과 사업부제조직, 네트워크조직, 수평조직 등의 형태가 제시되고 있다.

(4) 조직환경

사회복지행정은 진공상태에서 존재하는 것은 아니다. 그것이 놓여있는 환경과 밀접히 연관되어 있다. 이들 환경은 사회복지행정이 해결해야 할 문제를 생성시킬 뿐만 아니라 그 문제해결을 위한 수단들을 제공해 주는 원천이 되기도 한다. 반면에 사회복지행정 자체가 환경의 변화를 목표로 하고 있다고 할 수 있다. 환경과의 관계 속에서 사회복지행정은 추구할 이념을 확정하지만 이는 시대와 장소에 따라 강조점이 변화되는 특성을 보인다.

사회복지행정에 있어서 환경은 여러 차원으로 나누어진다. 거시적인 환경으로는 사회복지조직을 둘러싸고 있는 일반 환경으로써 정치와 경제, 사회환경을 지적할 수 있다. 반면에, 미시적인 환경으로는 조직이 업무활동을 통해 직접 관련을 맺고 있는 업무환경으로써 재정, 서비스, 클라이언트, 제도 등과 관련한 이해당사자들이 여기에 해당한다김영종, 2005 : 98–99.

❶ 일반 환경

일반 환경이란 조직을 둘러싼 정치적, 경제적, 사회적, 문화적 조건들을 의미한다. 이들은 비록 간접적으로 조직의 행정업무와 관련을 갖지만 그 영향력의 크기와 지속성은 결코 무시할 수 없다.

첫째, 정치적 환경이다. 사회복지행정은 당시의 정치적 상황이 무엇을 요구하고 있는지에 따라 크게 차이가 난다이종수 외, 1999 : 29. 여기서 정치적 상황이란 정치적 특성이나 정부 및 관료 구조뿐만 아니라 정치적 지지 등을 포함한다. 민주화의 정도, 행정부와 입법부의 관계, 중앙-지방 및 정부부처 간 관계, 관료들의 전문성 등이 중요한 변수가 된다.

둘째, 경제적 환경이다. 국가의 경제적 수준이나 경제규모는 사회복지정책이나 행정의 규모나 기능, 서비스의 질을 결정하게 된다. 경제적 풍요는 사회복지행정이 활용할 자원을 제공하기도 하지만, 그로 인한 새로운 사회문제를 초래하기도 한다. 한편 국가가 채택하고 있는 경제체제의 성격 즉, 자본주의의 발전 정도, 사회주의의 발전 정도에 따라서 행정의 역할과 성격이 달라진다.

셋째, 사회적 환경이다. 사회구조는 개인의 행동을 구속할 뿐만 아니라 행정이라는 집단적 행위의 범위를 결정하는 요인이다. 특정한 사회가 처한 구조적인 문제들, 예컨대 그 사회의 사회인구학적인 조건, 도시화 및 산업화의 정도 등은 사회복지행정에 중요한 영향을 미친다. 또한 사회의 가족구성이나 가부장적 문화에 따라 사회복지행정의 방향이 달라지기도 한다.

❷ 업무환경

조직 외부에 있는 모든 요소가 환경을 구성할 수 있지만, 더욱 분석적인 목적을 위해서는 사회복지조직과 직접적인 거래관계가 있는 일련의 조직과 집단들을 구분해 낼 필요가 있다. 조직의 일상적인 업무활동과 관련하여 볼 때 환경의 특정한 주체들은 조직에 특별히 영향을 미치고 힘을 갖는다. 이처럼 조직과 긴밀한 직접적인 관계를 형성하는 집단들을 앞에서 설명한 일반 환경과 구분하여 업무환경task environment이라 한다이종수 외, 1999 : 384. 이 업무환경이 중요한 것은 그 관계 속에서 조직의 존립 토대인 조직영역이 형성된다는 것이다. 다시 말해 사회복지조직이 어느 인구집단을 대상으로, 어떤 욕구를 문제시하여, 어떤 서비스를 제공하려고 하는가를 결정하게 된다는 것이다.

이 같은 업무환경을 Hansenfeld는 다음과 같이 여섯 가지 형태로 구분하고 있다Hansenfeld, 1983 : 469-483.

① 재정자원의 공급자
② 클라이언트 제공자
③ 서비스 수급자 내지 소비자
④ 보완적 서비스의 제공자
⑤ 합법성 및 권위의 제공자
⑥ 경쟁적 서비스조직

3) 사회복지행정의 관리론

사회복지행정의 기본적인 관리과정은 일반적으로 기획, 조직, 인사, 지시, 조정, 보고, 재정 및 평가POSDCoRBE로 이루어진다장인협 외, 2003 : 149. 여기서는 이러한 관리과정 중에서 대표적이라 할 수 있는 인사관리와 재정관리, 그리고 조직관리전달체계, 서비스관리, 그리고 평가에 대하여 살펴본다.

(1) 인사관리

인사관리란 사회복지조직의 목적을 달성하기 위하여 인적자원을 최대한 활용하는 제반 관리활동이다. 다시 말해 우수한 인력을 채용하고, 이들이 업무를 수행함에 있어서 능력을 최대한 발휘할 수 있도록 다양한 장치를 마련하고 관리하는 일련의 과정이다. 이러한 인사관리의 주요 과정은 모집, 채용, 승진 및 전보, 능력개발, 평가 등이 포함된다. 인사관리활동은 사회서비스 프로그램의 효과성과 생산성을 증대시키고, 궁극적으로는 클라이언트의 복지증진에 이바지하게 된다.

조직에서 인력의 중요성이 강조되면서 인사관리의 기본철학도 바뀌게 되었다. 종래 전통적인 인사관리는 인적 자원을 생산의 한 요소로 간주하여 생산비용으로 인식하였으며, 직원들을 불신하여 관리의 대상으로 보고 상의하달식 명령을 기반으로 조직을 운용하였다. 그러나 현대의 새로운 인사관리는 인적자원을 수단이 아닌 조직의 자산으로 인식하며 우수 직원들의 유치와 능력개발에 적극적인 태도를 가지며, 직원들에 대해서도 신뢰를 바탕으로 자율적 판단에 따른 업무배분과 참여를 강조하고 개방형 인사제도를 일반화시키고 있다.

인사관리의 일반적 과정은 인력계획→채용→능력개발→평가→보상으로 이루어진다.

첫째, 인력계획의 수립이다. 인력계획은 직원 충원에 대한 전반적인 계획을 말하는 것으로 언제, 어떤 경력과 학력을 소지한 사람들을 어느 부문에서 어느 정도를 필요로 하는지에 대한 전반적인 계획을 말한다. 인력계획에는 문서화된 직무관련 규정을 기반으로 수립하는데, 그러한 규정으로는 모든 직무에 대한 책임과 업무내용을 종합적으로 분류하는 직무분석표, 특정한 직무 및 직위에 부가된 임무와 책임을 구체적으로 기록하는 직무기술서, 그리고 특정 직무를 수행하는 데 요구되는 최소한의 자격요건을 기술한 직무명세서 등이 있다.

둘째, 채용과정이다. 채용과정에는 모집과 선발 및 임용과정이 포함된다. 모집은 선발을 전제로 신규채용 희망자에게 자격요건이나 처우 등 채용에 관한 정보를 제공하여 좀 더 유능한 인력이 지원하도록 유도하는 과정이다. 선발은 모집을 통해 지원한 자 중에서 기관이 필요로 하는 자질과 능력을 갖춘, 즉 직무명세서에 가장 적합한 지원자를 선별하는 과정이다. 선발에서는 직무수행 능력을 정확히 판단하기 위해 각종 서류검토와 필기 혹은 실기시험, 면접 등 다양한 선별장치들이 동원된다. 최종적으로 선발자가 정해지면 임용과정이 진행된다. 임용은 업무의 성격이나 인사정책 등의 정보를 제공하고 합격 여부를 통보하고 임용후보자 명부에 등록한다. 더불어 시설의 장은 임용후보자의 동의를 받아 적격성 확인을 하고, 적격하다면 신규채용일 이전에 초임봉호봉을 획정하고 근로계약을 체결하고 근무를 시작하게 한다. 필요한 경우에는 일정 기간 시보로 임용하여 검증의 과정을 거치고, 최종적으로 보직을 부여하면 임용과정은 종료된다.

셋째, 능력개발의 과정이다. 능력개발은 주로 교육훈련의 과정이며, 전보 및 승진도 이에 해당한다. 교육훈련은 직무 수행상의 필요한 지식과 기술을 습득시키고 그들의 가치관과 태도를 발전적으로 향상시키고자 하는 인사과정이다. 교육훈련은 그 대상자에 따라 신규채용, 재직자, 관리자 교육훈련으로 분류할 수 있다. 교육훈련의 효과를 높이기 위해 다양한 방식을 활용할 수 있다. 대표적으로 강의, 회의, 토론, 사례연구, 시찰, 현장훈련OJT, 직원교환 프로그램 등이 활용된다. 한편 전보는 다른 업무로의 수평적인 전환을 말하고, 승진은 보다 높은 난이도와 책임을 갖는 업무로의 수직적인 이동을 의미한다. 이들 전보와 승진은 새로운 경험을 부여하고 조직 전체적인 이해를 제고한다는 점에서 능력개발의 중요한 부분이 된다.

넷째, 평가과정이다. 평가는 직무성과 평가가 중심이 되며, 이는 조직이나 프로그램의 목표 성취에 대한 기여도를 평가하는 것이다. 이러한 평가과정을 통해 직원들의 노력이나 기여도를 조직이 인정하고 보상하며, 나아가 평가결과의 환류를 통해 조직이 요구하는 직무수행의 방향이나 방법을 인지하고 수정할 수 있는 기회를 갖게 된다. 평가의 성공 여부는 공정성과 객관성이다. 이를 위해 직무성과를 과학적으로 측정 · 분석하려는 노력들이 다양하게 제시되고 있다. 구체적으로는 업무에 필요한 기준들을 제시하고 이를 객관적으로 지표화하여 측정하는 직원의 업무수행력 평가와 직원들의 주관적인 측정에 의존하는 직무만족도 평가 등이 있다.

다섯째, 보상의 과정이다. 보상은 직무성과 평가를 통해 나타난 직원들의 기여도에 상응하여 봉급 · 복리후생 등의 금전적 및 비금전적 혜택을 제공하는 것을 말한다. 보상은 직접적인 봉급과 임금, 간접적인 복리후생으로 구성된다. 보상에는 어느 정도를 보상하느냐 하는 보상의 수준이 중요하다. 기본적으로 다른 유사한 성격의 조직들에서 제공하는 보상수준을 고려하는 대외적 비교와 조직 내에서 기여에 따른 공정성을 확보하는 대내적 상대성에 따라 보상수준이 결정된다. 그밖에도 생계비의 수준, 조직의 지불능력, 인사정책적인 고려 등을 검토하여 보상수준을 결정한다.

(2) 재정관리

재정관리란 사회복지재정을 체계적으로 관리하는 행정과정이다. 조직의 목표달성을 위해 필요한 재정자원을 합리적이고 계획적으로 동원하고, 배분하며, 효율적으로 사용, 관리하는 과정을 의미한다(최성재 · 남기민, 2005 : 226). 따라서 재정관리에는 재정의 조달, 재정배분(예산편성), 재정의 사용 및 관리(예산집행 · 결산)의 과정이 포함된다.

❶ 사회복지재정의 조달

사회복지사업에 필요한 재원을 마련하는 것을 재정조달이라 한다. 대부분의 복지국가에서는 '사회복지는 국가의 급부'라는 인식하에 국가가 그 재원을 충당하여야 하는 것으로 받아들인다. 그러나 국민의 복지수요에 비하여 국가의 재정자원이 충분한 경우는 극히 예외적이며, 현실적으로 재정자원은 항상 부족한 실정이다. 따라서 국가 재정에만 의존할 수 없고 다양한 재원조달방식을 활용하게 된다.

첫째, 정부에 의한 조달이다. 정부재원 조달은 대부분 조세에 의해 조달하게 된다. 조세는 일반세 수입에서 일부를 사회복지재정으로 활용할 수도 있고, 목적세로써 일부 선진 복지국가에서 운영하는 사회복지세를 통해 직접적으로 재원을 확보할 수도 있다. 조세에 의한 조달은 누진세와 조세감면제도를 통하여 소득재분배 효과를 올릴 수 있다는 장점이 있다. 한편 조세 이외의 세외수입으로 조달할 수도 있다. 공공의 시설이나 조직에서 사회복지서비스를 이용하는 사람들에게 응익원칙에 입각하여 비용의 일부 또는 전부를 부담토록 하여 재원으로 활용하는 경우 등이 세외수입에 해당한다.

둘째, 민간에 의한 조달이다. 민간에 의한 재원 조달은 사회복지공동모금 등의 방식에 의한 각종 성금이나 기부금 모금, 기업에 의한 기업복지기금, 복지산업에 투입되는 복지산업자금 등이 해당된다. 사회 전반적인 문화가 사회복지에 대한 인식 부족으로 민간의 성금이나 기부금이 아직 충분치 못하다. 또한 사회복지관련 산업이 유망산업으로 인식되고 있지만 수익구조상의 문제로 인해, 민간조달은 아직 초보적인 수준을 벗어나지 못하고 있다.

셋째, 혼합방식에 의한 조달이다. 민간과 공공부문이 공동으로 재원을 투입하여 사회복지사업을 수행하는 것이다. 혼합방식의 대표적인 경우 민간위탁방식으로 운영되는 것인데, 정부가 시설 등을 제공하고 민간이 인력이나 프로그램을 제공하여 운영하는 방법이다. 특히 복지국가의 위기로 말미암아 재편과정에서 민영화 내지 민간화가 강조되면서 혼합방식에 의한 재원조달 규모는 빠르게 신장하고 있다.

❷ 사회복지재정의 배분(예산편성)

조달된 사회복지재정은 예산이라는 형식으로 편성, 지출된다. 예산은 일정 기간에 걸친 조직의 살림살이 규모를 말한다. 정책을 실질적인 활동으로 연결하기 위해 재정적인 뒷받침이 되어야 하는데, 그것을 예산이라고 한다.

조직의 부서들은 그 존립의 근거가 되는 활동을 유지, 확장하기 위하여 예산의 확보에 심혈을 기울이지 않을 수 없고, 이 과정에서 예산은 조직의 의사소통의 도구가 되기도 하고 통제의 수단이 되기도 한다. 또한 본연적으로 예산은 자원할당의 근거를 평가하는 수단이 되고 관리적 기준이 된다. 이러한 기능 수행을 위하여 예산에는 원칙들이 적용되는데 기획의 원칙, 책임의 원칙, 보고의 원칙, 적절한 수단 구비의 원칙, 다원적 절차의 원칙, 신축성의 원칙, 재량의 원칙, 그리고 예산기구 간의 상호 연계 및 협조의 원칙 등이 있다.

재정배분의 과정은 예산의 편성과 심의의 과정을 포함한다. 중앙정부의 경우 예산편성은 행정부에서 수행하며 심의는 국회에서 의결한다. 지방정부는 지방자치단체장이 편성하여 지방의회의 심의 · 의결을 거친다. 반면에 민간사회복지법인의 경우는 집행부서에서 편성하여 시설운영위원회에 보고한 후 법인 이사회의 심의 · 의결로 확정된다. 이렇게 성립된 민간 법인의 예산은 매 회계연도 개시 5일 전까지 시 · 군 · 구청장에게 제출하여야 한다.

예산편성의 방식은 시대에 따라, 조직의 규모나 성격에 따라 다르다고 할 수 있다. 대체로 사회복지조직에서 사용하는 예산편성방식은 품목별 예산, 기능별 예산, 프로그램 예산, 영기준 예산 등이 있다.

품목별 예산은 다음 회계연도에 예상되는 지출의 항목들인건비, 물건비 등을 나열하여 편성하는 예산이다. 투입물에 대한 통제가 용이하고 지출내역이 명확하다. 기능별 예산은 개별 지출항목들서비스 부문별을 조직 활동들과 연결시키는 예산으로써 서비스 산출물output에 대한 투입비용의 적절성을 근거로 이루어진다. 반면 프로그램 예산은 개별 지출항목들을 비용품목별 예산과 효율성기능별 예산이 아니라 프로그램의 결과로 나타날 성과outcome에 연결시키는 예산이다. 영기준 예산ZBB은 점증주의적인 예산의 특성을 타파하기 위하여 이전까지의 할당의 근거를 무시하고 원칙적으로 영zero의 상태에서 근본적으로 검토하는 방식이다.

❸ 예산의 집행

이사회혹은 국회나 지방의회의 의결로 확정된 예산은 실제로 수입을 조달하고 경비를 지출하는 재정활동에 돌입하게 되는데, 이 과정을 예산집행이라 한다. 다시 말해 예산집행은 예산에 담겨진 계획을 실천에 옮기는 '예산의 행동단계'라고 할 수 있다.

예산집행은 조직규모에 따라 다소 차이가 있으나 정부예산의 경우, 예산배정 및 자금계획을 수립하여 승인받은 후 분기별로 예산을 배정받고 월별로 자금을 입금받게 된다. 그리고 해당 부서에서는 지출원인 행위를 수행하고 자금공급에 따라 지출이 이루어지는 과정을 거친다.

이러한 예산집행 과정에서 중요한 것은 확정된 예산의 취지에 충실히 따르는 것이다. 예산에 부합되게 집행되는지 그리고 재정적 한계를 엄수하는지를 확인하기 위하여 예산집행에는 다양한 통제기제를 두고 있다. 예산을 연초에 전액을 배정하지 않고 분기별로 할당하고, 지출은 지출원인행위와 지출행위, 지급행위를 구별하고 사전승인을 받도록 하며, 부당하거나 부적절한 자금지출을 취소 내지 연기하는 등의 제도들을 가지고 있다. 또한 예산현황에 대하여 주기적으로 보고서를 제출토록 하기도 한다

그러나 한편으로는 예산 성립 후의 여건이나 환경 변동에 적응할 수 있도록 재량성을 부여하는 등 신축성을 유지하는 장치들도 구비하고 있다이종익 · 강창구, 2000 : 226. 예산과목 간에 이용과 전용을 인정하고, 조직이나 프로그램의 폐기로 인한 이체, 당해연도에 지출하지 못하는 예산의 이월, 특정한 지출항목이 명시되지 않은 예비비 등을 허용함으로써 예산의 효율적인 사용과 조직의 안정성을 확보하고 있다.

❹ 회계검사 및 결산

예산집행이 종료되면 사회복지조직의 재정적 활동 및 그 수입 · 지출의 결과에 관해 사실을 확인하고 검증하는 과정을 거치는데, 이를 회계검사라 한다. 회계검사는 재정활동과 수지의 회계기록을 제3자가 검사하고 평가하는 과정이다.

회계검사는 내 · 외부의 경제적 의사결정을 돕는 재무회계와 내부의 행정적 의사결정을 돕는 관리회계를 구분하여 검사하게 된다. 검사결과에 대해서는 변상 판정, 시정 및 개선요구, 징계 및 해임요구, 고발 등의 방법을 통하여 처리한다.

회계검사는 결산의 전제 요건이 된다. 결산이란 당해 회계연도의 세입과 세출의 집행결과를 확정된 계수로 표시하는 행위이다. 회계검사를 통해 집행의 적법성을 확인하고 결산을 통해 이사회혹은 국회나 지방의회의 의도대로 집행이 이루어졌는지를 확인하고 검증하게 된다.

회계연도 말까지 출납을 완료하고 모든 장부를 마감한 후 수입과 지출 금액을

정리하여 결산에 임하게 된다. 법인의 대표이사 및 시설의 장은 법인회계와 시설회계의 세입 · 세출 결산보고서를 작성하여 시설운영위원회에 보고하고, 이사회의 의결을 거친 후 다음 연도 3월 말까지 시 · 군 · 구청장에게 제출하여야 한다.

(3) 조직관리

조직관리는 조직의 구조적인 측면에서의 관리활동을 지칭한다. 다양한 각도에서 접근이 가능할 것이지만, 여기서는 조직이나 프로그램의 각 단위들이 서비스 전달체계라는 구조와 과정 속에서 존재한다는 점에서, 전달체계를 중심으로 살펴본다.

❶ 사회복지 전달체계의 의의

사회복지서비스가 대상자들에게 보다 효과적이고 효율적으로 제공되기 위해서는 서비스제공 주체들의 유기적인 연계가 대단히 중요하다. 이때 사회복지 대상자를 둘러싼 서비스 제공주체들의 서비스 전달망을 사회복지 전달체계라 부른다. 다시 말해, 사회복지 급여를 공급하는 자들 간에 혹은 공급자와 소비자들 간의 조직적 연결이라 할 수 있다Gilbert & Specht, 1974 : 118. 전달체계는 구조와 기능을 기준으로 행정체계와 집행체계로 구분할 수 있고, 운영주체를 기준으로 공공 전달체계와 민간 전달체계로 구분하며, 서비스 종류를 기준으로 아동, 노인 등 대상별 전달체계로 구분할 수 있다.

일반적으로 전달체계는 정책마다 상이하게 구성되어 있는데, 예컨대 공공부조의 경우 최종적인 집행이 읍 · 면 · 동 주민센터를 통해 이루어지므로 시 · 군 · 구는 행정체계가 되고 읍 · 면 · 동은 집행체계가 된다. 그러나 사회서비스의 경우는 시 · 군 · 구가 보조금을 지원하며 민간기관을 통해 전달하는 경우가 많다. 이때 시 · 군 · 구는 행정체계가 되고, 민간기관은 집행체계가 된다.

효과적인 사회복지 전달체계를 구축하고 운영하기 위해서는 그것이 갖추어야 할 조건들을 설정하는 것이 필요하다. 이를 전달체계 구축과 운영의 원칙이라 부른다. 서비스가 전문가에 의해서 제공되는지전문성, 서비스 수급자들에 대해 책임을 지고 있는지책임성, 서비스를 누구나 쉽게 이용할 수 있는지접근성, 서비스가 필요로 한만큼 충분한 양과 질이 제공되는지적절성 혹은 충분성, 욕구들을 빠짐없이 충족시키고 있는지포괄성, 서비스들이 지속적으로 제공되는지지속성 등을 고려하여 구축 · 운영되어야 한다는 것이다.

❷ 한국 사회복지 전달체계의 현황

한국에서 사회복지 전달체계가 제대로 모습을 갖추기 시작한 것은 1980년대 중반 이후이다. 사회복지전담공무원제가 도입되고 각 지역별로 사회복지관이 설립되는 동시에 「국민기초생활 보장법」의 제정에 따른 자활체계의 구축, 그리고 지역복지협의체의 신설 등이 이루어진 것이다.

공공 전달체계는 중앙정부와 지방정부로 연결되어 일선 공무원들을 통해 사회복지 대상자들에게 서비스가 전달되는 경로이다. 집행조직 측면에서 사회복지 전담기관인 보건복지부는 별도의 서비스 전달체계를 가지지 않고 시 · 군 · 구 및 읍 · 면 · 동의 지방자치단체의 조직을 활용하고 있다. 반면에 본연의 업무와 더불어 사회복지업무를 병행하고 있는 교육부, 고용노동부, 국가보훈부 등은 자체의 특별행정기관을 통하여 대부분의 사회복지업무를 수행하고 있다.

이러한 공공의 전달체계는 필요에 따라 단편적으로 도입, 확대되어 왔기 때문에 전체 관련제도 간의 연계가 부족하고 체계적이지 못하다는 지적이 있다. 동일한 수급자에게 중복 지원되거나 누락되는 등 급여의 효율성이 떨어지고, 일방적으로 전달되기 때문에 다양한 지역주민들의 복지욕구에 탄력적으로 대응하기 어려운 문제점이 지적되고 있다이성기 · 김성희, 1995 : 40–43.

정부에서는 사회복지서비스 업무 중 상당부분을 민간에 위탁하고 있다. 지역사회복지관이 대표적이라고 할 수 있다. 지역사회복지관은 대상자들에게 보호서비스의 제공, 자립능력 배양을 위한 교육훈련의 기회제공 등 그들이 필요로 하는 복지서비스를 제공하고, 가정기능의 강화 및 주민 상호 간 연대감 조성을 통한 각종 지역사회 문제를 예방 · 치료하는 매체로서 주민의 복지증진을 위한 종합복지센터의 역할을 수행한다.

사회복지 전달체계를 언급함에 있어서 빈번하게 지적되는 것으로, 조직이나 프로그램들이 갖고 있는 능력이나 자원을 충분히 활용하고 있느냐의 문제이다. 그동안 이 문제의 해결을 위하여 보건복지사무소시범사업 1995.7~1999.12, 지역사회복지협의체「사회복지사업법」 제7조, 사회복지사무소시범사업 2004.7~2006.6 등의 시도가 있었지만 뚜렷한 성과 없이 끝나고 말았다. 결국 전달체계 개편의 핵심은 서비스 통합의 문제로써 대상자들의 욕구를 보다 종합적으로 다루기 위해 둘 이상의 서비스 공급자를 효과적으로 연결하는 일이다. 현재 서비스 통합의 방법들로 종합서비스센터의 구축, 전담 공동창구로서 단일화된 인테이크intake 개발, 클라이언트 교환이나 서비스 연결을 위한 종합정보 및 의뢰I&R 시스템 강화, 개별서비스들을 욕구에 맞게 연결 · 관리하는 사례관리, 클라이언트의 행적을 관리하는 트래킹tracking 등이 제시되고 있다.

(4) 서비스관리

사회복지조직의 서비스는 과거 일방적으로 제공되던 시혜적 서비스를 넘어서 보편적 복지와 이용자의 선택권을 보장하는 서비스로 전환됨에 따라 체계적인 관리가 요구되고 있다. 그러나 이러한 서비스는 일반재화와는 달리, 사전에 생산될 수 없고, 표준화하기 어려우며, 서비스 성과물이 공급자나 이용자의 관점에 따라 달리 평가되는 특성으로 인하여 관리의 어려움이 따른다.경기복지재단, 2013: 19.

또한 사회복지조직의 서비스는 '사회적'인 측면과 '서비스적'인 측면이 동시에 고려되어야 한다. 서비스 생산과 소비가 동시에 이루어지기 때문에 서비스 제공자와 이용자의 상호작용을 고려하고 시장적 특성이 아닌 제공인력, 제공기관, 제공과정 등 전반에 대한 고려가 있어야 한다. 또한 서비스가 시장화 전략에 따라 움직이기 때문에 투입대비 산출 수준도 고려하지 않을 수 없다.

현재 사회복지조직에서 서비스관리는 대체로 다음 7가지 유형으로 이루어지고 있다.경기복지재단, 2013: 21-24.

① 등록제를 통한 진입관리

서비스제공의 적격성 판단이라는 진입관리를 통해 서비스의 질을 관리한다. 지방자치단체는 특정조건의 충족 여부가 확인된 서비스 제공기관에만 서비스 제공을 허가하고 있다.

② 사업지침(안내) 및 기준정보 제공

보건복지부 등은 사업별로 지침 및 기준정보를 제시해 제공기관들이 서비스제공 시 기준으로 삼을 수 있도록 가이드라인을 제공한다.

③ 교육훈련

서비스 제공기관이나 제공인력 등을 대상으로 서비스 생산과 제공에 대한 교육훈련을 실시하고 있다.

④ 운영메뉴얼 제공

지역별, 기관별 서비스 질의 편차를 줄이고 이용자 보호를 위한 가이드라인을 제시하기 위해 서비스 표준운영메뉴얼을 보급하고 있다.

⑤ 현장점검 및 지도

서비스 제공현장의 투명성을 제고하고 내실을 기하며, 향후 정책수립과 집행에 반영하기 위해 지방자치단체는 정기 및 수시로 서비스 기준 준수상황을 점검한다.

⑥ 품질평가

사회서비스를 제공하는 기관에 대해 3년마다 정기적인 평가를 실시하는데, 평가지표의 중요한 부분이 서비스 품질과 관련된다. 평가결과는 공개되며 결과에 따른 인센티브가 주어진다.

⑦ 모니터링

서비스 제공기관은 주기적으로 이용자 모니터링과 만족도조사를 실시하고, 그 결과를 공표하여 향후 서비스계획 수립에 반영하도록 하고 있다.

이상의 다양한 서비스관리제도를 시행하고 있으나 현실적으로 이들이 체계적, 유기적으로 운영되지 못하고 있다는 비판이 제기되고 있다. 형식적인 서비스관리를 넘어서 이용자 중심의 실효성 있는 서비스관리가 요청되는 것이다.

(5) 평가

사회복지기관이나 시설은 지역사회 주민의 욕구에 부합하는 프로그램 개발과 서비스의 제공이라는 사명을 사회로부터 위임받아 전문적인 서비스를 제공한다. 따라서 사업에는 책임성 검증과 전문성 제고를 위한 노력이 반드시 수반되어야 하고, 이러한 노력들은 사회복지평가를 통해 확인할 수 있다이중섭 외, 2012. 평가를 통하여 운영의 투명성과 서비스 질 향상을 도모하고, 단기적으로는 시설 간의 경쟁을 유도하고 운영을 합리화하며, 국가 지원 수준에 대한 과학적인 근거를 제공하고자 하는 데 평가의 목적을 둔다.

사회복지시설 평가는 「사회복지사업법」에 근거하여 1999년부터 실시하고 있다. 이에 따르면, 평가는 3년에 1회 이상 실시하여야 하며, 법에 의해 운영되는 모든 사회복지시설이 평가대상이 된다. 또한 평가는 보건복지부가 평가의 책임 주체가 되며, 평가지표 개발업무는 사회복지시설평가단을 구성하여 담당하고 있고, 현장평가업무는 학계, 현장, 공무원으로 구성된 평가위원들에 의해 수행된다.

현재 사용 중인 평가지표는 시기별로 다소 차이가 있지만, 「사회복지사업법 시행규칙」 제27조시설의 서비스 최저기준에 의해 다음을 기준으로 삼고 있다.

〈표 7-2〉 사회복지평가를 위한 서비스 최저기준

• 시설이용자의 인권 • 시설의 환경 • 시설의 운영 • 시설의 안전관리 • 시설의 인력관리 • 지역사회 연계 • 서비스의 과정 및 결과 • 그 밖에 서비스 최저기준 유지에 필요한 사항

출처 : 「사회복지사업법 시행규칙」 제27조(시설의 서비스 최저기준).

2. 사회복지조사

1) 사회복지조사의 의의

(1) 사회복지조사의 개념

사회복지조사란 과학적인 방법을 통하여 사회복지 현상에 관한 질문에 해답을 구하는 것이다. 여기서 과학적 방법은 연구대상을 체계적으로 관찰하고 분석하며,

해석하는 일련의 절차를 말한다Coser, 1982 : 19–21.

사회복지조사는 사회복지의 한 방법으로서, 조사를 통하여 수집되고 분석된 정보 혹은 지식을 제공하여 사회복지정책이나 서비스를 결정하는 주요한 원천이 된다. 따라서 사회복지조사는 사회복지실천 현장에서의 다양한 요구들을 체계화하여 사회복지정책이나 행정 등을 구조화하는, 하나의 연결고리로서의 역할을 갖는다. 다른 한편으로 사회복지조사는 사회복지실천 현장에서의 활동들을 평가하는 역할을 갖기도 한다. 체계적인 평가를 통해 사업의 우선순위를 결정하거나 사업의 확장 내지 종료를 판단하는 기초자료를 산출하는 것이다.

사회복지에서 과학적인 조사방법을 적용하는 것은 다음과 같은 목적을 갖는다. 첫째, 과학적 방법은 사회복지 실천을 위한 지식을 제공해 준다. 둘째, 과학적 방법은 사회현상의 원인과 결과 간의 규칙성을 일반화한다. 셋째, 과학적 방법은 현상을 둘러싼 변수 간의 관계를 기술하고 설명해 준다. 넷째, 과학적 방법은 기존에 구축된 이론을 바탕으로 현상을 예측하고 통제할 수 있게 해 준다.

(2) 사회복지조사의 성격

사회복지조사는 사회복지와 관련된 현상에 대한 경험적이고 객관적인 지식을 체계적으로 산출하는 과정이다. 이에는 구체적으로 다음과 같은 성격이 내포되어 있다.

① 사회복지조사는 응용조사와 순수조사의 양면성을 갖는다. 현장에서의 기초자료를 수집하고 분석함으로써 이론을 개발하고 나아가 정책을 위한 대안을 제시한다.

② 사회복지조사는 사회 개량적 특성을 갖는다. 사회의 모순이나 병리를 해명하여 사회개혁이나 사회개량을 시도하고자 한다.

③ 사회복지조사는 계획적 특성을 갖는다. 개인과 가족의 생애와 생활 상황 등을 파악하여 원조를 위한 체계적인 계획수립을 도모한다.

④ 사회복지조사는 평가적 특성을 갖는다. 사업 목적의 달성 정도를 측정하여 문제해결의 정도를 판단하고, 그에 따르는 책임성을 확보한다.

⑤ 사회복지조사는 과학적 특성을 갖는다. 개개의 사회적 요구에 따라 수행되는 사

회복지사업을 체계화하여 계획이나 집행의 과학화에 기여한다.

2) 사회복지조사방법

사회복지조사의 목적에 따라 조사의 종류는 달라지며, 이에 따라 필요한 자료의 성격과 자료수집 방법, 분석방법 등 내용도 달라지게 된다. 따라서 연구문제의 성격에 따라 조사 분석의 목적을 명확히 하고 이에 합당한 조사방법을 선택하여야만 효과적인 조사를 실시할 수가 있다.

일반적으로 채택할 수 있는 조사방법의 유형은 다음 〈표 7-3〉과 같다.

〈표 7-3〉 사회복지조사의 방법들

기준	조사장법
자료획득 방벙	양적 조사방법
	질적 조사방법
조사목적	탐색적 조사
	기술적 조사
	설명적 조사
	예측적 조사
관찰의 시간 · 공간	횡단적 조사
	종단적 조사
통제 정도	실험조사
	준실험조사
	비실험조사
관찰대상 범위	전수조사
	표본조사
	단일사례조사
실용성 정도	순수조사
	응용조사

(1) 자료획득 방법에 따른 조사방법

자료획득의 방법에 따라 양적 조사방법과 질적 조사방법이 있다. 양적 조사방법이란 연구자가 객관성을 바탕으로 대상의 속성이 갖는 관계를 통계분석을 통해 계량적으로 밝혀내는 조사방식을 말한다. 자료들을 계량화하여 컴퓨터 등의 도움을 받아 통계적으로 처리하기 때문에 표준화된 절차에 따라 진행할 수 있다. 신뢰성의 확보가 수월하여 일반화할 개연성이 상대적으로 높다.

질적 조사방법이란 연구자가 연구대상의 일상에 참여하거나 관찰하면서 연구대상이 갖고 있는 경험세계와 가치관을 당사자의 주관적 시각으로 이해하는 조사방식을 말한다. 연구자와 대상 간에 긴밀한 관계를 유지하여 보다 심층적인 자료분석이 가능하지만, 관찰자의 주관적인 인식 차이를 극복하기 어려운 한계를 갖는다.

(2) 조사목적에 따른 조사방법

조사목적에 따라서는 탐색적 조사, 기술적 조사, 설명적 조사, 예측적 조사 방법이 있다. 탐색적 조사란 관심대상에 대해 연구된 바가 없거나 불명확하여 그에 대한 연구방안이나 통찰력을 얻고자 하는 방법으로, 연구문제를 형성하거나 가설을 설정할 때 주로 사용한다.

기술적 조사란 인간의 행동이나 사회현상에 대한 상황이나 특성을 있는 그대로 기록하거나 정의를 내리는 방법으로, 현상에 대해 집단 간의 차이를 밝히는 등 실태를 파악할 경우에 주로 사용한다.

설명적 조사는 현상과 현상 간의 인과관계, 즉 발생 원인을 규명하는 방법이다. 현상이 야기된 원인을 밝혀 원인과 결과 간의 인과성의 방향과 크기를 알고자 할 때 사용한다. 이론형성에 유용한 방법으로 통계분석의 기법들 중에서 추리통계방법을 통해 분석한다.

예측적 조사란 수집된 자료를 분석하여 미지의 상황을 분석하는 것으로 처방과 통제의 원천을 제공한다. 예측의 방법으로는 투사projection와 예언prediction, 그리고 추측conjection이 있다.

(3) 관찰의 시간범위에 따른 조사방법

관찰의 시간범위에 따른 조사는 횡단적 조사와 종단적 조사방법이 있다. 횡단적 조사란 어느 한 시점에서 다양한 공간 내지 대상의 자료를 수집하여 분석하는 방법이다. 대표적으로 설문지를 통해 자료수집을 하고, 이 자료를 회귀분석이나 분산분석 등의 통계분석방법들을 활용하여 분석한다.

종단적 조사란 하나의 대상에 대해 일정한 시차를 두고 시계열적으로 추적하여 관찰하는 방법으로 경향연구와 동료집단cohort연구, 패널연구 등이 여기에 해당한다.

(4) 통제의 정도에 따른 조사방법

통제의 정도에 따라서는 실험조사, 준실험조사, 그리고 비실험조사방법이 있다. 실험조사방법이란 대상을 무작위로 추출하고, 조사대상을 실험집단과 통제집단으로 통제하며, 독립변수를 조작개입하고, 그 결과에 대해 종속변수의 변화정도를 비교하는 것을 말한다. 즉, 무작위로 추출한 실험집단과 통제집단을 뽑고 이들의 사전 상태를 검사한 후, 실험집단에는 독립변수를 조작하고 통제 집단에는 자연상태로 두어 일정시간이 경과한 뒤 사후검사를 통해 그 변화 정도를 비교하는 것이다.

준실험조사방법이란 실험설계의 기본조건에서 한 두 개가 결여된 상황에서의 조사방법으로서 가능한 한 실험설계의 방법에 유사하도록 설계한다. 반면에 비실험조사방법이란 독립변수의 조작이 어렵거나 대상선정이 불가능하여 실험적 조사방법을 사용할 수 없을 때 채택하는 방법으로, 한 번의 조사로 판단하거나 집단 간의 관계나 차이를 판단하는 상관관계 내지 교차분석, 종단적 분석 등의 방법이 활용된다.

(5) 관찰대상 범위에 따른 조사방법

관찰대상 범위에 따라서 전수조사와 표본조사, 단일사례조사가 있다. 전수조사란 관찰대상모집단 전부를 조사하는 방법을 말한다. 대표적으로 국민 전체를 모집단으로 하여 전 국민을 조사하는 국세조사census가 있다. 표본오차가 발생하지 않지만 시간과 비용이 너무 많이 소요되기 때문에 현실성이 부족한 한계가 있다.

표본조사란 관찰대상 중에서 대표성 있는 일부만을 추출하여 이들을 대상으로 조사함으로써 전체 집단의 특성을 추정하는 방법을 말한다. 표본조사는 전수조사가 불가능하거나, 가능하더라도 시간이나 비용이 과도하게 요구되는 경우에 사용된다.

단일사례조사란 개인, 가족, 소집단 등 한 단위만을 대상으로 문제해결을 위한 개입의 효과를 과학적으로 입증하는 방법이다. 하나의 사례만을 반복적으로 관찰하여 그 경향과 변화를 인지하고자 한다.

(6) 실용성의 정도에 따른 조사방법

실용성의 정도에 따른 조사방법으로는 순수조사와 응용조사방법이 있다. 순수조사란 지식의 획득을 목적으로 이론개발을 하는 조사방법을 말하고, 응용조사란 효과성과 효율성 등의 문제를 해결하기 위해 대안을 제시하는 조사방법을 말한다.

3) 사회복지조사의 절차

일반적으로 사회복지조사는 먼저 연구문제를 설정하고, 문제해결을 위한 최적의 조사설계를 한다. 다음으로 설계에 따라 실제 자료를 수집하고, 자료를 분석하여 그 결과를 해석하며, 보고서를 작성하는 순서로 진행된다.

(1) 연구문제 설정

조직이 당면한 해결해야 할 문제를 발견하고, 이에 관련된 연구문제를 설정한다. 연구문제는 질문의 형식으로 제기되며, 이 문제에 내재된 개념들을 구체화시켜 해당 분야에 대한 관련성과 의미를 갖게 한다. 이를 통해 연구의 목적도 명료해진다.

연구문제는 현상에 대한 의문이나 착상에서 출발한다김영종, 2007 : 76-78. 이러한 의문이나 착상이 기존의 지식으로 해결되지 않는다고 판단되면, 새로운 조사연구에 착수하게 된다. 기존의 지식에 대한 확인은 주로 문헌연구를 통해 이루어진다.

이 같은 연구문제는 전체적인 조사의 방향을 설정하는 첫 단계로써, 사회복지사업 수행과정에서 발생하는 문제를 해결하고 기회를 포착하기 위한 대단히 중요한 과정이라 할 수 있다.

(2) 조사설계

연구문제가 설정되면 전체 조사를 수행하고 통제하기 위한 청사진을 마련하는데, 이 과정을 조사설계라 한다. 조사설계는 크게 연구문제를 분석하기 위한 조사와 분석에 대한 대강을 제시하는 단계로 진행된다.

첫 번째 단계에서는 연구문제에 접근하기 위해 조사방법을 양적 방법으로 할 것인지 질적 방법으로 할 것인지를 결정하고, 기술적 연구를 할 것인지 설명적 연구를 할 것인지 등을 결정한다. 그것이 결정되면 구체적으로 변수에 대해 개념적 정의와 조작적 정의로 체계화하여 규정하고, 이들 변수 사이의 관련성을 검증 가능한 가설의 형태로 설정하여 연구모형을 구축한다.

두 번째 단계에서는 조사를 위한 대상모집단과 표본을 선정하고, 조사방법, 측정과 척도, 자료처리 및 분석방법, 결과보고 등에 관한 문제를 계획하고 결정하는 등 조사과정 전체를 설계하는 것이다남세진 · 최성재, 1989.

조사설계는 여러 가지 방안들을 사용할 수 있으므로 그 중에서 문제해결을 위해 가장 효과적인 동시에 시간과 비용을 절약하고 조사의 효율성을 높이는데 주안점을 두고 작성한다.

(3) 자료수집

조사과정에서 필요한 자료는 1차 자료와 2차 자료로 구분된다. 1차 자료는 조사자가 조사과정에서 수집하는 자료이며, 이는 직접적인 방법과 간접적인 방법이 있다. 직접적인 방법은 면접, 전화, 우편, 인터넷 등을 활용하여 조사대상자에게 직접 질문하여 얻어내는 방법이고, 간접적인 방법은 관찰법과 내용분석법 등에 의해 자료를 수집하는 방법이다. 특히 1차 자료의 직접적인 방법으로 설문지법이 자주 활용된다.

반면에 2차 자료는 조사를 수행하는 조사자가 아닌 다른 주체에 의해 이미 만들어진 자료를 수집하는 자료이다. 주로 문헌조사 등을 통하여 수집하게 된다.

자료수집 방법이 정해지면 구체적인 조사대상자를 선정하여야 한다. 조사대상자 전체를 조사하는 전수조사와 그 중 일부분을 추출하는 표본조사 중에서, 조사대상자의 규모, 조사결과로부터 얻어질 정보의 정확성, 필요경비와 시간과의 관계 등을 고려하여 조사대상자를 선정한다.

(4) 자료분석

수집된 자료를 대개 통계적으로 분석하는 단계이다. 수집된 자료를 분류하고 부호화하여 입력을 하며, 입력된 자료를 컴퓨터 등의 도움으로 통계적 분석을 하고, 나아가 통계 결과에 대한 의미 있는 해석이 이루어진다. 자료의 분류단계에서 자료의 정정이나 보완, 삭제 등이 수행되며, 부호화 단계에서 자료분석을 용이하게 하기 위해 관찰된 내용에 일정한 숫자를 부여한다. 또한 통계분석은 그에 맞는 자료의 형태를 갖추어야 하므로 조사설계 때부터 연구문제를 고려하여 수집할 자료의 성격과 분석방법을 일관되게 결정하여야 한다. 마지막으로 해석은 분석결과를 가지고 연구문제에 대한 조사연구의 결론을 내리는 과정이다. 가설을 검증하고, 결과에 대한 일반화 가능성, 연구결론의 한계 설정, 연구 결과의 이론적 및 실천적 함의 등을 제시한다.

(5) 보고서 작성

조사보고서는 조사목적의 달성을 위해 문제설정의 단계에서부터 분석 결과의 해석에 이르는 과정을 정보이용자에게 도움이 되도록 문자나 도표로 체계적으로 정리해 놓은 것이다. 이러한 조사보고서는 담당자에게 전달하거나 학회 등에서 발표를 통하여 확산되는데, 이 과정에서 정보이용자와 조사자 사이의 의사소통이 원활히 이루어져야 한다.

요약

이 장에서는 사회복지방법론 중에서 거시적 혹은 중도적 접근인 사회복지행정과 사회복지조사를 살펴보았다. 사회복지행정과 조사는 사회복지정책을 현장에서의 실천으로 전환시키는 데 필요한 활동들을 말한다. 따라서 Whittaker 같은 학자들은 사회복지행정과 조사를 사회복지정책과 구별하여 중도적 접근으로 분류하기도 한다.

우선, 사회복지행정의 영역은 정책영역과 조직영역, 그리고 현장영역으로 구분할 수 있는데, 이들 영역들은 기본적으로 구조론과 관리론으로 행정이론 체계를 형성하고 있다. 구조론은 행정조직의 구조적 체계와 관련한다. 현대 조직의 특성과 조직목표, 조직환경에 대한 내용으로 구성된다. 관리론은 조직의 구성요소들이 목표달성을 위해 어떻게 효율적으로 구조화되어야 할 것인가를 모색하는 것으로써, 인사관리와 재정관리, 조직관리, 서비스관리에 대한 내용으로 구성된다. 특히 조직관리는 조직의 혁신과 역동성 제고 등이 포함되어야 할 것이지만 여기서는 전달체계와 관련하여 정리한다. 마지막으로, 평가는 평가의 의의와 기준에 대해 살펴본다.

사회복지조사란 정책이나 서비스를 결정하는 원천으로 지식을 제공하는 일련의 과정을 말한다. 지식획득은 과학적 조사방법을 통하여 이루어지며, 과학적 지식을 도출하기 위해 다양한 조사방법들이 존재한다. 자료획득의 방법이나 조사목적, 관찰시점, 통제 정도 등에 따라 조사방법들을 분류해 낼 수 있다. 일반적으로 과학적 조사방법은 연구문제의 설정과 조사설계를 거쳐 자료수집과 자료분석이 이루어지고 최종적으로 보고서 작성의 순서로 이루어진다. 이들 조사과정은 철저하고 엄격하게 이루어져야만 과학적이라 할 수 있으며, 과학적이라야 지식 활용이라는 조사의 목적을 달성할 수 있다.

탐구문제

❶ 사회복지정책을 현장의 실천(행동화)으로 옮기는 과정에서 사회복지행정은 어떠한 역할을 하는가?

❷ 사회복지행정에 있어서 정부의 사회복지행정과 민간의 사회복지행정의 특징을 비교하라.

❸ 사회복지조사가 과학적이기 위하여 갖추어야 할 단계적 과정을 설명하라.

❹ 사회복지조사에 있어서 양적인 방법과 질적인 방법의 차이를 설명하라.

참고문헌

경기복지재단(2013). 주요국 사회서비스 품질관리 사례연구, GGWF Report 2013-16.

김영종(2005). **사회복지행정**. 학지사.

김영종(2007). **사회복지조사방법론**. 학지사.

남세진·최성재(1989). **사회복지조사방법론**. 서울대학교출판부.

성규탁(1999). **사회복지행정론**. 법문사.

이성기·김성희(1995). 보건복지사무소 모형개발 및 1차년도 운영평가. 한국보건사회연구원.

이종수 외(1999). **새행정학**. 대영출판사.

이종익·강창구(2000). **재무행정론**. 박영사.

이중섭 외(2012). 전라북도 사회복지시설 평가지표 개발 연구. 전북발전연구원.

장인협 이(2003). **사회복지학**. 서울대학교출판부.

최성재·남기민(2005). **사회복지행정론**. 나남출판.

Chitwood, S.(1974). Social Equity and Social Service Productivity. *Public Administration Review*. Vol.34.

Coser, R. 신용하 외 역(1982). **사회사상사**. 일지사.

Daft, R.(1992). *Organization Theory and Design*. N.Y. : West.

Gilbert, N. & Specht, H.(1974). *Dimensions of Social Welfare Policy*. N.J. : Prentice-Hall.

Hansenfeld, Y.(1983). *Power in Social Work Practice. Social Service Review*. Vol.61 No.3.

Patti, R. J.(1983). *Social Welfare Administration : Managing Social Programs In A Developmental Context*. Englewood Cliffs. N.J. : Prentice-Hall.

Simon, H.(1974). *Administrative Behavior*. London : Collier Macmillan.

Whittaker, J. K.(1982). *Social Treatment : An Approach to Interpersonal Helping*. N.Y. : Aldine.

PART 04

사회복지의 주요 영역

Introduction to Social Welfare

제4부에서는 사회복지의 주요 영역을 소개한다. 사회복지의 영역은 시대에 따라 달라진다. 대체로 그 영역이 확장의 역사는 가지고 있다고 할 수 있다. 우리나라 「사회보장기본법」 제3조에 의하면 사회복지(사회보장)의 주요 영역으로 사회보험, 공공부조, 사회서비스를 들고 있다. 나아가 현재의 실정법들에서도 사회복지는 공공부조와 사회보험, 그리고 사회서비스로 구획된다.

제8장의 사회보험과 공공부조는 사회복지정책의 영역인 동시에 실천의 영역이라 할 수 있으며, 특히 현금급여를 원칙으로 한다. 사회보험은 보험의 방식을 적용하여 사회적 위험에 처한 국민의 건강과 소득을 보장해 주는 제도로서 국민연금, 건강보험, 산재보험, 고용보험 및 장기요양보험제도를 두고 있다. 반면에 공공부조는 생계 곤란자들에게 국가가 생계를 보장해 주는 제도로서, 국민기초생활보장제도와 기초연금제도 등을 두고 있다.

사회복지서비스는 서비스가 이루어지는 장소나 대상을 기준으로 분야를 구분할 수 있다. 제9장에서는 아동복지, 청소년복지, 여성복지, 노인복지를 소개하고, 제10장에서는 가족복지, 장애인복지, 의료사회복지, 정신건강사회복지에 대해 살펴볼 것이다. 이들 사회복지 서비스분야에 대해 각각의 개념 및 필요성, 영역별 내용, 사회복지사의 역할, 과제로 나누어 전체적인 내용을 정리하여 제시한다.
제11장에서는 사회복지전달체계에 대해 소개한다. 구체적으로는 사회복지 전달체계의 개념 및 중요성, 각 전달체계의 장 · 단점, 그리고 전달체계 구축의 필요 원칙을 알아보고, 사회제도적 환경 변화에 따른 전달체계의 변화 및 전달체계로서 인력현황도 살펴본다.

마지막으로 제12장에서 사회복지재정에 대해 살펴본다. 복지재정의 구성과 그 규모는 복지정책의 성격과 위상을 알게 해 주는 지표의 역할을 한다. 우선 현대국가의 역할과 정부의 범주는 어디까지로 보아야 하는 지, 그리고 정부의 재정구조를 분석하고, 특히 복지예산의 최근 동향과 국제적 수준과의 비교를 통해 우리나라의 복지재정이 갖는 과제를 살펴본다.

1. 사회보장의 의의

1) 사회보장의 개념

사회보장이란 용어는 미국에서 노령연금운동을 하던 Abraham Epstein이 1933년 그의 운동단체 이름을 미국사회보장협회American Association of Social Security로 변경하면서 처음 사용되었다. 이후 미국 루즈벨트 대통령이 경제공황을 극복하기 위하여 1935년에 제정한 사회보장법Social Security Act에서 사회보장이라는 법 이름이 사용되면서 공식적으로 사용되기 시작한다. 그 후 1942년 영국의 베버리지보고서에서 사회보장이란 용어가 구체적인 개념으로 자리 잡게 되었고, 제2차 세계대전 이후에는 각국에서 보편적으로 사용하는 개념이 되었다.

이러한 사회보장이란 개념을 정의하기는 어려움이 따른다. 국가마다 처한 정치적, 경제적, 사회적 환경이 다르기에 사회보장에 대한 범위 또한 다르게 취급되고 있기 때문이다. 따라서 사회보장의 정의는 대체로 미국 사회보장법 등과 같이 각국의 법률에 포함된 정책프로그램을 중심으로 이루어질 수밖에 없다. 그러나 현실적으로 이들을 수렴하고 있는 개념 정의는 베버리지보고서와 국제노동기구International Labor Organization ; ILO의 정의라고 할 수 있다.

영국의 베버리지보고서에 따르면, 사회보장이란 '실업, 질병, 사고, 정년퇴직에 의해 소득이 중단될 때, 그리고 출생, 사망 및 결혼과 같은 예외적인 지출이 발생할 때 소득을 보장하는 장치'라고 규정하고 있다. 즉, 베버리지보고서는 사회구성원들이 살아가면서 접하게 되는 각종 사회적 위험으로 인한 소득 중단이나 출산, 결혼 등과 같은 예외적 지출이 필요할 때 '일정 수준'의 수입을 사회가 보장해 주는 것으로 정의하고 있다. 이 때 사회적 위험이란 일생을 살아가는 동안 개인적으로 통제하기 어렵거나 그 원인이 불확실하여 개인에게 책임을 지우기가 어려운 질

병, 사고, 실업, 노령, 퇴직, 사망 등의 상황이 발생하는 것을 말한다.[1)]

한편 노동자의 사회복지에 관한 국제적인 제도적 표준을 제시하고 있는 국제노동기구ILO에서는 사회보장을 '질병, 부상, 출산, 노령, 사망 등으로 인한 소득의 중단 또는 감소에 의하여 발생하는 사회적, 경제적 곤란에 대처하기 위하여 사회가 그 구성원들에게 제공하여 주는 소득보장, 의료제공, 아동수당 등과 같은 일련의 공적인 조치'라고 정의하고 있다. 국제노동기구도 베버리지보고서와 같이 사회구성원이 사회적 위험으로 소득 중단이 생길 경우 '일정한 수준의 수입'을 보장해 주는 것으로 정의한다.

위 두 가지 정의는 보장의 주체와 조건, 보장내용에서 공통적인 부분을 갖는다. 보장 주체는 사회국가이다. 보장조건은 개인이 예방할 수 없는 사회적 위험으로 인한 소득 상실이다. 그리고 보장내용, 즉 급여는 현금을 중심으로 이루어진다. 그러나 어느 정도의 수입을 보장해 주는가에 대해서는 불분명하다. 이상의 논의들을 바탕으로 사회보장을 정의해 보면, 국가 및 사회가 그 구성원들이 직면하는 질병, 노령, 실업, 사망, 재해 등의 사회적 위험으로부터 소득의 상실이나 예외적인 지출 등에 대비하여 일정 수준의 생활소득을 제도적으로 보호하여 인간다운 생활을 유지해 주는 제도라 할 수 있다.

이처럼 사회보장이란 용어에는 소득보장을 목적으로 지급되는 일체의 현금급여의 의미가 강하게 작용한다성민선 외, 2005 : 330. 다시 말해 국민에게 발생하는 우연한 사고를 해결하기 위하여 국가사회가 제공하는 현금급여라는 의미가 강하며, 이를 통해 국민의 최저생활 보장을 지향하고 있다. 질병, 노령, 장애, 사망, 출산, 산업재해, 실업 등의 생활상의 위험과 사고에 직면하여 생활을 유지하지 못하는 국민에게 일정한 생활수준을 보장한다는 측면과, 생활이 곤궁한 자에게 건강하고 문화적인 최저한의 생활을 보장한다는 측면을 동시에 갖는다.

사회보장이 포괄하는 범위를 보다 구체적으로 구분하여 살펴볼 수 있다. 김태성과 김진수2013는 사회보장을 받기 위해 금전적으로 '기여'하는가를 하나의 축으로,

1) 사회적 위험이란 시대에 따라, 사회경제적 발전에 따라 그 범위가 확장되어 왔다. 국제노동기구에서는 1952년 '사회보장의 최소기준에 대한 총회'를 개최하여 9개 분야의 사회적 위험에 대해 사회적으로 보장해주어야 한다고 제시하고 있다: ①건강보호급여 ②질병급여 ③실업급여 ④노령급여 ⑤산업재해급여 ⑥가족급여(가족/아동수당) ⑦모성보호급여(모성휴가/급여) ⑧장애급여 ⑨유족급여

개인의 '자산조사'(재산과 소득)를 실시하는가를 하나의 축으로 교차하여 다음 네 가지로 구분하고 있다.

비자산조사

비기여	기여
(1)보편급여 (사회수당)	(3)사회보험
(2)공공부조	(4)기여최저보장

자산조사

[그림 8-1] 사회보장의 범위

출처 : 김태성·김진수(2013). p.25.

❶ 보편급여

사회보장을 받기 위해 사전에 기여하지 않으며, 보장받을 사람의 자산을 조사하지도 않고, 일정한 인구학적 조건아동, 노인, 장애 등만 갖추면 급여를 지급하는 보편급여, 즉 사회수당 혹은 데모그란트 형태이다. 보편급여는 일반적으로 아동수당 혹은 가족수당, 보육수당, 장애수당, 보편적 연금 등으로 시행되고 있다. 부자나 빈자의 구분없이 누구나 사회적으로 같은 처우를 받기 때문에 낙인 없이 사회통합에 기여한다.

❷ 공공부조

사회보장을 받기 위해 사전에 기여하지 않으며, 보장받을 사람의 자산을 조사하여 일정 수준 이하임을 확인하여 급여를 지급하는 공공부조 형태이다. 공공부조는 일정 자산수준 이하인 사람들에게 집중적으로 급여를 제공하는 것이기 때문에 자원(국가예산)을 효율적으로 사용할 수 있고 소득재분배 효과를 높일 수 있는 장점이 있다.

❸ 사회보험

사회보장을 받기 위해 사전에 기여를 하여야 하며, 일정한 수급조건이 충족되면 자산조사 없이 적절한 급여를 지급하는 사회보험 형태이다. 수급자는 법률에 의해 사회적 위험에 대응하는 보험에 강제로 가입하여 보험료를 일정 기간 이상 납입하고 일정한 수급조건에 해당되는 사유가 발생하면 자산조사 없이 보험금을 급여로 받는 것이다. 따라서 사회보험은 빈곤에 떨어지지 않도록 사전에 예방(방빈)하는 안전망이라 할 수 있다.

❹ 기여최저보장

사회보장을 받기 위해 사전에 기여를 하여야 하며, 수급조건이 갖추어질 때 자산조사를 통해 급여를 지급하는 기여최저보장 형태이다.[2] 일반적이 아니라 예외적인 사회보장의 방법이다. 사회보험을 수급함에도 불구하고 연금수급자가 최저생활 수준 이하의 자산 수준이 확인되면, 급여를 최저수준까지 높여주는 방식이다. 적어도 연금보험에 기여했다면 전혀 기여하지 않은 경우(공공부조 급여)보다 좀더 나은 보장을 받아야 한다는 논리에서 도입된 보완적 방법이다. 일부 선진국에서 시행하고 있는 최저연금제도가 이에 해당한다.

이상의 네 가지 사회보장의 형태 중에서 이 책에서는 실제로 가장 많이 이용되는 것으로 소득보장에 초점을 두어 사회보험과 공공부조 중심으로 사회보장을 고찰해 보도록 한다.

사회보장의 구체적인 개념이나 내용은 그 국가의 정치적, 경제적 상황에 따라 다소간의 차이가 있다. 영국에서는 사회보장을 연금과 아동수당에 의한 소득보장으로 좁게 이해한다. 사회보장과 구별되는 넓은 의미의 사회복지라는 개념으로는 사회정책 혹은 사회서비스라는 용어를 사용하고 있다. 사회정책 혹은 사회서비스란 소득보장뿐만 아니라 의료, 사회복지서비스, 나아가 주택, 교육, 고용 등을 포함하는 개념으로 사용된다.

미국도 사회보장의 의미를 연금 등의 소득보장에 초점을 두어 사용한다. 반면에 미국에서 사회복지라는 용어는 공공부조, 즉 자산조사를 거쳐 조세재원에 의해 제공되는 서비스인 '빈곤 모자가정에 대한 부조TANF'를 지칭하는 경우가 많다. 다만

2) 기여최저보장은 현실에서 거의 사용되지 않는 형태이지만, 일부 선진국에서 도입되고 있는 최저연금제가 대표적이라 할 수 있다. 연금수급권을 확보하였으나 연금기간이 짧거나 기여액이 적어 연금수령액이 최저생계도 보장하지 못할 경우 자산조사를 거쳐 연금지급액을 최저생계비까지 높여 주는 방식이다.

미국의 사회복지에 관한 기본법인 사회보장법은 소득보장이 주된 서비스인 연금보험에 제한되지 않고 실업보험, 모자보건, 장애인복지, 노인의료, 의료급여 등을 포함하는 종합적인 법률로서의 위상을 갖는다.

프랑스에서는 사회보장이란 말을 질병보험과 노령보장 등의 사회보험을 지칭할 때 사용한다. 사회보험과 더불어 사회부조공공부조, 사회사업을 포함하는 넓은 의미로는 사회보장과 구별하여 사회적 보호social protection라는 용어를 사용한다.

독일에서는 사회보장이란 용어를 사회보험, 사회보상국가유공자보호 등, 사회적 원조 및 지원사회부조 및 교육원조 등을 포함하는 넓은 개념으로 사용한다. 독일에서는 사회복지라는 용어를 거의 사용하지 않고 대신 사회보장이란 용어를 광범위하게 사용한다.

2) 사회보장의 유사개념

이상에서 살펴보았듯이 국가마다 사회보장의 개념 범위는 차이가 있다. 따라서 사회보장과 다른 관련 용어들과의 구별이 현실적으로 어려운 경우가 많다. 여기서는 이러한 혼란을 막기 위하여 사회보장과 유사한 용어들을 정의해 보기로 한다.

① 사회복지 : 사회복지social welfare는 복지의 문제를 사회가 책임지는 것을 말한다. 흔히 복지는 인간의 복리 혹은 행복을 표현하는 말이다. 종교적 의미로는 위험에서 구제하고 생명의 번영을 의미한다. 그러나 현대사회가 산업화의 심화로 복잡한 구조를 형성하면서 개인의 문제는 개인에게로 그 책임을 국한시킬 수 없게 되었다. 따라서 오늘날 복지라 하면 당연히 사회복지의 의미로 사용되어진다. 사회복지란 사회구성원들이 자신의 기본적 욕구를 스스로 충족시킬 수 없게 될 때, 그 욕구를 충족시킬 수 있도록 도움을 제공하는 조직적인 사회적 활동을 말한다 장인협 외, 2003 : 3. 사회복지는 그 범위에 따라 생계 곤란자, 장애인, 아동, 기타 보호를 필요로 하는 사회적 취약계층을 대상으로 하면 잔여적residual 사회복지라 하고, 취약계층뿐만 아니라 전 국민을 대상으로 하면 제도적instiutional 사회복지라 한다Wilensky & Lebeaux, 1965. 일반적으로 사회복지라 하면 사회보장과 보건 등을 포함하는 넓은 의미로 사용된다.

② 복지국가 : 복지국가란 자국 내에 거주하는 모든 국민이 완전 고용을 달성하고 사회보장정책 등을 통하여 일정 수준 이상의 삶을 영위하도록 국가가 집합적으로 책임을 지는 체제를 말한다. 복지국가에서는 국가가 각 경제 주체들의 자유로운 활동을 의도적으로 일정 부분 수정하여 소득재분배 효과가 나타나도록 한다. 복지국가의 의미는 시대에 따라 변천하고 있는데 1930년대 후반에는 독재국가에 대한 비판의 의미로 사용되었고, 1940년대에는 나치에 의한 전체주의국가 혹은 전쟁국가에 대항하는 개념이었으며, 제2차 세계대전 이후로는 '요람에서 무덤까지'의 복지를 구현하는 국가이념으로 사용되어졌다.

③ 사회정책 : 사회정책이란 용어는 독일과 영국에서 그 의미를 달리한다. 독일의 사회정책은 자본가와 노동자 계급 사이의 이해관계에 국가가 간섭하여 사회 안정을 도모하는 정책을 의미한다. 구체적으로 실업보험, 질병보험, 연금제도 등이 포함된다. 반면에 영국의 사회정책은 국가가 서비스와 소득을 제공함으로써 국민의 복지에 직접 영향을 미치는 행동 및 정책을 지칭한다. 구체적으로 사회정책은 사회보험, 공공부조, 보건 및 복지서비스, 주택정책 등으로 구성된다.

2. 사회보장의 목적, 주체, 기능, 원칙

1) 사회보장의 목적

사회보장제도는 사회제도의 구조적인 왜곡과 결함으로부터 발생하는 사회문제를 완화하고 해결하기 위해서 출발하였다. 따라서 사회보장제도는 국민의 생활보장을 포함한 생존권의 보장이라는 표면상의 목적 이면에, 자본주의제도가 항구적으로 유지되어 자본의 이윤을 극대화하려는 내재적 목적이 포함되어 있다고 할 수 있다末崎榮司, 2006 : 108-109.

사회보장이 표면적으로 내세우는 목적은 생존권의 보장이다. 다시 말해 경제적 불안을 해소하고 국민의 최저한의 생활을 보장하여 인간다운 생활을 영위할 수 있도록 하는 것이다. 이때 인간다운 생활을 영위한다는 것은 생명의 유지를 위한 생물학적 생존 보장의 수준을 넘어서 건강하고 문화적인 삶을 영위할 수 있는 수준을 의미한다.

이러한 목적을 이루기 위하여 소득을 보장하고 의료를 보장하며 전문적인 서비스를 제공하여 국민의 최저생활의 보장과 소득재분배 기능을 수행하는 장치들을 구비하고 있다.

우리나라에서는 「헌법」 제34조에 "모든 국민은 인간다운 생활을 할 권리를 갖는다"고 천명함으로써 국민의 생존권적 권리와 그 보장을 위한 국가의 책무를 밝히고 있다. 또한 「사회보장기본법」 제2조에서는 사회보장을 "모든 국민이 다양한 사회적 위험으로부터 벗어나 행복하고 인간다운 생활을 향유할 수 있도록… 제도와 여건을 조성하여 사회통합과 행복한 복지사회를 실현…"이라고 규정하여 보다 사회보장의 목적을 보다 구체적으로 제시하고 있다.

한편으로 사회보장은 자본주의체제의 유지 · 발전을 목적으로 한다. 자본주의의 기본이념인 자유경쟁은 빈곤과 독점, 불평등 등 많은 사회문제를 야기 시켰고, 이는 자본주의체제 자체를 위협하게 되었다. 이에 국가가 나서서 이들 사회문제에 대처하고 자본주의체제의 안정과 사회통합을 도모하는 적극적인 정책 또는 제도가 바로 사회보장제도이다.

2) 사회보장의 주체

사회보장의 주체는 국가이다. 국민 각자가 행복해지기 위해서는 개인의 노력뿐만 아니라, 가족, 지역, 기업, 국가정부 등의 다양한 주체의 노력이 필요하다. 그러나 현대복지국가에서는 그 가운데 사회보장의 실시 주체는 국가정부임을 명백히 밝히고 있다. 물론 공익 단체나 기업 등의 민간이 사회보장의 주체가 될 수도 있으나, 그 경우는 국가에 의한 위임과 위탁 등이 명백히 전제되어야만 주체로서의 권한과 책무를 지니게 된다.

역사적으로 사회보장은 그 지역, 기업, 가족 등의 부담이었으나 영국 구빈법1601년 이후로는 국가의 기능으로 정착되었다. 국가가 사회보장의 주체가 되기 위해서는 다수의 국민이 그 필요성을 인식하고 동의하여야 한다. 다시 말해 개인이 처한 사회적 위험이 개인 혹은 일부의 사적인 문제가 아니고 그 원인과 영향이 사회에 기인하고 파급을 미치는 일반적인 사회문제라고 인식될 필요가 있다.

우리나라 「사회보장기본법」 제5조에서는 국가의 사회보장 책임을 규정하고, "국가 및 지방자치단체에서는 국가발전의 수준에 부응하는 사회보장제도를 확립하고 매년 이에 필요한 재원을 조달하여야 한다"고 규정하고 있다. 한편 국민의 책임도 천명하고 있는데, 「사회보장기본법」 제7조에서는 모든 국민이 자신의 능력을 최대한 발휘하여 자립 · 자활할 수 있도록 노력하고 사회 환경을 조성하며 정책에 협력하도록 요구하고 있다.

3) 사회보장의 기능

사회보장은 국민의 최저생활을 보장하고, 자본주의 시장경제로 인해 초래된 국민생활상의 위험을 예방하고, 생활조건을 개선하려는 다양한 기능을 갖는다. 이들 사회보장의 기능을 정리하면 다음과 같다.

(1) 구빈 및 방빈기능

사회보장은 역사적으로 공공부조구빈제도와 사회보험방빈제도이라는 두 개의 제도를 통합하여 형성된 것이기 때문에, 기본적인 양대 기능으로써 구빈기능과 방빈기능을 갖는다. 장차 발생할 수 있는 빈곤에 대비하여 사전에 준비하고(사회보험), 일단 빈곤에 처하게 되면 사회연대로써 극복(공공부조)해 내는 구조가 사회보장제도이다. 즉, 사회보장은 사회적 위험으로 인하여 기존의 소득을 유지할 수 없게 되거나(소득 상실) 예외적 지출이 발생하게 될 때 사회가 보장함으로써 빈곤으로 추락하는 것을 예방하고 보호하는 기능을 하는 것이다. 이처럼 사회보장은 일상생활을 영위함에 있어서 부딪히게 될 다양한 위협에 대비하는 안전망safty-network으로서의 역할을 한다.

(2) 소득재분배 기능

사회보장은 국민이 시장기구를 통해 얻게 된 소득에 정부가 조세 내지 사회보험료 등을 부과하여 마련한 재원을 가지고 국민의 생활을 보장하는 제도이다. 이는 세금을 내는 국민으로부터 급여를 받은 국민에게로 소득이 이전되는 것이고, 이를 소득재분배라 한다. 물론 소득이전이라는 현금 급여만이 아니고 의료, 보육, 서비스 등 현물급여의 경우도 그 비용을 조세 등의 재원으로 행해졌다면 소득재분배가 된다.

소득재분배는 사회적 차원에서 세대 간 재분배와 세대 내 재분배가 있다. 세대 간 재분배는 현 세대에서 미래 세대로 재분배가 이루어지는 것으로 현 세대의 연금보험료가 노년세대의 연금으로 지급되는 경우에 해당한다주로 부과방식. 세대 내 재분배는 다시 수직적 소득재분배와 수평적 소득재분배로 구분할 수 있다. 전자는 고소득층으로부터 저소득층으로의 재분배를, 후자는 위험 비발생 집단에서 위험 집단으로의 이전을 의미하는 동등한 소득계층 내에서의 재분배를 의미한다.

(3) 사회통합 기능

사회체제의 운영과정에서 발생하는 부작용으로 인하여 일부의 계층이 소외되고 분리되는 불완전한 사회가 형성된다. 사회보장은 이러한 불완전한 사회를 지양하고 함께하는 완전한 사회, 조화로운 사회를 회복시키는 기능을 갖는다. 다시 말해 사회적 취약계층들을 주류화하고 정상화할 수 있도록 사회적 역할을 부여하는 것이다. 이를 위해 사회보장은 자신을 포함하여 가족, 사회에 대해 일정한 책임을 부여하고, 개인의 위험에 대해 사회가 연대적으로 대응하는 상호부조를 실시한다. 결국 사회보장은 사회구성원 간의 상호 의존성을 높이는 동시에 정서적 통합이 이루어지는 사회통합의 과정이라 할 수 있다. 이를 사회적, 정치적 기능이라고도 한다.

(4) 경제안정화 기능

사회보장은 개인에 대한 수혜를 넘어 사회 전체적으로 경제안정화 기능을 갖는다. 예컨대, 실업보험은 실업자에 대해 소득을 보장해 줄 뿐만 아니라 경기변동에 대한 자동조절의 장치가 된다. 경기가 상승하는 국면에서는 고용이 증가하여 보험료 수입이 증가하는 한편, 실업이 감소하여 보험급여 지급이 줄어들어 보험자금이

축적되고 인플레이션을 억제하는 기능을 한다. 반면에 경기가 하강 · 정체하는 국면에서는 실업이 증가하여 보험료 수입이 줄어드는 반면에, 보험급여 지급이 확대되어 소비를 진작시키고 경기를 활성화시키는 기능을 한다. 이러한 자동조절 장치가 사회보장의 경제안정화 기능이다.

(5) 경제기반 정비 기능

사회보장은 경제발전을 떠받치는 사회경제적인 기반을 정비하는 기능이 있다. 의료보장제도를 통해 각자의 건강이 유지 · 개선되는 동시에 사회적으로는 건강한 노동력의 확보가 용이해진다. 연금보험제도를 통해서는 연금수급자의 증가로 보험료가 거액의 적립금을 형성하고 그것이 재정투융자 등을 통해 다양한 사회자본 내지 생활기반을 정비할 수 있게 된다. 이처럼 사회보장은 인력, 재정 등의 경제기반을 정비하고 강화하는 기능을 갖는다.

(6) 노동력의 수급 기능

사회보장의 부담과 급여는 노동자와 기업에 다양한 영향을 미친다. 사회보장의 비용부담 증대는 노동자의 가처분소득을 감소시키지만, 한편으로는 가처분소득의 감소를 보충하기 위해 노동시간을 연장하여 노동력 공급을 증가시킬 가능성도 있다. 또한 기업의 사회보장 부담 증가는 인건비 및 노무비를 증가시켜 노동력 수요를 억제하든가, 정규직 노동자가 아닌 사회보험이 적용되지 않는 비정규직 노동자로 노동력 수요를 이전할 가능성이 있다.

사회보장 급여의 확충은 노동력의 공급을 억제하고 인간을 나태하게 한다는 일부의 비판이 있지만, 다수의 견해는 사회보장이 오히려 노동력의 공급을 증가시키고예 : 여성노동력, 케어산업 등 새로운 산업이나 직업을 만들어 낸다는 긍정적인 입장을 취한다.

4) 사회보장의 원칙

1952년 국제노동기구 ILO 에서는 사회보장의 원칙을 천명하였다. 제35회 ILO총회에서 채택된 「사회보장의 최저기준에 관한 조약」(제102호)을 통하여 사회보장의 원칙을 천명함으로써 사회보장의 발전에 획기적인 전기를 마련하였다. 본 조약에서 국제노동기구는 사회보장에 있어서 중요한 세 가지 원칙으로 대상의 보편성, 비용부담의 공평성, 급여수준의 적절성의 원칙을 들고 있다.

(1) 대상의 보편성 원칙

사회보장은 국민의 각계각층을 망라하여 전체 국민을 포괄하도록 적용대상을 설정하여야 한다는 원칙이다. 국민 어느 누구도 배제되어서는 안된다는 의미를 지닌다.

(2) 비용부담의 공평성 원칙

사회보장의 최저기준에 관한 조약에는 사회보장의 재정에 관한 규정들이 제시되고 있다. 제71조 사회보장은 공동 부담으로 한다는 원칙 하에 ⓐ재원은 보험료 또는 세금으로 충당하고, 자산이 적은 자에게 과중한 부담이 되지 않도록 하며, 피보험자의 경제적 상태를 고려하여 결정하여야 한다고 규정한다.

보험료에 대한 피고용자의 부담 한계는 피보험자계층의 직접 보호를 위해서 지급되는 전체 재원의 50%를 초과해서는 안 된다. 그 나머지는 사용자 부담, 특별세 수입, 일반재정으로부터의 보조금, 자본수입 등으로 충당되어야 한다는 것이다.

또한 보험료 자체의 수지로는 운영을 충당할 수 없을 때 궁극적으로 국가가 책임을 져야 한다.

(3) 급여수준의 적절성 원칙

사회보장 급여수준의 적절성 원칙은 보험의 급여수준 및 급여방법에 관한 원칙을 말한다. 사회보장은 현금급여를 원칙으로 하고 '부득이한 경우를 제외'하고는 일시급여 대신 정기적 급여를 권장한다.

급여수준의 적절성이라 함은 구체적으로 다음 세 가지 원칙을 포함하는 것이다.

① 부양수준의 원칙 : 보험급여의 수급하는 금액과 수익자의 노력을 합한 것이 최저생활이 보장되도록 하는 수준이다. 이는 자산조사를 요건으로 하는 공공부조에 관한 규정이라고 할 수 있다.

② 균일급여의 원칙 : 보험급여는 동일한 조건에서는 어느 수급자에게도 동일한 금액의 급여를 행해야 한다.

③ 비례급여의 원칙 : 급여수준은 각 개인이 사회적으로 영위하는 생활의 정도가 모두 다르기 때문에 그것에 상응하는 정도의 급여수준이 되어야 한다는 것이다.

3. 사회보장의 영역

사회보장의 영역은 사회적 욕구 유형과 사회보장의 방법에 따라서 구분해 볼 수 있다. 사회적 욕구 유형에 따라서는 소득보장, 의료보장, 고용보장, 주거보장, 사회복지서비스 등 다섯 가지 영역으로 구분한다성민선 외, 2005 : 333-335.

먼저, 소득보장은 노령, 장해, 사망, 질병, 실업 등으로 인해 소득활동이 중단되거나 감소됨으로써 겪게 될 생활 곤란을 방지하여 생활을 안정시키는 제도이다. 의료보장은 질병, 장해, 출산 등에 대해 의료서비스를 제공함으로써 국민건강을 유지, 증진시키는 제도이다. 고용보장은 실업을 당한 자에게 생계를 보조하고 직업알선 내지 노동의 질 향상 등의 지원을 통해 고용을 증진시키는 제도이다. 주거보장은 열악한 주거환경에 거주하는 자에게 기본적인 주거욕구를 충족시켜 주는 제도이다. 사회복지서비스는 사회적 취약계층에게 전문적인 개입과 기술을 통해 비화폐적인 서비스를 제공하는 제도이다.

한편, 사회보장의 방법에 따라서는 사회보험과 공공부조, 사회복지서비스, 그리고 관련 복지제도로 구분한다. 물론 이러한 방법들이 제공하는 욕구는 앞에서 살펴본 사회적 욕구 유형들이 그 대상이 된다.

따라서 욕구 유형에 따른 사회보장의 방법을 기준으로 구분하여 조망해 본다면 사회보장의 모든 영역을 살펴볼 수 있을 것이다. 하지만, 사회복지서비스는 이 책의 제10장과 제11장에서 다룰 것이며, 그리고 관련 복지제도와 욕구 유형 중 주거보장은 우리나라 사회보장의 실정법 체계상 포함되지 않기 때문에 여기서는 제외하고 사회보험과 공공부조를 중심으로 살펴본다.

1) 사회보험

사회보험이란 국민에게 발생하는 사회적 위험을 보험방식에 의하여 대처함으로써 국민의 건강과 소득을 보장하는 제도이다. 국민이 질병 · 사망 · 노령 · 실업 · 기타 신체장애 등으로 인하여 활동의 능력을 상실하거나 소득의 감소가 발생하였을 때에 보험방식에 의하여 그것을 보장하는 제도가 사회보험이라는 것이다.

사회보험은 국가가 사회보장정책 상의 목적을 달성하기 위해 민간이 개발한 보험기술을 응용하는 것이다. 기본적으로 민간보험의 기술을 이용한다는 것은, 위험을 사전에 대비하고 각자의 기여에 의한 보험료를 기반으로 보험사고가 발생하면 당연한 권리로써 보험금을 수급하는 원리이다. 보험은 독립적으로 발생하는 사건의 발생 확률이 일정 값에 근접한다대수의 법칙고 전제하고, 이에 우발적이고 불확실한 보험사고가 발생하는 확률을 정확히 파악하는 것에서 출발한다. 따라서 보험료는 보험사고 발생확률과 보험급여의 수준으로 결정되어진다급부와 반대급부 균등의 원칙.

이런 점에서 보험에 가입하여 보험집단의 일원이 된다는 것은 연대적 책임을 통해 위험을 분산시키는, 즉 자기 위험의 일부를 타인에게 부담시키는 상호부조 제도라 할 수 있다. 따라서 사회보험은 국가의 법률에 의해 강제로 가입하고 일정 보험료를 일정 기간 이상 납입하도록 하여, 수급조건에 해당되는 사유가 발생하면 자산조사 없이 보험금을 급여로 받게 된다.

그러나 민간보험과는 달리 사회보험은 국가가 사회적 고려에 기반한다는 점에서 차이가 있다. 국가는 사회구성원 모두의 가입을 강제하고, 계약이 아닌 법에 의해 보험료 규모와 급여 수준을 결정하는 형태를 갖는다. 여기에는 기본적으로 사회적 목적을 달성하기 위한 '부양주의'의 의미가 가미되어 있다.

이런 점에서 사회보험은 민간보험과는 차별되는 다음과 같은 특수성을 갖고 있다성민선 외, 2005 : 336.

첫째, 국민은 본인의 의사와는 관계없이 법에 의하여 강제로 사회보험에 가입하여야 한다. 즉, 국가혹은 위임에 의해 공단를 보험자로 하고, 국민이 피보험자가 된다.

둘째, 사회보험의 보험료 책정은 위험의 정도에 기반하기보다는 가입자의 보험료 부담능력소득이나 재산에 따라서 결정된다.

셋째, 사회보험의 급여는 사회적 생활에 필요한 최저한의 수준을 보장해 준다. 또한 사회적 적절성과 개별적 공평성을 절충하여 급여수준이 결정되며, 그 결과 급여가 기여의 정도에 비례하지 않는다.

넷째, 사회보험은 자산조사 등을 통한 욕구 검증절차 없이 법률 등에 의해 급여의 요건이나 내용이 결정된다. 따라서 급여는 개별적 고려 없이 규격화된다.

다섯째, 사회보험은 직접적으로 보험수혜를 받는 수급권자 이외의 제3자인 기업이나 국가가 공동으로 보험료의 일부를 부담하며, 보험운영에 소요되는 비용의 상당 부분을 국가에서 부담하는 것이 일반적이다.

〈표 8-1〉 사회보험과 민간보험의 차이점

구분	사회보험	민간보험
제도의 목적	최저생계 또는 의료보장	개인적 필요에 따른 보장
보험가입	강제	임의
수 급 권	법적 수급권	계약적 수급권
독 점 성	정부 및 공공기관의 독점	자유 경쟁
공동부담 여부	공동부담의 원칙	본인부담 위주
재원부담	능력비례부담	개인의 선택
보험자의 위험선택	불필요	필요
급여수준	균등급여	기여비례
성격	집단보험	개별보험

한편, 사회보험의 종류에는 그 사회적 위험에 따라 건강보험, 연금보험노령보험, 고용보험실업보험, 산업재해보험 등이 있으며, 수발보험을 포함하기도 한다. 그 구체적인 내용은 뒤에서 살펴보기로 한다.

특히 노후생계를 보장하는 연금보험은 국가마다 약간의 차이는 있지만 대체로 3층으로 구조화되어 있다. 가장 기저의 1층에는 '국민의 기본적인 생활'을 보장하는 국민연금 혹은 특수직역연금이 자리 잡고 있다. 2층에는 '표준적인 생활'을 보장할 수 있는 퇴직연금이 위치하는데, 근로자가 10년 이상 일정 금액을 특정 금융기관에 적립하면 55세부터 퇴직연금을 받을 수 있다. 가장 상층인3층에는 개인 스스로가 '여유 있는 생활'을 보장하기 위해 대비하는 개인연금이 자리하고 있다. 우리나라의 국민연금 소득대체율은 40년 가입 시 40% 수준이다. 국민연금만으로는 적정 노후소득 수준을 달성하기 어렵다는 것이다. 따라서 퇴직연금과 개인연금을 통한 추가적인 노후 준비가 필요한 이유이다.

〈표 8-2〉 한국의 연금보험의 구조

3층	사적 연금	(개인연금) – 보험사, 은행 등에서 운용	
2층		(퇴직금과 퇴직연금) – 퇴직연금제도로 통합 전환	특수직역연금 – 공무원연금 – 사학연금 – 군인연금 ※1층과 2층의 성격을 포함
1층	공적 연금	(국민연금) – 사업장가입자와 지역가입자 – 18~60세 미만 가입 – 63세 이상 수급(2033년 65세)	

2) 공공부조

빈곤은 어디까지가 국가의 책임이고, 어디까지가 개인과 가족의 책임인가가 문제이다. 이에 대한 대답은 국가마다의 경험과 사정에 따라 다르다. 그러나 선진각국은 공통적으로 '국민기본선'national minimum을 설정하여, 그 이하의 생계 곤란자에게는 국가가 제도적, 정책적으로 생계를 보장해 주고 있다. 이러한 방식의 대응책을 공공부조제도라 한다. 공공부조는 생계가 어려운 자에게 국가가 최저생활을 보장해 주는 제도로서, 국가가 보장한다는 점에서 사적부조와는 구별된다.

생계 곤란자를 구제하는 공공부조제도는 오랜 역사를 가지고 있다. 중세부터 절대왕정 시대에 걸쳐서는 장원의 영주 혹은 종교조직에 의한 자선적 구제제도가 존재했다. 그 후 산업의 발달로 지역공동체가 붕괴되면서 대량의 부랑자와 빈민이 발생하였고 사회질서를 유지하기 위한 국가적 차원의 대책이 강구되었다. 이처럼 종래의 자선적 구제제도를 국가의 책무로 전환한 것이 공공부조의 출발이라 할 수 있다.

그러나 공공부조에 대한 용어는 역사적 배경에 따라 그 성격이 다르기 때문에 국가마다 통일된 용어를 갖지 못한다. 미국과 우리나라에서는 공공부조public assistance라 하지만, 영국에서는 국민부조national assistance 혹은 무갹출급부, 독일과 프랑스에서는 사회부조social assistance라 하는 등 다양하게 불리고 있다.

또한 개념 범위에 있어서도 우리나라의 공공부조제도는 「국민기초생활 보장법」과 의료급여법 등으로 보장하고 있다. 「국민기초생활 보장법」 제1조에 따르면 "이 법은 생활이 어려운 자에게 필요한 급여를 행하여 이들의 최저생활을 보장하고 자활을 조성하는 것을 목적으로 한다"고 규정하고 있다. 그러나 독일과 프랑스 등에서는 아동수당이나 가족수당 등을 포함하면서 보다 넓은 개념 범위를 갖는다.

이러한 공공부조가 사회보험에서는 취급할 수 없는 생계 곤란자에 대한 '건강하고 문화적인 최저생활'을 보장하는 중요한 사회보장제도임에도 불구하고, 2차 세계대전 이후로는 세계 각국에서 사회보험에 비하여 상대적으로 소홀히 취급되는 경향이 있다. 이는 복지국가의 도래로 생계 곤란자만을 선별적으로 지원해 주는 공공부조제도보다는 전 국민을 대상으로 하는 보편적 제도로서 사회보험이 강조되었기 때문이다. 그러나 어느 국가든 생계 곤란자가 존재하는 한 이들의 최저생활 보장을 위해서는 공공부조가 필요하다.

이상의 공공부조가 갖는 특성을 정리하면 다음과 같다이현주 외, 2003. 첫째, 공공부조의 대상은 생계가 곤란한 자이다. 사회 전체 구성원이 아니라 소수의 빈곤계층이란 점에서 보편주의보다는 선별주의를 기본으로 하는 제도이다. 여기서 생계 곤란자란 스스로 생활을 유지할 능력이 없거나 생활이 어려운 사람들을 말한다.

둘째, 생계를 보장해야 할 주체는 국가 및 지방자치단체이다. 물론 개인의 생계는 일차적으로 자기 자신이나 가족이 책임을 져야 한다. 그러나 이들 스스로 그러한 생계문제를 해결하지 못한다면 궁극적으로는 사회나 국가가 책임질 수밖에 없다. 빈곤이란 개인의 범위를 벗어난 사회구조적인 원인에 의해 야기된다고 보기 때문이다.

셋째, 재원은 국세 혹은 지방세 등 일반조세에서 충당한다. 따라서 수혜를 받는 수급자에게는 부담을 지우지 않는다무기여 급부. 공공부조는 국가에 의한 일방적인 원조라 할 수 있다.

넷째, 급여의 수준은 수급자의 사정을 고려하여 최저한의 생활 필요를 충족시키는 정도이다. 개인이 필요로 하는 것을 고려하여 적절하게 행하되, 필요 이상을 넘지 않는 최저한으로 머물러야 한다.

다섯째, 사후적인 빈곤대책의 성격을 갖는다. 사전 예방적인 방빈의 제도가 아니라 이미 빈곤한 자들을 대상으로 사후 치료적인 차원의 구빈 제도라는 것이다. 따라서 현재 빈곤의 정도, 대상자 특성, 급여종류 및 수준 등을 확인하기 위해 자산조사means test와 신청자의 욕구조사need test를 조건으로 한다.

여섯째, 공공부조는 본인 및 부양의무자의 신청에 의해 시행되며, 급여는 생계비와 같은 현금급여를 원칙으로 하며, 원조는 개인이 아닌 세대를 단위로 실시한다.

〈표 8-3〉 사회보험과 공공부조의 특성 비교

구분	사회보험	공공부조
목 적	사회적 위험에 대한 사전 대비(방빈)	사회적 위험에 대한 사후적 대응(구빈)
급여 수준	적정선(최저생계비+최저임금) 평등보다 소득비례급여 원리	사회적 최소한(최저생계비) 무차별평등주의
수급자격 요건	기여금 · 가입기간 요건	욕구조사 · 자산조사 필요
재원 조달	기여금(보험료), 목적세	일반조세
수혜자 범위	모든 참여자(전 국민) (보편주의)	소수의 빈곤층 (선별주의)
낙인 여부	당연한 권리로 인식(채권 성격)	낙인 인식, 신청기피(권리성 취약)

이러한 특징들을 바탕으로 공공부조제도의 기본원리를 보면 다음과 같다.

① 국가책임의 원리 : 일상생활이 어려운 국민의 생존권을 보장하는 일은 국가의 책무이므로, 공공부조제도의 실시를 국가 혹은 공공의 책임으로 간주한다. 따라서 생계 곤란자의 생활보장의 책임을 민간단체나 개인에게 전가하여서는 안 되며, 이들로부터 재정적인 원조를 구해서도 안 된다.

② 사회적 형평의 원리 : 공공부조제도 운영에 있어서 국가는 같은 처지에 있는 사람을 같이 대우해 주고, 서로 다른 처지에 있는 사람을 서로 다르게 대우해 주는 것을 원칙으로 한다.

③ 보충성의 원리 : 공공부조제도는 생활상 곤란에 처한 경우에 의존할 최후의 수단으로 간주한다. 따라서 개인은 국가의 보호를 받기 전에 자기의 자산과 근로능력을 최대한 활용하여야 하고사적부양 우선, 그럼에도 불구하고 부족할 경우에 그 부족한 부분을 채워주는 것이 공공부조이다. 또한 다른 법에 의한 보호를 우선적으로 적용하고타법부조 우선, 최후로 공공부조의 보호를 고려한다.

④ 자립조장의 원리 : 공공부조 급여제공은 기본적으로 수급권자의 자활 및 자립을 조장하는 방향으로 운용되어야 한다. 단순히 연명을 하기 위해 구빈을 한다기보다는 잠재적인 능력을 개발하여 빈곤상태를 근본적으로 탈피할 수 있도록 조장하는 것에 우선을 두어야 한다. 따라서 공공부조는 근로유인적 성격을 가지고 있으며, 근로능력이 있는 대상에게는 근로와 연계하여 서비스자활프로그램가 제공된다.

⑤ 무차별 평등의 원리 : 국가는 개인의 태만이나 비행, 개인적 철학 등과 같은 생활빈곤의 주관적 원인을 묻지 않고, 생활유지가 어려운 상태라는 객관적 요건만 있으면 차별 없이 평등하게 보장하여야 한다. 생활이 곤궁한 모든 국민은 법률이 정하는 바에 따라 신분이나 이념에 관계없이 평등하게 보호받아야 한다.

⑥ 생존권 보장의 원리 : 국민이 건강하고 문화적인 생활을 영위할 권리를 인정하고, 따라서 모든 국민은 생활이 곤궁해졌을 때 국가로부터 인간다운 최저한의 생활을 보장받을 권리를 지닌다.

4. 사회보장의 내용

사회보장의 내용을 이해하고 그 특성들을 분석하기 위해서는 프로그램을 구성하고 있는 요소를 파악하고, 각 구성요소별로 다양한 선택 대안 및 그것들이 갖는 특성들을 확인할 필요가 있다. 이러한 시각에서 제시한 가장 일반적인 분석틀로는 Gilbert와 Specht의 산출분석을 들 수 있다Gilbert & Specht, 1986.

이들에 따르면 사회보장정책의 구체적인 내용은 네 가지 차원으로 구분할 수 있다.

① 사회적 할당social allocation : 사회복지 급여를 누구에게 줄 것인가라는 급여의 적용대상 선정과 관련이 있다. 사회보장의 적용대상은 제반 사회보장제도 상의 급여를 받는 것을 권리로 인정하여 수급권자라 한다. 현재 우리나라의 사회보장 적용대상에 대해서는 「사회보장기본법」에서 그 대강을 규정하고 있고, 개별사업별 자격요건이나 기준은 개별 사회보장법에 제시되어 있다.「사회보장기본법」제9조에 의한 사회보장의 대상은 포괄적으로 전 국민을 대상으로 하고 있다. 반면에 외국인의 경우는 상대 국가가 우리 국민에게 베푸는 정도에 따라 제공하는 상호주의에 따른다.

② 급여social provision : 무엇을 줄 것인가 하는 급여의 형태와 수준을 결정하는 선택과 관련된다. 먼저, 급여의 형태는 생계가 어려운 수급권자에게 직접 먹고 살 식품이나 주택을 제공할 것인가, 아니면 그것들을 살 수 있는 현금을 지급할 것인가의 문제이다. 대체로 현금급여와 현물급여가 중심이 되고 있지만, 그밖에도 증서voucher, 기회, 권력, 서비스 등의 형태를 보이기도 한다. 최근 현금급여의 목표효용성을 제고하기 위하여 현물급여와 현금급여의 중간적인 성격을 갖는 증서의 활용이 확대되고 있다. 반면에 급여수준은 어느 정도 소득을 보장해 줄 것인가의 문제이다. 사회적인 위험에 처하기 이전의 소득과 이후의 소득을 비교하는 소득대체율이라는 개념이 사용된다. 「사회보장기본법」에 따르면, 사회보장의 급여수준은 '모든 국민이 건강하고 문화적인 생활을 유지할 수 있는 수준'이어야 한다. 그러나 그 표현이 추상적이기 때문에 구체적으로는 매년 최저생계비 및 최저임금을 참작하여 사회보장급여의 수준을 결정하도록 하고 있다. 그 밖에도 가입자의 갹출금, 가입기간, 사회경제적 수준과 사회적 가치 등 다양한 변수들을 고려하여 급여수준이 결정된다.

③ 전달체계delivery system : 서비스가 공급자에게서 수혜자에게로 전달되는 과정에 관한 것이다. 다시 말해 사회복지서비스의 공급자와 소비자를 연결시키기 위한 조직적 장치를 말한다Gilbert & Specht, 1986. 공급자와 소비자를 연결시키는 장치로는 크게 두 가지로 나눌 수 있는데, 거시적인 측면에서 기획하고 지시하며 관리하는 행정 전달체계와 미시적인 측면에서 서비스 수혜자들과 직접적으로 대면하면서

서비스를 전달하는 집행 전달체계가 그것이다김영종, 2007. 이러한 전달체계에 대해 「사회보장기본법」에서는 구축의 원칙을 제시하고 있다제28조. 지역별, 기능별 균형이 이루어져야 한다는 균형성의 원칙, 관계기관 및 관계자 사이의 조정이 원활하게 이루어져야 한다는 조정성의 원칙, 모든 국민이 쉽게 이용할 수 있어야 한다는 이용의 용이성편익성의 원칙 등이 있다.

④ 재원finance : 재원조달의 형태와 원천에 대한 선택과 관련이 있다. 사회보장의 재원은 사회보장 관련급여의 제공과 그 운용에 필요한 자금의 원천을 말한다. 보험의 원리가 적용되는 사회보험과 원호의 원리가 적용되는 공공부조는 재원에 있어서도 당연히 차이를 보인다. 사회보험의 경우 사용자, 피용자 및 자영업자가 부담하는 것을 원칙으로 하고 있고, 국가가 그 일부를 부담할 수 있도록 한다. 반면에 공공부조는 전부 또는 일부를 국가 및 지방자치단체가 부담하도록 하고 있다. 한편 사회복지서비스는 국가 및 지방자치단체의 부담을 원칙으로 하고 있지만 부담능력이 있는 국민에 대해서는 수익자부담을 허용하고 있다.

이들의 분석틀은 사회보장의 구체적인 내용을 분석하는 데 적절하고, 국가 간 비교분석도 가능하다는 점에서 널리 적용되고 있다. 이하에서는 적용대상 · 급여 · 전달체계 · 재원이라는 분석틀을 기준으로 사회보험으로서 국민연금, 건강보험, 산재보험, 고용보험 및 장기요양보험을 살펴보고, 공공부조로서 국민기초생활보장제도와 기초연금제도를 살펴본다.

1) 국민연금

(1) 적용대상

노령 등으로 인한 소득 중단 및 감소에 대비하는 사회보험제도가 국민연금이다. 국민연금의 적용대상은 가입자와 수급권자로 구분해 볼 수 있다. 가입자는 국내에 거주하는 만18~60세의 소득이 있는 모든 국민 및 국내거주 외국인으로써 사업장가입자와 지역가입자로 구성된다. 만약 보험기간을 충족시키지 못하면 충족될 때까지 임의계속가입자가 될 수 있고, 사업장 · 지역가입자는 아니지만 가입을 원할 경우 신청에 의해 임의가입자가 될 수도 있다.

반면 수급권자는 노령연금의 경우 '10년 이상 국민연금 가입자에 대하여 연금수급 개시연령에 도달한 자'[3]라는 조건을 충족시켜야 한다. 그러나 연령이나 보험기간, 소득 유무 등에서 예외를 인정하여 제한적 급여제도를 두기도 한다. 또한 장애연금의 경우 '가입자 또는 가입자였던 자가 질병이나 부상으로 신체상 또는 정신상의 장애가 있을 때 60세 미만이더라도 지급'하고 있다. 2022년 8월말 현재 국민연금 가입자는 2,228만 명이다.

(2) 급여

국민연금의 급여는 노령연금, 장애연금, 유족연금, 반환일시금, 사망일시금이 있다. 연금제도는 일체 현금급여의 형태를 갖고 있다. 각각의 수급요건과 급여수준은 〈표 8-4〉와 같다.

〈표 8-4〉 국민연금 급여의 종류 및 수준

급여종류		수급요건	급여수준
노령연금	완전노령연금	20년 이상 가입, 개시연령 도달	기본연금액 100%+부양가족연금액
	감액노령연금	10~20년 가입, 개시연령 도달	기본연금액 50~95%+부양가족연금액
	재직자노령연금	10년 이상 가입, 65세 미만인 자로 소득업무 종사자	기본연금액 50~90%
	조기노령연금	10년 이상 가입, 개시연령 5년미만으로 소득없는 경우	기본연금액 70~94%+부양가족연금액
	분할연금	혼인기간 5년 이상, 수급권자의 배우자가 개시연령 이상	혼인기간 배우자 노령연금액의 1/2
	특례노령연금	1988. 1. 1. 현재 45~60세, 5년 이상 가입자	기본연금액 25~75%+부양가족연금액

3) 연금수급 개시연령을 2013년부터 5년마다 1세씩 상향하여 65세로 개정하였다.

52년생 이전	53-56년생	57-60년생	61-64년생	65-68년생	69년생 이후
60세	61세	62세	63세	64세	65세

급여종류	수급요건	급여수준
장애연금	가입 중 질병 · 부상으로 장애발생	기본연금액 60~100%(장애등급)+부양가족연금액 (장애4급은 225% 일시금)
유족연금	노령연금 수급권자 등 사망	기본연금액 40~60%(가입기간)+부양가족연금액
반환일시금	가입이 10년 미만인 자가 개시연령이 된 때, 국적상실 혹은 국외이주 등	기여금+정기예금 이자율
사망일시금	가입 중 사망했으나, 유족 없고 4촌 이내 방계혈족 존재할 때	최종 소득액과 기준소득월액 중 많은 것의 4배 이내

국민연금의 중심적인 급여는 노령연금이다. 노령연금 중에는 가입기간이 20년 이상이고, 연령수급 개시연령에 도달하며,[4] 퇴직 후 일정 금액 이하 소득자로 생활하는 완전한 조건을 갖추었을 경우에 기본연금액 100%와 부양가족연금액일종의 가족수당 전액을 수급하는 완전노령연금을 받는다. 반면에 위의 조건 중 가입기간 미달감액노령연금이나, 소득의 발생재직자노령연금이나, 연령의 미달조기노령연금 등에 대해서는 전액이 아닌 일정 비율의 급여를 지급받게 된다. 특히 노령연금액은 20년 이상을 가입하게 되면 20년 이후부터 20년을 넘는 1년마다 0.5%씩 연금액이 늘어난다. 또한 가입기간 중 혹은 수급 중에 장애나 사망, 자격상실 등의 원인으로 급여지급에 중요 사유가 발생하였을 경우 장애연금, 유족연금, 반환일시금, 사망일시금 등이 지급된다.

국민연금은 사회적 기여로 인정되는 군복무, 출산, 실업에 대해 가입기간 산입제도크레딧제도를 두고 있다. 의무 군복무는 6개월, 자녀 출산은 2명에 12개월에 그 이상 18개월씩 연장하여 최대 50개월까지, 실업은 실업급여의 구직급여 수급기간으로 최대 12개월까지를 국민연금 가입기간으로 추가로 산입을 인정해 주고 있다.

국민연금의 급여수준은 본인의 평균소득 대비 연금지급액 수준인 소득대체율이라는 개념을 사용한다. 우리나라의 경우 소득대체율은 40%인데, 이는 국민연금을

4) 2013년부터 수급 가능 연령이 61세, 이후 5년마다 1년씩 연장하여 2033년에는 65세가 되어야 연급 수급이 가능하다.

40년간 가입한 경우에 본인이 평생 번 평균소득의 40%를 국민연금으로 수급하도록 설계되어 있다는 것이다. 그러나 신규 수급자 평균 가입기간이 18.6년이기에, 실질 소득대체율은 24.2% 수준이다(2020년 말 기준).

(3) 전달체계

국민연금에서 전달체계는 행정 전달체계로서 관리운영 주체인 보건복지부 장관과 각종 위원회가 있다. 보건복지부는 국민연금 장·단기정책의 수립 및 집행에 관한 지도·감독의 기능을 갖는다. 각종 위원회로는 자문 심의기구로 국민연금심의위원회, 기금운용에 관한 심의 의결기구로 국민연금기금운용위원회가 있고, 이의신청에 대한 심사기구로 국민연금심사위원회 등이 있다. 반면에 보건복지부장관의 위탁을 받아 실무적인 업무는 국민연금공단이 담당하고 있다. 국민연금공단은 가입자 관리, 보험료 부과, 급여 결정과 급여 지급 등의 역할을 수행한다. 다만, 보험료의 징수는 국민건강보험공단이 5대 보험에 대해 통합 고지·징수하고 있다.

(4) 재원

「국민연금법」의 급여비용은 가입자가 매월 불입하는 보험료로 조달함을 원칙으로 한다. 국민연금의 보험료는 가입자의 기준소득월액에 일정 보험료율을 곱하여 산정한다. 보험료는 사업장가입자의 경우 근로자와 사용자가 50%씩 분담하고 있으며, 지역가입자, 임의가입자 등의 경우는 전액을 본인이 부담하고 있다. 다만 농어촌 거주 지역가입자는 보험료의 50%를 국가에서 지원해 주고 있다. 2023년 현재 국민연금 보험료는 소득금액의 9%이다.

연금의 재정방식으로는 부과방식과 적립방식이 있는데, 전자는 매년의 급부비용을 매년 조달하는 방식이고, 후자는 1년을 단위로 장래 보험료의 부담을 평준화하여 징수한 보험료에 대해 연금 실시 초기에 그 차액을 적립하는 방식이다. 우리나라는 연금의 안정적인 재원 확보를 위해 연금보험료 및 그 이식금을 주요 재원으로 기금을 조성하여 운영하는 수정(부분) 적립방식을 채택하고 있다.

다만, 국민연금의 급여가 처음부터 낸 것에 비해 받는 것이 많아지도록 설계되었기 때문에 지금까지 축적된 적립금도 언젠가는 재정 고갈의 문제에 봉착할 수밖에 없다.[5)] 이러한 재정문제를 해결하기 위하여 보험료를 인상하거나 급여를 줄여 소득대체율을 낮추는 방향으로 개편하는 것에 관한 논의가 지속적으로 제기되고 있다.

2) 건강보험

(1) 적용대상

건강보험은 국민의 질병 · 부상에 대한 예방 · 진단 · 치료 · 재활과 출산 · 사망 및 건강증진에 대하여 보험급여를 실시함으로써 국민보건 향상과 의료비 부담을 보험으로 경감시켜 주는 사회보험이다. 따라서 국내에 거주하는 모든 국민이 가입자 또는 피부양자가 되며, 다만 의료급여나 의료보호를 받는 사람은 제외된다.

가입자는 직장가입자와 지역가입자로 구분한다. 직장가입자는 모든 사업장의 근로자공무원과 교직원 포함 및 사용자가 되며, 피부양자로는 직장가입자의 배우자나 직계존 · 비속, 형제자매로서 보수나 소득이 없는 사람을 말한다. 다만 피부양자는 재산과표가 5.4억원 이하이어야 한다.[6)] 지역가입자는 직장가입자와 그 피부양자를 제외한 가입자를 말하며 세대단위로 구성된다.

(2) 급여

건강보험의 급여는 현물급여로서 요양급여와 건강검진이 있고, 현금급여로서 요양비, 장제비, 본인부담액보상금, 장애인보장구급여비가 있다. 구체적인 건강보험의 급여종류와 지급대상은 〈표 8-5〉와 같다.

건강보험 급여는 피보험자 및 피부양자의 질병이나 부상 등의 보험사고에 대하여 급여하는 요양급여, 건강검진, 요양비, 장애인보장구급여비 등 법정급여가 있고, 보험자국민건강보험공단의 재정 상태에 따라 탄력적으로 적용하는 장제비, 본인부담액보상금 등 임의급여가 있다.

5) 2023년 현재 국민연금 적립금은 약 1,100조원 규모이다: 국민연금공단 기금운용본부(https://fund.nps.or.kr)

6) 재산과표가 5.4억원 초과하면서 9억원 이하인 경우는 연간소득이 1천만원 이하이면 인정하며, 형제자매는 재산과표 1.8억원 이하이어야 한다.

〈표 8-5〉 건강보험 급여의 종류 및 지급대상

종류	종별	지급대상	비고
요양급여	현물급여	가입자 및 피부양자의 질병, 부상, 출산 등 요양	법정급여
건강검진		가입자 및 피부양자에게 2년(혹은 1년)에 1회 검진	
요 양 비	현금급여	요양기관 외에서 질병, 부상 등에 대한 요양	
장애인보장구급여비		장애등록 가입자 및 피부양자가 보장구 구입	
장 제 비		가입자가 사망한 경우 장제 행한 자	임의급여
본인부담액보상금		본인부담금이 6월간 200만 원 초과액을 환급	

요양급여의 경우 진료, 약제, 수술, 간호, 이송 등의 의료서비스가 요양기관의료기관, 약국, 보건소 등에서 실시된 경우 보험료와 본인부담금으로 지급되는 급여이다. 건강보험은 사회보험의 일종이지만 일부를 본인에게 부담시킴으로써 수익자부담의 원칙을 적용시키고 있다. 입원의 경우는 진료비 총액의 20%를, 외래의 경우는 요양기관 종별에 따라(30-60%)를 차등 부담시키고 있다.

건강검진은 일반 건강검진1~2년마다과 생애전환기40세 및 66세 건강검진이 있으며, 전액 보험료로 부담하여 본인부담금이 없다. 암검진 비용은 보험료에서 90%를 부담한다. 요양비는 긴급하거나 그 밖의 부득이한 사유로 요양기관과 비슷한 기능을 하는 기관에서 질병 · 부상 · 출산 등에 대하여 요양을 받는 경우에는 그 요양급여에 상당하는 금액을 가입자나 피부양자에게 요양비로 지급한다.

현재 건강보험은 질병 혹은 치료 목적이 아닌 요양이나 업무 및 일상생활에 지장이 없는 질환의 경우는 급여대상에서 제외한다.

(3) 전달체계

건강보험에서의 전달체계는 행정 전달체계로서 관리 · 운용의 주체인 보건복지부장관과 요양급여 기준이나 급여비용, 보험료율 등을 심의 · 의결하는 건강보험정책심의위원회가 있다. 반면에 집행 전달체계로는 위탁기관으로 가입자 및 피부양자 관리, 보험료 부과 · 징수, 보험급여 관리를 담당하는 국민건강보험공단과 요양급여 심사 등의 업무를 가진 건강보험심사평가원, 그리고 직접 의료서비스를 전달하는 요양기관병원이 각각의 역할을 수행한다. 요양기관으로는 의료기관, 약국,

한국희귀의약품센터, 보건소 · 보건의료원 및 보건지소 등을 둔다.

(4) 재원

건강보험의 재원은 건강보험료, 국가지원20% 이내, 본인부담금입원 20%, 외래 30~50% 정도으로 이루어진다. 현재 건강보험의 급여비용의 65% 내외가 주로 보험료 및 국가지원으로 조달되고 있고 나머지 35%는 본인부담으로 충당한다. 비교적 본인부담금의 규모가 큰 편이다. 다만, 보험료의 기금화를 위한 적립방식을 채택하지 않고, 매 회계연도마다 정산하는 부과방식을 택하고 있다는 것이 국민연금과의 차이라 할 수 있다.

건강보험료는 소득에 따른 정률방식으로 부과하는데, 직장가입자의 경우는 월 급여액의 2~8% 범위 내에서 매년 보건복지부 장관이 요율을 공표하며2023년 7.09%, 이를 사용자와 피용자가 50%씩 분담하게 된다. 보수월액 보험료는 가입자의 보수월액에 보험료율을 곱하여 보험료를 산정한 후, 경감 등을 적용하여 가입자 단위로 부과한다.

지역가입자의 경우는 가입자의 소득, 재산 등을 소득으로 환산한 부과표준소득을 산정하고 여기에 점수별 금액을 곱하여 보험료를 세대 단위로 부과한다. 농어촌, 벽지 등은 일정 비율 경감시켜 준다. 다만, 보험 운영 등에 필요한 비용은 국가에서 전부 또는 일부를 부담한다.

3) 산재보험

(1) 적용대상

산재보험의 적용대상은 부상, 질병, 신체장해 또는 사망 등 업무상 재해를 당한 근로자이며, 가입자는 모든 사업장의 사업주이다. 근로자를 사용하는 모든 사업 또는 사업장(상시근로자 1인 이상)이 적용대상이다. 예외적으로 특수직역연금 사업장공무원, 사립학교교직원, 군인 및 산업규모나 특성을 고려하여 대통령령에 따라 농림어업이나 건축업 중 소규모 사업자 등은 가입적용 대상에서 제외시키고 있다. 산재보험은 근로자의 업무상 재해에 대한 사업주의 보상의무를 구체화한 것이다. 근로자가 업무상 재해를 당했을 때 근로기준법에 따라 보상해 주어야 하는데 이를 보험으로 처리하는 것이다. 따라서 근로자가 아닌 사업장을 중심으로 관리가 이루어진다. 적용대상과 관련하여 보험관계는 국가혹은 근로복지공단가 보험자가 되며, 사업주는 보상책임을 강제하여 보험가입자가 된다. 산재보험은 원칙적으로 재해자의 과실 유무와는 상관없이 보상한다는 점에서 무과실책임주의에 따르며, 피보험자의 개념이 성립하지 않는 책임보험의 성격을 가진다.

산재보험은 근로자 본인의 치료나 본인의 부양가족의 생계를 보장하기 위한 제도이지만, 사업주의 입장에서는 산업재해의 위험을 분산시켜 기업의 안정을 도모하고 국가는 안정적으로 경제발전을 지속시키려는 목적을 갖는 제도이다.

(2) 급여

산재보험의 급여는 현물급여로서 요양급여와, 현금급여로서 간병급여, 휴업급여, 상병보상급여, 장해급여, 유족급여, 장의비가 있다. 구체적으로 급여종류별 수급요건과 급여수준은 〈표 8-6〉과 같다.

산재보험은 업무상 재해가 발생하였을 때 지급한다. 그러나 3일 이내의 치유 가능한 것은 「근로기준법」에 따른 공상으로 처리하고 4일 이상의 치유가 필요한 경우에 요양급여 및 휴업급여를 지급한다. 또한 산재보험은 무과실 책임원칙이기 때문에 사업주의 고의 및 과실의 유무를 불문하고 업무상의 재해에 대하여 보험자가 근로자를 보호하지만, 사업주의 고의나 과실이 확인되면 보험자근로복지공단는 별도의 손해배상 청구를 할 수 있다. 업무상 재해가 되기 위해서는 근로자가 업무를 수행하던 중에 발생하였거나업무수행성 그 업무로 인하여 재해가 발생하였음업무기인성을 동시에 충족하여야 한다.

〈표 8-6〉 산재보험 급여의 종류 및 수준

종류	수급요건	급여수준
요양급여	의료기관에 수용 · 치료 등(4일 이상)	현물지급(서비스)
간병급여	치유후 간병(상시 : 장해 1급)	정액의 간병료 지급
휴업급여	요양으로 4일 이상 미취업	평균임금의 70% 지급(임금 대신 지급)
상병보상급여	요양 후 2년 경과 시에도 치유 안 될 경우	연금지급(1~3급)

종류	수급요건	급여수준
장해급여	상병 치유 후 신체장해	연금(1~3급)/일시금(8~14급) 지급
유족급여	업무상 재해로 사망한 자의 유족	유족보상연금(월급여의 52-67%), 유족보상일시금(평균임금 1,300일분)
장의비	업무상 재해로 사망	장제에 소요되는 비용 (평균임금 120일분 상당)

산재보험 현금급여의 산정기준은 재해 당시 피재근로자의 임금 혹은 평균임금 등으로 한다. 산재보험 급여는 재해 발생에 따른 손해 전체를 보상하는 것이 아니라 평균임금을 기초로 하는 정률보상 방식을 채택하고 있다. 이때 근로자의 평균임금이 고용노동부장관이 고시하는 최고보상 기준금액을 초과하거나 최저보상 기준금액에 미달하는 경우 최고 혹은 최저보상 기준금액을 평균임금으로 간주한다.

(3) 전달체계

산재보험에서는 행정 전달체계로서 관리 · 운영의 주체인 고용노동부장관이 보험요율 및 급여수준을 결정하며, 산재보험 및 예방에 관한 중요 사항을 심의하게 하기 위하여 고용노동부에 산업재해보상보험 및 예방심의위원회를 둔다. 집행 전달체계는 위탁기관인 근로복지공단으로, 가입자 및 수급권자 관리, 보험료 징수, 급여지급과 시설업무 등을 수행한다. 역시 보험료는 국민건강보험공단에서 통합 징수하고 있다.

(4) 재원

산재보험도 급여비용을 보험료로 조달한다. 건강보험과 마찬가지로 부과방식을 채택하고 있다. 산재보험의 보험료 조달은 정률방식에 따르는데, 보험료를 피용자근로자는 부담하지 않고 전액을 사업주사용자가 부담하며, 그 운영 등에 소요되는 비용은 국가가 부담한다. 산재보험은 사업주들이 낸 보험료를 기금형식으로 관리하여 재해 근로자에게 지급하는 방식이다. 계약자(사업주)와 피보험자(근로자)가 일치하지 않는 보험이다.

산재보험의 보험료는 사업주가 전액을 납부한다. 산재 보험료는 해당연도의 보수총액(1년간 근로자에게 지급한 임금총액)에 보험료율을 곱하여 산출한다. 보험

요율은 사업종류별 재해율과 경제활동의 동질성을 고려하여 전년도 말 고용노동부장관이 고지한다. 사업종류별로 적용하되, 사업장별로도 산재사고의 빈도 또는 저소득 근로자(특수형태사업장)에 근거하여 산재보험료율의 50% 범위 내에서 할증 또는 할인이 주어진다.

4) 고용보험

(1) 적용대상

고용보험은 근로자가 실직으로 소득을 상실하였을 때 생활의 안정을 위해 일정 기간, 일정 수준의 급여를 지급하여 소득을 보장해 주는 한편, 다양한 고용증진 서비스를 제공하고 있다. 이는 구빈을 목적으로 하는 것이 아니라 예방의 방빈과 고용기회의 확대라는 취지를 갖는다.

고용보험의 적용대상가입자은 1인 이상 근로자를 사용하는 모든 사업 및 사업장이 된다. 사업장은 모든 사업장이 적용대상이며, 근로자는 적용사업에 고용된 모든 근로자1일 단위 계약 포함가 대상이 된다. 고용보험 사업(장)은 적용대상에 따라 당연적용사업과 임의가입사업으로 구분된다. 근로자를 고용하는 모든 사업이 당연 가입 대상이다. 다만, 65세 이상 고령자나 가사서비스 종사자, 대통령령에 따른 농림어업이나 건축업 중 소규모 사업자 등은 가입적용 대상에서 제외시키고 있다. 당연가입 대상사업이 아닌 사업의 경우 근로복지공단의 승인을 얻어 고용보험에 가입할 수 있는데(근로자 과반 이상의 동의 요건) 이를 임의가입사업이라 한다.

한편 급여대상은 모든 가입자라 하더라도 모든 실직근로자가 급여대상이 되는 것이 아니다. 실직자 중에서 비자발적 실업자로서 과거 일정 기간 취업경력18개월간 180일 이상 피보험기간을 갖고 근로 의사가 있음에도 취업하지 못하고 재취업을 위해 노력하여야 고용보험의 수혜대상이 될 수 있다.

(2) 급여

고용보험의 급여는 고용보험 급여사업별로 차이가 있다. 고용보험 급여사업은 실업급여 부문과 고용안정·직업능력개발 부문, 그리고 모성보호 부문이 있다. 구체적으로 지원 분야 및 급여내용은 〈표 8-7〉과 같다.

〈표 8-7〉 고용보험 급여의 종류 및 내용

부문	지원 분야	급여내용
실업급여 부문	구직급여/연장급여	훈련연장급여 등
	취직촉진수당	조기재취직 수당 등
고용안정 · 직업능력개발 부문	고용조정 지원	고용유지 지원금 등
	고용촉진 지원	고령자고용촉진 장려금 등
	사업주 지원	직업능력개발훈련 지원 등
	근로자 지원	수강장려금 지원 등
모성보호 부문	육아휴직급여, 출산전후 휴가급여	

실업급여는 일정 기간 취업하여 고용보험을 납입하고 비자발적 실직을 당한 자에게 지급하는 급여로, 구직급여와 취직촉진수당이 있다. 구직급여는 고용보험의 대상 실직자가 실직 후 대기기간(7일)이 경과하면 실직자와 그 가족은 생활안정과 구직활동을 위한 구직급여를 일정 기간 수급받는다. 이는 피보험기간 및 연령에 따라 120~270일분의 급여가 지급된다. 구직급여는 실직 이후 실업을 신고하고 워크넷에 구직등록하여야 하며 지급받는 동안 1-4주마다 가까운 지방노동관서고용센터에 출석하여 적극적으로 구직활동을 하였음에도 실업상태에 있다는 사실을 인정받아야 한다

고용안정 및 직업능력개발 급여는 산업구조의 변화와 기술 진보 과정에서 근로자의 고용안정을 보장하면서 기업의 고용조정을 합리적으로 지원하고, 기업과 근로자의 직업능력 개발지원을 통해 인적 자원의 질을 향상시키고 근로자 스스로의 직무능력 향상 노력을 유인하여 급변하는 경제생활에 능동적으로 대처할 수 있게 지원하는 제도이다. 고용안정사업은 고용창출, 안정과 조정, 촉진 등의 다양한 세부사업을 갖는다. 고용유지 및 실직자를 채용하는 사업주에게는 지급임금의 약 50%까지를 지원한다. 직업능력개발사업은 직업훈련 및 자기개발 훈련비용 등을 위해 사업주, 근로자 혹은 실업자에게 일정액을 지급한다.

마지막으로 모성보호사업은 모성보호와 여성의 일과 가정 양립을 지원하기 위

한 제도이다. 고용보험을 통해 모성보호를 사회가 책임진다는 의미를 갖는다. 육아휴직급여30일 이상와 육아기 근로시간 단축, 출산전후 휴가급여90일간 통상임금에 해당하는 금액 지급, 근로시간 제한 및 육아시간 제공, 직장보육시설 지원 등이 있다.

(3) 전달체계

고용보험은 정부가 보험자로서 직접 운영하는 정부 관장보험이다. 여러 정부 부서들의 협조와 효율적 집행을 위해 고용노동부 장관이 행정체계를 담당한다. 반면에 집행 전달체계는 지방고용노동청과 고용노동지청 등 지방노동관서와 고용센터에 의해 이루어진다. 고용센터에서는 실업급여 지원과 고용안정 및 직업능력개발사업 관련 각종 업무를 담당한다. 다만, 고용보험 가입과 사업장 관리, 직업훈련 등 일부의 업무는 근로복지공단과 한국산업인력공단에서, 보험료 고지 및 수납 능 징수업무는 국민건강보험공단에서 수탁받아 수행한다.

(4) 재원

고용보험은 사회보험으로서 재원을 주로 보험료에 의존하고, 기타 법에 따른 징수금 · 적립금 · 기금운용수익금 · 기타 수입으로 조성한다. 고용보험사업 중 실업급여는 근로자와 사업주가 50%씩 분담하지만, 고용안정 및 직업능력 개발사업은 사업주가 전액을 부담한다. 모성보호사업의 재원은 실업급여에 포함시킨다. 다만 관리 · 운영비용의 전부 또는 일부는 국가가 부담하도록 하고 있다. 보험료율은 실업급여의 경우 월급여의 1.3%를 근로자와 사업주가 각각 0.65%씩 분담하며, 고용안정 및 직업능력 개발사업은 사업장 규모와 종류에 따라 사업주가 임금 총액의 0.25~0.65%를 부담한다.

5) 장기요양보험

(1) 적용대상

장기요양보험제도란 고령이나 노인성 질병 등으로 인하여 일상생활을 혼자 수행하기 어려운 노인 등에게 신체활동 또는 가사지원 등의 장기요양급여를 제공하는 일종의 수발 사회보험이다. 2008년부터 시행되고 있는 이 제도의 특징은 사회보험방식을 기반으로 운영되며 그 재원은 보험료와 정부 재정, 그리고 자기 부담으로 구성되는 혼합방식을 통해 조달되고 있다.

〈표 8-8〉 각국의 노인장기요양보장 유형

구분	조세방식		사회보험방식	혼합방식
	보편적방식	선별적 방식		
재원	국세 중심 (지방세 보조)	지방세 중심 (국고 보조)	보험료 (일부 국고 보조)	보험료 + 정부 재정 + 자기부담
적용	전 국민	취약계층	전 국민 가입	사회보장 + 임의가입
전달체계	중앙정부 + 민간사업자	지자체 + 민간사업자	민간사업자 + 공공투자	민간사업자 중심
관리운영	지자체	지자체	보험자 (지자체와 연계)	다원화 (정부 규제)
채택 국가	영국, 스웨덴, 덴마크, 핀란드, 이탈리아, 스페인		독일, 일본, 네덜란드	한국, 미국

장기요양보험의 가입자는 국민건강보험 가입자와 동일하다. 따라서 전 국민이 가입자가 된다. 반면에 수급자는 65세 이상 자와 65세 미만 자로 구분할 수 있다. 65세 이상 노인은 질병의 종류와 상관없이 요양등급 인정 시 급여 혜택을 받을 수 있으며, 65세 미만인 자는 노화 및 노인성 질환에 한정하여 6개월 이상 혼자서 일상생활을 수행하기 어렵다고 인정되면 수급이 가능하다. 수급자는 심신의 기능상태 장애 정도에 따라 1~5등급 및 인지지원등급으로 구분된다.

(2) 급여

급여는 재가급여와 시설급여, 그리고 특별 현금급여가 있다. 재가급여는 급여대상자가 가정 혹은 머무는 장소에서 방문요양, 방문목욕, 방문간호, 주 · 야간보호, 단기보호, 기타 재가급여 등을 받는 급여이다. 시설급여는 장기요양기관이 운영하는 노인요양시설, 노인요양공동생활가정그룹홈, 노인전문병원 등 노인요양시설에

장기간 입소해 신체활동 지원 등을 제공받는 급여이다. 특별 현금급여는 요양인프라 부족이나 천재지변 등 특수 상황에 처한 수급자에게 가족요양비, 특례요양비, 요양병원 간병비 등을 제공하는 급여이다. 시설급여는 모든 등급에서 동일하게 요양수가의 80%를 지원받으며, 재가급여는 요양수가의 85%를 지원받게 된다. 요양등급이 높을수록 기본 요양수가는 높아진다.

(3) 전달체계

장기요양보험제도의 행정체계는 보건복지부와 지방자치단체이며, 그 위탁관리기관은 국민건강보험공단이다. 공단은 가입자 등의 자격관리, 보험료의 부과 · 징수, 인정 신청인 조사, 장기요양급여의 관리 및 평가 등의 업무를 관장한다. 기초자치단체는 장기요양기관의 지정 · 관리를 담당한다.

장기요양급여는 본인 및 대리인이 건강보험공단에 요양인정을 신청함으로써 실시된다. 일단 신청을 하면 조사단이 방문하여 요양인정점수를 산정하고, 의사소견서를 제출하도록 한다. 이를 바탕으로 등급판정위원회에서 등급 여부를 결정하게 되고, 장기요양인정서와 이용계획서를 접수받고 급여의 수급과 급여비용 청구가 이루어진다.

(4) 재원

보험의 재원은 보험료와 본인부담, 그리고 국가보조금 등 3자부담으로 이루어진다. 보험료는 건강보험료에 노인장기요양 보험료율을 곱해서 산정한다. 2023년 현재 보험료율은 건강보험료의 12.81%이다. 이 보험료는 직장가입자의 경우 보험가입자와 사용자가 각각 50%씩 분담하고, 지역가입자의 경우는 본인이 전액 부담한다. 또한 급여의 일정률은 보험에서 그 비용을 부담하지만, 나머지 재가서비스 비용의 15%, 시설급여 비용의 20%는 본인부담으로 하고 있다. 다만, 의료급여 수급자는 본인부담을 면제하고 있다. 서비스 이용액 상한제를 두고 있어 시설요양과 재가요양 모두에서 한도액이 초과할 경우 초과하는 전액을 본인이 부담하여야 한다. 그 밖에도 국가는 요양급여 비용 중 공단이 부담해야 할 비용과 관리운영비 전액을 부담하고 있다.

6) 국민기초생활보장

(1) 적용대상

국민기초생활보장의 적용대상수급권자은 생활이 곤궁한 자로서, 부양능력 기준과 소득 기준을 충족시켜야 한다. 부양능력 기준은 부양의무자가 없거나, 있어도 부양능력이 없거나 받을 수 없는 자이어야 한다. 이때 부양의무자는 1촌의 직계혈족 및 그 배우자이다. 다만, 부양의무자의 부양능력을 2022년부터 완화하여 소득 연 1억원, 재산 9억원을 넘지 않으면 부양능력이 없는 것으로 간주한다.

소득 기준은 소득인정액이 급여종류별 선정기준 이하인 자이어야 한다. 종래에는 절대적 빈곤 개념에 입각하여 최저생계비를 설정하고, 그 이하인 계층을 대상으로 하였으나, 최근 상대적 빈곤 개념을 도입하여 중위소득 가운데 일정 비율기준중위소득을 빈곤선으로 설정하는 방식으로 전환되었다. 이때 소득인정액은 개별 가구의 소득평가액과 재산의 소득환산액을 합산한 금액을 말하며, 기준중위소득은 공표되는 '가계동향조사'를 바탕으로 3년간 가구소득 평균증가율을 반영하고 가구원 수를 조정하여 중앙생활보장위원회에서 심의 · 의결로 정하도록 하고 있다. 생계급여, 의료급여, 주거급여, 교육급여 등 급여 종류별로 수급자 선정기준을 달리하고 있다. 생계급여의 경우 기준중위소득의 30%, 의료급여는 기준중위소득의 40%, 주거급여는 47%, 교육급여는 50%를 미달하는 경우에 급여를 제공한다.

(2) 급여

공공부조제도인 국민기초생활보장제는 신청에 따라 자산조사를 실시하고, 자치단체장은 급여 실시의 여부와 급여의 내용을 결정한다. 이러한 결정에 따라 수급권자가 받는 국민기초생활보장의 급여는 생계급여와 주거급여, 교육급여, 해산급여, 장제급여, 자활급여, 의료급여라는 7대 급여가 있다. 우리나라는 소득수준별로 욕구에 맞게 급여를 제공하는 개별급여체계를 채택하고 있다.[7] 이중 의료급여는 별도로 「의료급여법」에 의하여 실시한다. 급여형태는 원칙적으로 현금급여가 중심이 되지만 최근 증서 형태의 급여도 일부 활용되고 있다. 구체적인 급여내용

7) 종전에는 수급권자가 되면 이들 급여 전체를 수혜하는 통합급여체계를 채택하고 있었다.

및 수준은 〈표 8-9〉와 같다.

〈표 8-9〉 국민기초생활보장 급여의 종류 및 수준

급여 종류		급여 내용	급여 수준(2018년 기준)
생계급여	일반생계급여	의식주 등 생활필수품 지급	생계급여 최저보장수준에서 가구의 소득인정액을 차감한 금액
	시설수급자생계급여	의식주 등을 현금지급	시설규모별 차등 정액지급
	조건부생계급여	자활에 참가조건으로 지급	
	기타	월동대책비, 명정특별위로금	
	긴급생계급여	긴급 시 생계급여	기준중위소득의 15%에 해당하는 금액
주거급여		임차료 · 유지수선비 등	임차가구: 기준임대료 이하 자가가구: 주택개량비 100~80%
교육급여		입학금 및 수업료, 학용품비 등 (부양의무자 기준 적용 않음)	입학금 · 수업료 전액 교재 · 부교재비 및 학용품비 정액
해산급여		분만 전후 필요한 조치 · 보호	출생 영아 1인당 60만 원
장제급여		장제조치에 필요한 금품 제공	1구당 75만 원
자활급여		자활지원계획에 따른 서비스	자활급여, 자활근로, 취업알선 등
의료급여		별도의 「의료급여법」에 의해 실시	무료 혹은 최소한의 본인부담

생계급여의 경우 음식, 의복, 연료비 등 일상생활에 기본적으로 필요한 비용을 매월 수급자에세 현금으로 지급하는 것으로, 급여수준은 생계급여 지급기준(최저보장 수준)에서 가구의 소득인정액을 차감한 금액을 지급한다. 근로능력 있는 수급자의 경우는 자활의 의지를 유지하기 위하여 조건부생계급여를 받고, 이에 더하여 사회복지전담공무원이 수립한 가구별 자활지원계획에 따라 자활에 관련된 활동에 참여할 것을 의무화하고 위반 시는 생계급여를 중지시킬 수 있도록 하였다. 그 외에도 주거, 교육, 해산, 장제 등의 사항에 해당할 경우 각각의 급여를 현금으로 지급하고 있다. 기초생활보장제도가 급여별로 기준선이 다양해지면서 소득 수준별로 욕구에 맞게 (맞춤형) 급여를 제공하는 방식이다.

특히 국민기초생활보장에 의한 수급권자와 국가유공자 등에 대해서는 별도의 의료급여를 제공하고 있다. 1종 수급권자는 질병에 관계없이 무료 혹은 1,000~2,000원의 진료비를 부담하며, 2종 수급권자는 구분 부담률에 따른 급여를 지급한다.

(3) 전달체계

국민기초생활보장제의 전달체계는 행정체계와 집행체계 모두 국가기관이다. 급여를 행하는 국가 또는 거주지 관할 지방자치단체가 보장기관이다. 행정체계는 보건복지부와 기초생활보장위원회중앙 및 지방 등이며, 집행체계는 지방자치단체와 보장시설들이 된다. 보건복지부에서는 제도와 관련된 업무 및 제도 운영의 전반을 총괄하며, 기초생활보장위원회에서는 종합계획 수립, 기준중위소득과 최저보장수준 결정, 급여의 적정성 조사 등을 심의 · 의결한다. 지방자치단체는 구체적으로 조사기능과 수급자의 결정, 급여 실시 기능을 가지며, 이를 위해 전담공무원을 배치한다. 또한 보장시설은 수급자가 주거가 없거나 숙식을 제공하기를 원하는 시설에서 생활하기를 원하는 경우 사회복지법상의 급여를 위탁받아 행하는 사회복지시설들이다.

공공부조로서 의료급여의 전달체계로는 보건복지부 장관과 의료급여심의위원회가 행정체계가 되며, 수급권자의 거주지 지방자치단체장과 요양기관병원들이 집행체계가 된다.

(4) 재원

국민기초생활보장의 재원 조달방법은 앞에서 살펴본 사회보험들과는 다르다. 즉, 보험료에 의한 조달이 아니라 국가의 일반조세, 즉 예산으로 충당하며, 그 부담은 국가와 광역 및 기초지방자치단체가 일정하게 분담하고 있다. 특히 보장비용은 시 · 군 · 구의 재정 여건이나 사회보장비 지출 등을 고려하여 국가40~90%, 시 · 도국가분 제외한 것의 30~70% 및 시 · 군 · 구10~30%가 차등하여 분담한다.

또한 의료급여의 재원은 국고보조금 및 지방출연금으로 의료급여기금을 조성하여 충당하고 있다.

7) 기초연금

(1) 적용대상

기초연금제도는 공공부조로 볼 수 있지만, 그 성격이 분명하지 않다. 보편적 수당의 성격을 갖는 일종의 노령수당제도로 볼 수도 있고, 공공부조를 보충하는 노인부조제도로 볼 수도 있다. 그러나 수당제도로 보기에는 급여수준이 낮고 자산조사를 기반으로 하며 부조제도로 보기에는 욕구가 적은 사람을 걸러 내는 소극적 방식이기 때문이다.

기초연금의 적용대상수급권자은 65세 이상 노인 가운데 자산조사를 통해서 소득이 전체 노인 하위 70%에 해당하면 신청에 의하여 이루어진다. 소득이 하위 70%인 범위는 선정기준액2023년 기준 단독가구 202만 원, 부부가구 323.2만 원보다 신청인의 소득인정액소득과 재산을 환산해 합산한 금액이 낮으면 선정된다.

사회보험 가입은 신청자격 요건에 포함되지 않으며, 자녀 소득은 소득 · 재산 조사 시 포함되지 않으며, 공무원연금, 사학연금, 군인연금 등 특수직역연금 수급자 및 그 배우자는 기초연금 대상에서 제외될 수 있다.

(2) 급여

기초연금제도가 도입된 2014년 당시, 기준연금액은 20만 원으로 설정되었다. 그 후 매년 전년도 소비자물가상승률을 반영하여 기초연금액이 인상되었으며, 2023년에는 기준연금액이 32.3만 원으로 인상되었다.

국민연금 무연금자 및 월급여액이 48.4만 원 이하이면 전액을 수급하지만, 기타 부부와 단독가구 등 가구 유형에 따라, 소득인정액과 기초연금 산정액을 합한 금액이 산정기준액 이상인 경우 감액될 수 있다.

(3) 전달체계

기초연금의 행정 · 집행체계는 기초자치단체가 된다. 65세가 되면 국민연금공단에서 대상자에게 안내문을 보내게 되고, 대상자는 이를 기초로 주소지 읍 · 면 · 동 사무소에 기초연금을 신청하면 된다.

신청을 받은 주소지 읍 · 면 · 동 사무소에서는 접수 후 관할 시 · 군에 보내어 심사를 받으며, 소득인정액이 선정기준액 이하인 것으로 판단된 대상자는 신청한 통장으로 매달 25일 국가에서 입금하게 된다.

(4) 재원

기초연금은 무기여 연금이기 때문에 재원은 조세를 통하여 이루어지게 된다. 매년 정부에서는 기초연금의 재원을 예상하여 중앙정부와 지방정부가 재정을 분담하도록 예산을 배정하고 있다.

중앙정부의 재정부담 비중은 지방정부의 재정상태재정자립도와 노인인구 비율을 고려하여 40~90%로 지방자치단체별 차등 결정되고 있다. 향후 노인인구 증가를 고려하면 기초연금 지출은 빠르게 증가할 것으로 전망된다.

요약

이 장에서는 사회복지의 주요 영역 중 첫 번째로써, 사회적 위험에 처한 자들에게 소득보장을 중심으로 기본적 욕구를 충족시켜 주는 사회보장제도에 대해 살펴본다. 여기서 말하는 사회보장제도란 사회보험, 공공부조 및 사회서비스 중에서 사회보험과 공공부조에 국한하도록 한다.

사회보장의 주체는 국가이다. 개인이 처한 위험이 개인의 사적인 문제가 아니고 그 원인이 사회에 기인하고 그 영향이 사회에 미치는 사회문제이기 때문이다. 따라서 사회보장은 단순한 구빈과 방빈기능뿐만 아니고 소득재분배나 사회통합, 경제안정화 등의 기능까지를 갖는 공공제도가 된다.

사회보장제도로서 사회보험은 사회적 위험을 보험의 방식으로 대처하여 국민의 건강과 소득을 보장하는 제도이다. 다만 사회구성원 모두의 가입을 강제화하고 법에 의해 보험료와 급여가 설정된다는 점에서 민간보험과는 차이가 있다. 일반적으로 사회보험에는 사회적 위험에 따라 국민연금(노령연금), 건강보험, 고용보험, 산업재해보상보험, 장기요양보험 등이 있다.

공공부조인 기초생활보장제도는 국민기본선(최저생계비) 이하의 생계 곤란자에게 국가가 제도적으로 생계를 보장해 주는 제도이다. 국가가 보장해 주기 때문에 재원은 일반조세에서 충당되며, 수급자 및 급여수준은 엄격한 자산조사 등을 통하여 결정된다. 또한 65세 이상 노인들의 70%에 해당하는 대상에게 매월 정액을 지급하는 기초연금제도가 있다.

이 장에서는 우리나라 사회보장제도로서 현재 시행 중인 5대 사회보험과 더불어 공공부조제도에 대하여 그 적용대상, 급여, 전달체계, 재원이라는 기준에 따라 실태와 특성을 살펴보았다.

탐구문제

1. 공공부조제도를 사회보험과 사회복지서비스와 구별하여 그 특성을 설명하라.
2. 보편주의와 선별주의의 관점에서 사회보장제도들을 논하라.
3. 우리나라 사회보장제도별로 그 적용대상, 급여, 전달체계, 재원을 정리하여 도표식으로 그려 보라.

참고문헌

권기창(2022). **사회복지정책론**. 창지사.

김영종(2007). **사회복지행정론**. 학지사.

김태성·김진수(2007). **사회보장론**. 청목출판사.

성민선 외(2005). **사회복지개론**. EM커뮤니티.

이현주 외(2003). **공공부조와 사회복지서비스체계 분석 및 재원방안**. 한국보건사회연구원.

장인협 외(2003). **사회복지학**. 서울대학교출판부.

末崎榮司(2006). 社會福祉の本質への接近. 京都: 文理閣.

Gilbert, N. & Specht, H.(1986). *Dimensions of Social Welfare Policy*. N.J. : Prentice-Hall.

Wilensky, H. & Lebeaux, C.(1965). *Industrial Society and Social Welfare*. N.Y. : Free Press.

1. 아동복지

1) 개요

인간은 태어나서 하나의 독립된 인간으로 성숙되기까지 장기간에 걸쳐 의존·보호를 받아야 하는 존재이다. 특히 아동은 심신이 미성숙 상태인 사람 또는 성숙하는 과정에 있는 사람을 총칭한다. 아동은 연령을 기준으로 신생아·영아·유아·아동·청소년 등으로 세분되고 있다.

일반적으로 법적 정의에 바탕을 둔 아동의 연령은 18세 미만인 사람이다. 우리나라의 「아동복지법」에서는 '아동이란 18세 미만인 사람을 말한다'고 규정하고 있어 교육이나 보호에 관한 일반적인 법적 연령기준을 18세로 하고 있다. 그런데 아동복지의 실제 대상을 설정하는 것은 법에 따라 차이가 있다. 우선 「청소년기본법」에서는 청소년을 9세 이상 24세 이하인 사람으로 규정하고 있으며 「한부모가족지원법」에서는 아동을 18세 미만(취학 중인 경우에는 22세 미만)으로 규정하고 있고, 「형법」에서는 14세 미만의 자를 미성년으로 규정하고 있다. 이와 같이 아동은 다양한 연령으로 구분되고 있는데 학자들에 따라서는 초등학교 졸업 전후를 경계로 아동으로 구분하기도 하고 18세 미만을 아동으로 구분하기도 한다.

아동복지는 아동과 복지라는 두 용어의 합성어로 아동이 편안히 잘 지내는 상태를 뜻한다. 미국의 대표적인 아동복지학자인 Kadushin은 아동복지를 "넓은 의미에서 모든 아동의 행복과 사회적응을 위하여 심리적, 육체적 잠재력을 개발시켜 주는 각종의 방법을 말하며, 좁은 의미로는 특수한 문제를 가진 아동과 그 가정을 대상으로 전문적인 기관에서 행하는 서비스"라고 정의하였다(Kadushin, 1980). Friedlander와 Apte(1974)는 아동복지를 "빈곤, 방치, 유기, 질병, 결함 등을 지닌 아동 또는 환경에 적응하지 못하는 비행아동들에게만 관심을 두는 것이 아니라 모든 아동이 신체적 · 지적 · 정서적 발달에 있어서 안전하고 행복할 수 있도록 위험으로부터 보호하기 위하여 공공과 민간의 기관에서 실시하는 사회적 · 경제적 · 보건적인 제반 활동을 의미한다"고 정의하였다. 아동복지의 개념은 잔여적 개념에서 보편적 개념으로 바뀌고 있으며 오늘날 대부분의 국가에서는 보편적인 개념을 채택하고 있다. 결국 아동복지란 모든 아동들이 사회의 일원으로서 신체적, 정신적으로 건전하게 성장 · 발달할 수 있도록 직 · 간접적으로 제공되는 모든 사회적 활동을 말한다.

아동복지의 필요성을 증대시키는 사회적 요인으로서는 인도주의 이념의 발달, 경제적 · 정치적 · 사회적 변화와 발전 등 다양한 요인이 있는데, 여기서는 가족환경의 변화 및 아동의 법적 지위 향상을 중심으로 살펴보도록 한다. 먼저, 가족환경의 변화이다. 아동의 문제는 인간의 역사와 더불어 시작되어 오늘에 이르고 있다. 역사적으로 볼 때 가족은 다른 사회조직인 교회, 학교, 직업집단, 정치, 국가 등에 비해 그 중요성을 인정받지 못했으며, 가족의 주요 구성원인 아동의 지위 또한 높지 않았다. 그러나 핵가족화의 확산으로 가정이 인간생활에 있어서 중심이 되고 있다. 특히 가정이 아동들에게 가장 중요한 안식처로 인정되기 시작하면서 다른 사회조직들이 가족에 연계되어야 한다는 인식이 확산되고 있다. 그런데 현대사회의 산업화와 도시화 현상은 가족의 구조와 기능 및 가족 간의 관계에 많은 변화를 가져왔다. 핵가족화 및 여성의 사회진출 증가에 따라 가족의 기능이 약화되고 있으며 이혼의 증가로 한부모가족이 증가하고 있다. 현대사회의 가족은 이혼의 급증, 학교폭력이나 가정폭력 등에 노출된 아동 비행이나 일탈 아동이 증가 추세에 직면하고 있으며, 학업문제나 또래관계 등은 과거에 비해 아동에게 더 많은 문제가 되고 있다. 또한 부모-자녀 관계 및 형제자매 관계, 이웃 관계 등은 과거에 비해 상당 부분 약화되고 있는 실정이다. 따라서 이를 보완하는 국가 또는 사회적 차원의 지원체계를 필요로 한다.

한편, 아동의 법적 지위 보장도 강화되고 있다. 1959년 국제연합UN은 '아동의 권리선언'을 통해 세계 각국의 어린이들의 생존과 발달에 관한 권리를 보장하려는 노력에 많은 영향을 끼쳤다. 아동의 생존, 보호, 발달을 위한 국제사회의 노력은 1989년에는 국제법으로서 의미를 가지고 있는 '아동의 권리에 관한 국제협약'의 채택으로 이어졌다. UN의 아동권리협약은 아동을 보호의 대상으로 뿐만 아니라 적극적인 권리 주체로 인식하고 있으며 무차별의 원칙, 아동이익 최우선의 원칙, 아동의 생존 · 보호 · 발달의 원칙, 아동의 의사존중 및 참여의 원칙이라는 4개의 주요 원칙을 중심으로 하고 있다. 우리나라의 「아동복지법」에서도 “아동이 건강하게 출생하여 행복하고 안전하게 자랄 수 있도록 아동의 복지를 보장하는 것을 목적”으로 명시하고 있어 아동이 직면하는 제반 문제를 대비하거나 해결하기 위한 아동복지제도와 서비스의 필요성은 더욱 증대되고 있다.

아동의 건전한 성장발달과 복지증진을 도모하기 위해서는 다음과 같은 기본 원칙들이 고려될 필요가 있다. 장인협 · 오정수2001는 아동복지 대책의 기본적인 원칙으로 권리와 책임의 원칙, 보편성과 선별성의 원칙, 개발적 기능의 원칙, 포괄성의 원칙, 전문성의 원칙을 제시하였다. 권리와 책임의 원칙은 건전한 아동을 육성하기 위해 아동, 부모 및 사회가 각각의 권리와 책임을 확립한다는 것이다. 아동, 부모 및 사회는 지속적인 균형 유지와 함께 적절한 상호관계를 유지해야 한다. 보편성과 선별성의 원칙은 아동보호 · 육성을 위해서는 모든 아동에게 같은 종류의 프로그램을 동일한 수준에서 제공하거나 욕구가 큰 아동들에게 급여나 서비스를 제한하는 서비스가 동시에 적용될 수 있는 것을 말한다. 개발적 기능의 원칙은 아동문제에 대한 사후 대책적인 기능에서 벗어나 아동들을 위해 보다 적극적이고 예방적인 기능이 수행되어야 한다는 것이다. 포괄성의 원칙은 아동복지의 기본 전제가 되는 제 요소, 즉 안정된 가정생활, 경제적 안정, 교육, 보건, 노동, 오락 및 특수보호 등에 대한 프로그램이나 서비스는 포괄적으로 제공되어야 보다 효과적이라는 것이다. 전문성의 원칙이란 아동들의 욕구나 사고 및 행동문제 등에 관한 전문적 지식이나 기술이 없이는 바른 문제해결이 어렵기 때문에 아동복지서비스가 전문기관에서 전문가들의 판단과 체계적인 접근 속에서 이루어져야 한다는 것이다.

2) 정책과 서비스

Kadushin1974은 가정의 역할을 중심으로 아동복지서비스의 기능을 지지적 서비스, 보충적 서비스, 대리적 서비스로 나누고 있는데 이 구분을 바탕으로 한 각 영역별 서비스의 종류는 다음과 같다.

❶ 지지적 서비스

지지적 서비스란 부모와 자녀의 관계에서 일어나는 갈등상황을 처리할 수 있도록 가족의 능력을 지원하고 강화시켜 주는 서비스를 의미한다. 서비스 기관은 부모나 아동의 역할 기능을 대행해 주는 것이 아니라, 외부에서 사회적 기능의 수행을 원조해 주는 기능을 담당한다. 아동상담, 부모 및 가족상담, 부모교육, 가족생활교육 등의 서비스가 이에 속한다.

지지적 서비스를 제공하는 주요 사회복지기관은 아동복지기관, 아동상담소, 건강가정지원센터, 육아종합지원센터 등이 있다. 아동복지기관으로는 종합사회복지관, 아동복지관, 장애인복지관 등이 있으며 아동상담소는 정부의 부처별 고유기능에 따른 행정기관 상담실, 학교상담실, 민간 사회기관 상담실 등이 있다. 지지적 서비스를 제공하는 기관에서는 아동상담서비스, 아동학대 피해아동이나 미혼부모, 한부모를 위한 서비스, 학교사회복지사업, 부모교육, 가족생활교육, 가족상담, 가족치료, 아동학대예방 프로그램 등을 제공하고 있다.

아동복지 대상의 우선순위를 정한다면 요보호아동이 제일 먼저 고려되어야 한다. 그러나 지지적 서비스는 요보호아동을 위한 복지사업뿐만 아니라 일반 아동 전체를 대상으로 하는 서비스도 포함한다. 우리나라는 1981년 「아동복지법」이 개정되면서 요보호아동 위주의 복지사업에서 일반 아동 전체를 대상으로 하는 복지서비스로 확대 실시되고 있다. 따라서 지지적 서비스는 요보호아동의 다양한 욕구에 대한 대처와 함께 전체 아동을 위한 보편적 서비스의 확대가 필요하다.

❷ 보충적 서비스

보충적 서비스는 사회가 부모 역할의 일부를 보충하는 서비스이다. 보충적 서비스는 부모의 실업, 질병, 장애 등의 문제나 부모 역할의 일시적 또는 영구적 손실이 일어날 때 부모들이 가진 역할의 일부를 보완하거나 대행하는 서비스이다. 보충적 서비스의 종류로는 사회보험, 공공부조, 실직수당과 같은 소득보충서비스, 재가복지서비스, 보육서비스, 방과 후 아동지도 등이 있다.

소득보충서비스는 보호자가 경제적으로 빈곤할 때 정부가 기초생활을 보장해 주는 것이다. 국민기초생활보장제도가 이에 속한다. 영유아보육서비스는 가장 보편적으로 실시되는 아동복지서비스로서 하루 중 일정 시간 동안 가정의 아동양육 기능을 제공하기 위해 제공되는 서비스이다. 방과 후 보육서비스는 초등학생을 대상으로 방과 후 및 방학 중의 기간 동안 아동을 보호하고 초등학교 정규 수업 외에 이루어지는 교육활동서비스이다.

❸ 대리적 서비스

대리적 서비스는 지지적 · 보충적 서비스를 통해서는 부모의 역할이 지지되거나 보완되기 어려운 정도로 상실된 경우에 아동의 원부모나 원가족을 대신하여 타부모나 타가족이 양육 · 보호하는 서비스를 말한다. 대표적인 서비스로는 입양, 가정위탁보호, 시설보호가 있다.

입양은 대리보호의 한 형태로서 혈연관계가 아닌 사람과 사회적 또는 법적 관계에 의해서 부모-자녀관계를 형성하는 것을 말한다. 가정위탁보호는 부득이한 사정에 의해 아동을 가정에서 제대로 돌보아 줄 수 없는 경우 위탁가정에서 일시적 혹은 장기적으로 아동들을 보호하고 양육하는 서비스를 말한다. 즉, 아동이 친 가정에서 양육될 수 없는 경우 또는 입양이 바람직하지도 않고 불가능할 경우 다른 가정에서 일정한 계획된 기간 동안 보호와 양육을 받는 사업을 말한다. 시설보호는 가정에서 욕구가 제대로 충족되지 못하는 아동을 위해서 집단보호와 치료를 마련해 주는 대리보호를 의미한다.

아동복지시설은 1981년 「아동복지법」의 제정으로 아동복지의 대상이 전체 일반 아동으로 확대된 이후에도 실질적인 서비스의 중심을 이루고 있다. 최근에는 시설보호를 중심으로 한 복지서비스를 벗어나서 가정에 있는 아동이 건전하게 성장할 수 있도록 돕는 서비스가 강조되고 있다.

3) 사회복지사의 활동과 역할

아동복지 분야에서 일하는 사회복지사에게는 아동의 욕구에 적합한 태도와 기술이 필요하다. 즉, 아동의 발달단계에 적합한 언어와 행동을 이해하고 아동에게 효과적인 면접기술과 놀이를 통한 의사소통을 위해 전문적인 지식을 습득해야 한다. 이때 사회복지사는 아동기에 꼭 필요한 안정감을 줄 수 있는 지지자로서 부모와 정상적인 관계를 맺을 수 있도록 중개하는 역할이 필요하다. 또한 시설아동보호의 경우에는 아동의 성장변화를 전체적으로 관리하기 위한 사례관리자, 정서적 지원자, 바람직한 행동을 학습하도록 돕는 교사의 역할 수행이 요구된다. 아울러 아동복지와 관련된 법과 제도적인 지식을 습득하여 효과적인 중개자 및 조력자의 역할뿐만 아니라 아동복지정책의 분석 및 형성에서 각각의 지위와 역할에 적합한 수준에 참여하는 능력을 고양해야 한다.

4) 아동복지의 과제

우리나라의 아동복지는 요보호아동을 위한 시설보호 중심에서 1981년 「아동복지법」의 제정을 계기로 아동복지의 서비스대상이 보편화되어 모든 아동을 위한 복지가 추진되고 있다. 그러나 저출산, 사회 양극화, 아동문제의 다양화 등 사회구조적인 변화는 아동복지에 대한 보다 적극적인 대처를 요구하고 있다. 아동복지의 과제를 정리하면 다음과 같다.

첫째, 저출산 및 사회 양극화 등의 사회변화 추세에 맞는 아동복지가 필요하다. 저출산 문제를 극복하기 위해서는 출산 및 아동양육에 대한 사회적 책임을 적극적으로 인식하고 가임여성의 사회참여를 보장하는 보육시스템 구축, 가족기능 강화 프로그램의 확대 등이 있어야 한다. 사회 양극화는 빈곤아동의 증가를 가져올 수 있기 때문에 아동관련 공공부조의 확충이 필요하다. 즉, 공공부조에 의한 소득 지원의 수준을 아동의 정상적 발육과 교육에 필요한 정도까지 현실화시켜 나가야 한다.

둘째, 요보호 아동복지를 우선적으로 실시해야 한다. 현재 아동복지의 대상이 모든 아동으로 확대되고 있지만 실제적으로는 요보호아동 대상의 선별적 복지사업도 제대로 이루어지고 있지 않다는 비판이 있다. 따라서 요보호아동에 대한 지속적인 관심과 대책을 통해 선별적 아동복지의 과제를 우선적으로 해결해 나가야 한다.

셋째, 가족기능의 강화가 필요하다. 아동은 건강한 부모와 가족구성원 속에서 건강하고 행복하게 성장하여야 한다. 이를 위해서는 다양한 부모교육 및 훈련 프로그램의 실시가 필요하다. 또한 국가와 사회는 가족이 해체되지 않고 제 기능을 수행할 수 있도록 노력해야 한다. 아동이 행복하게 살며 존중받고 안전하게 성장하는 사회를 실현해 가기 위해서는 부모, 사회, 국가 모두의 공동 노력이 필요하다.

2. 청소년복지·학교사회복지

1) 개요

청소년은 신체적 정신적으로 성인의 발달수준에는 못 미치고 성숙한 성인으로 행동하기에는 미숙하지만 성인으로 발전하기 위해서 부모와 주변 사람의 도움을 필요로 하는 연령층이라 할 수 있다. 청소년은 청소년기에 있는 사람을 말하며, 청소년기는 사춘기와 성숙기 사이에 있는 생애 기간으로 몸과 마음이 커지는 시기이다노혁, 2007.

청소년기를 구분하는 방법으로는 연령에 의한 구분과 신체적 특성에 의한 구분이 있다. 우선, 연령에 의한 구분은 매우 다양하다. 1985년 UN은 청소년을 15세에서 24세 사이의 집단으로 규정하였으며, UN기구 중 국제식량기구FAO에서는 10세부터 24세까지 사이의 결혼 여부를 불문한 남녀 인구 구분으로 청소년을 규정하고 있다. 우리나라의 「청소년기본법」에서는 청소년을 9세에서 24세 미만의 사람으로 규정하고 있으며 「청소년보호법」에서는 19세 미만을 보호의 대상인 청소년으로 규정하고 있다.

신체적 특성에 의한 구분은 청소년의 신체 · 생리 · 심리 · 정서적인 특징이 강하게 나타남으로써 아동과는 확연한 발달 특성상의 차이를 보이는 시기를 청소년기로 구분한다. 사춘기는 생리 · 심리 · 정서적으로 청소년기의 시작을 알리는 용어로 사용되고 있는데, 사춘기는 이전의 성장과는 전혀 다른 양상의 급격한 신체적 변화를 보인다.

이처럼 청소년을 연령 또는 신체적 특성으로 구분하는 것은 한계가 있다. 왜냐하면 청소년의 연령 규정은 사회, 문화, 시대적 상황에 따라 상이하게 정의될 수 있으며, 신체적 기준 또한 개인차가 있어 보편적 기준을 제시하는 것은 쉽지 않기 때문이다. 그러나 일반적으로 사춘기에 해당되는 13세부터 18세까지를 청소년으로 볼 수 있다.

청소년복지는 사회복지의 한 분야로서 청소년기라는 독특성을 지닌 청소년을 대상으로 수행하는 복지 분야를 의미한다. 기존의 청소년복지에 대한 개념 정의를 보면 다음과 같다. 김성이1994는 잔여적 개념이 아닌 제도적 입장에서 청소년복지 문제를 청소년의 욕구와 경제시장 간의 상호작용에서 적응하지 못할 때에 일어나는 문제로 본다. 즉, "청소년복지는 가정이나 사회로부터 버려지거나 적응하지 못하는 청소년들뿐만 아니라, 모든 청소년들의 안녕에 관심을 가져야 한다고 전제하고 청소년복지 활동을 청소년들의 기본적 욕구를 충족케 하고, 정신적 · 정서적 · 신체적으로 최상의 발달을 기하기 위해서 청소년 자신들에게 직접적으로 또는 가정이나 사회를 통해 간접적으로 제공되는 모든 사회제도적 · 전문적 활동"이라고 정의하였다. 노혁2002은 청소년이 사회구성원으로서 역할을 한다는 점을 강조하면서 청소년복지를 정의하였다. 그는 "청소년복지란 청소년의 올바른 성장과 발달을 목표로 청소년에게 일정한 사회적 역할과 책임을 부여하는 동시에 현재의 삶의 질을 제고할 수 있는 환경을 조성할 수 있도록 청소년과 성인의 참여와 공동 노력을 통해 청소년의 능력을 향상시키고 다양한 삶의 기회를 마련해 주는 제반의 복지활동이다"라고 정의하였다.

이상과 같은 정의를 통해 볼 때 청소년복지는 모든 청소년들이 사회 구성원의 한 사람으로서 정신적 · 신체적 · 정서적으로 최상의 발달을 기하기 위해 청소년, 가정, 사회를 통해 직 · 간접적으로 제공되는 모든 사회정책과 관련제도 및 전문적 활동이라 할 수 있다.

청소년복지는 청소년기라는 독특성을 지닌 청소년을 대상으로 수행하는 서비스 분야이기 때문에 다른 복지 분야와는 구별되는 특성을 보인다김영모 외, 1991 ; 이영숙 외, 1993 ; 이용교, 1995.

첫째, 청소년 문제의 발생과 청소년복지의 필요성을 가족과 사회의 변동 자체에서 찾고 있다. 즉, 가족해체는 청소년 문제의 중요한 요인으로 지적되고 기혼여성의 취업은 청소년의 정서적 성숙에 영향을 주는 것으로 인식되고 있기 때문에 청소년복지는 관련된 사회정책과 밀접한 관계 속에서 통합적으로 이루어져야 한다.

둘째, 청소년은 완성된 존재가 아니라 성장과정 중에 있는 존재이기 때문에 청소년복지에서의 접근은 긍정적이고 신속하며 지속적으로 이루어져야 한다. 청소년은 신체적, 정서적, 사회적으로 변화하며 성장하는 과정 속에 있기 때문에 청소년복지에서는 청소년의 부족한 점, 어려운 점을 보완해 주는 것과 동시에 청소년들이 가진 긍정적인 점, 강한 점을 더 강화하고, 극대화시킬 수 있는 방향의 접근이 필요하다.

셋째, 청소년복지는 독립된 발달단계인 청소년기를 고려한 과학적이고 체계적이며 전문적인 개입을 필요로 한다. 청소년기는 단지 과도기로서의 의미만 갖는 것이 아니라 가족으로부터 독립하고 동성과 이성의 친구를 선택하고 진로를 결정하는 등의 다양한 발달과업을 수행하는 독특한 발달단계이다. 이러한 발달과업의 성공적인 이행 여부는 청소년을 둘러싼 환경에 의해 크게 좌우되기 때문에 타세대에 비해 외적 자원이 더 절실하게 필요하다.

넷째, 청소년은 청소년복지의 대상인 동시에 주체라는 점이다. 청소년은 시기적인 특성으로 인하여 가정과 사회로부터 특별한 보호를 필요로 하는 존재이나 청소년들은 현 사회의 구성원으로서 기본적인 인권과 사회적 권리를 갖는다. 청소년복지에 있어서는 청소년이 서비스의 대상자인 동시에 청소년복지를 이끌어가는 주체임을 분명히 하며 특히 성인과 더불어 현 사회를 주도하는 중요한 파트너임을 명시하여 이들의 권리와 참여가 보장되고 증진될 수 있도록 해야 한다.

청소년복지가 대두하게 된 이유는 국가의 정책적 측면과 사회·문화적인 배경으로 나누어 설명할 수 있는데, 먼저 국가에서 정책적으로 청소년에 관심을 두게 된 것은 다음과 같은 필요성 때문이다(한국청소년개발원, 1992).

첫째, 인구학적 측면에서 우리나라 청소년 인구(9~24세)가 전체 인구의 약 15.3%를 차지하고 있어(2023년 기준) 청소년 집단이 중요한 사회적 영향세력으로 부각되는 잠재적 가능성이 있기 때문이다. 둘째, 인적 자원의 개발을 통해서 국제경쟁력을 확보해야 할 한국 사회에서는 차세대의 주역이 될 청소년들을 어떻게 육성하느냐가 미래 사회를 대비하는 데 주요 관건이 되기 때문이다. 셋째, 인생주기의 측면에서 볼 때, 현대사회의 삶의 조건은 과거 그 어느 때보다도 청소년기가 길어졌기 때문에 청소년 인구의 관심, 이해, 요구가 사회의 모든 부문과 측면에 확대 반영되고 있으며, 한국 사회가 안고 있는 문제들이 직 · 간접적으로 청소년과 결부되고 있는 성향이 점차 두드러지고 있기 때문이다.

다음으로, 청소년복지의 필요성이 대두되게 된 사회 · 문화적 배경은 다음과 같다김성이, 1994. 가족적인 측면으로는 핵가족화로 인한 가정양육 기능의 약화, 이혼이나 여성취업으로 인한 가족해체, 청소년 가장의 증가, 미혼모와 그 자녀의 문제 등에 기인한다. 사회적 측면으로는 경제성장에 치중된 한국 사회의 변화 과정에서 생활의 초점이 황금만능주의, 이기주의와 성과주의에 맞춰짐으로써 청소년의 윤리 형성에 혼란을 가져왔다는 점문화가치의 실종, 오염된 식품 혹은 약품의 무분별한 섭취 등이 청소년 건강에 치명적인 영향을 줄 수 있다는 점환경의 파괴, 열악하고 유해한 교육환경과 권위주의적 · 획일적 교육제도 등이 청소년의 성장에 장애요소가 될 수 있다는 점고식적 교육환경 등에서 비롯된다. 이와 같은 이유 때문에 청소년복지는 국가나 사회가 청소년복지에 대한 책임을 인식하고 청소년복지 증진에 적극적이고 주도적으로 개입할 필요가 있다.

한편, 청소년은 그 시기의 대부분을 학교에서 보낸다. 학교는 청소년이 대부분의 시간을 보내는 장소이며 인생의 가장 중요한 시기를 보내는 곳이기 때문에 학교 환경은 청소년 발달에 매우 큰 영향력을 가진다. 이 때문에 학교는 학생의 지적 능력 향상뿐만 아니라 심리 · 사회적 기능을 향상시켜 학생의 삶의 질을 개선하는 역할을 수행할 필요가 있다. 최근 우리나라에서는 학교사회복지가 다양한 형태로 실시되고 있다. 학교사회복지는 학교라는 교육기관에서 전문적 능력과 자격을 갖춘 사회복지사가 제공하는 사회적 서비스를 의미한다. 즉, "공교육체계에서 학교교육의 목적을 달성하는 것을 지원하고, 학생들이 학교에 적응을 잘 할 수 있도록 도와주며 이를 위해 학교, 가족, 지역사회가 수행하는 노력을 조정하고 영향을 미치는 활동"이다NASW Standards for school social work services, 2002.

학교사회복지의 주된 실천 장소는 학교이며, 학교 교육의 본질적인 목적의 달성을 도와주고, 사회복지실천의 주요한 기능인 심리사회적 문제의 예방과 해결을 위한 활동을 수행함과 동시에, 환경 속의 인간이라는 사회복지 고유의 관점에 기반하여 학생 개인뿐 아니라 학교, 가정, 지역사회라는 환경에 대한 개입을 고려한다.

학교사회복지의 대상은 모든 학생이나 문제를 가진 요보호 학생, 학교생활 부적응 학생들에게 우선적인 도움을 주게 되며, 구체적으로 〈표 9-1〉과 같이 정리할 수 있다.

〈표 9-1〉 학교사회복지의 대상

일반학생 전체	문제예방을 위한 성교육, 마약방지교육, 성폭력 피해방지교육, 정신건강교육, 진로상담교육, 집중력향상교육, 의사소통교육, 갈등중재교육, 자기주장훈련교육 등 각 학교의 필요에 따라 예방프로그램을 계획하여 일반학생 전체를 대상
위기를 경험하고 있는 학생	학대피해, 폭력피해, 자살기도, 결식, 자연재해 피해학생 등 즉각적인 개입을 요하는 학생
가정문제와 결부된 학생	부모양육의 소홀, 방임, 이혼가정, 한부모가정, 소년소녀 가정 등 부모 및 가족에 대한 개입이 우선적으로 필요한 경우
심각한 범죄행동	비행이나 범죄행위를 하는 학생으로서 폭력, 절도, 가출, 약물남용 등
학교규칙 위반학생	무단결석, 무단조퇴, 등교거부, 흡연, 음주문제, 교사와의 갈등 등을 보이는 학생
심리정신적 문제를 지닌 학생	갑작스러운 위기상황을 보이는 학생들로 우울, 소외, 공포, 불안, 자살기도, 대인기피, 집단 따돌림 등 정서적 문제를 가진 학생
장애학생	정서, 발달, 신체장애 등

출처 : 천정웅 외(2023).

2) 정책과 서비스

청소년복지가 다른 사회복지 분야와 구별되는 분야 중 하나이기 때문에 청소년의 기본적 욕구 충족과 건강한 성장발달을 도모하고 청소년들로 하여금 사회구성원의 한 사람으로서 주체적인 삶을 영위하도록 하며, 나아가 청소년을 둘러싼 제반 환경이 청소년의 성장을 돕기 위해 최적의 기능을 발휘할 수 있도록 청소년과 가정, 사회를 통해 직·간접적으로 제공하는 사회정책과 제도, 전문적 활동이 필요하다홍봉선 외, 2018.

조홍식1999은 청소년복지의 대상과 수단에 대해 언급하고 있다. 먼저 청소년복지의 주요 대상이 과거에는 요보호청소년과 문제청소년 위주였으나 최근에는 전체 청소년으로 확대되고 있다. 또한 이를 위한 주요 수단으로는 <표 9-2>와 같이 청소년복지서비스, 교육기회 확대사업, 근로조건 개선사업, 청소년활동사업, 청소년 행정 등이 포함된다고 하였다.

〈표 9-2〉 청소년복지의 대상 및 수단

대상	수단
요보호 청소년	청소년복지서비스, 청소년활동사업, 청소년행정
비행 청소년	청소년복지서비스, 청소년활동사업, 청소년행정
학생 청소년	교육기회 확대사업, 청소년활동사업, 청소년행정
근로 · 농어촌 청소년	근로조건 개선사업, 청소년활동사업, 청소년행정

출처 : 홍봉선 외(2018).

이종복1998은 청소년복지의 실천방법으로 정책적 접근방법, 전문적 접근방법, 통합적 접근방법을 제시하였다. 정책적 접근방법의 내용으로는 수련활동의 진흥과 수련시설의 확충, 청소년지도자의 양성과 배치, 청소년상담사업, 청소년자원봉사센터의 설치와 운영, 청소년 유해환경 개선과 비행청소년 선도 등이 있다. 전문적 접근방법으로는 개별사회사업, 집단사회사업, 지역사회조직, 통합적 접근 등이 있다. 통합적 접근 방법은 모든 사회복지사들이 개인, 집단, 지역사회에 제기되는 사회문제에 대처해 나가고자 할 때 활용할 수 있는 공통된 원리나 개념을 제공할 수 있는 방법의 통합화를 말한다.

청소년과 관련된 법은 입법목적과 대상에 따라 다양하다. 「청소년기본법」은 청소년 관련 종합 법률인 「청소년육성법」1957을 대체하는 법으로 1991년 제정되었다. 「청소년기본법」은 청소년의 권리 및 책임과 가정 · 사회 · 국가 및 지방자치단체의 청소년에 대한 책임을 정하고 청소년정책에 관한 기본적인 사항을 규정함을 목적으로 한다. 「청소년기본법」은 청소년 육성에 관하여 다른 법률에 그 기본 방향을 제시하는 기본 법적 지위를 가진다. 2004년에는 「청소년기본법」에 준거하여 「청소년복지지원법」이 제정됨으로써 청소년복지정책의 실질적인 근거가 마련되었다. 2004년에는 또한 다양한 청소년 활동을 적극적으로 진흥하기 위하여 「청소년활동진흥법」이 제정되었다.

우리나라의 청소년복지정책은 초기에는 각 부처별로 산발적으로 추진되다가 점차 부처 차원의 조정과 정부 차원의 조정이 이루어졌다. 각 부처에 산재한 청소년복지정책의 총괄 · 조정 역할을 효율적으로 수행하기 위해 2005년에는 국무총리 소속으로 '청소년위원회'가 설치되었다. 청소년위원회는 2006년 '국가청소년위원회'로 명칭이 변경되었다. 2008년에는 국가청소년위원회의 기능이 보건복지부로 통합되었으나, 2010년 다시 청소년 업무가 여성가족부로 옮겨졌다. 현재는 청소년복지 관련 정책은 여성가족부에서 관장하고 실질적인 전달은 행정안전부가 담당하고 있다.

한편, 우리나라의 학교사회복지는 교육복지라는 이름으로 검토되기 시작했다. 교육복지는 1980년대 말에 활동한 대통령교육정책자문회의를 시작으로 정책적 차원에서 본격적으로 논의되기 시작하였으며, 주로 소외계층에 대한 정책을 중심으로 1990년대 후반 이후 추진되었다. 교육복지는 교육소외 · 결손집단에 대하여 교육기회를 확충함과 동시에 예방 · 치료 · 보상활동을 통하여 교육의 질적 평등을 보장하고, 정상적 학생집단에 대하여는 잠재능력을 최대한으로 계발할 수 있는 기회를 제공하여 전인교육이 가능토록 교육 여건을 계속적으로 개선해 주는 것을 목적으로 한다. 나아가 모든 국민의 교육적 욕구에 부응하여 평생 교육기회를 제공함으로써 모든 개인으로 하여금 교육적 욕구를 충족시키고 자아를 실현케 하며, 사회 전체가 학습하는 사회로 발전하는 과정과 그 결과를 추구한다(교육정책자문회의, 1992). 당시 교육정책자문회의는 교육복지 실현을 위한 제도로 이전까지의 피상적 수준의 논의에서 발전하여 교육복지의 개념을 정의하였고, 이를 실현하기 위한 구체적인 내용으로 교육복지법의 제정과 학교사회복지 요원의 배치를 공식적으로는 처음으로 제기하였다는 점에서 의미를 지니고 있다.

1995년의 국민복지기획단은 '삶의 질 세계화를 위한 국민복지의 기본구상'을 통해, 기존의 가족 내에서 보호받지 못하는 소년소녀가정의 아동, 시설아동, 입양아동, 학대받는 아동을 요보호 아동으로 보고, 이미 발생한 요보호아동의 건전한 육성과 사회적응을 돕고 일반아동이 요보호아동으로 되는 것을 예방하기 위해 모든 아동들이 가장 많은 시간을 보내는 학교에서의 상담을 중심으로 한 학교사회복지를 제안하였다. 국민복지기획단의 권고로 1996년 교육부의 '학교사회사업 시범연구사업'과 1997년 서울시 교육청의 '학교사회복지 연구학교'가 운영되었다. 또한 2002년 사회복지공동모금회의 기획사업으로 3년간 장기적으로 시범학교를 전국 14개 중 · 고등학교에서 실시되도록 지원하여 민간차원에서 학교사회복지가 확산되는 데 일조하였다.

2003년 교육부는 빈곤지역을 중심으로 교육과 문화 및 복지를 아우르는 '교육복지 투자우선지역 지원사업'을 실시하기 시작하였다. 이 사업은 말 그대로 대도시 지역 내 저소득층 지역에 교육복지를 위한 투자를 통해 교육 불평등을 완화시키고 대도시 내 지역 간의 균형발전을 위한 지역 간 격차 해소를 목적으로 하는 것이다. '교육복지 투자우선지역 지원사업'은 2011년부터 '교육복지 우선지원사업'으로 사업 명칭이 변경되었으며, 현재 시 · 도교육청의 재원을 중심으로 저소득층이 밀집된 단위학교를 우선 지원하는 형태로 운영되고 있다(천정웅 외, 2023). 학교사회복지사는 2005년부터 민간자격제도로 운영되어 오다가 2018년「사회복지사업법」개정에 따라 전문사회복지사로서 국가자격으로 법제화되었다. 학교사회복지 관련 사업은 전국적으로, 또 지속적으로 확대되고 있는 추세이다.

이 같은 정책적 전개 속에서 학교사회복지사는 학생, 가정, 학교 및 교사, 지역사회를 대상으로 다양한 서비스를 실행하고 있다. 생태체계적 관점과 환경 속의 인간에 기반한 구체적인 서비스 내용은 [그림 9-1]과 같이 정리할 수 있다.

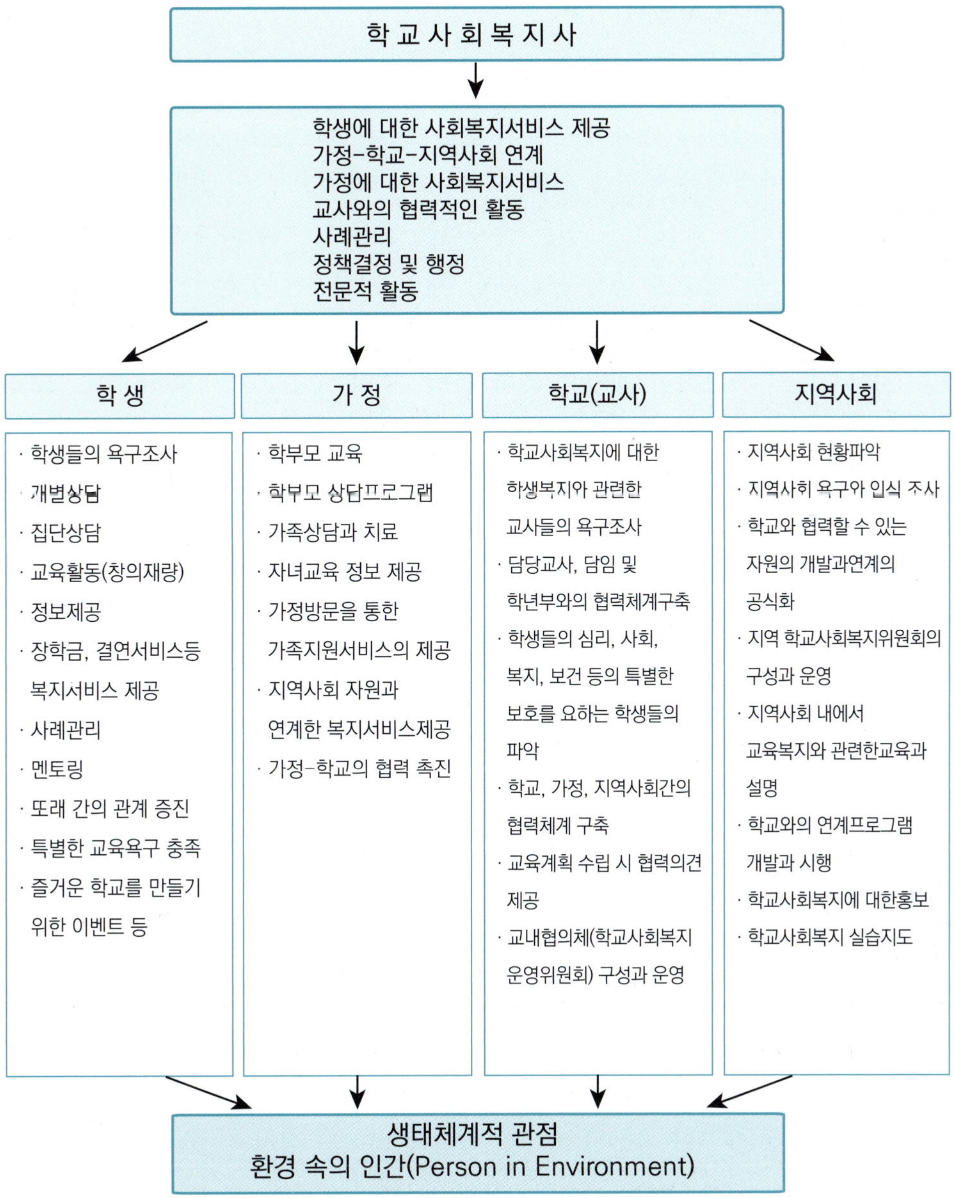

[그림 9-1] 학교사회복지의 서비스 체계

3) 사회복지사의 활동과 역할

청소년복지 분야에서 일하는 사회복지사는 청소년기가 신체적 · 심리적, 사회적 특성의 변화뿐만 아니라 사회적 관계의 변화가 심하다는 점, 사회화의 주요한 과정에 있으며 자아정체감 형성을 위해 노력하고 사회적으로 인정받기를 원하는 한편, 사회적 영향력을 미칠 수도 있는 존재라는 점을 잘 이해하고 있어야 한다. 따라서 사회복지사는 청소년 당사자에 대한 개입과 지원은 물론, 청소년을 둘러싼 환경이 청소년의 올바른 성장과 발달을 위한 기능과 역할을 수행할 수 있도록 환경을 변화시키는 적극적인 개입을 해야 한다. 또한 청소년복지 분야에서 일하는 사회복지사는 상담자, 교사, 치료자의 역할 이외에도 청소년에게 필요한 자원을 연결해 주는 조정자, 중개자의 역할, 청소년의 권익을 보호하고 대변하기 위한 옹호자, 대변자의 역할을 수행해야 된다.

학교사회복지사는 학교, 교육복지센터 등에서 사례관리, 지역사회자원 개발, 학교폭력 대처와 예방, 아동학대, 인터넷 중독 등 업무를 담당해 학생 복지를 증진할 것으로 기대된다. 이 과정에서 학교사회복지사는 임상사회복지사, 교육적 카운슬링 제공자, 연계자, 자원활용자, 정책입안자, 변화매개자 등 다양한 역할을 수행할 수 있다.

임상사회복지사로서의 역할은 학생의 심리정서적 문제를 예방하고 해결하기 위하여 개별상담, 집단상담, 가족 치료 등의 전문적인 서비스를 제공하는 것이다. 교육적 카운슬링 제공자 역할은 학부모, 교직원 등에게 학생 문제에 관한 이해 증진을 위해 부모교육, 교사 연수 등의 교육적 상담이나 자문을 제공하는 것이다. 또한 연계자는 학생을 둘러싸고 있는 가정-학교-지역사회의 관계를 증진시키고 학교교육과 지역사회의 욕구를 연계하는 것이다. 그리고 자원활용자의 역할은 경제적 빈곤이나 사회 환경적 영향이 학생의 발달에 미치는 영향을 고려하여 지역사회의 자원을 발굴하고 활용하는 것이다. 정책입안자의 역할은 타 전문직과 협력하여 학교 행정이나 교육정책이 학생을 위한 최선의 결정이 되도록 도움을 주는 것이다. 마지막으로 학교사회복지사들은 교육에서, 사회서비스와 보건에서 모델을 변화시키는 데 익숙해져야 한다. 임상적 서비스를 제공하는 이미지뿐 아니라 지역 교육기관에서 정책과 프로그램을 만드는 데 기여하는 변화매개자로 기능하여야 한다.

이 같은 역할들을 효과적으로 수행하기 위해 학교사회복지사는 학교와 학생, 그리고 가정과 지역사회에 대해 전반적이고도 전문적인 수준에서 이해도를 높여야만 한다.

4) 청소년복지 · 학교사회복지의 과제

「청소년기본법」 제5조에서는 "청소년은 안전하고 쾌적한 환경 속에서 자기 발전을 추구하고 정신적 · 신체적 건강을 해치거나 해칠 우려가 있는 모든 형태의 환경으로부터 보호받을 권리를 가진다"고 청소년의 권리를 규정하고 있다. 미래사회의 주역이 될 청소년의 복지증진을 위해서 필요한 과제를 몇 가지 정리하면 다음과 같다.

첫째, 가정의 기능과 역할 강화를 위한 다양한 조치가 필요하다. 가정은 청소년에게 있어서 1차적 보호 장소이기 때문에 가정을 통해서 최소한의 물질적인 욕구가 충족되도록 소득보장체계를 확충하고 가정의 기능을 지원 또는 강화하는 서비스 프로그램의 확대가 필요하다.

둘째, 종합적이고 체계적인 청소년복지정책이 필요하다. 청소년복지정책은 청소년 발달과 육성에 대한 사회적 책임성의 인식이 확산되었고 더불어 외형적인 성장을 해 왔다. 그러나 여전히 문제 중심의 단편적인 대응이 많았고 청소년정책 관련 부처는 담당 청소년집단이나 문제 유형별로 나누어져 있어 부처 간 업무 중복의 문제점이 지적되고 있다. 따라서 복잡하고 다양한 청소년의 욕구에 대처하는 종합적인 정책이 필요하다.

셋째, 지역사회에 기반을 둔 청소년복지체계가 필요하다. 사회 양극화 현상, 학교 부적응, 가정해체 등으로 위기청소년이 급증하고 그 욕구는 다양한 반면, 위기청소년의 가정 및 사회복귀를 돕는 지역사회 중심의 사회안전망은 아직은 취약하다. 따라서 지역사회의 특성에 따른 사업개발과 서비스계획을 수립할 수 있도록 하여 지역사회가 각기 다른 배경과 특성을 가진 청소년에 대한 우선순위를 세울 수 있도록 지역사회의 역량을 강화해 나가는 접근이 필요하다.

그리고 학교사회복지의 활성화에 필요한 과제는 다음과 같다.

첫째, 학교사회복지의 확대가 필요하다. 최근 신자유주의적 교육개혁 논의 속에서 학생과 학교교육 현장은 양극화 현상이 심화되어 왔다. 이러한 상황 속에서 궁극적으로 사회통합을 이루고 모두가 함께 살아가는 공동체 삶 속에서 교육 불평등을 완화시켜 인간으로서의 존엄성이라는 가치가 실현될 수 있어야 하며, 학교사회복지는 이와 같은 목적을 달성할 수 있는 가장 효과적인 학교교육 내 복지서비스로 입증받아 왔다. 그러나 아직은 학교사회복지 관련 사업을 실시하고 있는 학교가 2022년 전국 초 · 중 · 고 11,844개교 중에서 3,669개교로 30.98%에 머무르고 있다유해숙 외, 2022. 학교와 가정 그리고 지역사회를 연결하는 포괄적 학생생활지도지원망 구축, 개인을 둘러싼 환경에 대한 통합적 접근 제공을 통해 학생들이 건강한 사회인으로 성장하도록 돕는 학교사회복지는 향후 더욱 확대될 필요가 있다. 이를 위해 학교사회복지사 수련제도 안착 등 지속적인 제도 보완을 통해 모든 학교에 학교사회복지사가 배치되도록 노력해야 한다.

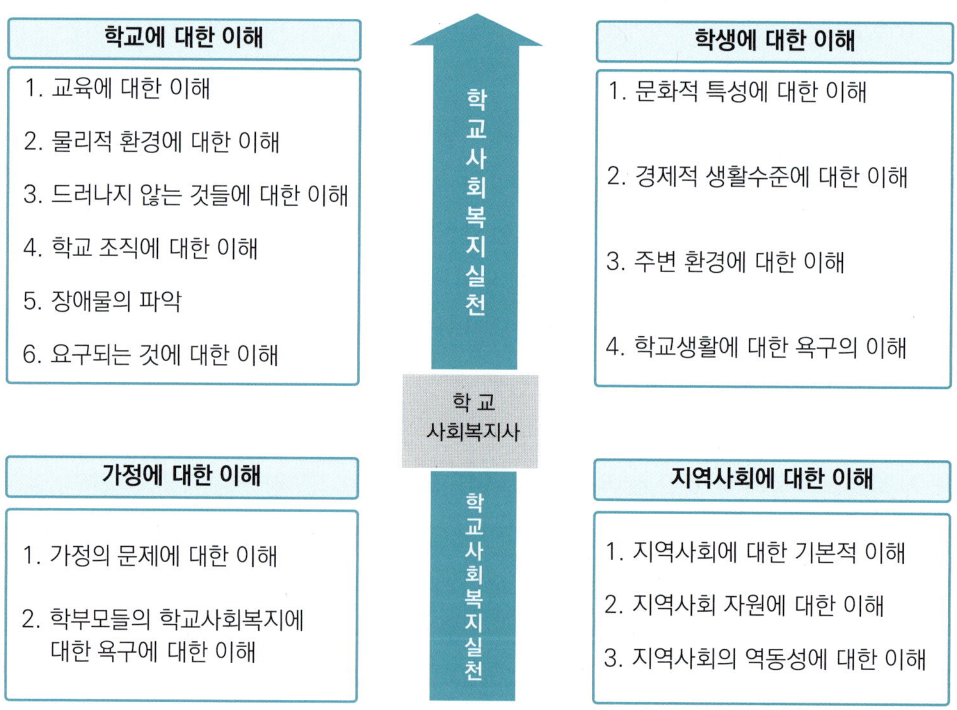

[그림 9-2] 학교사회복지사의 이해의 범위

둘째, 학교사회복지사의 전문성을 담보할 수 있어야 한다. 학교사회복지사는 다양한 학생 서비스 관련 전문직과 함께 팀을 이루어 직무를 수행한다. 학교사회복지사는 생태체계적 관점에서 다양한 역할과 직무를 수행할 수 있도록 협력과 서비스 통합을 위한 보다 포괄적인 지식과 기술을 연마해야 할 것이다.

셋째, 학교사회복지사의 전문가로서의 정체성이 확보되어야 한다. 현재 학교 내의 인력은 '교직원'이라 통칭되는데 학교사회복지사는 교원과 직원의 경계선상에서 때로는 모호한 역할로 정체성에 대한 심각한 고민에 빠지기도 한다. 학교사회복지사는 학교 안팎의 교사, 심리상담전문가, 행정가 등의 전문가들과 협력하여 일하는 상황 속에서 고유한 학교사회복지사의 역할이 무엇인지에 대한 끊임없는 질문과 함께 역할수행에 대한 분명한 이해를 도모해 나갈 필요가 있다.

3. 여성복지

1) 개요

우리 사회는 아직까지도 여성이기 때문에 직면하는 사회문제가 사회 곳곳에 누적되어 있다. 그러나 산업 구조의 다원화와 사회변화 그리고 여성의 교육수준 향상 및 사회참여 확대는 여성의 욕구에 효과적으로 대처할 수 있는 사회적 접근에 대한 관심을 증대시키고 있다. 이에 따라 여성을 위한 복지의 필요성이 더욱 증가하고 있다.

우리나라에서 여성복지라는 용어가 사용된 것은 얼마되지 않았다. 정부에서는 1990년대 중반 이후부터 '여성복지'라는 용어를 사용하기 시작하였는데 그 전에는 '부녀복지'라는 용어를 사용했다. 부녀복지라는 용어 속에 내포된 여성에 대한 인식은 여성을 독립적인 존재로서가 아니라 누구의 며느리 혹은 누구의 부인으로 본다는 점이고, 여성은 결혼하여 부녀가 되는 것이 정상적이라는 가치를 반영한다(김인숙, 1997). 부녀복지라는 이름으로 제공된 정부의 서비스는 주로 일부의 요보호여성을 대상으로 한 것이었다. 그러나 1980년대 여성계에서 제기된 성불평등의 타파를 통한 성평등 실현이라는 여성주의적 입장과 함께 1990년대 후반에 이르러 여성의 지위 향상과 역할 변화에 따라 부녀복지의 대상을 일반여성 모두로 확장하는 개념으로 전환되어야 한다는 인식이 정착되었다. 또한 여성복지 욕구도 증대되어 일반여성을 위한 복지가 추가되었다박영란 등, 1997.

여성복지에 대한 개념 정의는 1990년대 후반 들어 활발해지고 있는데 여성복지의 현실적이고 구체적인 개념 정의에 대한 시도로서 한국여성개발원의 개념 정의가 있다. 한국여성개발원은 "여성복지란 여성이 국가나 사회로부터 인간의 존엄성과 인간다운 생활을 동등하게 보장받음으로써 여성의 건강 · 재산 · 행복의 조건들이 만족스러워지는 상태를 의미하며 동시에 가부장적 가치관과 이에 기초를 둔 법, 기타 사회제도를 개선하는 것 등으로 여성의 인간다운 삶을 실현하기 위한 모든 실천적 노력을 포함하는 개념"으로 정의하였다한국여성개발원, 1990. 이 정의는 여성복지의 궁극적인 목표를 양성 간 동등한 권리보장을 통해 여성의 인간다운 생활을 도모하는 데 있다고 보았으며 가부장적 가치관과 이에 기초한 사회제도 및 입법체계를 여성복지의 장애요인으로 보고 있다.

이후에도 여성복지에 대한 개념 정의는 계속적으로 나타나고 있다. 김미혜는 "여성복지란 여성이 국가나 사회로부터 남성과 동등하게 인간다운 삶을 누릴 수 있는 권리를 보장받으며, 이를 위해 가부장적 가치관과 자본주의에 의한 생산역할에 기초한 법과 기타 사회제도를 개선하여 양성평등의 사회를 실현하려는 모든 실천적 노력을 포함하는 개념"으로 정의했다김미혜, 1997. 김인숙은 여성복지를 "여성이 국가나 사회로부터 남성과 동등하게 권리를 보장받을 수 있도록 가부장적 가치관과 이에 근거한 각종 법, 사회제도를 개선하는 것뿐 아니라 여성 개인의 능력을 고양시킴으로써 여성의 인간다운 삶을 보장하기 위한 정책 · 실천적 차원의 모든 조직적 활동"으로 정의했다김인숙 외, 2000. 조흥식 등은 "여성복지란 모든 여성이 한 사회의 구성원으로서 삶의 질을 영위할 수 있도록 여성의 욕구나 문제를 해결하기 위하여 사회구성원들이 공 · 사 차원에서 행하는 공동체적 노력"으로 정의했다조흥식 외, 2006.

여성복지는 이와 같이 다양한 개념 정의가 있는데 다음과 같은 내용이 공통적으로 나타나고 있다. 여성복지의 궁극적인 목표는 양성 평등의 실현이고, 불평등의 원인으로는 가부장제와 자본주의의 구조적 모순이 지적되고 있다. 또한 가부장제와 자본주의에 근거한 법과 사회제도의 개선이 필요하고 이러한 노력은 정책적 차원과 실천적 차원의 개입이 모두 필요하다는 점이다.

여성복지가 필요한 이유는 여성이 남성과 비교하여 사회에서 상당한 불이익과 불공평을 경험하고 있다는 사실 때문이다. 이러한 여성 성차별남녀의 생물학적 성을 기초로 하여 특정 성에 대해 사회적으로 부과된 편견이나 차별은 가부장제남성을 중심으로 한 사회관계에 의해 여성이 억압당하는 체계와 자본주의 경제제도에서 기인한다. 성차별은 가족, 문화, 경제활동 및 고용, 법적 · 정치적인 측면 등 다양하게 나타나고 있다. 가족에서의 성차별은 남아선호 사상에서 잘 나타나고 있으며 가정폭력 발생 시 여성이 희생자가 되는 경우가 대부분이다. 또한 우리 사회는 문화적으로 고정된 성역할을 사회화함으로써 성역할을 강화시키고 있으며 노동시장에서는 여성의 노동시장 참여비율이 높아지고 있음에도 불구하고 여성의 임금은 남성에 비해 낮다. 특히, 노동시장에서의 여성 성차별은 여성의 빈곤화를 가져오는 주요한 요인으로 작용하고 있다. 그리고 「남녀고용평등과 일 · 가정 양립 지원에 관한 법」, 「성폭력범죄의 처벌 등에 관한 특례법」, 「가정폭력방지 및 피해자보호 등에 관한 법률」, 「민법」 호주제 폐지 등에서 볼 수 있듯이 여성의 법적 지위 향상이 이루어지고는 있으나 아직도 현실적으로는 성차별이 여전히 남아 있다.

한편, 여성의 사회참여 증가와 여성의 노동력을 필요로 하는 사회적 요구는 여성을 위한 각종 사회적 서비스를 요구하고 있다. 아동양육과 관련된 다양한 사회복지서비스의 필요성이 증가하고 있으며 가족의 해체와 가구 형태의 변화로 인해 노인가족과 독거노인이 증가함에 따라 여성노인의 빈곤문제도 여성복지의 필요성을 더욱 증대시키고 있다.

2) 정책과 서비스

여성의 복지향상을 위한 접근방법으로는 정책적 접근, 서비스적 접근, 운동적 접근으로 구분할 수 있다김인숙 외, 2000. 여성복지에 대한 정책적 접근은 여성을 위한 정책이나 법, 제도 등을 개선하고 만들어가는 일련의 거시적 차원의 조직적 활동을 말한다.

여성복지정책은 여성운동의 발달과 함께 여성단체의 압력, 여성유권자들을 의식한 정치인들의 공약과 국제사회의 압력 등 다양한 내외적 요소의 영향으로 1980년대부터 크게 발전해 오고 있다. 우리나라의 여성정책은 1995년 제정된 「여성발전기본법」을 기본으로 하고 있다. 「여성발전기본법」은 "개인의 존엄을 기초로 하여 남녀평등의 촉진, 모성의 보호, 성차별적 의식의 해소 및 여성의 능력개발을 통하여 건강한 가정을 이루고 국가와 사회의 발전에 남여가 공동으로 참여하며 책임을 분담할 수 있도록 함을 그 기본이념"으로 한다. 「여성발전기본법」은 1995년 제정 이후 중앙과 지방정부의 여성정책 및 예산 수립의 근거로 작용하면서 양성평등과 여성의 사회 참여 확대 및 권익 증진에 기여하였고, 2014년에는 법제명을 「양성평등기본법」으로 변경하여 실질적 양성평등 사회 실현을 지향하고 있다.

여성복지의 정책적 접근은 그 대상을 여성이 가진 권리를 중심으로 구분할 수 있다. 여성 개인의 욕구 충족을 일차적 목표로 하는 정책의 대상은 성매매 여성, 가출 여성, 가정폭력 및 성폭력 피해여성 등 요보호여성과 일반여성들이고, 보호자로서의 역할을 지원하는 정책의 대상은 미혼모, 저소득 한부모 여성 등이며, 의존자로서의 여성차별적 정책의 대상은 일반여성과 저소득 여성 등이다김인숙 외, 2008.

여성복지를 위한 서비스적 접근은 여성에 대한 임상적 개입, 여성지원 프로그램, 시설보호서비스의 세 가지 유형으로 구성된다. 여성에 대한 임상적 개입은 사회복지의 다양한 임상방법을 말하는데 최근에는 여성의 고유한 특성과 조건을 고려한 여성중심적 상담이 많이 활용되고 있다. 여성지원 프로그램은 여성의 경제적, 사회적 욕구를 충족시키기 위하여 지원되는 각종 프로그램을 말하며 여성이 자립하기 어렵거나 열악한 환경조건 때문에 독립적 삶이 불가능한 경우는 시설보호서비스가 제공된다.

여성복지를 위한 운동적인 접근은 여성복지의 발전을 위해서는 운동적 방식의 도입이 필요하다는 인식에서 제기되고 있는데 여성복지 분야는 다른 어떤 사회복지 분야보다 그 대상의 폭이 넓고 문제의 근원이 성차별적 이념, 가치, 정책, 제도 등으로 인해 생기는 경우가 대부분이기 때문에 이러한 구조적 틀을 변화시키기 위해 여성운동과 사회복지의 연계가 필요하다고 본다. 그러나 사회복지 분야에서는 여성운동이 아직까지 활성화되고 있지는 않다. 따라서 여성복지의 발전을 위해서는 운동적 접근방식의 도입이 필요하고 이를 위한 구체적 실천모델을 개발할 필요가 있다.

여성복지의 분야별 내용 중 관심 깊게 살펴볼 필요가 있는 것은 빈곤여성에 대한 여성복지정책이다. 여성의 빈곤문제는 미국의 사회학자인 Pearce가 '빈곤의 여성화'란 용어를 처음 사용한 후에 주목받게 되었다. 빈곤의 여성화란 여성의 빈곤이 남성 대비 증가하는 현상을 말한다. 그 이유는 여성의 빈곤율이 남성보다 높고, 빈곤의 강도가 심각하며, 빈곤층 내에서 여성이 차지하는 비중이 높기 때문이다. 빈곤의 여성화 요인으로는 특히 성 차별적 노동시장과 가부장적 복지체계를 들 수 있다. 노동시장의 성 차별적 구조의 결과 다수의 여성들은 저임금 및 하위직에 편중되어 있어 경제적인 자립에 어려움을 겪는다. 또한 사회보험 급여가 남성 중심, 임금노동 중심으로 이루어져 있어 여성이 남성에 비해 상대적으로 불리하다. 이는 결국 공공부조에 의존하는 여성의 증가로 이어지게 된다. 여성의 빈곤 상황은 여성의 노동시장 참여율 증가, 교육수준의 증가에도 불구하고 여전히 개선되지 않고 있다. 특히 여성노인의 빈곤은 더욱 심각하다노혜진 외, 2020. 여성빈곤문제를 해결하기 위해서는 여성이 안정적으로 노동시장에 편입될 수 있도록 고용정책의 기능을 강화해 나가는 것과 함께, 국민연금제도의 제도 보완을 통한 여성 개별 수급권의 확보가 필요하다.

노후의 빈곤문제에 대응하기 위한 제도로는 국민연금, 기초연금, 국민기초생활보장제도 등이 있다. 여성 한부모가족의 경우에는 소득의 감소로 인하여 사회의 최하위계층으로 유입될 가능성이 매우 높고, 이것이 자녀에게 대물림될 수 있기 때문에 다음 세대의 빈곤계층으로의 유입 예방은 매우 중요한 문제이다양혜경, 2001. 경제적 어려움을 겪고 있는 저소득 모자가족에 대해서는 「한부모가족지원법」에 근거하여 생계비, 아동교육지원비, 아동양육비 등의 복지급여 지원이 있고, 사업에 필요한 자금이나 아동교육비, 의료비, 주택자금 등의 복지자금 대여서비스가 있다. 가정폭력, 성폭력, 성매매 등으로 긴급한 구조보호 또는 상담을 필요로 하는 여성들을 위해서는 가정폭력상담소, 가정폭력 피해자 보호시설, 여성긴급전화 1366과 같은 지원기관이 운영되고 있다.

3) 사회복지사의 활동과 역할

여성복지 분야에서 일하는 사회복지사는 여성들이 독립적인 개인으로서의 삶을 영위할 수 있도록 먼저 정서적 지지와 함께 자립지원서비스나 사회복지 자원을 제공해 주는 조력자, 중개자의 역할을 하게 된다. 이를 위해서는 여성과 관련된 제도나 관련된 법에 대한 지식 습득이 중요하다. 또한 요보호여성 문제에 개입하는 경우에는 상담과 구체적인 원조 프로그램을 제공하는 상담가의 역할을 수행해야 하고 이를 위한 전문적인 지식을 습득해야 한다. 그리고 여성복지 분야에서 일하는 사회복지사는 우리 사회에 뿌리 깊이 존재하는 성차별문제를 해소하기 위한 행동가로서의 역할도 필요하다.

4) 여성복지의 과제

우리 사회에서 여성의 지위는 크게 향상되었고 여성의 사회참여 기회도 넓어졌다. 우리 사회는 여성문제를 해결하기 위한 법적 조치로서 「남녀고용평등법」, 「양성평등기본법」, 「성폭력방지법, 「가정폭력방지법」, 「건강가정기본법」 등의 제정을 통해 남녀평등을 위한 법적 평등 장치를 마련하여 미비점을 보완해 가며 발전시켜 오고 있다. 그러나 이러한 제도적인 법적 평등이 실질적인 평등으로는 실현되지 못하고 있다. 따라서 사회통념 및 성차별적 편견 개선과 여성을 차별하는 법과 제도의 지속적인 개선을 통하여 법의 실효성 있는 시행이 이루어지도록 노력해야 한다.

구체적으로는 먼저 여성의 경제적 자립을 위한 노력이 필요하다. 여성의 노동참여는 증가하였지만 무임금 가사노동, 노동의 성별분업과 여성노동의 주변화, 복지제도의 가부장적 성격 등의 문제가 사회구조적으로 아직 강하게 남아 있기 때문에 이러한 문제를 해결해 나감으로써 여성들이 노동을 통해서 자립해 갈 수 있도록 해야 한다.

또한, 요보호여성들을 위한 개입은 법제화 등 제도적인 틀이 갖추어지고 있지만 내실을 기하는 문제가 과제로 남아 있다. 특히 요보호여성 문제를 사회적이고 구조적인 측면에서 찾기보다는 여성 개인의 잘못으로 보는 시각이 아직은 우세하다. 따라서 요보호여성들의 문제에 대해 사회구조적 측면에서 접근하는 노력이 필요할 것이다.

그리고 여성복지는 여성적 관점에서 여성의 권리보장이 이루어지도록 설계되어야 한다. 다수이면서도 사회적 소수자로서의 여성뿐만 아니라, 여성집단 내의 다양한 소수집단이 겪는 문제들에 대해서도 다각적인 접근이 모색되어야 한다.

4. 노인복지

1) 개요

'노인'이라는 용어는 나이든 사람을 지칭하는 용어로 사용되고 있는데 이 밖에도 고령자, 어르신, 늙은이, 시니어 등 다양한 용어로 사용되고 있다. 노인이란 용어에는 심신의 기능 변화에 따른 '노화'라는 의미와 시간의 흐름에 따른 달력상의 나이인 '역연령'이라는 두 가지 의미가 포함되어 있다.

노인에 대한 기존의 정의를 보면 다음과 같다. 국제노년학회1951에서는 노인을 환경 변화에 적절히 적응할 수 있는 조직기능이 감퇴하고 있는 사람, 생체의 자체 통합능력이 감퇴하고 있는 사람, 인체의 기관 · 조직 · 기능에 쇠퇴현상이 일어나는 시기에 있는 사람, 생활상의 적응능력이 결손되어 가고 있는 사람, 조직의 예비능력이 감퇴하여 적응이 제대로 되지 않는 사람이라 정의하였다. Breen1960은 노인을 생리적 · 생물학적 면에서 쇠퇴기에 있는 사람, 심리적인 면에서 정신기능과 성격이 변화하고 있는 사람, 사회적인 면에서 지위와 역할이 상실되어 가는 사람이라 정의하였다. 장인협 · 최성재2003는 노인을 생리적 및 신체적 기능의 퇴화와 더불어 심리적인 변화가 일어나서 개인의 자기 유지기능과 사회적 역할기능이 약화되고 있는 사람이라고 정의하였다.

한편 연령을 기준으로 한 노인의 범위는 달력상의 시간에 의하여 일정한 연령 이상일 경우 노인으로 규정한다. 현재 대부분의 산업사회에서 65세 이상을 노인으로 규정하고 있는데 이 정의는 독일의 노령연금법상 연금 수급기준을 65세로 규정한 것에서 유래한다. 역연령에 의한 노인의 정의는 사회입법적인 면이나 행정적인 면에서 유용하게 사용되고 있다.

이와 같이 노인의 기준은 심신의 기능 변화와 역연령으로 나누어 정의되고 있지만, 학자들의 노인에 대한 정의는 개개인의 다양한 기능적인 측면을 중시하고 있다. 역연령에 의한 기준은 행정적인 측면에서 매우 유용하나 특정 연령 이상의 사람을 일괄적으로 노인으로 규정하여 노화의 개인 차이나 능력 차이를 무시할 수 있다는 한계가 있고 시대적인 변화에 따라 그 기준 또한 바뀔 수 있다.

노인에게 나타나는 특징은 일반적으로 신체적인 노화현상, 즉 신체적 기능의 감퇴가 나타나며, 퇴직에 대한 경제적인 어려움, 심리적으로는 노화에 따른 신체적 질병, 배우자의 죽음, 사회와 가족으로부터의 고립과 소외, 지나온 세월에 대한 회한 등의 원인으로 우울증이 증가하며, 사회적으로는 정년퇴직과 함께 경제적 능력이 약화되고 이에 따라 사회적 지위와 역할의 상실문제가 발생한다.

노인인구의 비율이 높은 고령사회에서는 노인문제가 더욱 심화되는데, 우리나라는 고령화의 속도가 매우 빠르게 진행되어 노인인구가 급속하게 증가하고 있다. 또한 산업화, 도시화 등으로 가족구조가 바뀌고 있는 가운데 가족 구성원 중에 65세 이상 노인이 한 명이라도 포함되어 있는 노인가구가 증가하고 있다. 특히 노인가구 가운데서도 자녀동거 노인가구는 줄어든 반면, 노인부부가구와 노인독신가구가 증가하고 있어 가족의 부양기능이 약화되고 있다통계청, 2023.

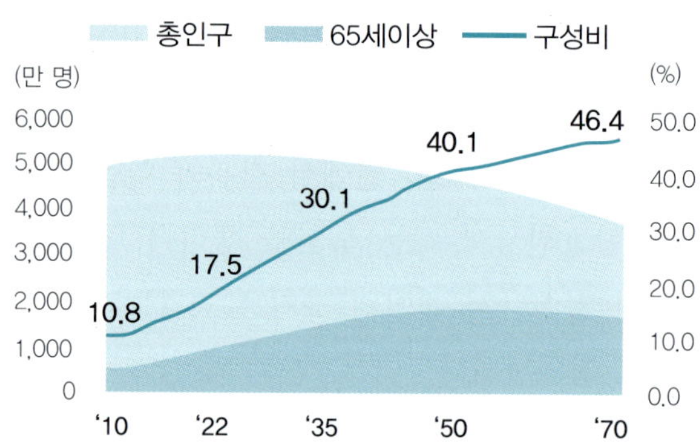

[그림 9-3] 고령인구 추이

출처 : 통계청(2023).

노인복지는 노인에게 일어나는 문제를 해결하고 노인의 복지를 이룩하려는 공적 · 사적 차원에서의 조직적 제반 활동이라 할 수 있다. 노인의 신체적, 경제적 능력의 감퇴는 사회적인 의존성을 증가시키고, 급속한 고령화 및 가족구조의 변화는 사회적인 해결을 필요로 하게 된다.

노인복지의 타당성은 경제적 타당성, 심리사회적 타당성, 윤리적 타당성의 측면에서 생각해 볼 수 있다Kutza, 1981. 경제적 타당성은 노인은 불가피한 신체적 및 사회적 이유로 경제적 능력이 약화되거나 없어지게 됨으로써 노인에 대한 복지적 대책이 사회적으로 요구된다는 것이다. 심리사회적 타당성은 사회에 의하여 가해진 불이익에 대한 보상 및 상호부조의 세대 간 이전이라는 의미에서 이루어진다. 사회적 불이익에 대한 보상은 사회가 노인에게 직업 역할과 가족적 역할을 거부함으로써 가한 불이익이나 불공평을 시정하는 의미에서 이루어진다. 윤리적 타당성은 노인이 가족과 사회에 공헌한 바에 대한 반대급부적 보상으로 사회가 노인에게 적절한 복지적 프로그램과 서비스를 제공해야 한다는 것이다.

노인문제에 대한 목표나 목적 설정에 있어서 고려되어야 할 기본 원칙은 다음과 같다장인협 · 최성재, 2003.

① 존엄성 및 개성존중의 원칙 : 인간은 인간적인 권리로서의 존엄성이 존중되어야 하며 개인은 다른 개인과 구별되는 특성과 욕구를 지니고 있는 개성 있는 존재로서 인정되어야 한다.

② 개별화의 원칙 : 인간은 타인과 구별되는 고유한 특성이 있으므로 인간은 개성이 존중될 수 있도록 개별적으로 다루어져야 한다.

③ 자기결정의 원칙 : 노인은 인간으로서의 존엄성과 개성을 가지고 있으므로 노인 자신의 복지에 영향을 미치는 어떠한 결정도 가능하며 노인 자신의 선택에 의하여 이루어지도록 해야 한다.

④ 권리와 책임의 원칙 : 모든 노인에게는 권리와 책임의 원칙이 수반되어야 한다는 것이다. 노인은 후손의 양육과 국가 및 사회의 발전에 기여하여 온 자로서 존경받으며, 건전하고 안정된 생활을 보장받아야 하며 능력에 따라 적당한 일에 종사하고 사회적 활동에 참여할 기회를 보장받는다. 이와 함께 노인은 항상 심신의

건강을 유지하고 그 지식과 경험을 활용하여 사회의 발전에 기여하도록 노력하여야 한다.

⑤ 보편성과 선별성의 원칙 : 노인복지는 정부의 주어진 재정적 및 사회적 여건하에서 노인의 욕구에 따라 선별적 원칙과 보편적 원칙을 적절히 적용하여야 한다.

⑥ 개발적 기능의 원칙 : 문제를 가진 노인 스스로가 자발적으로 문제를 해결하도록 도움을 주어야 한다.

⑦ 전체성의 원칙 : 노화는 신체적, 심리적, 사회적 측면에서 각각 다르게 나타나고 또한 이러한 측면들이 상호관련을 갖고 있으므로 노인을 신체적·지적·정서적·사회적·심리적·영적인 제 측면에서 전체적으로 이해하고 이를 기반으로 서비스가 주어져야 한다.

⑧ 전문성의 원칙 : 노인복지는 전문적 지식과 기술을 기반으로 하여 실시되어야 한다.

⑨ 시대적 욕구반영 원칙 : 노인복지는 노인들의 시대적 욕구를 잘 파악하여 이를 적절히 반영하는 것이 되어야 한다.

2) 정책과 서비스

노인의 노후생활을 지원하기 위해서는 정부의 관여가 필요하다. 노인복지정책은 노인의 인간다운 삶을 보장하기 위해 국가가 관여하는 수단을 말하는데 크게 나누어 소득보장, 주거보장, 의료보장 및 사회복지서비스로 구성된다.

(1) 소득보장

노인의 노후생활을 위한 소득보장의 유형으로는 사회보험, 공공부조, 고용보장 등이 있다. 사회보험 분야에서는 공적연금으로 국민연금, 공무원연금, 사학연금, 군인연금이 있다. 공적연금 가운데 국민연금 수급자의 비율이 가장 높게 나타나고 있고, 그 비율 또한 빠르게 증가하고 있어 향후 국민연금에 대한 소득의존도가 더욱 높아질 것으로 예상되고 있다. 노인의 생활안정을 지원하고 복지를 증진하기 위해 만들어진 기초연금은 65세 이상인 사람으로서 소득인정액이 보건복지부장관이 정한 금액 이하인 사람에게 지급되고 있다. 한편 생활이 어려운 노인의 최저생활을 보장하기 위한 공공부조제도로서 국민기초생활보장제도가 있다보건복지부, 2022.

노후소득 보장의 방법으로서 세계적인 주목을 받고 있는 것은 고용보장이다. 고용보장은 노인이 계속해서 노동시장에 머무르게 하여 노인 스스로가 소득을 창출하게 하는 방법이다. 이는 복지선진국인 유럽에서도 노인문제 해결의 핵심으로 주목을 받고 있으며 우리나라에서도 적극적으로 대처할 필요가 있는 영역이다. 노인의 고용은 「고령자고용촉진법」과 「노인복지법」에 의해 추진되고 있지만 노인취업자의 대부분은 농림어업 등 1차 산업에 종사하고 있으며 임금근로자의 비율은 아직까지 높지 않다. 그러나 고령화의 급속한 진전과 함께 정년연장, 계속고용, 임금피크제 등 노인의 지속적인 고용을 위한 사회적 노력의 필요성이 증대하고 있다.

(2) 주거보장

노년기에 나타나는 신체적, 정신적, 사회적 변화는 잘 계획된 환경이나 조직적인 보호를 통해 그들의 삶의 질을 높일 수 있다. 노인주거의 형태는 일반 주택에서부터 반 의존적인 노인을 위한 노인보호주택, 그리고 노인의료복지시설인 노인요양시설, 노인전문요양시설, 노인전문병원, 각종 서비스가 조직화된 노인촌락에 이르기까지 매우 광범위하다박차상 외, 2006. 노후에는 활동영역이 주택 내에서 주로 이루어진다는 점에서 노인에게 안전한 주거공간을 제공하는 것은 특히 중요하다. 따라서 노후의 안전하고 자립적인 생활을 위해서는 주택 내 시설설치 및 구조 변경 등을 통해 노인의 안전하고 쾌적한 생활을 확보할 필요가 있다.

(3) 의료보장

노인을 위한 의료보장제도로는 국민건강보험, 의료급여제도가 있다. 의료보장의 주요한 기능을 수행하고 있는 건강보험제도는 사회보험으로 운영되며 보험료를 재원으로 하여 진찰, 검사, 약제, 수술, 입원, 재활 등의 건강보험 급여항목에 대해 보험급여를 지급한다. 의료급여는 건강보험 혜택을 받을 수 없는 저소득층을 위한 공공부조제도이다. 노인인구가 늘어나면서 의료보장을 필요로 하는 대상자도 많아지고 있는데 특히 노인의료비가 빠르게 증가하고 있다건강보험심사평가원, 2022. 노인의료비의 증가는 향후 젊은 세대의 비용부담을 가중시키는 요인이 될 수 있기 때문에 사전예방적인 건강관리체계를 구축해 나가야 한다. 이와 함께 노인성 질환에 대한 건강보험 보장성 확대를 통한 노인의 비용부담 완화 등이 필요하다.

(4) 사회복지서비스

노인에 대한 사회복지서비스는 노인의 다양한 문제나 욕구 및 위기와 긴장, 무력함에 대처하려는 노력인데Beaver, 1983, 이를 장소를 기준으로 분류하면 재가노인복지와 노인 입소시설을 통한 서비스로 나눌 수 있다.

재가노인복지는 재가노인을 위한 의료·복지서비스를 말하며 타인의 원조를 필요로 하는 노인이 계속적으로 거주해 온 생활공간에서 생활을 유지할 수 있도록 제공하는 각종의 복지형태를 말한다. 재가노인복지서비스는 방문요양서비스, 주·야간보호서비스, 단기보호서비스, 방문목욕서비스 등이 있다.

시설복지서비스는 요보호노인, 만성질환을 가진 노인이나 거동 불능노인, 치매노인 등의 장기적인 요양을 원하는 노인에게 필요하다.

이 밖에도 노인에 대한 사회복지서비스는 노인복지회관, 경로당, 노인보호전문기관, 노인일자리 지원기관 등에서 다양한 형태로 제공되고 있다.

〈표 9-3〉 노인복지시설 현황(2022년) (단위 : 개소, 명)

구분	계	노인주거 복지시설	노인의료 복지시설	노인여가 복지시설	재가노인 복지시설	노인보호 전문기관	노인일자리 지원기관	학대피해 노인 전용쉼터
시설 수	89,698	308	6,069	69,758	13,272	37	206	20
입소 정원	358,447	19,355	232,235	–	10,857	–	–	–

출처 : 보건복지부(2023).

3) 사회복지사의 활동과 역할

노인복지 분야에서 일하는 사회복지사에게는 개인, 집단, 조직 및 지역사회수준에서 원조와 서비스를 제공하여 노인의 사회적 기능을 향상시키려는 통합적인 접근방법이 필요하다.

이러한 노인복지의 실천은 ① 노인의 사회적 기능 유지, 회복, 증진, ② 노인의 욕구 충족과 능력 개발에 필요한 사회정책, 서비스, 자원, 그리고 프로그램의 계획, 형성, 수행, ③ 위험에 직면한 노인의 역량 강화와 사회경제적 정의를 증진시키기 위한 옹호와 행동, ④ 노인복지와 관련된 전문적 지식과 기술의 개발과 검증으로 구분된다(권중돈, 2016). 노인복지 분야에서 일하는 사회복지사는 정서적으로 안정된 노년기를 보낼 수 있도록 돕는 조력자로서의 역할, 취업교육이나 사회교육, 여가활동지도, 치매노인을 위한 가족교육 프로그램 등 다양한 교육 프로그램을 개발하고 지도하는 교사로서의 역할이 필요하다. 또한 지역자원을 연계하는 중개자의 역할, 방문상담 및 재가서비스를 위한 현장개입과 사례관리 등을 위한 전문가 역할도 요구된다(엄명용 외, 2005). 노인복지를 실천하기 위해서는 노인복지실천 현장에서 요구되는 지식을 습득하는 미시적 개입과 노인복지에 필요한 정책을 형성하고 개발하는 거시적인 개입에 필요한 지식과 기술을 습득해야 한다.

4) 노인복지의 과제

우리 사회는 급속하게 고령화가 진행되고 있어 사회 전체에서 차지하는 노인의 비율이 빠른 속도로 증가하고 있다. 「노인복지법」에서는 "노인은 존경받으며 건전하고 안정된 생활을 보장받는다"고 했으며 "사회적 활동에 참여할 기회를 보장받는다"고 하였다. 그리고 "국가와 지방자치단체는 노인의 보건 및 복지증진의 책임이 있다"고 하였다. 우리는 이러한 「노인복지법」의 이념이 실제적으로 정책에 반영되어 실천되고 있는지, 정책의 실천에 필요한 재정적인 지원이 뒷받침되고 있는지를 살펴볼 필요가 있다. 또한 노인의 다양한 욕구 충족을 위한 사회복지서비스 체계를 계속해서 모색해 가야 한다.

요약

이 장에서는 사회복지실천영역 중에서 아동복지, 청소년복지(학교사회복지), 여성복지, 노인복지를 살펴보았다.

아동복지는 모든 아동이 사회의 일원으로서 신체적·정신적으로 건전하게 성장·발달할 수 있도록 직·간접적으로 제공되는 모든 사회적 활동을 말하며, 청소년복지는 특히 청소년기라는 독특성을 지닌 청소년을 대상으로 한다. 아동 및 청소년 복지에서 공통적으로 중요한 것은 가정의 기능과 역할이 강화되어야 한다는 것이고 이를 위해서는 부모, 학교, 사회, 국가 모두의 공동노력을 필요로 한다. 학교사회복지는 사회복지실천의 주요한 기능인 심리사회적 문제의 예방과 해결을 위한 활동을 수행함과 동시에 환경 속의 인간이라는 사회복지 고유의 관점에 기반하여 학생 개인뿐 아니라 환경에 대한 개입을 고려한다.

여성은 우리 사회의 절반을 구성하고 있으면서도 여전히 사회적인 약자에 속해 있다. 물론 여성의 지위는 크게 향상되었고 여성이 갖는 기회는 넓어지고 있지만 여성의 빈곤문제에서 볼 수 있듯이 우리 사회는 아직도 뿌리 깊은 성차별이 존재한다. 따라서 여성의 경제적 자립을 위한 노력이 매우 중요하고 요보호여성에 대한 문제를 사회구조적인 측면에서 해결하도록 노력해 가야 한다.

우리 사회는 급속한 고령화를 맞이하고 있기 때문에 노인복지에 대한 관심이 높아지고 있다. 노인은 신체적·정신적 기능이 쇠퇴하여 의존성이 증가하기 때문에 노인에게는 다양한 사회복지서비스가 필요하다. 그러나 노인복지에서는 지속적으로 노인의 사회참여 기회를 보장함으로서 활력 있는 고령사회가 될 수 있도록 노력해 가야 한다.

탐구문제

❶ 아동, 청소년에게 매우 중요한 가족의 기능을 강화하면서 여성의 사회참여를 보장하는 가족기능 강화프로그램에 대해 생각해 보자.

❷ 학교사회복지의 주요 서비스 내용은 무엇이며 아동복지 및 청소년복지와는 어떤 차이점이 있는지 생각해 보자.

❸ 활력 있는 고령사회를 만들기 위해 필요한 노인복지의 방안에 대해 생각해 보자.

참고문헌

건강보험심사평가원(2022). 2021 건강보험통계연보

권중돈(2016). **노인복지론**. 학지사.

김미혜(1997). 여성의 생애주기와 사회복지. **양성평등이 보장되는 복지사회**. 미래인력연구센터.

김석준 외(2018). **아동권리와 복지**. 양서원.

김성이(1994). **청소년복지론**. 인간과복지.

김성철 외(2023). **여성복지론**. 양성원.

김윤재 외(2018). **청소년복지론**. 정민사.

김인숙(1997). 여성복지정책의 현황과 발전방향. **여성복지발전을 위한 포럼**. 한국여성단체연합.

김인숙 외(2000). **여성복지론**. 나남.

김인숙 외(2008). **여성복지실천과 정책**. 나남.

노 혁(2007). **청소년복지론**. 대학출판사.

노혜진·김윤민(2020). 한국사회 빈곤의 여성화의 장기적 변화와 영향요인. **페미니즘연구, 20**(2). 한국여성연구소.

박영란·황정임(1997). 여성복지 서비스 전달체계의 기능강화방안에 관한 연구. 한국여성개발원.

박옥임 외(2017). **여성복지학**. 공동체.

박차상 외(2006). **케어복지론**. 학지사.

보건복지부(2023). 2023 노인복지시설현황.

보건복지부(2022). 2022 보건복지통계연보.

서보준 외 (2023). **아동복지론**. 공동체.

보건복지부(2018). 2018 노인복지시설현황.

양해경(2001). 한부모가족의 문제와 사회복지지원체계에 대하여. 여성과 가족정책세미나, 여성가족부.

엄명용 외(2005). **사회복지실천의 이해**. 학지사.

이영숙 외(1993). **외국의 청소년복지정책 연구**. 아동청소년개발과.

이용교(1995). **한국청소년정책론**. 인간과복지.

이종복 외(1998). **현대청소년복지론**. 양서원.

장미혜 외(2013). 여성노인의 노후빈곤 현황 및 대응정책. 한국보건사회연구원·여성정책연구원.

장인협·오정수(2001). **아동·청소년복지론**. 서울대학교출판부.

장인협·최성재(2003). **노인복지학**. 서울대학교출판부.

정성배 외(2023). **노인복지론**. 창지사.

조학래 (2023). **청소년복지론**. 신정.

조흥식(1999). 청소년학의 정체성 확립을 위한 청소년복지의 과제. **청소년학연구, 6**(2), 한국청소년학회.

조흥식 외(2006). **여성복지학**. 학지사.

주석진 외(2016). **학교사회복지론**. 양서원.

천정웅 외(2023). **학교사회복지론**. 양서원.

통계청(2016). 장래인구추계 2015-2065.

통계청(2023). 2023 고령자 통계.

한국여성개발원(1990). 여성복지법제에 관한 연구.

한국청소년개발원(1992). 지방자치체하 청소년 행정체계의 활성화 방안.

한국청소년개발원(2005). **청소년복지론**. 교육과학사.

홍봉선·남미애(2018). **청소년복지론**. 공동체.

Beaver, M. L.(1983). *Human Service Practice with the Elderly*. Englewood Cliffs. N.J.: Prentice-Hall.

Breen, L.(1960). *The Aging Individual, in Handbook of Social Gerontology*. Chicago: University of Chicago Press.

Fridelander, W. & Apte, R.(1974). *Introduction to Social Welfare*. Englewood Cliffs. N.J.: Prentice Hall.

Kadushin, A.(1980). *Child Welfare Services*. N.Y.: Macmillan Publishing Co.

Kutza, E. A.(1981). *The Benefits of Old Age*. Chicago: The University of Chicago Press.

1. 가족복지

1) 개요

가족복지는 가족에 대한 사회복지적 접근으로 가족문제를 해결하기 위한 사회복지실천이라 할 수 있다. 그러나 가족복지를 한마디로 정의하기는 쉽지 않다. 실제로 가족체계에는 사회복지의 전통적인 주요 대상이었던 아동, 여성, 노인, 빈곤, 장애 등 인간의 생활사에서 발견할 수 있는 다양한 대상과 문제, 욕구들이 복합적으로 존재하고 있으며, 대부분의 사람들이 가족체계 내에 포함되어 있기 때문에 가족을 대상으로 하는 복지는 인간의 안녕을 위한 전체적인 복지의 의미를 가진다 해도 과언이 아니기 때문이다.

가족복지의 개념을 좀 더 구체적으로 살펴보면, 가족의 욕구와 문제를 가족 스스로 충족시킬 수 있도록 잠재력을 개발하고 역할과 기능을 활성화시키며 생활의 질적 향상을 도모하고자 여러 가지 형태로 사회가 개입하기 위해 마련한 가족 관련 복지정책과 서비스를 협의의 가족복지로 정의할 수 있다(김영화 외, 2016). 협의의 가족복지는 가족의 정서적 기능 및 관계 향상, 그리고 가족체계 내에서 발생하는 다양한 문제와 욕구에 대처함으로써 가족이 유지해야 할 기본 기능, 즉 출산과 양육, 교육, 부양과 보호 기능 등을 적절히 수행할 수 있도록 지원하는 것이라 할 수 있다(권진숙 외, 2011).

상대적으로 광의의 가족복지 개념은 다양한 유형의 가족에서 공통적으로 볼 수 있는 빈곤, 양육, 정신건강, 사회편견 등의 문제에 대해 가족의 기능과 역할을 보완함으로써 가족 내 개개인들의 삶의 질을 증진시켜 주는 국가적 차원에서 수행되는 일련의 사회적 제도(양옥경, 2004), 즉 가족 중심의 복지체계를 구성하는 사회적 지원체계를 의미한다.

이처럼 가족복지는 가족의 전 생애에 걸쳐 행복하고 바람직한 삶을 추구하는 사회구성원 전체의 집단적 노력으로 가족해체, 가족구성원의 사회적 역기능 수행 등의 문제에 의도적으로 개입하는 것이다. 따라서 가족복지에는 가족 성원 개인이나 가족에 대한 서비스뿐만 아니라 가족제도의 강화, 수정, 변화에 대한 노력도 포함된다.

결국 가족복지는 가족생활을 영위하기 위해 기본적으로 필요한 주거지 확보, 고용안정, 교육보장, 생계보장 등과 연결되어 있을 뿐만 아니라, 가족생활의 주체가 되는 가족원 간의 정서적 유대 및 만족감 등을 포함하고 있어 상당히 광범위한 특징을 지니고 있다조흥식 외, 2017.

2) 정책과 서비스

가족복지정책은 가족정책family policy의 한 영역이면서 동시에 가족을 위한 복지정책family welfare policy이다. 가족복지정책은 가족의 복지증진을 위하여 가족 성원 및 가족 전체의 차원에서 발생하는 욕구 및 문제를 해결하고, 가족의 기능 및 역할을 지원하는 국가의 모든 정책이라고 할 수 있다박미은 외, 2015.

가족복지정책의 목표와 대상은 뚜렷하지 않거나 다른 정책영역과 중첩되기도 하기 때문에 구체적인 범주를 명확히 구분하기는 쉽지 않지만, 가족 내의 개인 혹은 전체로서의 가족을 대상으로 하는 법이나 각종 급여, 프로그램에 한정되는 경향이 있다권진숙 외, 2011. 가족복지정책은 가족이 가지고 있는 욕구에 대한 대응을 기준으로 범주화할 수 있다.

〈표 10-1〉 가족복지정책의 범주

가족의 욕구	가족복지정책의 범주
경제적 욕구	사회보험, 공공부조, 가족수당, 조세감면 등 소득보장, 주택관련 지원
건강의 욕구	건강보장 프로그램
양육 및 보호의 욕구	아동수당, 육아휴직, 양육비 지원, 보육서비스, 모자보건, 가족 간병휴가, 노인·아동·장애인부양 지원서비스

가족의 욕구	가족복지정책의 범주
심리적 · 정서적 욕구	가족상담 및 치료적 서비스, 가정폭력지원 서비스, 부부상담, 기타 대인 서비스
건강가족 조성의 욕구	가족에 대한 사회적 규범과 관련된 법, 제도(건강가정기본법, 다문화가족지원법, 한부모가족지원법 등)

출처 : 권진숙 외(2006). p.41.

한편 가족을 중심으로 하는 사회복지실천에서 중요한 것은 가족을 지속적으로 발달하는 하나의 사회체계로 인식하는 것이다. 가족은 생애주기에 따라 지속적으로 발달하며, 가족체계는 통합성을 유지하고 경계를 형성하면서 외부체계와 구분된다. 또한 서로 상호작용하면서 에너지를 교환하게 된다.

기능적 가족의 경우 분명한 경계와 자율성을 가지며, 서로에 대한 깊은 신뢰감을 형성한다. 또한 가족발달에 맞게 변화하는 유연성 있는 규칙이 있으며, 가족의 발달단계에서 요구되는 과업수행 시 융통성을 발휘할 수 있다. 반면 역기능적 가족은 가족 체계가 외부와 폐쇄적이며, 융통성이 없어 경직되고 위협적인 가족규칙을 가지게 된다. 서로 지나치게 집착하거나 무관심하게 되고, 정형화된 역할을 수행하며, 혼란스럽고 모호한 의사소통을 하는 경향이 있다. 가족의 발달과업 수행 시 경직된 태도로 일관하며 가족 간 의사소통의 불일치도 발생하게 된다.

가족복지서비스는 주로 역기능적 가족을 대상으로 하는 사회복지서비스 혹은 사회서비스라 할 수 있다. 즉, 가족생활을 보호하거나 회복하고 가족의 외적 · 내적 문제를 해결하도록 도우며 가족 성원들의 성장과 발달을 돕고 정보제공, 안내, 옹호 등을 통해 가족의 사회적 자원에 대한 접근을 가능하게 한다. 가족복지서비스의 내용은 가족단위의 서비스와 가족구성원에 대한 서비스로 구분할 수 있다. 먼저 가족단위의 서비스는 다음의 내용들이 포함된다.

① 가정폭력 예방과 치료 : 가정폭력을 예방하고 치료하기 위한 것이다. 예로 가정폭력상담기관, 여성긴급전화1366 등이 있다.

② 가정생활교육 : 건강한 가족을 형성하고 가족 및 구성원이 생애주기에 걸친 성장과 발달에 필요한 지식을 습득하도록 도우며, 가족역할에 대한 잠재력을 향상시

키는 것이다. 예로 결혼준비 교육, 부부관계 향상프로그램, 부모교육, 치매노인 가족이나 한부모가족의 적응을 돕기 위한 교육 등이 있다.

③ 가족보존서비스 : 가족위기로 자녀가 가족으로부터 격리되어 외부에서 위탁보호를 받을 상황에 놓인 가족에게 집중적으로 개입하여 가족이 해체되는 것을 막고 자녀가 가족 내에서 계속해서 양육받을 수 있도록 하기 위한 것이다. 예로 상담, 가족옹호, 의료·탁아·단기보호 등 의뢰, 교육, 정보제공, 양육·대화·문제해결 기술개발 등이 있다.

④ 가족지지서비스 : 지역의 모든 가족을 대상으로 보편적이고 예방적인 서비스를 제공하여 가족스트레스를 줄이고 능력과 안정을 배양하고자 하는 지역사회 기반의 서비스이다. 예로 부모집단 프로그램, 가족결속 강화프로그램, 부모수발부담 지지집단, 가족욕구와 관련된 자원과 서비스가 지속적으로 제공될 수 있는 기반 마련을 위한 정신건강서비스와 보육서비스 연결 등이 있다.

⑤ 가족옹호서비스 : 빈곤, 기회 불평등, 인종차별 등으로 사회에서 불이익을 당하는 가족들이 기관의 지도나 연대를 통하여 권리를 주장하고 지역사회로부터의 서비스 확보를 위한 것이다. 예로 권리주장 및 권익운동 등이 있다.

한편 가족 성원에 대한 서비스 내용으로는 다음과 같은 것들이 있다.

① 아동을 위한 가족복지서비스 : 아동상담 서비스 및 아동학대 예방서비스, 소년·소녀가정 아동보호 그룹홈, 가정위탁보호, 입양서비스, 보육서비스, 한부모가족 복지시설 등

② 노인을 위한 가족복지서비스 : 재가복지서비스, 독거노인가구 서비스, 노인주거 복지시설, 노인의료복지시설 등

가족에 대한 개입 과정은 초기, 중간, 종결과정으로 구분할 수 있다. 초기과정은 접수, 자료수집, 사정, 계획을 하는 단계이다. 중간과정에서는 개입과 점검, 그리고 종결과정에서는 종결과 평가를 실행한다. 초기과정에서는 자료를 해석하고 의미를 부여하며 문제를 규정하고 개입방향을 결정하기 때문에 가족사정이 매우

중요하다. 가족사정 도구로는 다음과 같은 것들이 활용된다.

① 가계도genogram : 3세대 이상의 가족성원에 대한 정보와 관계 등을 도표로 기록하는 방법이다. 가계도는 가족 역동성을 이해하거나 여러 세대에 걸쳐 발전시킬 가족의 역할, 유형, 관계 등을 가족과 함께 그리면서 상호 관계하는 방법을 살펴본다. 특히 가족 내에서 반복되는 정서적·행동적 패턴을 확인하고 이해할 수 있다.

② 생태도ecomap : 가족과 환경체계들 간의 관계를 이해하는 데 유용한 도구이다. 가족과 체계들 간의 자원교환, 에너지 흐름, 스트레스와 관련된 자료, 중재해야 할 갈등 등을 시각적으로 표현해 준다. 생태도는 '환경 속의 인간'에 초점을 두기 때문에 클라이인드를 생대히적 관점에서 이해하는 데 도움이 된다. 가계도와 생태도의 공통점은 양자 모두 가족 역동을 통찰하게 해 주며, 같은 기호들을 사용하기도 한다. 반면 차이점으로 가계도는 한 가족의 여러 세대에 걸친 가족 패턴, 특히 문제가 되거나 역기능적인 가족패턴에 초점을 둔다면, 생태도는 한 가족이 집단, 자원, 조직, 단체, 다른 가족 및 다른 개인과 맺는 상호작용에 초점을 두는 것이다.

③ 가족생활력도표family life chronology : 가족이나 가족성원에게 발생한 중요한 사건이나 시기를 중심으로 연대기적으로 작성한다. 여러 시기에 가족이 경험한 것을 조사하여 그 자료를 조직화하고 도표를 보면서 현재 문제나 기능수행에 어려움이 특정 시기의 경험과 어떤 관계가 있는지 이해할 수 있다. 가계도나 생태도처럼 원이나 화살표 등 기호를 사용하지 않고 도표로 제시한다.

④ 가족범주도식family categories schema : 문제해결, 정서적 반응, 정서적 관여, 의사소통, 역할 행동, 자주성, 행동 통제방식, 일반적인 역할 등 8개 범주에 대해 60개 항목의 자기보고self-report 형식의 설문으로 이루어져 있다.

가족개입의 중간과정에서는 실제 개입이 이루어지게 되는데, 이때 다음과 같은 다양한 가족치료의 기법들이 사용된다.

① 보웬 모델 Bowenian model : Bowen은 가족을 다세대적 현상으로 보고 다세대적 분석을 통해 현재 가족의 문제를 파악하려고 했다. 이 모델은 가족을 하나의 세대 간의 체계로 보며, 가족체계를 정서적 단위, 상호 관련된 관계망, 가족의 역사를 분석하기 위한 기초로 간주한다. 그리고 가족의 현재 문제는 원가족의 해결되지 않은 문제가 세대를 통해 전수된 것으로 본다. 문제해결을 위해 원가족의 관계를 통찰하고 갈등을 해결하며 관계를 개선하는 노력을 강조한다. 대표적 기법인 '탈삼각화'는 가족 내에 형성되어 있는 삼각관계를 벗어나게 하여 가족원들의 자아분화를 돕는 기술로써 두 성원의 감정 영역에서 제3의 성원을 분리시키는 과정이다. 또한 다세대적 정서체계가 현재의 핵가족과 개인에게 중요한 영향을 미친다고 보기 때문에 최소한 3세대에 걸친 가족문제를 폭넓게 진단하기 위해 가계도를 사용한다.

② 구조적 모델structural model : Minuchin으로 대표되는 구조적 모델은 가족구조가 불균형한 데서 문제가 비롯된다고 보고 가족을 재구조화하기 위해 노력한다. 즉, 가족원이 나타내는 증상은 현재 가족구조의 불균형경계가 불분명하거나 가족원 간 지나치게 밀착되어 있는 것, 위계질서가 모호한 것 등의 결과이다. 역기능적인 위계질서와 위계구조의 불균형, 변화하는 욕구에 대해 적절하게 반응하지 못함으로써 가족문제가 발생하고 유지된다고 본다. 따라서 구조적 모델의 목표는 가족을 재구조화함으로써 가족이 적절한 기능을 수행할 수 있도록 돕는 것이다. 또한 가족의 위계질서를 강화하고, 가족규칙들은 가족의 현실적인 것을 좀 더 반영하여 수정한다. 사회복지사는 가족원 간 경계선을 바꾸거나 하위체계를 재정비하기 위해 가족원 각각의 행동과 경험을 바꾼다. 또한 가족원 각자가 체계 내에서 적절한 위치에 있도록 가족 내 세대 간 경계를 분명히 유지하도록 원조한다. 핵심 기법인 '경계만들기'는 가족원 각자가 체계 내에서 적절한 위치에 있도록 가족 내 세대 간 경계를 분명히 유지하게 한다. '합류하기'는 사회복지사가 가족의 분위기를 파악하여 그에 맞추어 행동하거나 감정표현을 하는 것으로 가족과 사회복지사의 거리를 좁혀주므로 초기단계에 유용하다. 그리고 '균형 깨뜨리기'는 하위체계들 간의 역기능적 균형을 파괴하여 관계를 재조정한다.

③ 경험적 모델experiential model : Satir로 대표되는 이 모델은 가족과 사회복지사가 함께 하는 '지금-여기here and now'의 경험을 중시하여 오직 현재만이 변화될 수 있다는 관점을 갖는다. 상호작용을 바꾸어 개인과 가족이 성장하는 경험에 초점을 맞추므로 성장모델로 일컬어진다. 따라서 개입의 목표는 증상의 감소나 사회적 적응보다 개인적 통합내면적 경험과 표현적 행동 간의 일치을 증가시키고 선택에 보다 많은 자유, 덜 의존적인 것, 경험을 확대하는 것 등 성장을 지향한다. 사회복지사는 가족에게 설명을 해주기보다는 가족의 갈등과 행동양식에 맞는 경험을 할 수 있는 기회를 제공하며, 가족원이 내적 경험을 개방하여 가족과의 상호작용을 촉진하게 한다. 대표적 기법인 '가족조각'은 가족의 인식을 조각으로 형상화한 시각적 표현을 통해 가족의 느낌을 이해하도록 한다. 특히 언어적 표현이 부족하고 소극적으로 참여하는 가족이 자연스럽게 참여하면서 치료에 관여하게 하는 기법이다. 또한 '역할극'은 한 성원에게 다른 성원의 역할을 수행해 보도록 요청하고 이를 통해 그 성원의 내면에 대한 이해를 높일 수 있게 한다. 그리고 '가족그림'은 성원에게 가족을 느끼는 대로 그림을 그리도록 요구함으로써 그림을 통해 문제를 파악한다.

④ 행동주의 모델behavioral model : 행동수정 기술과 사회학습이론에 기초하여 개입하는 가족치료이다. 가족원들에게 각자 자신의 문제를 명백한 활동의 측면에서 규명하고 모두가 동의하는 문제해결 행동을 개발할 수 있도록 원조한다. 따라서 개입 목표는 특정한 행동유형을 수정하여 문제가 되는 현재의 증상을 제거하거나 완화하는 것이다. 대표적 기법으로 '모델링'은 다른 사람의 행동을 모방함으로써 학습하는데 복잡하거나 새로운 행동을 가르치는 데 사용한다. '토큰강화법'은 여러 가지 바람직한 행동과 습관을 구체적으로 미리 정해놓고 그 행동을 했을 때 상응하는 토큰을 줌으로써 체계적으로 강화하는 것이다. 또한 '타임아웃'은 일정 시간 행동을 중지시키는 방법이다. 예컨대 아이를 높은 의자에 앉혀 놓고 내려오지 못하게 하거나 자기 방에서 나오지 못하게 격리해서 흥분이나 화를 가라앉게 하는 것이다.

⑤ 인지행동모델cognitive behavioral model : 행동주의이론과 인지이론을 통합하여 적용한 모델이다. 개입목표는 가족원들이 좀 더 합리적인 기초를 토대로 신념과 기대를 수정할 수 있도록 원조하는 것이다. 즉, 부적응 행동 결과를 분석하고 가족이 그 결과를 바꾸어서 바람직한 행동을 보상하도록 지도한다. 대표적 기법인 '인지 재구조화'는 자신의 기능에 손상을 주는 역기능적이고 자기 파괴적인 사고나 잘못된 생각 등을 인식하도록 돕고, 현실에 입각하여 기능을 강화하는 신념과 행동으로 대체하도록 돕는 데 특히 유용하다.

⑥ 해결중심모델solution focused model : 클라이언트를 나약하고 결점을 지닌 한 인간으로 보지 않고 이미 문제를 해결할 수 있는 힘과 자원을 가지고 있는 존재로 보며, 문제의 내용보다는 해결에 주목한다. 즉, 가족의 문제가 무엇인지에 초점을 맞추지 않고 가족이 원하는 해결점에 초점을 둠으로써 단기 치료에 유용하다. 따라서 개입의 목표는 클라이언트가 뭔가 다른 것을 하거나 생각하도록 도움으로써 그가 제시한 불평을 해결하고 삶을 보다 만족스럽게해 주는 것이다. 대표적 기법으로 주로 질문을 사용하는데, '기적 질문'은 기적이 일어났을 때 달라질 수 있는 것들에 대해 이야기 나누고 실제 행해 보도록 하는 것이다. '예외 질문'은 문제가 없을 때 달라지는 것을 탐색한다. 그리고 '척도 질문'은 구체적 숫자를 이용하여 가족원에게 문제의 정도, 변화 정도, 변화에 대한 의지 등을 표현해 보게 하는 것이다.

3) 사회복지사의 활동과 역할

사회복지사는 가족이 가지고 있는 문제를 해결하기 위해 클라이언트 가족과의 동반자 관계를 토대로 지지자, 교사 · 훈련가, 자문가, 조력자, 동원자, 중재자, 옹호자 등 다양한 역할을 수행한다김혜경 외, 2014. 먼저 지지자의 역할은 가족의 문제보다는 강점을 규명하고 지지함으로써 변화를 향한 동기와 낙관주의를 창출한다. 교사 · 훈련자의 역할은 가족이 결핍되어 있거나 부족한 기술 또는 지식을 배양하도록 돕는다. 또한 자문가의 역할은 현재 진행되는 특정 문제에 대해 가족에게 조언하고 지속적으로 피드백을 제공하며, 조력자의 역할은 문제해결을 위한 다양한 기회를 확장해 주기 위해 이용할 수 있는 서비스를 안내하고 이들 서비스를 활용할 수 있도록 돕는다. 그리고 동원자의 역할은 가족을 도울 수 있는 다양한 지역사회 자원에 관여하면서 이를 활성화하고 관리하며, 중재자의 역할은 가족관계 속에서 발생하는 갈등을 중재한다. 마지막으로 옹호자의 역할은 클라이언트 가족의 이익을 위해 옹호하고 대변한다.

4) 가족복지의 과제

가족복지의 과제는 정책적 측면과 실천적 측면에서 조망해 볼 수 있다. 정책적 측면에서는 첫째, 다양한 가족에 대한 제도적 수용이 필요하다. 오랜동안 한국의 가족복지정책은 특정 가족 중심적이며 친족 책임주의적 성격에 기반하여 시행되어 왔다. 그러나 가족의 형태가 부부 중심의 혈연으로 구성된 핵가족 체계에서 한부모가족, 재혼가족, 노인 단독가족, 비혈연 공동체 가족, 동거커플, 다문화가족 등 다양하게 재편되고 있다. 이처럼 다양한 가족형태에 대한 수용, 평등한 부부관계, 민주적인 부모-자녀관계 형성에 대한 사회적 공감대가 확산될 수 있도록 제도적 노력이 다각적으로 이루어져야 한다. 둘째, 저소득 가족에 대한 경제적 지원정책을 확대해야 한다. 생계비 지원을 강화하고 다양한 가족수당제도가 도입되어야 한다. 특히 저출산 문제와 관련하여 국가의 자녀양육비 부담의무가 더욱 강화되어야 한다. 셋째, 부양의 사회화를 강화하기 위한 정책을 적극 개발해야 한다. 현대사회의 핵가족은 가정에서 아동양육을 전담하기에 불완전하므로 모든 아동에게 공동육아를 가능하게 하는 보육서비스가 절실히 요구된다. 넷째, 가족을 위한 복지프로그램과 서비스를 확충해야 한다. 가족문제 상담 및 치료의 전문화는 그 자체로 매우 중요한 기능을 수행하므로 사회적으로도 지원되어야 할 분야이다. 이를 통해 부부관계 및 가족 간 의사소통을 위한 프로그램, 가족생활주기에 따른 부부교육 프로그램, 이혼상담 프로그램, 부모의 이혼에 따른 자녀상담 프로그램, 노인상담 프로그램 등의 활성화를 위해 지원 인프라가 마련되어야 한다. 다섯째, 가족복지 담당 인력의 전문화가 필요하다. 전문 인력은 가족문제에 대한 전문적인 상담능력을 갖추고 복지정책 · 제도 · 서비스를 총괄할 수 있도록 전문적인 교육을 강화해야 한다. 특히 전문 인력은 가족의 문제를 개별 가족의 고립된 문제로 인식하는 데 머물지 않고 지역사회 및 전체 사회와의 상호적 관계 속에 이해하는 능력을 갖추어야 한다.

실천적 측면에서는 첫째, 가족복지기관에서 사례관리가 강화되어야 한다. 사회복지관, 가족센터 등 가족복지서비스기관에서는 만성적 · 복합적 문제를 가지고 있는 가족들을 위해 통합적 접근방법인 사례관리를 확대해야 한다. 둘째, 가족단위 상담프로그램을 강화해야 한다. 가족의 고유기능인 정서적 유대와 지지를 강화하고 가정폭력의 예방 및 대응 강화, 그리고 가족의 정신건강 함양을 위한 가족단위의 상담 프로그램 제공이 활성화되어야 한다. 셋째, 가족생활주기에 따른 가족활동 및 가족문화 프로그램을 개발하고 확대해야 한다. 부부관계 및 가족 간의 의사소통을 위한 프로그램, 가족생활주기에 따른 부부교육 프로그램, 가족의 응집력 향상을 위한 가족 중심의 여가문화 활동 등이 폭넓게 개발되어야 한다.

2. 장애인복지

1) 개요

'장애', '장애인'이라는 용어가 보편적으로 사용된 것은 오래되지 않았다. 장애를 가진 사람을 총칭하는 용어로는 불구자, 폐질자, 장애자 등이 일반적으로 사용되었는데 우리나라에서는 1989년 개정된 「장애인복지법」에서부터 장애인이라는 용어를 사용하고 있다. 장애라는 용어는 다양한 의미로 사용되고 있는데 각 사회에서 장애를 어떻게 정의하느냐에 따라 그 의미는 차이가 있다. 장애의 정의는 의학적 정의신체정신의 구조, 기능 등 해부학적 측면의 손상이나 결함, 사회적 정의사회적으로 인정되는 장애, 직업적 정의노동능력의 손실정도, 유무에 따른 장애, 법적 정의법으로 정해진 장애 등 다양하게 제시할 수 있다. 장애의 개념은 장애를 개인의 의학적, 기능적 문제로 보는 개별적 모델에서 장애인이 살고 있는 사회환경의 문제를 중요하게 인식하는 사회적 모델로 변화해 오고 있다김용득, 2016.

장애의 개념은 국가마다 차이가 있으나 세계보건기구WHO에서 제시한 개념이 보편적으로 받아들여지고 있다. 세계보건기구는 1980년 ICIDHInternational Classification of Impairments, Disabilities and Handicaps를 발표하고 장애를 손상Impairment, 능력장애Disabilitie, 사회적 불리Handicap의 세 가지로 분류하였다. 질병이나 장애의 결과로 인해 손상이 되고 손상은 능력장애로 이어지고, 또한 능력장애가 사회적 불리로 연결된다고 설명한다. 예를 들어 다리의 마비손상 때문에 보행과 이동이 곤란해지고능력장애, 실직이나 장을 보러 시장에 가는 등의 사회적인 활동을 할 수 없는사회적 불리 상황이 된다. 그러나 장애는 이와 같이 단순한 관계성으로 설명할 수 없다는 의견에 따라 지속적인 보완을 거쳐 2001년 WHO는 ICFInternational Classification of Functioning, Disability, and Health를 발표하였다. ICIDH에서 분류된 손상은 신체기능과 구조로, 능력장애는 활동으로, 사회적 불리는 참여로, 질병 혹은 장애는 건강상태로 각각 표현이 바뀌었다. ICF에서는 장애를 장애인 자신의 요인에 의해서만 발생하지 않고 환경과 사람과의 상호작용에 의한 결과로 발생한다고 설명한다.

장애인에 대한 정의는 다양한 차원에서 이루어지고 있다. 유엔장애인권리선언1975에서는 "장애인은 선천적이든 후천적이든 관계없이 정신적 또는 신체적 능력의 부족으로 인하여 개인의 일상생활 또는 사회생활에서 필요한 일을 확보하는 데 스스로 또는 부분적으로 할 수 없는 사람"이라고 정의하고 있다. 또한 유엔장애인권리협약2008에서는 "장애인은 다양한 장벽과의 상호작용으로 다른 사람들과 동등한 조건으로 완전하고 실질적인 사회참여를 저해하는 장기간의 신체적, 정신적, 지적 또는 감각적인 손상을 가진 사람을 포함한다."라고 정의하고 있다. 우리나라의 「장애인복지법」 제2조에서는 "장애인이란 신체적 · 정신적 장애로 오랫동안 일상생활이나 사회생활에서 상당한 제약을 받는 자로서 대통령령으로 정하는 장애의 종류 및 기준에 해당하는 자"로 정의한다.

우리나라 「장애인복지법」에서는 장애유형을 열다섯 가지로 분류하고 있다. 크게 신체적 장애와 정신적 장애로 구분하는데, 신체적 장애는 다시 외부 신체기능장애와 내부 기관장애로 나뉜다. 장애의 범주는 계속 확대되고 있는데 1999년 이전에는 법정장애로 다섯 가지지체, 시각, 청각, 언어, 정신지체가 있었으나, 1999년 「장애인복지법」 개정에서 다섯 가지뇌병변, 신장, 심장, 정신, 자폐성가 추가되었고, 2003년에 다시 다섯 가지안면, 간, 호흡기, 장루·요루, 뇌전증가 추가되었다. 그리고 2021년에는 복합부위통증증후군, 백반증, 강박장애, 뚜렛장애, 기면증 등 10개 질환을 대상으로 인정 기준이 확대되었다.

〈표 10-2〉 우리나라의 장애범주

대분류	중분류	소분류	세분류
신체적 장애	외부 신체 기능 장애	지체장애	절단장애, 관절장애, 지체기능장애, 신체변형 등의 장애
		뇌병변장애	중추신경의 손상으로 인한 복합적인 장애
		시각장애	시력장애, 시야결손장애
		청각장애	청력장애, 평형기능장애
		언어장애	음성기능, 언어기능의 영속적인 장애
		안면장애	사회생활에 상당한 제약을 받는 안면의 변형·기형
	내부 기관 장애	신장장애	신장의 기능부전, 신장 기능의 영속적인 장애
		심장장애	심장의 기능부전으로 인한 호흡곤란 등의 장애
		간장애	일상생활에 상당한 제약을 받는 만성중증의 간기능 장애
		호흡기장애	폐나 기관지 등 호흡기관의 만성적 기능부전으로 인한 장애
		장루·요루장애	일상생활에 상당한 제약을 받는 배변·배뇨기능 장애
		뇌전증장애	뇌전증에 의한 뇌신경세포의 장애
정신적 장애	지적장애		정신발육이 항구적으로 지체되어 지적 능력 발달 불충분
	정신장애		정신분열병, 양극성정동장애, 반복성우울장애, 분열형정동장애
	자폐성장애		소아기 자폐증, 비전형적 자폐증

2020년 현재 우리나라의 등록장애인은 262.2만 명으로 추정되는데〈표 10-3〉 인구 고령화 추세에 따라 장애노인이 지속적으로 증가하는 한편, 장애인 중 1인 가구의 비율도 지속적으로 증가하고 있다.

〈표 10-3〉 장애인 추정 및 등록장애인 현황 (단위: 명)

구분	2008년도	2011년도	2014년도	2017년도	2020년도
장애인 추정	–	2,683,477	2,726,910	2,668,411	–
등록장애인	2,137,226	2,611,126	2,646,064	2,580,340	2,622,950

주 : 1) 2008, 2020년 및 2011, 2014, 2017년 조사 방식이 상이함
2) 2020년 등록장애인: 2020. 5. 말 기준
출처 : 한국보건사회연구원(2021). 2020년 장애인실태조사.

장애인복지는 많은 사회문제 가운데 특히 장애인에게 일어나는 문제를 해결하고 장애인의 복지를 이루려는 사회적 노력이라 할 수 있다. 장애인복지의 가장 중요한 목적은 인간의 인격을 인정하고 존중하는 데 있으며 이는 생존권적 기본권 사상에 기초한다. 국제사회에서는 1970년대부터 장애인 문제를 인권의 관점에서 다루었으며 1971년 '정신지체 장애인의 권리에 관한 선언'과 1975년 '장애인의 권리에 관한 선언'을 시작으로 점차 구체화되었다. 그리고 장애인의 존엄과 권리 보장을 내용으로 하는 국제적 인권협약인 유엔장애인권리협약CRPD이 2006년 유엔에서 채택되었다.

장애인복지의 주요 이념은 인권보장, 정상화, 사회통합 등 다양한데 이 가운데에서 정상화normalization이념이 보편적으로 제시되고 있다. 정상화의 창시자는 덴마크의 Bank-Mikkelsen으로 알려지고 있는데 Bank-Mikkelsen은 정상화를 "장애가 있다하더라도 그 사람을 평등한 사람으로 받아들이고 그 사람의 생활이 일반적인 생활과 같아지도록 노력하는 것"이라 정의하고 있다. 정상화의 이념은 사회통합을 목표로 하고 있으며 탈시설화는 정상화이념을 기본원리로 한다. 장애인복지는 생존권적 기본권 사상에 기초하여 장애인의 자아를 실현하며 인간으로서 모든 시민과 같은 권리를 보장받을 수 있는 조건을 확보하는 것이다.

장애인복지의 특성은 다음과 같다권선진, 2007. 첫째, 장애의 다양성으로, 장애유형 및 특성이 다양하기 때문에 장애인복지 접근에 있어서 다양성을 필요로 한다. 둘째, 장애의 개별성으로, 동일한 장애일지라도 개인에 따라 문제의 양상이 전혀 다른 경우가 일반적이기 때문에 장애 문제의 해결은 최대한 개별화된 접근방법을 필

요로 한다. 셋째, 장애의 복합성으로, 장애는 개인적인 측면과 사회적 측면이 결합된 복합적인 성격을 가지고 있기 때문에 두 측면을 모두 고려해야 한다. 넷째, 장애의 생애주기성으로, 장애는 특정 연령에만 해당되지 않는 특성을 갖기 때문에 장애인복지에 대한 접근은 생애주기적 접근을 필요로 한다.

장애인복지는 장애를 가지고 있는 장애인이 주요한 대상이지만 장애인뿐만 아니라 사회의 모든 구성원을 위한 것이기도 하다. 교통사고 및 산업재해의 증가, 만성질환의 증가, 장애범주의 확대로 장애 인구가 계속 증가하고 있고 공해나 오염으로 인한 환경문제와 각종 질병으로 인한 장애인도 증가하고 있어 사회의 모든 구성원은 잠재적으로 장애인이 될 수 있기 때문이다.

2) 정책과 서비스

장애인복지는 장애의 생애주기적 특성과 장애유형의 다양성 등으로 인해 장애와 직·간접적으로 관련된 법률이 매우 다양하다. 장애인 분야와 관계된 대표적 법률은 「장애인복지법」, 「장애인차별금지 및 권리구제 등에 관한 법」, 「장애인 등에 대한 특수교육법」, 「장애인고용촉진 및 직업재활법」, 「장애인·노인·임산부 등의 편의증진보장법」, 「장애아동복지지원법」, 「발달장애인 권리보장 및 지원에 관한 법률」, 「장애인 건강권 및 의료접근성 보장에 관한 법률」 등이 있다. 장애인복지의 전달체계에 있어서는 생활안정지원 및 장애인복지 일반은 보건복지부, 장애인고용은 고용노동부, 특수교육 등 교육은 교육부가 담당하고 있다. 장애인복지는 영역별로 다양한데 이 가운데 소득, 고용, 교육, 장애인복지시설과 서비스 분야로 구분해 살펴볼 수 있다.

① 소득 : 장애인 소득보장 체계로 대표적인 것은 사회보험, 공공부조, 사회수당 등이 있다. 우리나라의 국민연금, 산재보험, 국민기초생활보장제도, 장애인 연금 및 수당이 이에 해당된다. 국민연금에 의한 장애연금은 국민연금 가입자가 가입기간 중에 산업재해가 아닌 다른 이유로 장애를 입은 경우 노동능력의 손실 또는 감소에 따른 소득보장을 한다. 산재보험은 사업장에서 업무상 재해를 당한 산

재근로자 및 그 가족의 생활의 안정을 위해 보상해 주는 제도이다. 국민기초생활 보장제도는 장애인을 포함한 모든 국민의 최저생활을 보장해 주는 제도이다. 장애인연금 및 수당은 「국민기초생활 보장법」에 의한 수급자 및 차상위계층의 18세 이상 등록장애인에게 지급되며, 18세 미만에게는 장애아동수당이 지급된다. 우리나라의 경우 장애인을 위한 소득보장은 주로 수급자 및 차상위계층의 저소득 장애인을 대상으로 한 선별적인 프로그램이 중심이다. 국민연금과 산재보험에 있어서는 취업 후의 노동력 손실에 대한 보장이 중심이 되고 있어 장애연금이나 장해급여의 대상자는 제한적이다.

② 고용 : 장애인 고용은 장애인에게 사회활동에 참여할 기회를 제공하고 경제적 자립을 제공하는 유용한 수단이 된다. 그러나 장애인들은 사회적 편견, 제한된 직업영역, 환경적 장벽, 역할모델의 결여 등으로 직업을 획득하고 유지하는 데 많은 어려움에 직면하고 있다. 따라서 장애인의 고용을 촉진하기 위해서는 장애인의 특성을 고려한 취업알선, 직업훈련, 창업지원 등 체계적인 취업지원 제도가 필요하다. 장애인의 고용정책은 일반고용과 보호고용으로 크게 구분되는데 일반고용은 일반 사업장에서 비장애인과 같이 고용되는 형태를 말한다. 보호고용은 취업하기가 곤란한 중증장애인의 근로 욕구를 해소하기 위해 특별히 계획된 조건 하에서 행해지는 훈련 및 고용으로 보수가 있는 근로의 기회를 제공하는 형태를 말한다. 우리나라의 경우 1990년 「장애인고용촉진 등에 관한 법률」이 제정되어 근로자를 고용하는 사업주에 대해 장애인 고용할당제를 실시하고 있으며 2000년에는 상기 법명을 「장애인고용촉진 및 직업재활법」으로 변경하였고 계속적인 법 개정을 통해 중증장애인에 대한 고용 기회의 확대, 국가 및 지방자치단체의 장애인고용을 권장이 아닌 의무사항화 등 장애인고용에 대한 법적 보장을 강화하고 있는 추세이다. 또한 「장애인복지법」에는 일반 작업환경에서는 일하기 어려운 장애인이 특별히 준비된 작업환경에서 직업훈련을 받거나 직업 생활을 할 수 있도록 보호고용 체계인 직업재활시설 규정을 두고 있다.

③ 교육 : 교육은 사회를 구성하는 개인에게 부여된 당연한 권리이다. 장애인의 교육권은 우리나라의 경우 「헌법」 제31조의 "모든 국민은 능력에 따라 균등하게 교육을 받을 권리를 가진다"는 이념에 근거하고 있으며 2007년 제정된 「장애인 등에 대한 특수교육법」에서는 「헌법」의 교육권을 보다 구체화하였다. 「장애인 특수교육법」은 국가 및 지방자치단체가 장애인 및 특별한 교육적 요구가 있는 사람에게 통합된 교육환경을 제공하고 생애주기에 따라 장애유형 · 장애정도의 특성을 고려한 교육을 실시하여 이들의 자아실현과 사회통합을 하는 데 기여한다는 목적을 갖는다. 우리나라에서는 특수교육 대상자를 위하여 특수교육기관을 설립 · 운영하고 있다. 특수교육기관은 특수교육 대상자에게 특수교육을 제공하기 위하여 유치원, 초등학교, 중학교 또는 고등학교 과정을 교육하는 특수학교 및 특수학급을 말한다. 최근 장애학생이 일반학급에서 함께 교육을 받도록 하는 통합교육이 확대되고 있으나 일반학교 교사나 학생의 인식 부족, 장애인 편의시설의 미비, 특수교육 인력의 부족 등이 문제로 지적되고 있다.

④ 장애인복지시설과 서비스 : 장애인복지시설은 장애인복지서비스 제공에 있어서 핵심적인 역할을 하는 전달체계이다. 우리나라의 「장애인복지법」에서는 장애인복지시설을 장애인 거주시설, 장애인 지역사회재활시설, 장애인 직업재활시설, 장애인 생산품판매시설, 장애인 의료재활시설 등으로 분류하고 있다. 거주시설은 공간을 활용하여 일반가정에서 생활하기 어려운 장애인에게 일정 기간 동안 거주 · 요양 · 지원 등의 서비스를 제공하는 동시에 지역사회생활을 지원하는 시설로 생활시설은 물론 단기거주시설, 공동생활가정이 포함된다. 지역사회재활시설은 장애인을 전문적으로 상담 · 치료 · 훈련하거나 장애인의 일상생활, 여가활동 및 사회참여활동 등을 지원하는 시설로 장애인복지관, 주간보호시설, 수화통역센터, 점자도서관 등이 포함된다. 직업재활시설은 보호고용을 담당하는 시설로 그 유형으로는 근로사업장, 보호작업장, 장애인직업적응훈련시설이 있다. 생산품판매시설은 장애인직업재활시설 등이 생산하는 장애인 생산품과 서비스 · 용역의 판매를 촉진하는 시설이다. 그리고 의료재활시설은 장애인을 입원 또는 통원

하게 하여 상담, 진단·판정, 치료 등 의료재활서비스를 제공하는 시설을 말한다.

3) 사회복지사의 활동과 역할

장애인 분야에 종사하는 전문 인력으로는 사회복지사는 물론 재활의학 전문의, 재활상담사, 특수교사, 언어치료사, 물리치료사, 작업치료사, 청각임상가, 의지·보조기 기사, 직업생활상담원, 수화통역사, 보행지도사, 장애인 스포츠지도자 등 매우 다양하다. 장애인의 상담과 자립생활을 지원하는 사회복지사는 장애인이 당면한 문제해결을 위해 면접상담이나 사례관리 등을 통해 해결방안을 모색하고, 특히 지역의 여러 자원을 활용하고 후원자, 자원봉사자들을 연계하는 업무를 수행한다. 또한 사회복지사는 상담가, 조력자, 중개자의 역할 이외에도 관련 제도나 법에 대한 지식을 갖추고 있어야 하며, 사회적 인식 등을 바꾸기 위한 행동가로서의 역할도 필요하다.

4) 장애인복지의 과제

우리나라의 장애인 수와 장애인 발생률은 지속적으로 증가해 왔으며, 고령화, 1인 가구, 발달장애인 증가 등의 이슈로 인해 장애인에 대한 사회적 관심은 더욱 증가될 것으로 전망된다. 2020년 장애인실태조사에 의하면 장애인이 국가 및 사회에 우선적으로 요구하는 사항으로는 소득보장48.9%, 의료보장27.9%, 주거보장7.4%, 고용보장3.6%순으로, 이전과 다르게 소득보장 욕구가 더욱 커지고, 의료보장에 이어 주거보장 욕구가 높게 나타났다. 또한 당사자들의 이동권, 정보접근권, 문화예술향유권 등의 권리에 대한 요구도 증가하고 있다.

장애인복지의 과제로서 먼저 소득보장제도의 확충이 필요하다. 이를 위해서는 무엇보다 고용촉진 및 직업재활의 활성화가 필요하다. 나아가 사회보험을 통한 소득보장을 실현해 나가고, 근로활동이 어려운 장애인에 대해서는 국민기초생활보장제도의 수당제도를 확충하여야 한다. 특히 장애인 고용촉진을 강화하기 위해서는 공공부문의 장애인 우선고용 확대가 필요하고 장애인에게도 동등한 일할 기회를 제공하기 위한 고용정책의 비중을 높여 나가야 한다.

둘째, 장애인 복지 · 건강 분야도 더욱 강화되어야 한다. 그동안 장애인복지 예산은 꾸준히 증가하였으나 욕구별 대응에 미흡했고, 서비스의 다양성도 부족해 정책 체감도가 이에 미치지 못했다. 따라서 개인별 욕구를 반영한 맞춤형 지원체계를 구축하고, 발달장애인의 복지욕구를 반영한 활동지원 서비스를 다양화하는 등의 방책이 필요하다. 또한 그동안 장애인의 건강문제를 재활치료 중심으로만 대응함으로써 미흡했던 만성질환, 장애관리 등 장애인의 다양한 건강문제에 대한 지원도 강화되어야 한다.

셋째, 장애인 교육 분야에도 정책 비중을 더욱 늘려야 한다. 특수교육대상자는 증가하고 있으나, 교육여건 개선요구에 부응한 특수교육교원 및 학교의 양적 수준 제고는 한계에 다다르고 있다. 특수교사 법정 정원 확보가 여전히 미흡하고, 지역주민 반대 등으로 신규 특수학교 설립이 어려워 특수교사 증원, 발전적 학교 설립 방안 등을 모색할 필요가 있다.

그리고 넷째, 장애인의 지역사회 자립생활을 증진하기 위해 지원주택 등 주거지원 서비스가 확대되어야 하며, 저상버스와 장애인특별교통수단 등의 확충을 통해 이동권 보장도 강화되어야 한다.

3. 의료사회복지

1) 개요

의료사회복지는 보건의료 분야의 사회복지 활동으로 의료사회사업, 병원사회사업, 의료사회복지실천 등의 용어와 혼용되고 있다. 의료사회복지가 관심을 갖는 의료적 문제는 질병의 진단과 치료, 건강의 유지와 회복에 관한 것을 말하는데, 이러한 의료적 문제는 심리사회적 문제나 환경적 문제와 영향을 주고받는다.

의료사회복지의 미시적 개념은 “사회복지사가 의사, 간호사, 다른 치료자들과의 협력하에 조사 · 진단 · 치료 과정에서 환자의 사회적 기능 회복을 돕는 것”이다

Friedlander & Apte, 1980. 상대적으로 거시적 개념은 "포괄적 의료 개념에 맞추어 질병의 예방과 건강의 증진 및 개발 지향적인 지역사회 의료복지를 달성하기 위해 보건의료기관은 물론 관련된 제반 정책과 제도 및 행정 분야에서 환자와 가족은 물론 의료 욕구를 가진 지역주민과 보건의료 분야의 타 전문직을 대상으로 사회복지사가 수행하는 전문적 활동"으로 정의할 수 있다유수현 외, 2017.

미국사회복지사협회NASW 표준1981에서는 의료사회복지를 '모든 보호조직에서 통합적으로 시행되어야 하며 포괄적 보호와 지속적 보호를 제공하기 위해 '신체적이고 심리사회적 안녕을 유지하고 증진하는 것, 장 · 단기보호 서비스로부터 최대한의 이익을 보장하기 위해 필요한 여건을 증진하는 것, 신체적 · 정신적 질병을 예방하는 것, 질병이나 장애의 사회적이고 정서적인 영향에 관심을 갖고 신체적 · 심리적 · 사회적 기능을 강화하고 증진시키는 것, 의료환경 내의 다양한 관련자 간 갈등을 일으키는 가치에 대해 윤리적 반응을 증진하는 것'으로 규정하고 있다.

한편 국민의 보건의료와 관련된 사회문제 접근방법에 따라 정책적 접근방법과 전문 기술적 접근방법, 그리고 통합적 접근방법으로 구별하여 정의할 수 있다. 먼저 정책적 관점에서는 '질병의 예방과 건강증진을 지향하는 의료복지'를 목적으로 한다. 보건 및 의료영역에서 사회복지조사, 의료복지정책 및 행정 등의 광범위한 방법을 통하여 보건의료의 욕구측정과 의료서비스나 전달체계를 평가하여 개선하고, 의료급여와 국민건강보험의 확대 및 질적 향상에 기여하는 데 참여하는 사회복지의 한 과정이라 할 수 있다. 전문 기술적 관점에서는 '의료기관에서 치료팀의 일원으로서 사회복지의 전문적인 방법을 활용하여 환자의 질병치료와 회복 및 사회복귀 기능을 돕는' 목적을 갖는다. 질병으로 인하여 파생되는 환자의 심리적 · 사회적 · 경제적 문제가 질병치료와 회복에 악영향을 주지 않도록 문제를 해결해 주거나 조정하여 환자 및 그 가족을 돕는 전문적인 활동이라 할 수 있다. 그리고 통합적 관점에서는 '건강관리자의 일원으로서, 질병을 가진 개인과 그의 가족은 물론 의료 · 보건계 종사자 및 의료제도 등을 대상으로 사회복지의 전문적 방법과 사회복지조사, 의료복지정책 등 다각적인 접근방법을 통하여 환자 및 가족의 사회기능 향상, 질병의 예방과 치료 및 재활 등 다양한 목적을 달성하기 위한 사회복지의 전문적인 실천 분야 가운데 하나'라고 정의할 수 있다성민선 외, 2005.

사회복지의 실천적 측면에서 볼 때, 의료사회복지는 전인적인 의료서비스를 제공하고 환자와 가족이 보건 및 의료서비스를 가장 효과적으로 활용할 수 있도록 원조함으로써 의료복지를 실현하는 것으로 요약할 수 있다. 따라서 의료사회복지의 구체적 목표는 의료팀이 사회적 · 경제적 · 정서적 요소들을 이해하도록 돕고, 환자와 가족이 의료서비스를 적극적으로 이용할 수 있도록 관련 요소들을 이해하도록 원조하며, 환자에게 더 좋은 치료를 제공하도록 병원을 돕는 것이다. 그리고 가족들의 대처행동을 유지시키거나 강화시키는 것도 중요한 목표의 하나가 될 수 있다.

2) 정책과 서비스

의료사회복지의 주체는 의료사회복지사 개인 및 그들을 고용하고 있는 다양한 의료기관, 시설 또는 지역사회, 국가 등이 될 수 있다. 의료사회복지의 주체가 국가인 경우에는 전체 국민을 대상으로 활동하는 것이며, 의료사회복지사 개인이나 의료기관 및 시설이 주체가 될 경우에는 환자 및 그의 가족 등 개인을 강조하며, 지역사회가 주체일 경우에는 개인과 집단으로 구성된 지역사회를 중시한다. 따라서 보건의료 영역에서 사회복지의 대상은 질병의 사회성과 질병 결과의 사회성을 기본 전제로 하여 의료의 수요와 공급 체계 상의 의료복지 문제와 질병으로 파생된 심리적 · 사회경제적 문제, 그리고 그로 인해 야기된 다양한 스트레스나 갈등 및 정신 · 신체질환 문제를 포함한다.

의료사회복지의 대상은 사회복지사의 관점과 접근방법에 따라 달라질 수 있는데 거시적 의미의 정책적 관점에서의 대상은 보건의료체계 전반이며, 미시적 · 전문 기술적 관점의 대상은 환자 및 가족의 심리 · 사회 · 경제적 문제가 된다. 그리고 중간적 의미로써의 통합적 접근방법에서의 의료사회복지는 질병을 가진 개인과 환경, 즉 환자와 그 가족은 물론 보건의료계 종사자와 정책 등을 대상으로 한다 엄명용 외, 2016.

의료사회복지의 정책 및 서비스는 별개로 수행되면서도 상호 관련된 1차 건강관리로의 지역사회보건사회복지, 2차 건강관리로의 병원사회복지, 그리고 3차 건강관리로의 재활사회복지 분야에서 수행된다. 이들 각 실천 분야는 인간의 정신기제와 신체기제는 물론 재활 영역을 포함한 모든 환경을 복합적으로 다루는 예방과 치료, 재활을 포함하는 포괄적 보건의료를 지향하고 있다.

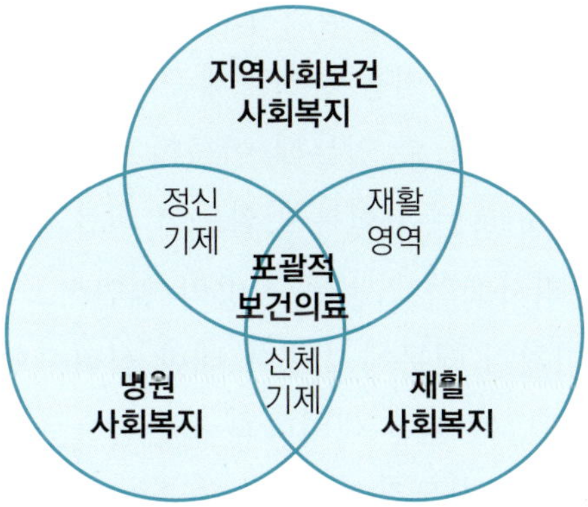

[그림 10-1] 의료사회복지 실천 분야의 패러다임

출처 : 성민선 외(2005). p.288.

지역사회보건사회복지는 지역사회보건기관에서 지역사회 주민의 건강 향상과 복지를 증진시킬 목적으로 지역사회 자원을 효과적으로 활용할 수 있도록 돕는 의료사회복지의 한 영역이다. 여기에서 추구하는 것은 보건을 위협받고 있는 사람들을 보호하고, 그들이 보건문제를 확인하여 적절히 대처할 수 있으며 예상되는 결과의 심각성을 줄이는 데 있다Poole, 1995. 따라서 지역사회보건사회복지는 지역사회 건강관리자의 일원으로서 지역사회와 주민의 건강 및 복지를 대상으로 지역사회 유관기관 및 지역주민들과 함께 그들의 치료, 재활 및 사회복귀, 그리고 예방 등의 포괄적 보건의료를 달성하기 위하여 지역사회에서 행해지는 모든 전문적 의료사회복지의 서비스를 총칭하는 것이다성민선 외, 2005.

병원사회복지는 질병의 의료적 치료와 함께 환자와 그 가족의 심리적 · 사회적 · 경제적인 문제를 해결하거나 원조해 줌으로써 환자의 건강회복이나 재활을 돕는 노력으로, 의학적인 입장에서 보면 보건의료health care의 영역에 포함된다고 볼 수 있다. 이들 노력을 위해 보건의료기관에 사회복지사가 존재하는 것이다. 미국 병원협회AHA, 1981에서는 병원사회복지의 서비스 기능을 19개로 범주화하고 있다.

이들은 정보와 의뢰, 지역사회기관 의뢰의 촉진, 입원계획, 사례발견이나 사회적 위험요소 심사, 퇴원계획, 병원서비스 이용의 촉진, 환자와 가족에 대한 상담, 심리사회적 평가, 건강교육, 재정적인 원조, 재검토의 활용, 병원 직원에 대한 사례 자문, 지역사회에 대한 사례 자문, 병원에 대한 프로그램 자문, 지역사회기관에 대한 프로그램 자문, 병원계획 활동, 지역사회 건강계획 활동, 지역사회서비스 활동, 조사 등이다. 이러한 서비스 기능은 정보제공과 의뢰, 상담, 퇴원계획, 지역사회 의뢰, 경제적 원조로 요약할 수 있는데 이들이 병원사회사업의 기본 서비스라 할 수 있다(김규수, 2008). Bracht(1978)는 사회복지 활동이 의료기관에 존재해야 하는 기본적인 전제로, 개인의 심리사회적 기능이 질병의 원인이 되며, 동시에 치료과정과 결과에 중요한 영향을 미치기 때문에 질병에 대한 심리사회적 접근이 반드시 필요하다고 하였다. 따라서 질병에 대한 생의학적 접근만으로는 불완전한 치료이며 사회복지사를 포함한 여러 의료전문직 간의 팀 접근을 강조하였다.

재활사회복지는 인간의 존엄성 및 생존권 보장과 사회연대성의 이념하에 장애를 가진 사람들의 전인적 인격을 존중하며, 장애인의 의료적 · 사회적 · 교육적 · 정신적 · 직업적 장애로부터 그들의 잠재능력을 최대한 개발할 수 있도록 돕는 것이다. 사회복지사는 재활기관에서 재활 팀의 일원으로서 재활과정에서 주로 심리사회적 진단과 치료, 사회자원 동원과 조정, 사회운동, 직업지도 등의 서비스를 제공한다.

「사회복지사업법」 제2조에는 사회복지사업에 의료복지와 정신질환자의 사회복귀에 관한 사업을 포함하여 보건의료 영역에서 사회복지사의 자격을 가지고 수행되는 일련의 활동들에 대한 법적 근거를 명백히 하였다. 또한 사회복지사가 의료기관에서 근무할 수 있는 법적 근거는 「의료법 시행규칙」 제38조의6(의료인 등의 정원)에 "종합병원에는 「사회복지사업법」의 규정에 의한 사회복지사 자격을 가진 자 중에서 환자의 갱생 · 재활과 사회복귀를 위한 상담 및 지도업무를 담당하는 요원을 1인 이상 둔다"라고 규정한 데서 찾을 수 있다. 의료기관의 사회복지사의 업무에 대해서는 건강보험 요양급여기준 및 진료수가기준에 의해 정신의학적 사회사업료와 재활사회사업료가 지급되고 있다. 의료사회복지사는 그동안 민간자격제도로 운영되어 오다가 2018년「사회복지사업법」개정에 따라 전문사회복지사로서 국가자격으로 법제화되었다.

3) 사회복지사의 활동과 역할

의료사회복지사는 의료기관에 근무하는 사회복지사로서 질병의 치료과정에 어려움을 겪는 환자와 가족을 돕고, 치료 후에도 돌봄이 필요한 환자가 안전하게 사회로 복귀할 수 있도록 환자들이 가지고 있는 보건, 의료, 복지 문제를 통합적인 관점에서 이해하고 지역사회와 함께 해결방안을 찾는 역할을 한다.

의료기관의 사회복지사의 업무는 크게 환자 관련 임상업무와 의료기관 및 지역사회의 거시적 환경체계와의 상호작용 속에서 이루어지는 업무로 나누어 볼 수 있다. 임상업무는 치료팀의 일원으로서 해당 임상과의 특성과 환자군의 특성에 따라 원활한 치료가 이루어지도록 치료적 여건을 조성하고 환자의 회복과 사회복귀를 원조하는 다양한 프로그램들을 운영하는 것이다. 또한 거시적 환경체계와 관련된 업무에는 지역사회와 연계하여 환자와 가족 또는 의료기관 이용자의 편의를 높이기 위한 서비스를 제공하고, 지역사회를 대상으로 의료욕구를 조사하거나 건강교육을 실시하고 병원의 정책 및 운영에 참여하는 활동을 포함한다엄명용 외, 2016.

이들을 고려할 때 의료사회복지사의 역할은 치료자, 원조자, 서비스 조정자로 압축할 수 있다강흥구, 2014. 먼저, 치료자의 역할은 환자 및 가족이나 그 환경이 가지고 있는 문제를 직접 치료 · 해결하는 것과 관련된 것이다. 의료사회복지사는 치료자로서 역할을 원활하게 수행하기 위하여 세밀한 개인력 검사, 사회조사를 실시하여야 한다. 이 과정에서 개별상담, 집단치료, 가족치료, 위기개입 등의 방법을 동원하여 클라이언트가 갖는 심리사회적 문제를 해결할 수 있다. 둘째, 원조자의 역할은 의료의 수요자와 공급자 양측에 대해 협력하는 것으로 치료활동에 필요한 자원을 연계하거나 정상회복을 위한 각종 지원적 활동을 하는 것이다. 구체적 활동 유형으로는 퇴원계획 참여, 정보제공과 의뢰, 경제적 원조 또는 처리, 사회복귀 원조, 치료의 연속성 제공, 환자의 권리보호, 의사에게 환자의 필요한 정보 제공, 병실 생활에의 적응지원, 치료에 필요한 자원동원 등으로 환자가 치료에 적극적으로 임할 수 있도록 한다. 셋째, 서비스 조정자의 역할은 의료자원과 사회자원이 효율적으로 활용되도록 서비스를 조정하는 것이다. 병원 직원에 대한 사회복지 사례자문, 병원에 대한 지역사회의 자원체계 관리, 지역사회 보건계획 수립에의 참여, 병원시설의 편의와 융통성 검토, 타 전문직 간의 조정자적 기능 등 병원 운영 및 환자 치료가 보다 원활해질 수 있도록 돕는 것이다.

4) 의료사회복지의 과제

첫째, 보건의료 영역에서 사회복지의 전문적 서비스에 대한 사회의 인정을 획득해야 한다. 이를 위해 임상 실제의 업무에 대하여 신뢰할 수 있는 체계적이고 표준화된 개입방법과 개입의 효과성이 더욱 보증되도록 노력해야 한다.

둘째, 병원 규모별로 병상당 또는 업무영역별로 필요한 최소한의 사회복지사 수를 산정하여 의무적으로 고용하도록 제도가 개선되어야 한다. 「의료법」에서 의료사회복지사의 고용을 규정하고 있음에도 불구하고, 종합병원 중에도 사회복지사를 고용하지 않거나 고용한 경우에도 사회복지 업무보다는 행정업무를 맡기는 경우가 발견되고 있다. 2018년 의료사회복지사 자격이 법정 자격으로 인정된 것을 계기로 일정 규모 이상의 의료기관에서는 의료사회복지사가 의무적으로 활동할 수 있도록 관련 제도가 개선되어야 한다.

셋째, 의료사회복지 활동에 대한 수가인정의 내용과 범위가 확대되어야 한다. 현행 건강보험에서 지급하고 있는 급여는 정신의료 및 재활의학 분야의 제한된 항목에 대해서만 인정하고 있다. 그러나 실제 사회복지사들은 임상 각과의 협의진료 개입요청을 기반으로 임상과와 환자군의 특성에 따라 전문적인 상담기법과 접근방법을 통하여 환자를 전인적으로 치료하는 과정을 원조하고 있다. 따라서 의료사회복지의 수가인정 활동의 내용과 범위가 확대되어 사회복지사들이 보다 전문적인 다양한 활동을 통해 환자의 치료와 재활, 질병의 예방에 기여할 수 있도록 해야 할 것이다.

넷째, 의료사회복지사의 전문성을 제고해야 한다. 의료사회복지사로 근무하는 데는 다양한 전문가들과 팀을 이루어 활동하기에는 전문성이 부족하다고 지적받고 있다. 의사, 간호사, 다른 치료사와의 대등한 팀워크를 위해 의료사회복지사는 인간의 내면적 특성, 사회환경 체계와의 관계 등을 충분히 이해하면서 과업을 효과적으로 수행할 수 있어야 하며, 이를 위해 교육훈련 과정이 더욱 강화되어야 한다.

4. 정신건강사회복지

1) 개요

정신건강사회복지는 '인간의 정신적 안녕상태를 촉진시키고 정신장애를 완화시키는 사회복지 활동으로써, 인간의 정신기제에 대한 모든 사회복지실천을 총체적으로 일컫는 말'이다. 즉, 정신장애를 가진 개인과 그의 가족은 물론 정신건강복지제도를 대상으로 사회복지의 전문 기술적 방법과 사회복지조사, 의료복지정책 등 다각적인 접근방법을 통하여 정신장애인과 그들 가족의 사회기능 향상, 국민의 정신장애의 예방과 치료 및 재활 등 다양한 목적을 달성하기 위하여 정신건강 분야에서 이루어지고 있는 사회복지의 전문 실천분야 가운데 하나이다.

따라서 정신건강사회복지는 정신장애를 가진 사람들과 그 가족이 처해 있는 환경에 적절히 적응할 수 있도록 원조하고, 그들이 처해 있는 환경을 변화시키는 것을 목적으로 한다. 그 대상은 정신적 · 정서적 장애를 가진 클라이언트와 그 가족이 된다. 그리고 서비스제공 주체는 정신과의사, 정신건강사회복지사, 정신건강임상심리학자, 정신건강간호사, 정신건강작업치료사 등이 치료팀으로 구성된다. 실천의 장은 정신건강복지시설정신의료기관, 정신건강복지센터, 정신재활시설, 정신요양시설 등과 지역사회가 되며, 접근방법으로 개별사회사업을 포함한 제반 사회복지방법론을 적용한다.

정신건강사회복지실천의 법적 근거는「정신건강증진 및 정신질환자 복지서비스 지원에 관한 법률」이하「정신건강복지법」이다. 2016년 5월「정신보건법」은「정신건강복지법」으로 전면 개정되었다. 개정의 주요 내용은 크게 두 가지로 요약할 수 있는데, 정신질환자에 대한 강제입원 요건과 통제장치를 강화하는 한편, 정신질환자에 대한 복지지원의 법적 근거를 마련하는 것이었다. 두 가지 주요 개정내용은 모두 중요한 정책적 변화를 시사하고 있지만, 특히 복지지원의 법적 근거를 마련하였다는 점은 매우 중요한 의미를 가진다. 왜냐하면, 정신질환은 질병이면서 장애라는 특수성에 불구하고 보건의료정책의 대상으로만 다루어져 정신질환자 복지의 사각지대를 형성해 왔기 때문이다. 실제 1981년에 제정된 「심신장애자복지법」은 정신장애를 장애의 범주에 포함시키지 않았다. 따라서 1995년 「정신보건법」이 제정되기 전까지 「사회복지사업법」제2조 제1항의 사회복지사업의 정의에서 '정신질환자 및 한센병력자 사회복귀에 관한 사업'을 포함한 것을 근거로 정신질환자에 관한 정책이 수행되었다. 이때부터 정신질환자는 사회복지정책의 대상이면서도 장애인복지정책의 대상은 아닌 사각지대에 놓이게 되었다. 이후 「정신보건법」이 제정되고 2000년에는 「장애인복지법」 개정으로 정신장애인이 법정 장애인 범주에 편입되는 정책적 변화가 있었다.

우리나라에서 정신질환자와 정신장애인의 개념은 사실상 구분하기 어렵다. 정책과 서비스의 대상인 정신장애인에 대한 개념은 「정신건강복지법」과 「장애인복지법」이라는 두 가지 법체계 속에서 고려해야 하기 때문이다. 먼저 「정신건강복지법」에서는 '정신질환자'로 표현되며 정신질환자란 망상, 환각, 사고思考나 기분의 장애 등으로 인하여 독립적으로 일상생활을 영위하는 데 중대한 제약이 있는 사람을 말한다고 규정하고 있다. 또한 「장애인복지법」에서의 '정신장애인'은 지속적인 조현병, 양극성 정동장애, 재발성 우울장애, 조현정동장애로 인한 기능 및 능력 장애로 일상생활이나 사회생활에 도움이 필요한 사람으로 규정하고 있다. 2021년에는 지속적인 치료에도 호전되지 않는 강박장애, 투렛장애(Tourette's disorder), 기면증 등 질환을 대상으로 정신장애 인정 기준이 확대되었다.

2021년 정신건강실태조사에 따르면, 지난 1년간 정신질환 유병률은 8.5%로 나타났다. 또한 평생유병률은 27.8%로 성인 4명 중 1명이 평생 한번 이상 정신건강 문제를 경험하고 있는 것으로 나타났다. 2022년말 기준 등록 정신장애인은 10.3만 여명으로 전체 인구의 약 0.2%, 전체 등록장애인의 약 3.9%에 해당한다. 이렇게 본다면, 「장애인복지법」 상 등록 정신장애인의 수는 정신질환을 가진 사람의 매우 적은 비율만 해당되고 있음을 알 수 있다. 우리나라의 국립정신건강센터는 지원이 필요한 중증 정신질환자의 규모를 전체 인구의 1% 정도로 추정한다.

2) 정책과 서비스

정신장애의 원인에 대해서는 여러 가지 관점이 있다. 심리학적 관점은 원인을 개인의 심리적 요소나 경험으로부터 이해하려 하는 것이고, 사회학적 관점은 원인을 개인과 사회적 환경 간의 부조화에서 찾으려 한다. 그리고 생물학적 관점은 원인을 생물학적 요소들을 통해 이해하려고 한다. 그러나 이들 각각의 시각만으로는 정신장애를 이해하는 데 한계가 있으며 통합적 접근이 필요하다.

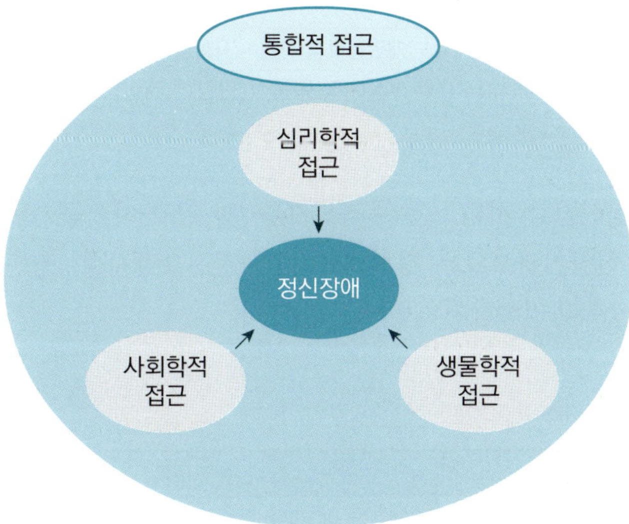

[그림 10-2] 정신장애의 통합적 접근

통합적 접근은 인간을 정신적으로 통합 구성된 생물학적 단위로 이해하는 전체론적 관점을 취한다는 점에서 체계론적 접근과 유사하다. 통합적 관점에서 정신장애는 생물학적 요소들과 더불어 심리, 사회적 요소 간의 상호작용에 의한 복합적 요인으로 인해 발생하는 것으로 본다. 대표적 모델인 취약성-스트레스-대처능력 모델은 정신장애가 정신장애를 갖기 쉬운 약한 뇌를 가진 사람이취약성, 환경적인 스트레스에 직면하여스트레스, 자신의 대응능력으로 그것을 감당하지 못할 때대응능력 발병하는 것으로 본다. 따라서 개입방법은 의료적 약물치료와 더불어 개인에 대한 심리적 지원, 사회적 재활지원 및 지지 등의 포괄적 접근이 요구된다.

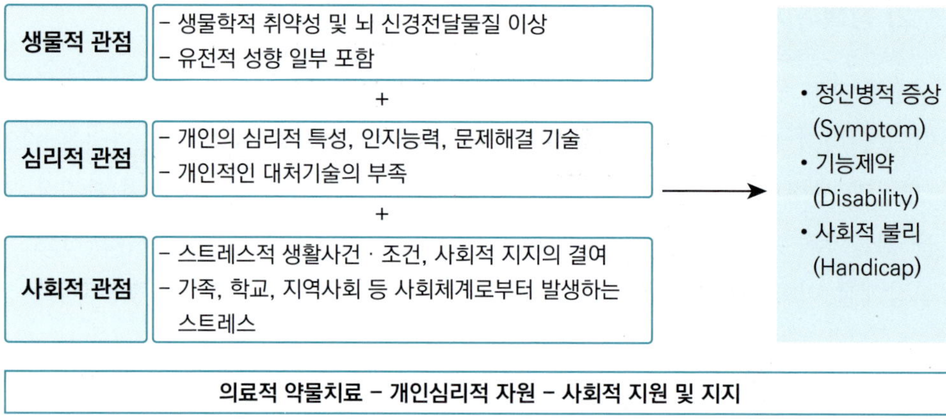

[그림 10–3] 정신장애의 통합적 관점과 개입방법

출처 : Anthony & Liberman(1992).

우리나라의 정신건강 서비스는 보건복지부–시 · 도–시 · 군 · 구의 행정체계를 통해 전달되며 현장기관으로는 정신의료기관, 정신요양시설, 정신건강복지센터, 정신재활시설, 중독관리통합지원센터 등이 있다.

〈표 10–4〉 정신건강서비스 제공기관

<table>
<tr><th colspan="2">구분</th><th>내용</th></tr>
<tr><td colspan="2">정신의료기관</td><td>「의료법」에 의한 의료기관 중 주로 정신질환자의 진료를 행할 목적으로 설치된 병원과 의원, 병원급 의료기관에 설치된 정신건강의학과</td></tr>
<tr><td colspan="2">정신요양시설</td><td>정신질환자를 입소시켜 요양 및 보호서비스를 제공하는 시설</td></tr>
<tr><td rowspan="2">정신건강 복지센터</td><td>기초</td><td rowspan="2">정신건강증진시설(정신의료기관, 정신요양시설 및 정신재활시설), 「사회복지사업법」에 따른 사회복지시설, 학교 및 사업장과 연계체계를 구축하여 지역사회에서의 정신건강증진사업 및 정신질환자 복지서비스 지원사업을 하는 기관 또는 단체</td></tr>
<tr><td>광역</td></tr>
</table>

구분			내용
정신재활시설	생활시설		가정에서 생활하기 어려운 정신질환자 등에게 주거, 생활지도, 교육, 직업재활훈련 등의 서비스를 제공하며, 가정으로의 복귀, 재활, 자립 및 사회적응을 지원하는 시설
	재활훈련시설	주간 재활시설	정신질환자 등에게 작업 · 기술지도, 직업훈련, 사회적응훈련, 취업지원 등의 서비스를 제공하는 시설
		공동생활 가정	완전한 독립생활은 어려우나 어느 정도 자립능력을 갖춘 정신질환자 등이 공동으로 생활하며 독립생활을 위한 자립역량을 함양하는 시설
		지역사회 전환시설	지역 내 정신질환자 등에게 일시 보호 서비스 또는 단기 보호 서비스를 제공하고, 퇴원했거나 퇴원계획이 있는 정신질환자 등의 안정적인 사회복귀를 위한 기능을 수행하며, 이를 위한 주거제공, 생활훈련, 사회적응훈련 등의 서비스를 제공하는 시설
		직업 재활시설	정신질환자 등이 특별히 준비된 작업환경에서 직업적응, 직무기능향상 등 직업재활훈련을 받거나 직업생활을 할 수 있도록 지원하며, 일정한 기간이 지난 후 직업능력을 갖추면 고용시장에 참여할 수 있도록 지원하는 시설
		아동 · 청소년 정신건강지원센터	정신질환 아동 · 청소년을 대상으로 한 상담, 교육 및 정보제공 등을 지원하는 시설
	중독자재활시설		알코올 중독, 약물 중독 또는 게임 중독 등으로 인한 정신질환자 등을 치유하거나 재활을 돕는 시설
	생산품판매시설		정신질환자 등이 생산한 생산품을 판매하거나 유통을 대행하고, 정신질환자 등이 생산한 생산품이나 서비스에 관한 상담, 홍보, 마케팅, 판로 개척, 정보제공 등을 지원하는 시설
	종합시설		정신재활시설 중 2개 이상의 정신재활시설이 결합되어 정신질환자 등에게 생활지원, 주거지원, 재활훈련 등의 기능을 복합적 · 종합적으로 제공하는 시설
중독관리통합지원센터			중독문제를 가진 사람과 그 가족을 대상으로 중독자의 발견, 상담, 치료, 재활 및 사회복귀를 지원하는 기능을 담당하는 지역정신보건기관
자살예방센터			지역사회 내 자살문제에 대한 인식개선 노력을 통해 생명존중 문화를 조성하고, 자살 고위험군 조기발견 및 치료서비스를 제공하는 기관

우리나라의 정신건강 서비스체계는 몇 가지 한계점을 가지고 있다. 먼저 지역사회 내에 조기개입 대응체계가 미비하다. 정신질환의 예방 및 조기개입에 관한 적절한 대응체계가 갖추어져 있지 않아 제때 치료받지 못함으로써 정신질환의 만성화와 장애발생으로 이어지고 있다. 정신건강시설 및 서비스가 수도권에 집중된 지역적 불균형 문제도 지속되고 있다. 무엇보다 서비스체계가 여전히 의료치료 중심이라는 점도 한계이다. 정신건강서비스 시설 중 정신건강복지센터, 정신재활시설, 중독관리통합지원센터 등 지역사회 서비스 기관의 비중은 전체의 30%에 불과하다. 상대적으로 그동안 정신의료기관 병상수와 이에 따른 장기입원자는 꾸준히 증가해 왔다.

3) 사회복지사의 활동과 역할

정신건강사회복지에서 정신장애의 치료목표는 단순히 증상의 완화에 있는 것이 아니라 원만한 사회적응과 회복에 있는 것으로 본다. 특히 1980년대 이후 등장한 회복패러다임은 사람은 누구나 정신장애를 가질 수 있고 회복될 수 있음을 전제로 한다. 회복의 비전은 재발 감소라는 부정적 목표보다는, 개인적 꿈을 추구하고 성공을 성취하도록 하는 긍정적 목표를 추구한다. 따라서 사회복지사는 정신장애에 영향을 주는 개인적 · 정신적 · 정서적 · 사회적 환경에 관한 정보를 수집 · 조사하고 그에 관한 문제의 발견과 규명을 통해 진단과 치료에 귀중한 자료를 제공하며, 현상을 전인적 관점에서 이해해야 한다. 그리고 회복패러다임을 내면화하고 이를 실천현장에서 구현하기 위해 거의 모든 생의학적 관점을 버리고 임파워먼트 관점 채택할 필요가 있다. 대체로 정신건강 실천분야에서 일하는 사회복지사의 공통적 업무는 다음과 같다.

① 심리사회적, 정신적 문제 해결 : 심리사회적 · 정신적 문제의 원인조사 및 평가, 사회환경 조사 및 평가, 개인 및 가족력 조사 및 평가, 대인관계가정, 학교, 지역사회 등 조사 및 평가, 클라이언트와 가족에 대한 상담 · 정보제공 등

② 집단을 통한 환자문제 해결 : 집단활동, 오락 및 작업치료, 심리극, 가족회의 등

③ 사회복귀 및 재활문제 해결 : 퇴원 및 재활계획, 회복상태에 따른 사회적응력 평가, 사회화 과정의 훈련 등

④ 경제적 문제 해결 : 클라이언트의 경제능력 사정, 입원치료비 감면조치 등

⑤ 진단 · 치료계획을 위한 조사연구 : 정신질환 영역에 관한 조사연구, 임상연구회의·학술회의 참여 등

⑥ 지역사회자원 동원 및 활용 : 지역사회자원에 관한 정보수집, 자원봉사자 활용 및 모금 등

⑦ 교육 및 기타 활동 : 실습생 지도, 관련 영역 인력의대생, 간호학과생 등 교육, 자원봉사자 교육 및 관리 등

⑧ 행정업무 : 개입과정 기록, 개입 실적에 관한 통계와 분석평가, 조직의 일원으로서의 업무 등

우리나라 「정신건강복지법」에서는 정신건강전문요원을 정신건강임상심리사, 정신건강간호사, 정신건강사회복지사, 정신건강작업치료사로 분류하고 있다. 법률상 정신건강사회복지사의 업무의 범위는 정신재활시설의 운영 등 공통 업무와 사회서비스 지원 조사 등 고유 업무가 있다.

〈표 10-5〉 정신건강전문요원의 활동

종별	업무의 범위 및 역할
공통	1. 정신재활시설의 운영 2. 정신질환자 등의 재활훈련, 생활훈련 및 작업훈련의 실시 및 지도 3. 정신질환자 등과 그 가족의 권익보장을 위한 활동지원 4. 법 제44조 제1항에 따른 진단 및 보호의 신청 5. 정신질환자 등에 대한 개인별 지원계획의 수립 및 지원 6. 정신질환 예방활동 및 정신건강복지에 관한 조사 · 연구 7. 정신질환자 등의 사회적응 및 재활을 위한 활동 8. 정신건강증진사업 등의 사업 수행 및 교육 9. 그 밖에 제1호부터 제8호까지의 규정에 준하는 사항으로 보건복지부장관이 정하는 정신건강증진 활동
정신건강 임상심리사	1. 정신질환자 등에 대한 심리평가 및 심리교육 2. 정신질환자 등과 그 가족에 대한 심리상담 및 심리 안정을 위한 서비스 지원

종별	업무의 범위 및 역할
정신건강 간호사	1. 정신질환자 등의 간호 필요성에 대한 관찰, 자료수집, 간호활동 2. 정신질환자 등과 그 가족에 대한 건강증진을 위한 활동의 기획과 수행
정신건강 사회복지사	1. 정신질환자 등에 대한 사회서비스 지원 등에 대한 조사 2. 정신질환자 등과 그 가족에 대한 사회복지서비스 지원에 대한 상담 · 안내
정신건강 작업치료사	1. 정신질환자 등에 대한 작업 수행 평가, 정신질환자등의 신체적 · 정신적 기능향상을 위한 작업치료 2. 정신질환자 등과 그 가족에 대한 작업치료 교육과 작업치료 서비스 기획 · 수행

4) 정신건강사회복지의 과제

첫째, 지역사회 중심의 정신보건서비스를 더욱 강화해야 한다. 정신장애인이 지역사회서비스를 통해 지역사회에서 통합될 수 있도록 정신건강복지센터, 정신재활시설, 소규모 주거시설 등 지역정신건강 인프라를 확충해야 한다. 또한 정신장애인이 서비스의 소비자로서 서비스에 대한 통제권을 갖도록 자립생활independent living 지원모델의 관점에서 지역사회서비스를 개발 · 보급해야 한다.

둘째, 지역사회 정신건강 관리체계가 확립되어야 한다. 이것은 지역사회 차원에서 각 기관의 서비스 전문화와 기관 간 연계 · 조정을 위해 지역사회 전체를 하나의 관리체계 안에서 사회안전망을 구축하는 총체적 체계가 되어야 한다. 이렇게 될 때 정신장애의 예방 및 발견-치료-재활-지역사회 지지에 걸친 다양한 서비스들이 연속성을 갖고 통합적으로 제공될 수 있다.

셋째, 정신장애인에 대한 편견 해소 및 인식 개선을 적극적으로 도모해야 한다. 인식개선을 위한 사회적 분위기 조성은 정신장애인 가족, 자원봉사자 및 지역주민에 대한 교육 · 홍보를 강화하고 자조그룹, 가족협회 등을 활성화하여 지지적 분위기를 조성할 뿐만 아니라 TV, 라디오 등 대중매체를 통한 시각 변화 노력이 배가될 때 가능할 것이다.

넷째, 정신건강사회복지사의 역량강화 및 처우개선이 이루어져야 한다. 지속적인 교육훈련을 통해 전문성을 강화시킴과 동시에 정신의료기관을 제외한 열악한 환경에서 근무하고 있는 사회복지사들의 신분보장 및 처우 개선이 뒷받침되어야 한다.

요약

이 장에서는 사회복지서비스 분야 중 가족복지, 장애인복지, 의료사회복지, 정신건강사회복지에 대해 고찰하였다. 가족복지는 가족의 전 생애에 걸쳐 행복하고 바람직한 사람을 추구하는 사회구성원 전체의 집단적 노력으로 가족해체, 가족구성원의 사회적 역기능 수행 등의 문제에 의도적으로 개입하는 것이다. 따라서 가족복지에는 가족 구성원 개인이나 가족에 대한 서비스뿐만 아니라 가족제도의 강화, 수정, 변화에 대한 노력도 포함된다.

장애인복지는 장애를 가지고 있는 사람이 주요한 대상이나 사회의 모든 구성원을 위한 것이기도 하다. 왜냐하면 사회의 모든 구성원은 잠재적인 장애인이 될 수 있기 때문이다. 모든 인간은 존엄성을 인정받고 살 권리를 지니고 있기 때문에 모든 사회구성원이 더불어 살아가는 사회를 만들어 가야 하기 때문이다.

의료사회복지는 전인적인 의료서비스를 제공하고 환자와 가족이 보건의료서비스를 가장 효과적으로 활용할 수 있도록 원조하는 것이다. 따라서 의료사회복지는 의료팀이 사회적·경제적·정서적 요소들을 이해하도록 돕고, 환자와 가족이 의료서비스를 적극적으로 이용할 수 있도록 원조하며, 환자에게 더 좋은 치료가 제공되도록 환경을 개선하는 것이다. 그리고 가족들의 대처행동을 유지시키거나 강화하는 역할을 한다.

정신건강사회복지는 다각적인 접근방법을 통하여 정신장애인 및 가족의 사회기능 향상, 국민의 정신장애의 예방과 치료 및 재활을 위한 사회복지의 전문적인 실천 분야이다. 우리나라의 정신건강서비스는 정신의료기관, 정신요양시설, 정신건강복지센터, 정신재활시설, 중독관리통합지원센터 등을 통해 전달되고 있다.

탐구문제

❶ 가족복지서비스의 구체적인 내용은 무엇이며, 이들을 활성화하기 위해 어떤 노력이 필요한가?

❷ 우리나라의 장애인구 비율이 영국이나 미국에 비해 적은 이유는 무엇인가?

❸ 의료사회복지의 분야는 어떻게 구분되며, 분야별 사회복지사의 주된 역할은 무엇인가?

❹ 정신건강사회복지의 전달체계는 어떻게 구성되어 있으며, 장애인복지 체계와 어떤 관계를 가지고 있는가?

참고문헌

강흥구(2014). **의료사회복지실천론**. 정민사.

권선진(2007). **장애인복지론**. 청목출판사.

권진숙 외(2011). **가족복지론**. 공동체.

권진숙 외(2017). **정신건강사회복지론**. 공동체.

김규수(2008). **의료사회복지실천론**. 형설출판사.

김상균 외(2015). **사회복지개론**. 나남출판.

김영화 · 이진숙 · 이옥희(2016). **성인지적 가족복지론**. 양서원.

김용득(2016). **장애인복지**. EM커뮤니티.

김혜경 외(2014). **가족복지론**. 공동체.

박미은 외(2015). **가족복지론**. 공동체.

보건복지부(2021), 2020년 장애인실태조사.

보건복지부 국립정신건강센터(2021). 2021년 정신건강실태조사 보고서.

보건복지부(2018), 2017년 장애인실태조사 결과.

성민선 외(2005). **사회복지개론**. EM실천커뮤니티.

엄명용 외(2016). **사회복지 실천의 이해**. 학지사.

유동철(2023). **인권관점에서 보는 장애인복지**. 학지사.

유수현 외(2017). **의료사회사업론**. 양서원.

이용교(2017). **디지털 사회복지개론**. 인간과복지.

이용표 외(2017). 지역사회 정신장애인 현황조사 및 지원체계 연구. 보건복지부 · 가톨릭대학교 산학협력단.

이용표 외(2021). **인권과 대안을 위한 정신건강사회복지론**. EM실천.

조흥식 외(2017). **가족복지학**. 학지사.

최일섭(2018). **사회복지개론**. 지식공동체.

홍영수(2009). **의료사회복지론**. 신정.

Anthony & Liberman(1992). Principles and Practice of Psychiatric Rehabilitation, in R. P. Liberman(ed). *Handbook of Psychiatric Rehabilitation*. Allyn and Bacon.

Bracht, N. F.(1978). *Social Work in Health Care : A Guide To Professional Practice*. N.Y. : Haworth Press.

Corwin, M. D.(1997). "Solution−Focuded Brief Workplace Counseling", in P. A. Kurzman & S. H. Akabas(eds), *Work and Well-Being*. NASW.

Friedlander W. & Apte R. Z.(1980). *Introduction to Social Welfare*. N.J. : Prentice Hall Inc.

Kurzman, P. A.(1987). "Industrial Social Work". *Encyclopedia of Social Work*. Vol.1, NASW.

Poole, Dennis L.(1995). "Health Care : Direct Practice", *In Encyclopedia of Social Work*. 19th ed. Washington DC : NASW Press.

Vigilante, F. W.(1997). "Work : Its Use in Assessment and Intervention with Clients in the Workplace", in P. A. Kurzman & S. H. Akabas(eds). *Work and Well-Being*. NASW.

Webb, W.(1990). "Cognitive Behavior Therapy : Application for Employee Assistance Counselor". *Employee Assistance Quarterly*. 5(3).

1. 사회복지 전달체계의 개념 및 구분

1) 사회복지 전달체계의 의의

사회복지를 통해 제공되는 서비스는 여러 영역에서 다양하게 제공되는데 사회복지가 공급사로부터 사회복지 대상자에게 전달되기 위해서는 그에 따른 조직이 필요하다. 이와 관련된 조직 또는 체계가 바로 사회복지 전달체계이다. 사회복지 전달체계란 사회복지서비스의 공급자와 소비자 간을 연결시키기 위하여 만들어진 조직적 체계Gilbert & Terrell, 1988를 말한다.

사회복지 전달체계는 사회복지의 실현에 있어서 매우 중요하다. 그 이유는 사회복지정책이 추구하는 가치나 목표의 성취가 바로 이 전달체계에 따라 달라질 수 있기 때문이다. 즉, 아무리 정책의 내용이 바람직하다 하더라도 전달체계가 적절하지 못하면 그 정책이 추구하는 목표를 이루기 어렵기 때문이다송근원 · 김태성, 1995. 복지서비스 전달체계는 다양한 복지서비스를 합리적이고 유기적으로 연계시키고, 필요한 복지서비스를 필요한 시기에 효과적으로 집행하기 위한 통로로서 사회복지정책의 성패를 좌우하는 중요한 역할을 수행 한다. 따라서 사회복지 전달체계에 있어서 재화 또는 서비스를 효율적으로 사회복지 대상자에게 전달하기 위하여 어떠한 조직을 통해서 실천할 것인가는 매우 중요하며 이를 위해 사회복지서비스 전달체계에 대한 이해가 반드시 필요하다.

2) 사회복지 전달체계의 구분

사회복지서비스를 전달하는 조직체계는 운영주체에 따라 크게 공적공공 전달체계와 사적민간 전달체계로 구분된다. 공적 전달체계는 정부중앙 및 지방정부나 공공기관을 통해 제공되며, 사적 전달체계는 민간단체나 개인에 의해 서비스가 제공된다.

한편, 사회복지서비스는 공적 전달체계와 사적 전달체계 또는 공적 전달체계 사이의 다양한 혼합체계의 형태로 제공되기도 한다. 이러한 공적 전달체계의 혼합형태는 중앙정부, 지방정부, 중앙정부와 지방정부의 혼합체계, 순수 민간부문, 정부와 민간부문의 혼합체계의 다섯 가지로 분류할 수 있는데 각각의 형태의 특성 및 장 · 단점은 다음과 같다송근원 · 김태성, 1995.

(1) 중앙정부

오늘날 서구 복지국가에서 제공되는 사회복지서비스의 공급에서 중앙정부가 차지하는 비중은 매우 크다. 중앙정부의 역할이 확대된 몇 가지 이유는 다음과 같다. 첫째, 중앙정부는 사회복지 재화나 서비스가 갖는 공공재적 성격 때문에, 사회 전체의 편익이 큰 서비스를 모든 국민을 대상으로 할 수 있는 것은 현실적으로 중앙정부뿐이다. 둘째, 중앙정부는 다수의 대상을 관리하는데 있어 기술적인 측면에서 유리하여 큰 단위인 중앙정부에서 모든 국민을 대상으로 포괄적으로 관리하는 것이 바람직하다. 셋째, 사회구성원들의 불평등을 감소시키고 평등의 가치를 높게 구현할 수 있다는 점에서 중앙정부가 유리하다. 넷째, 중앙정부는 다양한 사회복지에 대한 필요needs를 체계화하여 다양한 프로그램을 통합 · 조정하거나, 이러한 정책들을 지속적이고 안정적으로 유지하는 데 유리하다.

반면에 중앙정부가 사회복지의 재화나 서비스를 독점적으로 제공하는 전달체계의 단점은 다음과 같다. 첫째, 중앙정부에서 제공되는 재화나 서비스는 공급자가 독점적이기 때문에 공급자가 다수인 경쟁적인 체계에 비하여 재화의 질이 낮거나 비쌀 수가 있다. 둘째, 중앙정부에 의해 제공되는 재화나 서비스는 정부조직의 관료성으로 인하여 수급자의 욕구에 대한 대응이 빠르지 못하거나, 지역 특수적인 수요에 대한 대응이 융통적이지 못할 수 있다. 즉, 새로운 수요나 변화된 수요에 대한 대응이 늦어 창의적인 재화나 서비스의 개발이 어렵다.

(2) 지방정부

1970년대 중반 이후 '복지국가의 위기'의 시대를 맞아 중앙정부의 재정이 악화되면서 지방정부의 역할이 점차 강조되고 있는데 지방정부의 역할이 강조되는 이유는 다음과 같다. 첫째, 지방정부가 사회복지의 재화나 서비스를 전달하는 것이 지역주민들의 욕구를 더 효율적으로 해결할 수 있다. 둘째, 지방정부 단위로 제공하게 되면 지방정부 간의 경쟁을 유발시켜 경쟁논리에 의하여 재화의 가격과 질의 측면에서 사회복지 대상자에게 유리해질 수 있다. 셋째, 지방정부 전달체계에서는 중앙정부에 비하여 비교적 창의적이고 실험적인 서비스 개발이 용이하여 사회복지 대상자들의 변화하는 수요에 적극적으로 대처해 나갈 수 있다. 넷째, 지방정부의 전달체계에서는 사회복지 대상자들이 정책결정에 참여할 기회가 높아져 사회복지 대상자의 입장이 반영될 가능성이 높아진다.

반면에 지방정부 단독의 전달체계는 몇 가지 문제점이 있다. 첫째, 지방정부 간의 경쟁으로 지역에 따라 서비스의 차이가 발생할 수 있어 사회통합을 저해할 수 있다. 둘째, 지방정부는 중앙정부에 비해 규모의 경제의 효과가 적어 사회보험과 같은 제도를 실행하기가 어렵다. 셋째, 지방정부 단위의 사회복지프로그램은 단편화될 가능성이 크다. 넷째, 지방정부의 재정적 측면에서 프로그램의 안정성과 지속성을 유지하기가 어렵다.

(3) 중앙정부와 지방정부의 혼합체계

오늘날 복지국가들에서 제공되는 사회복지 재화나 서비스들 가운데 많은 것들은 중앙정부와 지방정부의 혼합체계로 이루어진다. 중앙정부와 지방정부의 혼합체계는 다양한 형태가 있으나 주된 유형은 중앙정부가 지방정부에 재원을 일부 보조하고, 지방정부가 재화나 서비스를 제공하는 방법에 일정한 규제를 하는 것이다. 혼합체계는 중앙정부 및 지방정부가 갖는 단점을 극복하는 이상적인 전달체계가 될 수 있는데 그 유형은 전달하는 재화나 서비스의 속성에 따라 구분하여 적용하는 것이 바람직하다. 즉, 재화나 서비스의 속성이 중앙정부가 제공하는 것이 유리하다면 혼합체계의 형태는 중앙정부의 규제가 많은 형태가 바람직하다. 반면에 지역주민들의 다양한 욕구에 신속하고 융통성 있게 대응하기 위해 혹은 지방정부들 사이의 경쟁을 높이기 위해서는 가능하면 중앙정부의 규제를 줄이고 지방정부의 독립성을 높이는 혼합체계가 바람직하다.

따라서 혼합체계가 잘 기능하기 위해서는 중앙정부와 지방정부의 긴밀한 협력과 정확한 혼합체계의 적용이 필요하다. 만약 혼합체계가 사회복지의 재화나 서비스의 특성에 맞추어 중앙정부와 지방정부의 장점을 극대화시키지 못하면 각각의 체계가 갖는 장점이 충분히 부각되지 않을 수 있다.

(4) 순수 민간부문

사회복지의 재화나 서비스를 민간부문에서 제공해야 한다는 이유는 다음과 같다. 첫째, 시장에서는 사회복지 대상자와 공급자 간의 합리적인 선택을 바탕으로 하는 자유경쟁의 기제에 의하여 자원을 효율적으로 배분할 수 있다. 둘째, 끊임없는 경쟁체제에서 소비자들의 욕구에 신속하고 융통성 있게 대응할 수 있다. 셋째, 책임소재가 명확하여 효율적인 운영에 대한 동기부여를 높일 수 있다. 넷째, 정치적인 이유로 인해 발생하는 불필요한 서비스의 확대를 막을 수 있다.

반면에 사회복지의 재화나 서비스를 순수 민간부문에서 제공하는 것은 문제점을 가지고 있다. 첫째, 시장에서 재화들이 효율적으로 배분되기 위해서는 그 재화가 공공재public goods가 아닌 사유재private goods이어야 하고, 둘째, 재화의 거래에서 외부효과externality가 발생하지 말아야 하고, 셋째, 그 재화에 대해 사회복지 대상자와 공급자가 충분한 정보를 가지고 있어야 한다. 넷째, 규모의 경제economy of scale의 효과가 적어야 하는데 이러한 조건들이 충족되지 않는 경우는 시장에서의 재화의 배분은 비효율적으로 된다김태성 · 성경륭, 1997. 다섯째, 시장은 분배상의 불공평이라는 '시장의 실패' 문제를 가지고 있기 때문에 사회구성원들의 불평등을 감소시키기 어렵다.

(5) 정부(중앙정부 혹은 지방정부)와 민간부문의 혼합체계

사회복지 재화나 서비스들 가운데 어떤 것들은 정부와 민간부문의 혼합체계를 통하여 제공되기도 한다. 정부와 민간부문의 혼합체계의 세부적 형태들은 다양한데, 기본적으로 사회복지프로그램의 운영은 정부가 민간부문에 재정지원을 하고, 민간부문이 운영을 맡도록 하는 것이다. 이러한 정부와 민간부문 혼합체계는 지방분권화에 따른 지역복지발전의 계기로 민관협치governance의 중요성 고양, 사회복지 대상자 중심 서비스로의 발상 전환, 공공과 민간 간의 지역자원에 대한 최대 활용이 필요하다는 점에서 정부와 민간부문의 중요성이 강조되고 있다.

정부와 민간부문의 혼합체계는 민간부문의 장점들효율성, 경쟁성, 선택의 자유, 융통성 등을 크게 살릴 수 있으나 한편으로는 민간부문의 단점들공공재적 성격을 갖는 재화 제공의 어려움, 평등추구의 어려움, 규모의 경제에서의 단점도 상대적으로 크게 나타날 수 있다. 정부와 민간부문의 혼합체계를 통한 재화나 서비스의 제공은 재화의 속성에 따라 선택되어진다. 민간부분의 단점이 비교적 크게 나타날 수 있는 재화는 정부의 규제가 많은 혼합체계가 필요하고, 반대의 경우는 민간부분의 독립성을 높이는 것이 필요하다.

2. 사회복지 전달체계의 원칙

사회복지서비스 전달체계가 온전한 기능을 발휘하기 위해서는 사회복지 전달체계의 구성에 있어서 필요한 원칙들이 있다. 사회복지 전달체계의 원칙에 대해서는 학자들마다 보는 관점에 따라 상이한 원칙을 제시Gate, 1980 ; Gilbert & Terrell, 1988 ; 성규탁, 1992 ; 최성재 · 남기민, 2000 ; 박경일, 1997하고 있는데 사회복지 전달체계 구축 시에 고려해야 할 기본 원칙을 행정적인 측면과 서비스 제공의 측면으로 구분하면 다음과 같다서상목 · 최일섭 · 김상균, 1988.

1) 행정적인 측면

(1) 기능분담 체계성의 원칙

서비스 제공자와 사회복지 대상자 사이를 연결하는 전달체계는 상부-중간-하부로 연결되는 기능상의 분담이 체계성과 일관성을 유지해야 한다. 전달체계의 상위체계인 중앙정부예를들면, 보건복지부는 정책 수립과 전반적인 통제기능을 수행하고, 시 · 도 등 중간체계는 서비스 제공에 대한 구체적인 감독과 통제기능을 수행하고, 시 · 군 · 구나 읍 · 면 · 동 단위의 하위체계는 사회복지 대상자와 직접적으로 대면하여 서비스를 제공하는 기능을 수행하게 된다.

(2) 전문성에 따른 업무 분담의 원칙

사회복지서비스의 업무는 전문성의 수준에 따른 업무분담과 전문가와 비전문가의 업무분담이 필요하다. 예를 들어 사회복지 대상자의 욕구 파악이나 진단, 서비스에 대한 평가, 자원봉사자 관리 및 교육, 자원 동원에 관한 전략 등과 같은 업무는 전문적인 영역인 반면, 각종 보고서의 정리 및 보관, 현금 및 현물의 전달, 복지대상자 소재 파악 등은 비전문가도 수행할 수 있는 영역이다. 따라서 전문성에 따른 분업을 통해 사회복지서비스의 효과성과 효율성을 확보할 수 있다.

(3) 책임성의 원칙

사회복지서비스를 전달하는 서비스 제공자는 사회복지서비스 전달에 대한 책임을 진다. 서비스 제공자는 구체적으로 사회에 대한 책임, 사회복지 대상자에 대한 책임, 전문직 자체에 대한 책임을 져야 한다. 사회에 대한 책임은 사회로부터 사회복지기관이 위임받은 기능과 역할을 제대로 수행해야 하는 책임을 말하며, 사회복지 대상자에 대한 책임은 사회복지 대상자의 욕구를 최대한 충족시켜 주어야 할 책임을 말한다. 이를 위해서는 서비스대상자들의 의견이 반영될 수 있는 체제를 갖추어야 한다. 전문직 자체에 대한 책임은 전문가로서 윤리강령을 준수하고 전문가로서 전문 지식과 기술을 지속적으로 발전시키는 노력을 해야 한다. 이를 위해서는 전문직의 자격제도를 강화하고 사후 교육 및 평가가 체계화되어야 한다.

(4) 접근용이성의 원칙

접근용이성이란 서비스를 필요로 하는 대상자들이 언제 어느 곳에서도 쉽게 서비스를 제공받을 수 있는 전달체계를 말한다. 사회복지서비스는 지리적 또는 공간적으로 이용하기 편리한 곳이어야 하고 시간적으로도 접근하기 편리해야 한다. 또한 심리적으로 소외 의식이나 차별적인 대우를 받지 않는다는 인식을 줄 수 있는 장소이어야 한다.

(5) 통합조정의 원칙

사회복지기관이 각기 개별적으로 동일한 서비스를 동일한 대상자에게 중복적으로 제공하여 서비스 효과를 저하시키고 자원을 낭비할 수 있다. 통합조정의 원칙은 동시에 다양한 서비스를 필요로 하는 서비스 대상자에게 각기 다른 기관에서 서비스를 제공하는 것보다 다양한 서비스를 통합하여 관리할 수 있는 책임기관을 선정하고 관계 전문가나 기관들 사이에 협조와 조정을 추구할 수 있는 체계를 구축하는 것을 말한다.

(6) 지역참여의 원칙

사회복지에 대한 욕구는 지역사회의 특성에 따라 다를 수 있는데 사회복지서비스는 지역사회의 특수성을 고려해야 한다. 따라서 적절한 사회복지계획을 수립하기 위해서는 지역의 적극적인 참여를 유도해야 한다. 지역사회의 참여는 자원의 동원 및 활용과 지역사회 주민 전체의 복지의식을 증대시키는 데 기여한다. 또한 현대사회의 복지문제는 복잡하고 다양하여 이를 공식적인 사회복지체계만으로 해결하기에는 충분하지 않다. 따라서 그 부족한 부분을 지역의 비공식적 체계를 활용하여 문제해결을 해 나갈 필요가 있다.

(7) 조사 및 연구의 원칙

사회복지서비스 전달체계의 효과성과 효율성을 높이기 위해서는 조사 및 연구가 활성화되어야 한다. 한정된 사회적 자원을 효율적으로 배분하기 위해서는 욕구의 진단과 이에 부응하는 적정 프로그램의 개발과 함께 이를 효과적으로 전달할 수 있는 전달체계 연구, 서비스의 효과성을 평가하는 기술 개발, 서비스 관리 및 운영기법 개발 등 다양한 영역에서 조사와 연구의 기능이 확대되어야 한다.

2) 서비스제공 측면

(1) 평등성의 원칙

평등성의 원칙이란 모든 국민이 사회복지서비스를 받을 수 있는 권리가 있음을 규정한 것이다. 사회복지 대상자는 성별, 연령별, 지역, 종교, 사회적 지위 및 소득에 관계없이 필요한 서비스를 받을 수 있어야 한다.

(2) 재활 및 자활목표의 원칙

재활 및 자활목표의 원칙은 사회복지 대상자의 자활 또는 사회복귀를 위한 서비스가 제공되어야 함을 말한다. 사회복지서비스는 사회복지 대상자의 욕구를 경감시키거나 해소하여 사회복지 대상자가 스스로 자립하고 자활할 수 있도록 해야 한다.

(3) 적절성의 원칙

적절성의 원칙은 사회복지 대상자의 문제해결 또는 욕구 충족을 위해 필요한 자원을 양적, 질적으로 충분히 제공받을 수 있어야 함을 말한다.

(4) 포괄성의 원칙

포괄성의 원칙이란 사회복지 대상자의 욕구가 매우 다양하기 때문에 사회복지 전달체계가 사회복지 대상자의 욕구를 해소할 수 있도록 다양한 서비스가 제공되어야 한다는 것이다. 이를 위해서는 사회복지 대상자에게 제공되는 다양한 서비스가 동시에 투입될 필요성도 있다. 따라서 사회복지서비스의 제공은 복지서비스의 유기적인 연계를 통해 제공되어야 한다.

(5) 지속성의 원칙

사회복지서비스 제공은 재활 및 자활을 목표로 하고 있기 때문에 그 목표가 성취될 때까지 지속적으로 서비스가 제공되어야 한다.

(6) 가족 중심의 원칙

사회복지의 문제는 보통 개인에게서 발견되지만, 그 문제의 원인을 보면 그 개인이 속해 있는 가족, 집단, 지역사회 또는 전체 사회의 구조적 결함과 연결되기도 한다. 따라서 문제해결을 바라는 대상이 개인일지라도 문제해결을 위한 제공의 기본단위는 가족 또는 가정이 되어야 한다.

이상으로 사회복지 전달체계 구축 시 전제되어야 할 행정적인 측면과 서비스 제공 측면을 살펴보았다. 전달체계의 각각의 원칙은 효과적이고 효율적인 사회복지 전달체계의 구축에 있어 매우 중요한 요건이 되지만 각각의 원칙을 실질적으로 반영하기 위해서는 한정된 자원과 사회환경적 제약요건이 무엇인지를 파악해야 하고, 한편으로는 각각의 원칙이 최대한 적절하게 반영될 수 있도록 노력해야 한다. 예를 들어 한정된 인적 · 물적 자원이라는 제약요건 속에서 적절성의 원칙과 지속성의 원칙을 반영하는 것은 쉽지 않다. 따라서 양과 질의 조화를 어떻게 이루어 적절성의 원칙과 지속성의 원칙을 조화롭게 연결지어 나갈 것인가를 생각해야 한다.

3. 사회복지 전달체계 현황

1) 전달체계 관련 법규

국가의 정책이나 제도는 법적인 근거가 있어야 비로소 공식적인 제도로 존재할 수 있는데 사회복지 전달체계의 구축은 법의 규정에 의해 이루어지고 있다. 「사회보장기본법」 제29조사회보장 전달체계에서는 ① 국가와 지방자치단체는 모든 국민이 쉽게 이용할 수 있고 사회보장급여가 적시에 제공되도록 지역적 · 기능적으로 균형 잡힌 사회보장 전달체계를 구축하여야 한다. ② 국가와 지방자치단체는 사회보장 전달체계의 효율적 운영에 필요한 조직, 인력, 예산 등을 갖추어야 한다. ③ 국가와 지방자치단체는 공공부문과 민간부문의 사회보장 전달체계가 효율적으로 연계되도록 노력하여야 한다고 규정했다. 이러한 사회보장 전달체계에 대한 규정은 국가와 지방자치단체가 전국적으로 골고루 분포된 전달체계를 마련해야 하고 조정기능을 수행해야 하며 접근하기 용이한 전달체계를 마련해야 함을 의미한다. 이와 함께 「사회보장기본법」 제31조전문 인력의 양성에서는 국가와 지방자치단체는 사회보장제도의 발전을 위하여 전문 인력의 양성, 학술조사 및 연구, 국제교류의 증진에 노력하여야 한다고 규정하고 있다.

2) 사회제도적 환경 및 전달체계의 변화

(1) 사회제도적 환경 변화

❶ 사회복지서비스에 대한 수요 증가

우리나라의 사회구조 및 환경변화에 따라 사회복지에 대한 욕구는 양적인 측면과 질적인 측면에서 증가하고 있다. 소득수준의 증가에 따라 사회복지서비스에 대한 욕구가 다양화되고 있으며, 사회양극화에 따른 빈부격차의 확대는 사회복지서비스에 대한 욕구를 더욱 증대시키고 있다. 또한 고령화의 급격한 진행은 의료 및 복지서비스에 대한 수요를 크게 증가시켰고 여성의 사회진출 및 가족구조의 변화는 아동양육에 대한 복지수요 또한 크게 증가시키고 있다. 그리고 비정규직 증가, 중고령실업자 문제 등에 대처하는 사회보장제도의 지속적인 대응 등 사회복지서비스의 영역이 지속적으로 확대되고 있다.

❷ 지방정부의 권한과 책임 강화

우리나라의 사회복지서비스 공급은 중앙정부인 보건복지부가 정책개발과 정책시행의 조정 · 감독과 평가를 담당하고, 정책사항의 집행은 광역자치단체시 · 도, 기초자치단체시 · 군 · 구, 읍 · 면 · 동사무소의 행정체계를 통해 이루어지고 있다.

중앙정부인 보건복지부는 개별적이고 엄격한 국고보조사업을 통해 시 · 도 및 시 · 군 · 구가 집행하고 감독하는 사회복지서비스의 방향과 내용을 거의 결정해 왔다. 한편, 기초자치단체는 재정자립도가 낮아 국고보조금에 크게 의존하여 왔다. 그러나 지방자치제의 실시와 재정분권의 본격화로 중앙정부의 지방정부에 대한 개입이 최소화되고 지방정부의 자율권이 강화되고 있다. 특히 2003년 「사회복지사업법」의 개정으로 시 · 도 및 시 · 군 · 구 차원의 지역사회복지계획 수립이 의무화되어 사회복지서비스에 대한 지방정부의 책임이 강화되어가고 있다. 이와 함께 국고보조금의 지방 이양으로 사회복지서비스 예산 중 상당부분이 지방으로 이양되고 있다.

❸ 공적 전달체계 개선의 필요성

우리나라의 사회복지 전달체계는 크게 사회보험, 공공부조, 사회복지서비스로 구분할 수 있는데 이들 서비스의 전달은 보건복지부, 행정안전부, 고용노동부, 여성가족부, 교육부, 국가보훈부 등으로 다양하게 분산되어 있다. 이 때문에 서비스 간의 역할 분담과 상호연계의 필요성이 대두되어 왔다. 한편 핵심적인 사회복지서비스는 보건복지부와 행정안전부가 담당하고 있으며 공공부조와 사회복지서비스의 전달은 보건복지부와 행정안전부로 이원화되어 있다. 즉, 정책결정은 보건복지부가 수행하고 이를 집행하는 것은 행정안전부가 담당한다. 다시 말하면 공공부조와 사회복지서비스는 중앙정부인 보건복지부에서 기본적인 복지정책을 수립하고 예산을 확보하여 행정안전부의 지방조직인 시 · 도와 시 · 군 · 구를 거쳐 읍 · 면 · 동을 통해 주민에게 전달되는 체계를 가진다. 이와 같이 서비스 전달체계가 이원화되어 정책과 시행에 있어서 일관성과 전문성 확보 문제가 지속적으로 대두되었다.

(2) 전달체계의 변화

우리나라에서 사회복지 전달체계 개편에 관한 구체적인 연구와 논의는 1980년대 초반에 시작되었다. 1995~1999년에는 보건복지사무소 시범사업이 시행되었고, 2001년 지역사회복지협의체 시범사업, 2004~2006년 사회복지사무소 시범사업이 시행되었다. 이러한 일련의 사업은 사회복지서비스 욕구가 급증하면서 사회복지서비스 전달체계를 정비해야 한다는 사회적 요구에 대한 대응으로 볼 수 있다. 2005년 9월 국무조정실에서 주관하여 부처 합동으로 준비한 '희망한국 21'에서는 '주민생활 지원서비스' 개념을 도입하여 사회복지사무소라는 전달체계를 넘어서 보건, 고용, 문화, 생활체육 등을 포괄하는 통합적인 주민서비스 체계의 구축을 제시하였다. 이후 2006년 1월부터는 주민생활지원 통합서비스 모델이 공식적으로 논의되기 시작하였고 7월부터 복지서비스 전달체계가 주민생활지원서비스 제공방식으로 단계적인 개편을 시작하여 2007년 7월부터 전국으로 확대되었다.

또한 2009년 1월부터는 사회복지서비스 제공 효율화와 수요자 중심의 통합적 서비스 제공이라는 목표하에 희망복지전달체계가 마련되었다. 그리고 2016년 2월부터는 읍 · 면사무소 및 동 주민센터를 행정복지센터로 명칭을 변경하여 읍 · 면 · 동의 복지기능을 강화하는 '읍 · 면 · 동 복지허브화'가 추진되고 2017부터는 '찾아가는 보건복지서비스'로 사업명이 변경되어 수행되고 있다. .

❶ 보건복지사무소 시범사업

1995년 7월부터 1999년 12월까지 약 4년 6개월간 시행된 보건복지사무소의 시범사업 목적은 사회취약 계층인 저소득 주민들에게 보건의료와 사회복지서비스를 포괄적으로 제공하는 방안을 마련하기 위하여 현행 보건소 조직 내에 사회복지 전담부서를 신설하여 보건의료 및 복지서비스 기능을 연계 · 수행하려는 것이었다. 즉, 기존의 사회복지 전달체계가 사회복지와 보건의료로 분리되어 있는 것을 하나로 통합하는 것이다. 이를 위해 보건소 조직 내에 복지사업과 또는 복지사업계를 설치 · 운영하여 사회복지 분야의 보건의료 연계서비스를 강화하고 나아가 저소득 취약 주민 관련 업무뿐만 아니라 일반 주민 대상의 복지서비스를 포괄하는 방향으로 서비스의 범위를 확대하고자 하였다.

시범사업은 복지와 보건의 일원화된 전달체계를 통해 효율적인 공공복지 전달체계를 확립하고 전문적 복지서비스 강화와 연계서비스 제공, 지역복지 관련기관공공 및 민간과 연계된 복지서비스 개발 및 제공, 지역 특성에 맞는 복지제도 개발 · 실시, 효율적인 복지서비스 개발 및 모델 확산 · 보급 방안을 마련하는 것이었다조성한, 1998.

그러나 보건복지사무소는 공식적으로 설치되지는 못했는데 그 이유로는 복지행정의 이원화보건복지사무소와 시 · 군 · 구청 사회과, 가정복지과 간에 상호 간 업무 떠넘기기 현상, 보건과 복지의 통합목표 미달성사회복지전문요원과 보건요원 간의 협조가 잘 이루어지지 않음, 시 · 군 · 구 단위로 실행됨에 따라 접근성의 감소 발생도시보다는 농촌지역 등이 제시되고 있다.

❷ 사회복지사무소 시범사업

2004년 7월부터 2006년 6월까지 2년간 시행된 사회복지사무소 시범사업 목적은 공공부조 · 복지서비스의 전문성 · 통합성 · 책임성 · 신속성 · 공정성 제고를 통한 복지만족도 향상, 지방자치단체 복지행정 업무의 효율화 · 전문화, 정부–지방–민간 협력에 의한 복지지원체계 구축에 있었다. 이를 위해 시 · 군 · 구청의 기존 사회복지과를 확대 개편하여 사회복지사무소 소속으로 2~3개 과를 두고, 여기에 기존 사회복지과의 행정직 공무원 및 읍 · 면 · 동에 근무하는 사회복지전담공무원을 배치하였다. 사회복지사무소는 분야별 전담팀 체계를 갖추어 복지업무의 효율성 · 전문성을 강화하고 지역사회 복지기획 기능의 강화를 목표로 하였다.

사회복지사무소 시범사업은 시 · 군 · 구 단위의 사회복지사무소 설치에 따른 접근성 감소 문제, 업무 조정 · 협력 미진업무영역 설정과 관련한 갈등 등, 복지업무 담당인력의 부족 등의 문제점이 나타나긴 하였으나 팀제를 통한 기능별 · 대상자별 분화된 조직 구조화를 통해 업무 및 서비스의 전문성, 업무 수행의 효율성, 신속성을 향상하는 등 통합적인 서비스 제공의 가능성을 증대시켰다강혜규 외, 2005.

그러나 사회복지사무소는 2004년 말에 발생한 대구의 장애아동 사망사건을 계기로 사회복지 전달체계의 효율화에 대한 논의가 재검토되면서 더는 확대되지 않고 2006년 6월로 종결되었다.

❸ 주민생활 지원서비스 전달체계로의 개편

2006년 7월부터 복지서비스 전달체계는 주민생활 지원서비스 제공방식으로 단계적인 개편을 시작하였다. 2007년 7월 1일 전국적으로 실시된 주민생활지원서비스는 지역주민의삶의 질 향상을 위해 통합적인 행정서비스를 제공하고자 사회복지 대상자가 쉽게 접근하고 다양한 서비스를 제공받을 수 있도록 시 · 군 · 구의 주민생활 지원기능 강화 및 읍 · 면 · 동사무소의 서비스의 대응성을 향상시키는 데 그 목적이 있다행정자치부, 2006.

주민생활 서비스혁신을 위한 행정체계 개편의 취지는 다음과 같다행정자치부 · 한국보건복지인력개발원, 2007. 첫째, 사회경제적 여건 변화로 국민의 복지욕구 또는 생활의 안정을 위한 공공서비스에 대한 욕구가 급증하고 있다는 점이다. 둘째, 지방자치단체가 지역의 특성과 주민의 욕구를 감안한 정책을 스스로 설계하고 집행하는 정책기획 주체로 변모할 필요성이 점증하고 있다는 점이다, 셋째, 상의하달의 관행, 부서 간 · 인력 간 · 관계기관 간 의사소통이 경직된 행정 관행을 혁신할 필요가 있다는 점이다, 넷째, 국민 삶의 안정성과 직결된 정책들이 확대되고 예산이 증대하면서 시 · 군 · 구의 업무가 빠르게 증가하여 기존의 행정체계로는 증대된 업무를 추진하는 데 한계가 있다는 점이다. 다섯째, 지방화의 본격 추진에 따라 중앙정부에 의한 일관된 정책 집행보다는 지방자치단체의 자율성 · 책임성 하에 정책의 수행이 이루어지는 체계가 되었다는 점이다. 여섯째, 지역사회 민간자원 활용의 극대화가 필요하다는 점이다.

❹ 희망복지전달체계

2009년 1월부터 마련된 희망복지전달체계는 시 · 군 · 구 본청에 민 · 관합동으로 '희망복지지원단'을 설치하여 통합사례관리 · 긴급지원 · 현장방문 · 콜센터의 업무를 담당하게 하는 한편, 사회복지 급여 및 서비스 지원 대상자의 자격과 이력에 관한 정보를 통합 관리하고, 지자체의 복지업무 처리를 지원하기 위한 정보시스템인 '사회복지통합관리망'을 구축하는 것이다. 2010년 1월부터 각종 사회복지급여와 서비스 제공을 지원해 온 지방자치단체의 정보시스템이 '행복e음'이란 사회복지통합관리망으로 개편되었다. 행복e음(행복이음) 시스템은 복지급여 통합관리시스템을 중심으로 상담 및 사례관리시스템, 사회복지시설정보시스템으로 구성되고, 보건복지부가 기획 · 관리 및 시스템 운영을 주관하고 있다. 2012년부터 시작된 희망복지지원단은 사회복지통합관리망인 행복e음을 활용하고 지역사회협의체와 연계하여 민 · 관협력을 통한 지역단위의 통합적 서비스 제공체계를 구축 · 운영함으로써 맞춤형 서비스를 제공하고, 지역주민의 복지체감도를 향상시키는 데 그 목표가 있다 오세영, 2018.

❺ 읍· 면· 동 복지허브화

2016년 2월부터 추진된 '읍 · 면 · 동 복지허브화'는 복지사각지대 해소 및 주민 복지체감도 향상을 위해 읍 · 면 · 동 복지 공무원이 직접 주민을 찾아가 상담하고, 주민 개개인에게 맞춤형 통합서비스를 제공하는 것을 말한다. 읍 · 면 · 동 복지허브화는 그동안 시 · 군 · 구청에서 시행한 통합사례관리 업무를 읍 · 면 · 동 맞춤형 복지전담팀에 이관하여 민 · 관 협력을 통한 사각지대 발굴, 자원 발굴, 서비스 연계 등을 강화하고자 하였다오세영, 2018. 읍 · 면 · 동 복지허브화 사업은 2016~2018년

완성을 목표로 추진되었으며 2020년부터 추진되고 있는 주민자치형 공공서비스의 기본틀을 마련한 사업이라 할 수 있다(성은미, 2020).

❻ 찾아가는 보건복지서비스

2017년 이후 '찾아가는 보건복지서비스'가 추진되면서 읍 · 면 · 동 별로 맞춤형 복지팀이 설치되고 있으며, 2020년부터는 읍 · 면 · 동 찾아가는 보건복지팀이 공공서비스연계팀으로 확대되어 간호인력배치도 추진되고 있다. 또한 '주민자치형 공공서비스 구축'을 통해 찾아가는 보건복지서비스 확대 및 복지 사각지대 해소를 도모하고 있다. 2023년부터는 IT기술과 데이터 공개 · 공유를 기반으로 읍 · 면 · 동 단위 지역사회공동체 활성화를 위한 '스마트복지안전공동체'사업이 시행되고 있다(행정안전부 · 보건복지부, 2023).

4. 사회복지 전달체계로서의 사회복지 인력

1) 사회복지인력 현황

사회복지서비스의 전달이 실효성을 갖기 위해서는 사회복지 전달체계의 효율적인 구성과 함께 전달체계의 기능을 효과적으로 수행하기 위한 사회복지 전문 인력의 확보가 매우 중요하다. 사회복지 전문 인력은 사회복지와 관련된 공적 또는 사적 행정조직 내에서 사회복지서비스를 효과적이고 효율적으로 제공하기 위해 노력하는 전문인을 의미한다(현외성 외, 1996). 사회복지 전문 인력은 사회복지학을 전공한 자, 타학문 전공자, 자원봉사자로 구성되는데 사회복지서비스의 전달에 있어서 사회복지사는 핵심적인 역할을 한다. 「사회복지사업법」 제13조에서는 "사회복지법인 및 사회복지시설을 설치 · 운영하는 자는 대통령령이 정하는 바에 따라 사회복지사를 그 종사자로 채용하여야 한다"고 규정하여 사회복지 전달체계는 사회복지서비스를 위해 사회복지사가 필요함을 명문화하고 있다.

(1) 사회복지사

사회복지사는 1970년대 초 「사회복지사업법」이 제정되었을 당시에는 '사회복지사업종사자'라는 명칭을 사용하였으며, 1983년 5월 「사회복지사업법」이 전면 개정되면서 사회복지사 자격제도로 명칭이 변경되었다. 2003년도부터는 국가자격시험을 통해 사회복지사 자격을 부여하고 있으며 사회복지사 자격관리는 점차 강화되고 있다. 사회복지사들의 활동영역은 초기의 부랑인 보호사업 중심에서 그 영역이 아동, 노인, 장애인, 여성, 등 다양한 분야로 확대되고 있다. 사회복지사의 진출분야는 사회복지기관이나 생활시설 분야와 사회복지전담공무원 영역뿐만 아니라 자활, 노인 사회참여, 학교사회복지, 정신건강사회복지 등 그 분야가 계속 확대되고 있는 추세이다.

〈표 11-1〉 사회복지사 자격증 교부자 수

구분	총계	1급	2급	3급
2010	412,815	90,988	309,612	12,215
2015	789,071	123,677	652,274	13,120
2016	864,269	133,205	717,782	13,282
2017	938,040	138,808	785,787	13,445
2018	1,019,647	146,119	859,964	13,564
2019	1,107,119	153,866	939,688	13,565
2020	1,207,343	162,293	1,031,482	13,568
2021	1,300,878	178,648	1,108,656	13,574

출처 : 보건복지부(2022).

(2) 사회복지전담공무원

사회복지전담공무원은 일선 행정기관의 인력부족 및 전문성 결여를 해결하여 공적 전달체계의 효과성과 효율성을 높이기 위해 마련된 제도이다. 1987년 7월부터 제도가 시행되었으며 사회복지 욕구 증가와 사회복지 환경의 변화에 따라 사회복지전담공무원의 규모는 지속적으로 확대되고 있다.

〈표 11-2〉 사회복지전담공무원 현황

구분	정원	현원	사회복지사	
			남	여
2016	20,307	19,263	5,574	13,688
2017	22,711	20,989	6,075	14,914
2018	24,495	23,125	6,634	16,490
2019	26,075	24,835	7,108	17,727
2020	28,668	26,749	7,539	19,210
2021	29,572	28,498	7,975	20,523

출처 : 보건복지부(2022).

2) 사회복지사 자격 기준

▶ 사회복지사의 결격사유

「사회복지사업법」 에서는 다음의 결격사유에 해당하는 사람에게 자격증을 발급해서는 아니 된다고 규정하고 있다.

– 피성년후견인 또는 피한정후견인
– 금고 이상의 형의 선고를 받고 그 집행이 끝나지 아니하였거나 그 집행을 받지 아니하기로 확정되지 아니한 사람
– 법원의 판결에 따라 자격이 상실되거나 정지된 사람
– 마약 · 대마 또는 향정신성의약품의 중독자
–「정신건강증진 및 정신질환자 복지서비스 지원에 관한 법률」에 따른 정신질환자. 다만, 전문의가 사회복지사로서 적합하다고 인정하는 사람은 그러하지 아니함

5. 사회복지 전달체계의 과제

우리나라 사회복지 전달체계는 새로운 변화에 직면하고 있다. 2012년 개정된 「사회보장기본법」, 2011년 제정된 「사회서비스이용권법」, 2014년 제정된 「사회보장

급여법」등에서 볼 수 있듯이 보편적 사회복지서비스 공급방식에 변화가 나타나고 있다. 이에 따라 기존의 공공과 민간 비영리 부분 간 연계를 통한 서비스 공급 방식에서 '바우처'를 통해 사회복지 대상자(이용자)가 서비스 공급자를 찾아가 서비스를 공급 받을 수 있게 되었다김영종, 2019.

이러한 시대적 변화에 유의하면서 사회복지 전달체계가 다양한 복지서비스를 합리적이고 유기적으로 연계시키고 필요한 서비스를 필요한 시기에 효과적으로 집행하는 복지서비스 전달통로로서 효과적으로 기능하기 위해서는 다음과 같은 점을 고려해야 한다.

첫째, 사회복지 전달체계는 공급되는 사회복지 재화나 서비스의 성격에 따라 그에 적합한 전달체계가 갖추어져야 한다. 즉, 재화나 서비스의 성격에 따라 공적 전달체계, 사적 전달체계 혹은 혼합체계의 장점을 극대화할 수 있는 전달체계를 만들어야 한다. 이것은 서비스를 공급하는 공급자에게도 해당되지만 한편으로는 서비스를 제공받는 사회복지 대상자에게도 해당된다. 왜냐하면 전달체계의 궁극적인 목적은 사회복지 대상자국민의 만족도를 높이는 데 있기 때문이다.

둘째, 공공과 민간의 연계체계 구축을 해 나가야 한다. 사회복지서비스 공급주체가 다원화됨에 따라 민간영역의 참여가 활성화되고 있다. 특히 우리나라의 사회복지서비스의 공급은 정부가 직접 생산하여 공급하는 방식이 아니라 주로 비영리 부문사회복지법인이나 비영리법인 등과의 서비스 계약이나 국고보조금 지급을 통하여 이루어져 왔기 때문에 민간영역의 역할은 매우 중요하다. 사회복지 전달체계의 효율성 및 효과성은 공적 전달체계의 개선만을 통해서는 그 효과가 한계가 있다. 따라서 공공과 민간의 협력체계를 강화해 나가야 한다.

셋째, 사회복지서비스의 전달에서는 전문가의 역할이 핵심적이다. 따라서 사회복지 전달체계는 전문성을 발휘할 수 있는 체계이어야 하고 전문 인력의 확보와 관리도 중요하다. 이를 위해서는 사회적으로 보다 전문성을 인정받을 수 있는 사회복지인력 양성교육과 자격제도 강화 그리고 무엇보다도 지속적인 사후 교육 및 평가를 통한 관리가 이루어져야 할 것이다.

요약

사회복지 전달체계란 사회복지서비스의 공급자와 소비자 간을 연결시키기 위하여 만들어진 조직적 체계로서 사회복지의 성패를 좌우하는 매우 중요한 역할을 수행한다. 사회복지 전달체계가 효율적이고 효과적으로 기능하기 위해서는 사회복지서비스를 전달하는 조직체계인 공적 전달체계와 민간전달체계의 성격을 명확히 이해하여야 한다. 즉, 사회복지재화나 서비스가 갖는 특성에 따라 전달체계의 운영체계는 다양한 형태로 나타날 수 있음을 이해할 필요가 있다.

전달체계의 구축에 있어서는 행정적인 측면과 서비스제공 측면에서 다양한 제 원칙을 필요로 하는데 이러한 전달체계의 각각의 원칙은 한정된 자원과 사회환경적 제약요건 속에서 각각의 원칙이 최대한 적절하게 반영될 수 있어야 한다.

사회복지 전달체계는 사회복지서비스에 대한 수요 증가, 지방정부의 권한과 책임 강화, 공공전달체계의 개선의 필요성 등에 따라 계속적으로 변화해 오고 있고 이에 대한 대응은 보건복지사무소 시범사업, 사회복지사무소 시범사업, 주민생활 지원서비스 전달체계, 찾아가는 보건복지서비스 등을 통해 나타나고 있다.

사회복지서비스의 전달이 실효성을 확보하기 위해서는 사회복지 전문 인력의 확보가 매우 중요한데 이를 위해 사회복지 전문 인력 양성과 자격제도 강화 및 평가를 통한 관리가 지속적으로 이루어져야 한다.

사회복지 전달체계의 개편은 무엇보다도 사회복지 대상자의 만족도를 높이는 데 있다는 점을 유의하면서 지속적으로 정책과 시행의 일관성 및 전문성의 확보 과제를 해결해 나가야 한다.

탐구문제

1. 사회복지 전달체계 구축 시 고려해야 할 기본 원칙으로서 접근용이성의 원칙과 통합조정의 원칙을 어떻게 반영해 나갈 것인가?
2. 사회복지정책의 기획과 시행의 일관성 및 전문성 확보 방안은 무엇인가?
3. 사회복지사의 전문성을 강화할 수 있는 방안들은 무엇인가?

참고문헌

강혜규(2005.11). "사회복지 전달체계의 현안과 전망". **보건복지포럼**. Vol109. 한국보건사회연구원.

김영종(2019). "사회복지 전달체계의 지난 20년과 향후 전망". **한국사회복지행정학회학술대회자료집**. 한국사회복지행정학회.

김태성·성경륭(1997). **복지국가론**. 나남출판.

보건복지부(2022). **2022년 보건복지통계연보**.

서상목·최일섭·김상균(1988). 사회복지전달체계의 개선과 전문인력 활용방안. 한국개발연구원.

성규탁(1992). "사회복지서비스 전달체계의 개념적 틀과 분석방법의 예". **사회복지**. 제115호.

성은미(2020). "경기도 찾아가는 보건복지서비스 성과 영향요인 분석". **사회와복지**. Vol.2.No1. 중앙사회복지회.

송근원·김태성(1995). **사회복지정책론**. 나남출판.

오세영(2018). **사회복지행정론**. 신정.

윤철수 외(2018). **사회복지개론**. 학지사.

최성재·남기민(2000). **사회복지행정론**. 나남출판.

행정안전부·보건복지부(2023). 2023년 읍면동 찾아가는 보건복지서비스매뉴얼.

행정자치부(2006). 지방자치단체 주민생활지원기능 강화계획.

행정자치부·한국보건복지인력개발원(2007). 주민통합서비스실현을 위한 민–관 협력체계 모형개발.

현외성 외(1996). **사회복지학의 이해**. 유풍출판사.

Gate, B.(1980). *Social Program Administration*. N.J.: Prentice–Hall.

Gilbert, N. & Terrell, P.(1988). *Dimensions of Social Welfare Policy*. Englewood Cliffs. N.J.: Prentice–Hall.

1. 현대정부의 역할

1930년대 미국의 대공황을 극복하는 과정에서 케인즈경제학이 자리를 잡은 이후 정부는 이전과는 전혀 다른 역할을 부여받았다. 이전까지 국방과 치안에 주력하며 계급갈등과 같이 사회체제의 수호에 직접적으로 장애가 되는 요인들을 제거하는 역할에 그쳤던 정부는 이제 경제의 안정적 성장, 다른 말로는 자본주의하에서 자본의 원활한 축적 운동이 전개되도록 좀 더 확실한 기능을 하는 것이 주문되는 시대로 바뀐 것이다.

오늘날 대부분 선진국가들의 경우 정부재정 규모가 적어도 국민총생산의 40%를 상회하고 있다. OECD국가들은 평균적으로 전 취업인구의 20% 정도를 정부부문에 고용하여 다양한 역할을 수행토록 하고 있다. 재정정책과 금융정책을 통한 경기조절 기능은 물론, 공정거래를 위한 기업규제, 기간산업의 육성, 공적인 영역에서의 상품 생산 및 조달, 사회보장제도의 실시, 공해방지, 해외무역의 조정 및 활성화 대책 강구, 광범위한 조세체계의 수립 및 조세 징수 등등 이루 헤아릴 수 없는 역할들을 행하고 있다.

결국 정부가 행하고 있는 역할을 간단히 정리하여 보면 다음과 같은 세 가지 기능을 한다고 할 수 있다.

첫째, 국가 및 국민의 안위 보장 기능

둘째, 국가경제 안정 및 성장의 관리 기능

셋째, 국민의 사회적 삶의 보장 기능 등이 그것이다.

이 중 세 번째 기능은 현대사회에서는 국가가 인간이 살아가는 데에 필수적인 정신적, 물질적 수단들을 확보해 주어야 함을 전제하는 것으로써, 복지를 포함하여 교육 · 보건 · 문화 · 환경 · 주택 등 무수히 많은 분야에서 행하는 국가의 역할을 정당화하는 대목이기도 하다. 특히 여러 가지 사회적 위험social risks에 직면한 개개인들에게 그 스스로의 능력과 책임 하에 자신에게 닥친 문제를 해결하도록 하는 것이 아니고 국가적, 사회적 차원에서 집단적이고 제도적인 노력을 통하여 개개인의 문제를 해결하려는 것이 사회보장제도라 할 때 국민 삶의 보장 수준을 일정수준 이상으로 유지하는 노력이야 말로 현대정부에게 있어서 가장 각광받는 역할이 되고 있다. 물론 이러한 기능을 수행하는 데에는 협의의 사회보장제도만이 이용되는 것이 아니고 보건은 물론, 고용, 교육, 주택, 문화 등 인간다운 생활을 영위하는 데 필수적인 영역 모두가 포함된 광의의 사회보장제도가 고려되어야 할 것이다.

소위 복지국가welfare state라 불리는 국가체제에선 특히 이러한 사회보장제도가 매우 중요한 기능과 비중을 차지하고 있다. 왜냐하면 앞에서 본대로 복지국가에서는 '국민들의 인간다운 생활을 보장하기 위해 시장의 기능과 힘을 사회적으로 통제Asa Briggs, 1961하는 것이 핵심인데, 이를 위해 사회보장정책이 가장 직접적인 정책 수단이라 생각하겠지만, 사실은 조세정책과 재정정책을 포함하여 경제정책, 산업정책, 노동정책, 부동산정책, 이민정책 등등 정부가 행하는 거의 전체 영역이 해당된다고 보아도 무방하다. 그만큼 오늘날 정부의 역할은 자유자본주의의 최대 맹점이었던 심각한 양극화와 빈곤, 생존권 침해 등을 해소하여 시민권이란 이름으로 국민들의 인간다운 생활을 보장하는데에 최우선적 임무를 수행하는 것을 기본으로 하고 있다. 다만 정부의 역할에 대한 적극성 여부, 보장하려는 인간다운 생활의 수준 등은 다르기에 복지국가의 수준과 유형이 차별적으로 등장할 수밖에 없었다.

바로 이런 역할의 정도를 보여주는 가장 중요한 지표가 국가의 재정규모이며, 이 재정이 배분되는 구조라는 점에서, 이들은 한 국가의 복지국가 수준을 가늠하는 데에 핵심이라 할 것이다.

이런 인식 하에, 이 장에선 일반적인 국가 재정의 구조를 이해한 뒤 복지영역을 좁혀 복지재정의 개념과 구성, 그리고 우리나라의 복지재정 규모, 나아가 이에 대한 국가 간 비교 등을 다룰 것이다. 이로써 우리나라의 복지국가 수준과 내적 구성과 한계를 이해하게 될 것이다.

2. 국가 재정의 구조

현대정부의 기능과 역할을 이해하고 그중에서도 사회보장과 관련된 구체적인 정부의 활동 내역을 정확히 파악하기 위해서는 국가 재정이 어떻게 구성되고 운영되고 있는지 아는 것이 가장 기본적인 일이다.

1) 정부의 범주

우선 정부의 재정구조를 논할 때 가장 먼저 해명되어야 할 것은 공공의 목적을 실현하기 위하여 정부가 하고 있는 다양한 활동 중 어디까지를 정부활동의 범주로 할 것인가 하는 점이다. 정부 역시 생산주체의 하나로서 난순이 국가행징 및 관리에 대한 서비스만을 생산하는 것이 아니라 국가 책임 하에 공급하고 있는 국방 및 교육, 공중보건, 사회복지 등의 서비스는 물론, 수도, 전기, 식량, 군수물자 등 다양한 종류의 재화를 만들어 내기도 한다. 그러나 이처럼 다양한 재화와 서비스의 생산을 위하여 동원하는 방식은 항상 직접 생산방식만은 아니고 때로는 민간의 생산활동을 빌어 이루어지기도 하고 때로는 민간과 합작하여 생산하며 또한 때로는 민간 생산품을 구매하여 다시 판매하는 방법 등 매우 다양한 방식을 취하고 있다. 이런 방식 외에도 국민들에게 그 대가를 직접 받고 파는, 일종의 기업으로 행세하는 방식도 가능하다.

한편 정부는 매우 커다란 자금 규모를 운영하며 나라 전체의 통화관리 및 여신관리업무 등을 행하고 있다. 이 모든 활동을 전부 정부의 범주로 취급할 경우 불필요하게 정부의 영역을 크게 잡는 것이 되므로 가장 정부의 본질에 충실한 범주가 어디까지를 결정하는 것이 필요하지만 이는 그다지 간단한 문제는 아니다.

정부의 범주를 식별하기 위한 여러 시도 중에 국제적으로 통용되고 우리나라에서도 받아들이고 있는 국제통화기금International Monetary Fund ; IMF의 정의를 알아보는 것이 비교적 유용할 것이다. IMF에서 제시하는 「정부재정통계」Government Finance Statistics : GFS에 따르면 광의의 정부영역이라고 할 수 있는 공공부문이란 비금융공공부문과 공공금융부문으로 크게 이분할 수 있다. 그러나 공공금융부문이 다루고 있는 통화관리와 여 · 수신관리 등의 재원이 모두 포함되었을 때 나머지 부문과의 자금 흐름에 대한 착란이 심해지므로 일반적으로 정부 범주에서는 제외시키고 있다.

비금융 공공부문은 다시 일반정부와 비금융 공기업으로 이분된다. 비금융 공기업이란 정부가 공익 상 바람직하다고 판단하여 재화나 서비스를 직접 나서서 생산하여 판매하는 것으로서 기업활동과 같은 성격을 지닌다. 대표적인 것이 철도, 전기, 통신 등 공공재에 해당하는 것을 생산하는 경우와 나아가 양곡관리, 정부부문 내의 물품조달, 지폐 제작, 공공토지의 구입 및 매매 등에 관계하는 경우를 말한다.

이들을 제외하면 남는 영역이 일반적으로 정부의 범주로 이해되는 '일반정부'에 해당하며 보통 정부 재정이라하면 여기에서 지출되는 재원을 말한다. 이때 일반정부는 원칙적으로 중앙정부와 지방정부, 그리고 사회보장기금, 지역정부, 초국가정부 등으로 구성되지만, 우리나라의 경우는 중앙정부와 지방정부로만 구성되어있다. 여기서 지출되는 재정은 중앙정부와 지방정부 모두 일반회계와 특별회계, 기금 등으로 나뉘어 구성되어있다.

그러나 재정을 다룰 때에는 주의를 요구하는 경우가 많다. 예컨대, 중앙정부와 지방정부 간, 중앙정부와 지방정부 별로 일반회계나 특별회계 그리고 기금으로 나뉘지만 이들 간의 복잡한 내부거래 등이 발생하게 되어 재정의 전모를 파악하는 것은 주의가 요구된다.

보통 통상적으로 정부예산이라 하면 중앙정부의 일반회계와 특별회계를 합친 규모를 말한다. 따라서 가장 협의로 정부를 정의하고 그와 관계된 재정을 이해하려 할 때 이 부분이 가장 핵심적인 영역이 된다고 할 수 있다. 그러나 필요에 따라 그리고 범주를 정의하면서 그 외의 영역까지 포함할 수도 있음에 주의를 요한다.

위에서 말한 것을 그림으로 나타낸 것이 [그림 12-1]이다.

<table>
<tr><th rowspan="6">정부범주 및 재정구성</th><th colspan="12">공공부문</th></tr>
<tr><th colspan="10">비금융 공공부문</th><th colspan="2">공공금융부문</th></tr>
<tr><th colspan="7">일반정부</th><th colspan="3">비금융공기업</th><th rowspan="4">통화,
비통화
금융기관</th><th rowspan="4">기금</th></tr>
<tr><th colspan="3">중앙정부</th><th colspan="3">지방정부</th><th rowspan="3">지방교육재정</th><th colspan="2">공기업특별회계 및 기금</th><th rowspan="3">정부투자기관</th></tr>
<tr><th rowspan="2">일반회계</th><th rowspan="2">특별회계</th><th rowspan="2">기금</th><th colspan="3">일반재정</th><th rowspan="2">특별회계</th><th rowspan="2">기금</th></tr>
<tr><th>일반회계</th><th>특별회계</th><th>기금</th></tr>
<tr><td>해당내용</td><td></td><td>교통시설
국가균형발전
농어촌구조개선
에너지및자원사업
유아교육지원
양곡관리
행정중심복합도시건설
혁신도시건설
환경개선
우체국예금
조달
책임운영기관특별회계 등 20개
(2022년 현재)</td><td>과학기술진흥
국민건강증진
국유재산관리
군인복지
남북협력
범죄피해자보호
보훈
양성평등
응급의료
장애인고용촉진 및 직업재활
청소년육성
고용보험
공무원연금
국민연금
군인연금
사립학교교직원연금
산업재해보상보험 및 예방
복권
외국환평형기금 등 60개
(2022년 현재)</td><td></td><td>공업용수도사업
지방도로사업
하수도사업
주택사업
토지개발사업 등
의료보호
도시재생
토지구획정리
폐기물처리시설 등</td><td></td><td></td><td>양곡관리
철도사업
우편사업
조달</td><td>양곡조달</td><td>한국조폐공사,
토지개발공사,
한국전력 등</td><td>〈통화금융〉
중소기업은행,
국민은행,
한국주택은행
〈비통화금융〉
한국산업은행,
수출입은행,
장기신용은행</td><td>기술보증
무역보험
신용보증
예금보험기금
채권상환
주택금융신용보증기금 등
(2022년 현재)</td></tr>
</table>

[그림 12-1] GFS 분류방식에 따른 한국의 재정 구조

2) 중앙정부의 재정 운영 구조

그렇다면 정부재정의 구조상 일반회계와 특별회계, 기금은 각기 어떤 목적과 용도, 자원확보 과정을 거치며 운영되고, 또한 나아가 중앙정부와 지방정부 간의 관계는 어떠한가를 보도록 하자.

먼저 중앙정부의 경우 일반회계는 중앙정부가 국민들로부터 거두어 들이는 모든 내국세와 해외와의 교역과 정에서 거두는 관세 등의 조세수입은 물론 외국차관 수입, 나아가 재화 및 서비스를 판매하여 얻은 세외수입 등을 재원으로 편성되는 세입으로 구성된다. 이러한 일반회계의 세입은 정부의 다양한 지출목적, 예를 들면 일반행정비, 방위비, 사회개발비, 경제개발비, 지방정부에의 교부금, 채무상환에 따른 지출 등을 위하여 사용된다. 중앙정부 예산의 중심회계인 이 일반회계야말로 정부재정의 근간이 되는 것은 물론이다.

그러나 이러한 일반회계로 정부의 목적을 충실히 달성하기 어렵기 때문에 중앙정부 내에 특별회계가 구성되어있다. 정부가 특별회계를 두어야 하는 까닭은 다음과 같은 세 가지 경우로 구분된다.

첫째, 정부의 활동과정에서 특정한 세입이 발생할 때 이를 일반회계 안에 두지 않고 그 활동과 관련하여 특정한 세출로 지출할 수 있도록 별도의 관리회계가 요구되는 경우로서, 경찰병원, 국립마산병원, 국립재활원 등 13개 기관이 포함된 책임운영기관특별회계가 대표적인 예이다.

둘째, 국가에서 공익을 목적으로 특정 재화를 생산하거나 판매하는 사업을 하는 공기업활동의 경우 역시 일반회계의 경직적 운영구조 안에서는 소기의 활동을 수행할 수 없으므로 비금융공기업부문 내에도 특별회계를 두게 된다. 대표적인 예로는 양곡관리특별회계, 우편사업특별회계, 조달특별회계 등이 있고 이를 보통 기업특별회계로 지칭한다.

셋째, 정부가 특별한 용도를 위하여 자금을 보유하고 운영하고자 하는 경우로서 매 회계연도마다 예산을 수립하고 정산이 필요한 사업을 위해 마련한 특별회계이다. 국가균형발전특별회계, 농어촌구조개선특별회계, 소재 · 부품 · 장비사업 경쟁력 강화 특별회계 등이 이에 해당한다.

한편 기금은 정부 사업의 운영 목적 및 특성 상 일반회계나 특별회계 등이 지닌 세입세출 예산의 틀을 벗어나 다년도에 걸쳐 예산 집행이 바람직하다고 판단될 때 법률에 의거하여 설치 운용되고 있다.

기금은 세 가지 성격으로 구분되는데, 첫째는 특정사업을 수행하기 위해 마련된 사업성기금으로, 국민건강증진기금, 근로복지진흥기금, 기후대응기금, 보훈기금 등 49개 기금(2022년 현재, 이하 동일), 둘째는 사회보장적 성격을 가지는 기금으로서 기여금과 급여의 수지관리를 담당하기 위해 설치되었으며 고용보험기금, 국민연금기금, 산업재해보상및예방기금 등 6개 기금, 셋째로 특정목적의 자금을 운영하기 위해 설치된 기금으로서 공공자금관리기금, 복권기금, 외국환평형기금 등 5개 기금 등이 있다.

이러한 기금은 오랫동안 자금의 조성과 운용이 세입세출예산 이외로 취급되어 국회의 사전 승인없이 행정부처 독자적으로 운용할 수 있어 자금공급과 관리에 탄력적이라는 운용상의 강점을 지니고 각 부처에 의해 활용되어 왔으나, 행정부 자의적인 운영이나 전체 재정운영과의 연계성 저하라는 단점 때문에 현재는 공공자금관리기금법에 의거하여 예산당국의 예산심의 기능이 강화되었다.

3) 지방정부의 재정 운용 과정

그러나 우리나라의 정부 재정운용 과정은 이제 지방자치시대의 정착을 맞이하면서 지방정부재정을 알지 않고는 불가능하게 되고 있다. 지방재정은 크게 일반재정과 지방교육재정으로 나뉜다. 일반재정은 중앙정부와 같이 일반회계, 특별회계, 기금 등으로 구성되어있으며 각각의 운영 목적은 위 중앙정부 경우와 동일하다. 한편 우리나라는 교육지방자치를 실현하고 있어 고등학교까지의 교육을 위한 재정을 지방교육재정으로 특별히 구성하고 있다.

지방정부의 재정구조와 함께 중요한 것은 지방정부의 재원이 어떻게 구성되어 있느냐하는 것이다. 이는 지방자치의 실제 모습이 어떤 것인지를 이해하는 데에 매우 관건이 된다.

먼저 우리나라 조세구조에 의하면 내국세 안에는 국세와 지방세가 분리되어 존재하고 그로 인한 세수는 각기 중앙정부와 지방정부의 세원인 국세와 지방세로 구분되는데, 지방세에 해당하는 세금 종류가 매우 빈약하며 상대적으로 비중이 약한 것들로 구성되어 있다는 특징이 있다. 따라서 서울특별시를 제외하면 재정자립도가 낮을 수밖에 없으며 결과적으로 지방정부는 중앙정부로부터의 전출금에 의존할 수밖에 없기 때문에 진정한 지방자치시대와는 거리가 먼 상태이다. 아래 표에서 우리나라 지방자치단체 유형별 재정자립도가 제시되어있는데 기초자치단체 중 군 단위는 10%대를 기록하고 있을 정도로 심각한 수준이다.

〈표 12-1〉 통합재정자립도의 지방자치단체별 연도별 추이 (단위: %)

구분	전국평균	특별시 · 광역시 · 특별자치시	도 · 특별자치도	시	군	자치구
2016	53.1	66.3	35.3	40.8	14.6	29.0
2017	54.2	66.3	38.0	41.5	15.0	29.2
2018	53.4	65.3	37.5	39.9	14.8	27.8
2019	51.3	62.6	35.9	38.2	14.0	27.0
2020	50.6	60.5	38.2	35.8	14.7	26.5
2021	49.2	59.2	35.9	34.0	13.8	26.4

자료 : 행정안전부(2021.5), 「2021년도 지방자치단체 통합재정개요」
출처 : 국회예산정책처(2021), 「2021 지방정부 재정」, p.11.

지방정부가 스스로 확보할 수 있는 자체수입은 지방세, 세외수입, 지방채 등인데, 중앙정부로부터 이전되는 세원은 크게 두 가지의 경로를 통한다. 첫째, 특별한 용도의 제약없이 지방정부의 의지대로 사용할 수 있는 지방교부세가 있다. 이는 중앙정부가 징수한 내국세의 19.24%를 지방교부세로 일정한 원칙과 산식에 의해 지방정부에 배분한다. 다음으로는 국고보조금이다. 국가의 다양한 정책 실시 과정에서 소관 중앙부처별로 특정사업 수행을 행하고자 지방정부에 재원의 일부를 용도지정의 형태로 지원하는 것이다. 2021년 현재 지방세가 총 92.6조원인데 비하여, 교부세 51.8조원, 보조금 74.8조원이므로 중앙정부로부터의 이전수입이 자체수입을 훨씬 초과하고 있다.

여기서 한 가지 유념해야할 것은, 지방정부의 재원 중 자체수입과 중앙정부로부터의 지방교부세는 지방정부가 재정지출의 용도를 자주적으로 결정할 수 있는 재원이라는 것이다. 따라서 앞에서 본 재정자립도도 중요하지만 자주적으로 지출용도를 결정할 수 있는 재원의 비중을 말하는 재정자주도에도 주목해야 한다.

재정자주도의 측면에서 보면 2023년 현재 서울특별시가 77.6%로 가장 높고 광역시 평균은 58.7%이며, 광역도 48.6%, 자치자치단체 중 시는 58.0%, 군은 60.2%, 자치구는 40.3%를 보인다. 앞에서 본 재정자립도와 비교하면 가장 열악했던 군단위가 전체 재원의 60.2%까지 자주적으로 사용할 수 있는 것으로 여건이 양호해진다. 각 자치단체별 최고치와 최저치 등을 살펴보면 아래 〈표 12-2〉와 같다.

〈표 12-2〉 재정자주도의 전국 단체별 평균, 최고 및 최저치

구분	특별시	광역시	도	시	군	자치구
평균	77.6	58.7	48.6	58.0	60.2	40.3
최고 (단체명)	77.6 서울본청	63.5 세종본청	70.1 제주본청	74.1 경기과천시	73.7 강원인제군	64.0 서울종로구
최저 (단체명)	–	53.2 부산본청	41.0 전남본청	47.1 경기파주시	50.1 전남함평군	25.0 부산북구

출처 : 지방재정 365(https://www.lofin365.go.kr/portal/LF3110300.do?tab=retvLst&jiPyo=02&srchDvCd=01&rgnzDvCd=02).

한편, 지방교육재정도 역시 내국세의 20.79%로 배정되는 지방교육교부금(2021년 57.1조원)이 주된 재원이며, 이 외에 지방정부로부터의 전출금(2021년 13.7조원)과 자체수입(0.4조원) 등으로 구성된다.

3. 한국 복지재정의 현실

1) 한국 재정 운영의 현주소

재정은 정책의 숫자적 표현이다. 그러므로 실제 재정의 규모와 그 용처를 살펴보면 한 나라의 정책이 어느 정도의 강력함을 가졌는지, 그리고 어떤 특징을 보이고 어디에 우선순위를 두고 있는지를 알 수 있다. 더군다나 시장의 폐해를 시정하기 위해 인위적으로 정부가 개입하는 복지영역의 경우, 여기에 투여하는 재정의 규모야말로 정부의 시장실패에 대한 교정 의지가 얼마나 강한지를 보여주는 바로

미터라고 할 수 있다.

우선, 정부의 재정을 수입 측면에서 살펴보자. 정부 수입 중 가장 핵심은 조세와 사회보험기여금이라고 할 수 있다. 이를 합쳐 국민부담금이라 부르는데 국내총생산Gross Domestic Product : GDP 중 국민부담금이 차지하는 비중을 국민부담률이라하고 그 중 특별히 조세 총액만의 비중을 조세부담률이라 칭한다.

〈표 12-3〉을 보면, 우리나라는 재정수입의 근간인 조세수입이 전체 GDP의 20% 내외 수준에 머물러 있음을 알 수 있다. GDP에서 조세수입이 차지하는 비중을 나타내는 조세부담률을 보면, 2000년대 들어 20%를 상회하는 수준까지 올라와서 참여정부가 끝난 시점인 2008년에 20.7%를 보였으나 이명박정부의 감세정책 등으로 인해 지속적으로 비중이 낮아져서 2015년에는 18.5%까지 하락하였다. 2020년에는 조세부담률이 상승하여 20.0%가 되었고 OECD 평균 수준인 24.3%의 82.3%에 이르게 되었다. 이로부터 최소 4%포인트 이상의 조세수입 증대 여력을 가지고 있다고 할 수 있다.

한편 조세수입에 사회보험기여금까지 포함한 액수가 GDP에서 차지하는 비율을 말하는 국민부담률 수준도 참여정부 시기를 거친 2008년에는 26.5%까지 올랐으나 2015년엔 25.2%까지 떨어져 OECD 평균의 74.1% 수준에 머물렀다가 2020년엔 다시 27.9%까지 올라 OECD 기준으로 83% 수준에 이르게 된다.

〈표 12-3〉 조세부담률과 국민부담률의 추이 (단위 : %)

		1975	1980	1990	1995	2000	2008	2015	2020
조세부담률	한국	14.9	17.1	17.9	18.1	19.6	20.7	18.5	20.0
	OECD 평균	23.1	24.5	26.7	26.5	27.9	25.8	25.0	24.3
	한국/OECD	64.5	69.8	67.0	68.3	70.3	80.2	74.0	82.3
국민부담률	한국	15.1	17.2	18.9	19.4	23.6	26.5	25.2	27.9
	OECD 평균	29.7	32.0	34.8	35.7	37.1	34.8	34.0	33.6
	한국/OECD	50.8	53.8	54.3	54.3	63.6	76.1	75.1	83.0

출처 : OECD. Revenue Statistics 해당 연도.

그러나 2020년 덴마크 국민부담률 47.1%, 프랑스 45.3%, 스웨덴 42.3%, 핀란드 41.8% 등의 고수준 국가를 생각한다면 향후 조세와 사회보험료율의 수준을 어디까지 끌어 올릴 수 있는지는 국민들의 합의 수준과 재원의 지출 방향에 따라 더 많은 재원확보 여력을 생각할 수 있다.

다음으로는 재정지출 측면에서 살펴보도록 하자. 〈표 12-4〉에서 볼 수 있듯이 2019년 현재 우리나라의 GDP 대비 정부지출의 비중은 31.2%이다. 이에 비해 OECD 국가들의 평균 정부 총지출 비중은 2019년 기준 41.3%이다. 따라서 약 10%포인트 정도의 차이가 나타나고 있다. 2006년 각각에 해당하는 수치 30.2%, 43.5%과 비교해 보면, 한국의 경우 1%포인트 정도 상승하였고, OECD의 경우는 오히려 비중이 2.2%포인트 낮아졌다. OECD 평균이 하락한 것은 실제적인 정부재정의 축소경향이 일어났다기 보다는 새롭게 OECD에 편입된 국가들 때문이라고 보아야 한다.

〈표 12-4〉 GDP 대비 일반정부 총지출 국제비교(2006년, 2019년)

구분	일반 공공 서비스	국방	안전	경제 개발	환경 보호	주택 및 지역 개발	건강	문화	교육	사회 복지	계
한국(2006)	4.0	2.8	1.4	6.4	1.0	1.2	4.1	0.9	4.7	**3.7**	30.2
OECD평균(2006)	6.0	1.4	1.6	4.5	0.7	0.8	6.5	1.1	5.6	**15.2**	43.5
한국(2019)	4.0	2.4	1.2	4.4	0.8	1.0	4.7	1.0	4.8	**6.9**	
OECD평균(2019)	5.4	2.2	1.7	3.9	0.5	0.6	7.9	0.7	5.1	**13.3**	

자료 : 1) OECD. (2009) Government at a glance 2009.
2) OECD. (2021b) Government at a glance 2021.
출처 : 김기태 외(2023), p.10에서 재인용.

한편 정부 지출 비중을 다른 나라와 비교해 보면, 우리나라의 미국과 일본의 경우는 30% 내외에 머무르지만, 대부분의 유럽 국가는 40%를 웃돌고 있는데, 특히 프랑스와 유럽 북부지역 국가는 50%대를 넘기고 있다. 따라서 우리나라의 정부 지출 규모의 수준은 적극적인 정부 지출정책을 펼치고 있는 복지선진국들과 비교해보면 GDP의 비중에 있어 10~20%포인트가 있다는 점을 간과해서는 안된다. 여전히 한국은 '작은 정부'에 속하는 국가집단이라 할 수 있다.

〈표 12-4〉에서는 다시 지출 항목별 차이를 볼 수 있다. 한국과 OECD 평균에서 가장 큰 차이를 보이는 항목은 사회복지항목이다. 2006년보다는 2019년 그 격차가 줄어들었다고는 하지만 여전히 6.4% 포인트의 차이가 있으면 건강분야의 3.3% 포인트, 교육의 0.3%포인트의 차이가 있어 총재정지출의 비중에 있어 한국과 OECD 평균과의 10% 포인트의 차이를 사회보장부문에서 비롯된 것임을 잘 알 수 있다.

2) 복지재정의 현실

(1) 국제 비교를 통해 본 우리나라 복지지출의 수준

현재 복지지출비 수준을 보여주는 대표적인 지표는 OECD가 정의한 사회복지지출비social expenditure:가구나 개인이 그들의 복지에 악영향을 미치는 특정한 환경에 처해 있을 때, 그들을 대상으로 공적인 기관을 통해 급여를 제공하고, 재정적인 기여를 하는 총비용라고 할 수 있다. 특히 1996년 우리나라가 OECD에 가입된 후로 국제적인 비교를 통해 우리나라의 복지국가 수준을 파악할 수 있는 단적인 지표로 많이 사용되어왔다. [그림 12-2]에서 보는 것처럼 한국의 GDP 대비 공적 사회복지지출비 비중은 2022년 현재 14.8%에 달하고 있어 OECD 평균인 21.1%의 2/3 수준에 이르고 있다.

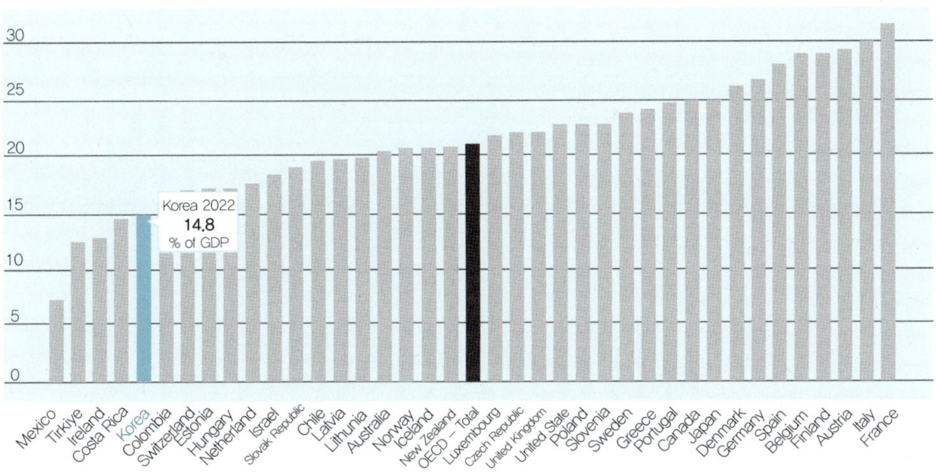

[그림 12-2] 사회복지지출의 국제 비교

주 : 2018~2022년 중 가장 최근치이며 한국와 OECD 평균 등은 2022년 기준임.
출처 : OECD. Social Expenditure Database(https://data.oecd.org/socialexp/social-spending.htm 2023. 11. 7 적출)

2022년 GDP 중에 14.8%까지 사회복지비를 지출하기까지의 추이를 보면 아래 그림과 같다. 우리나라가 외환위기에 빠진 뒤 대량실업에 내몰린 많은 중산층 이하의 서민을 위해 사회안전망 강화의 필요성을 느껴 본격적으로 복지국가를 추진하기 시작하던 때에는 그 비중이 4%대에 머물렀음을 그림에서 알 수 있다.

그 뒤 2009년에 겨우 8%대에 다다른 사회지출비 비중은 이후 완만한 증가세를 보이다가 문재인정부가 본격적으로 복지정책을 구사하던 2018년 드디어 10%대를 넘어섰고, 이후 상당히 빠르게 비중의 상승폭이 나타났다. 그러나 이제 한국은 2021년 UNCTAD가 인정한 선진국이 되었으며 세계 경제력 규모 10위 대열에 합류한 것을 생각하면 여전히 사회지출비의 수준이 상대적으로 낮은 것이 사실이다.

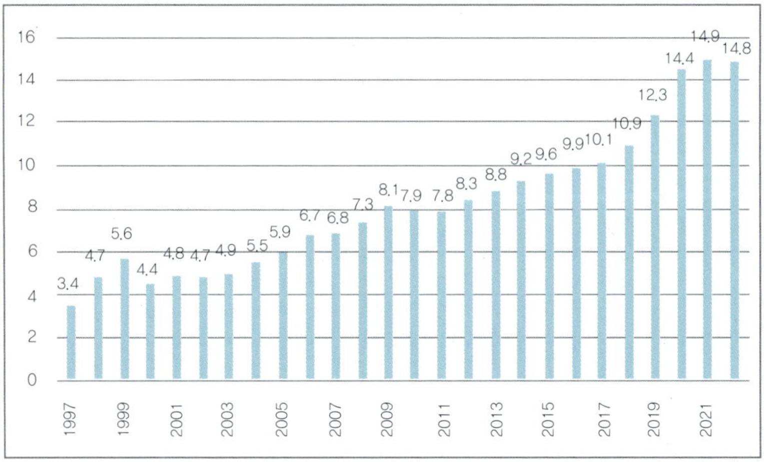

[그림 12-3] 한국의 GDP대비 사회지출비 연도별 추이

출처 : OECD. Social Expenditure Database(https://data.oecd.org/socialexp/social-spending.htm 2023. 11. 7 적출)

이러한 사회지출비 규모의 저수준이 혹시 경제력의 차이에서 오지 않는가 반문한다고 하더라도 답은 달라지지 않는다. 〈표 12-5〉는 복지국가들이 각기 1인당 GDP 1만 달러 및 2만 달러 시점을 취하여 복지지출비의 비중을 비교한 것인데, 우리나라는 다른 선진국가들이 같은 경제력 규모일 때 보였던 사회복지지출비 수준과는 현격한 격차가 있음을 보여 준다.

〈표 12-5〉 1만 달러 시대와 2만 달러 시대 각국의 사회복지지출비 비중

나라	1만 달러 시대		2만 달러 시대	
	달성 연도	복지지출(%)	달성 연도	복지지출(%)
미국	1978	13.7	1988	14.1
일본	1981	10.4	1987	11.3
스웨덴	1977	27.8	1988	32.2
영국	1987	18.3	1996	22.8
독일	1979	25.7	1990	29.6
프랑스	1979	23.5	1990	30.1
호주	1980	11.7	1996	15.7
평균	–	18.7	–	22.3
한국	2002	5.3	2010	8.2

출처 : LG 경제연구원, LG 주간경제(2003. 7. 9). 내용 일부 수정.

앞에서 언급한 각종 비교표를 통해 볼 때 우리나라는 복지재정 규모가 경제규모에 비해 상당히 뒤쳐져있다. 일찍이 복지국가 대열에 먼저 합류하고도 지금까지 선진국 지위를 누리고 있는 많은 앞선 국가들을 생각할 때 복지재원의 투여로 인해 경제적 분야의 자본 총량을 위축시킬 수 있다는 일각의 우려도 사실과는 거리가 먼 것으로 볼 수 있다.

오히려 복지재정 규모의 왜소함은 여러 가지의 폐해를 보이고 있는데, 그 중 가장 핵심적인 것은 불평등과 격차 문제가 심각하다는 사실이다. 불평등을 나타내는 가장 대표적인 지표인 지니계수의 수준을 보여주는 [그림 12-4]를 볼 때, 미국이나 일본처럼 자유주의적 복지국가군보다는 낮지만 유럽권의 대부분 복지국가들보다는 높은 수준을 보이고 있다.

따라서 국가의 핵심적인 기능인 소득재분배 기능을 활성화하기 위해서라도 재정지출을 통한 소득재분배 효과를 제고해야 하며, 이때 복지지출이 갖는 의미는 더욱 부각되어야 할 것이다.

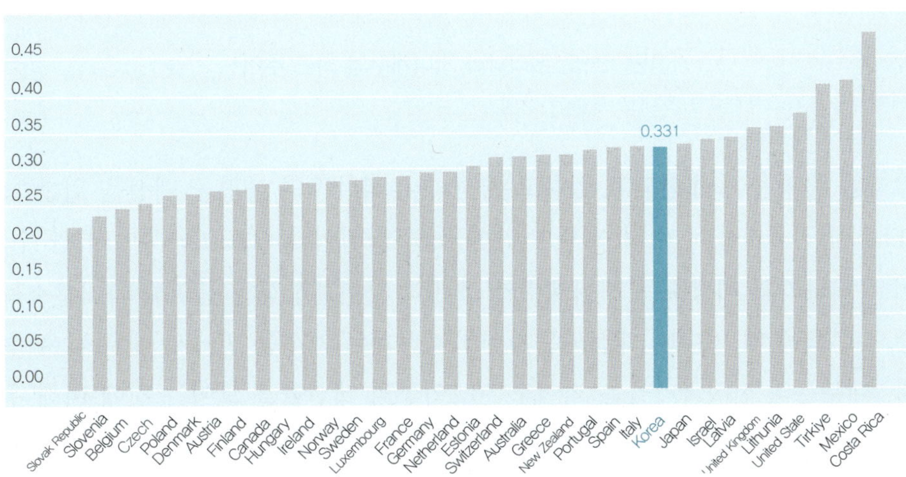

[그림 12-4] 지니계수의 국제비교

출처 : https://data.oecd.org/inequality/income-inequality.htm

주: 2018년-2021년 사이의 가장 최근 자료들임.

한편 우리나라의 연도별 지니계수의 추이를 보면, 다행히도 사회복지지출비의 증가추이가 지속되는 2010년대에는 지속적으로 개선되는 조짐을 보이고 있다. 특히 시장소득이 아니라 처분가능소득(disposable income)으로 보면 2011년 0.388이었던 값이 코로나 발생 이전인 2019년 0.339까지 개선된 것을 알 수 있다.

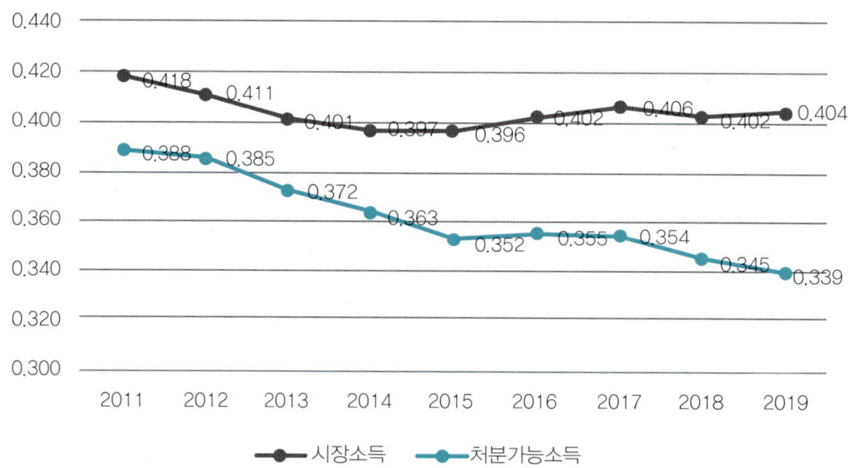

[그림 12-5] 우리나라 지니계수의 최근 추이

주: 가계금융복지조사자료를 토대로 도출된 값임.

그러나 불평등이 개선되고 있다고는 하나 우리나라의 불평등 개선을 위한 노력은 다른 선진국가들에 비해 매우 미약한 것도 사실이다. 〈표 12-6〉에서 볼 수 있듯이 우리나라의 시장소득 지니계수가 조세와 사회보장정책에 의해 가처분소득을 기준으로 했을 때 얼마나 개선되는지, 즉 지니계수 개선율 면에서 매우 낮은 수준이다. 대부분의 선진국가들은 적어도 30%이상의 개선율을 보이는 것에 비해 우리나라는 2020년 기준 18.3%에 그치고 있다. 따라서 국가의 핵심적인 기능인 소득재분배 기능을 활성화하기 위해서라도 재정지출을 통한 소득재분배 효과를 제고해야 하며, 이때 복지지출이 갖는 의미는 더욱 부각되어야 할 것이다.

〈표 12-6〉 주요 선진국의 지니계수 개선효과(2020년)

국가	시장소득 지니계수	가처분소득 지니계수	지니계수 개선율 (%)
핀란드	0.516	0.265	48.6
덴마크	0.445	0.268	39.8
프랑스	0.519	0.292	43.7
독일	0.497	0.296	40.4
스웨덴	0.433	0.276	36.3
이탈리아	0.511	0.330	35.4
일본	0.501	0.334	33.3
영국	0.507	0.365	30.0
미국	0.521	0.378	27.4
한국	0.405	0.331	18.3

주 : 이탈리아, 일본은 2018년, 프랑스, 독일, 덴마크는 2019년.
출처 : OECD Income Distribution Database.

우리나라의 사회복지지출비의 저수준이 불평등해소효과를 가져오는 데에 충분한 효과를 거두지 못함으로써 우리사회가 치러야 하는 비용은 매우 크다. 당장 OECD 회원국들과 비교해 보아도, 자살률, 노인빈곤율, 젠더격차, 연간 노동시간 등에서 최고 수준을 보이고 있고, 출산율, 아동행복도, 국민행복도, 정부신뢰도 등에선 최저 수준을 보이고 있다. 이는 한마디로 요약하면 국민들의 삶의 질이 높지 않다는 것이고 다른 말로는 삶이 만족도가 낮음을 뜻한다.

OECD에 의해 물질적 조건와 삶의 질의 상태를 비교한 다음 그림은 한국 사회가 향후 어디로 가야 하는지를 잘 보여주고 있다.

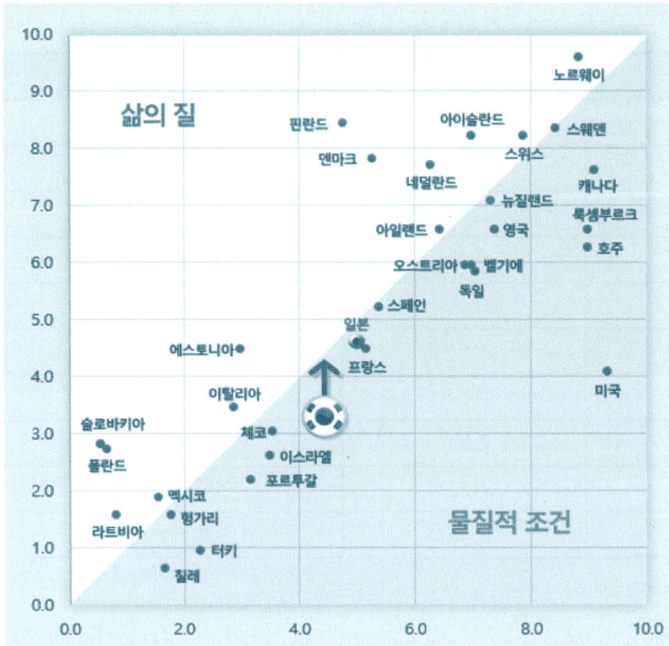

[그림 12-6] 물질적 조건과 삶의 질 성과 비교

출처 : OECD(2017).

(2) 최근 복지 관련 예산의 추이

우리나라 복지재정이 본격적으로 확장되기 시작한 것은 1997년 말의 외환위기를 겪은 뒤부터이다. 외환위기에 따른 대량실업과 중산층의 붕괴에 직면하여 정부의 복지예산이 증대하더니 참여정부2003~2007 시절을 거치면서 더욱 확대되었다.

아래 〈표 12-7〉은 참여정부 이후 중앙정부의 예산이 얼마나 변하였는지를 잘 보여주고 있다. 2008년부터 2023년까지 15년동안 사회복지분야의 중앙정부 예산은 3.3배가 늘어났고 전체 예산에서 차지하는 비중도 8.2%포인트가 증가하여 30%대를 훌쩍 뛰어넘은 상태이다. 여기에 보건분야 예산까지 합하면 그 비중은 2008년 26.3%에서 34.1%가 되었다.

〈표 12-7〉 중앙정부 예산의 부문별 총액 및 구성비 변화 추이

분야	2008		2013		2018		2023	
	금액(조원)	구성비(%)	금액(조원)	구성비(%)	금액(조원)	구성비(%)	금액(조원)	구성비(%)
사회복지	61.7	24.0	88.7	25.9	133.8	31.2	206.0	32.2
일반공공행정	45.7	17.8	55.8	16.3	69.0	16.1	112.2	17.6
교육	35.5	13.8	49.8	14.6	64.2	15.0	96.3	15.1
국방	25.9	10.1	33.3	9.7	41.8	9.8	55.3	8.7
농림해양수산	16.4	6.4	19.0	5.6	19.7	4.6	26.0	4.1
수송및교통	16.1	6.3	18.4	5.4	19.1	4.4	24.4	3.8
산업 · 중소기업	12.6	4.9	15.5	4.5	16.3	3.8	22.9	3.6
공공질서및안전	11.7	4.5	15.0	4.4	15.3	3.6	20.8	3.3
통신	6.5	2.5	8.7	2.6	10.9	2.5	20.0	3.1
보건	5.9	2.3	7.2	2.1	7.1	1.6	12.2	1.9
환경보호	4.5	1.7	6.3	1.8	7.0	1.6	9.9	1.5
과학기술	3.3	1.3	5.9	1.7	6.9	1.6	9.0	1.4
문화및관광	3.2	1.2	5.3	1.5	6.5	1.5	8.6	1.3
지역개발	3.1	1.2	5.0	1.5	4.7	1.1	6.4	1.0
통일 · 외교	2.8	1.1	4.1	1.2	3.7	0.9	4.6	0.7
예비비	2.3	0.9	3.9	1.1	3.0	0.7	4.2	0.7
합계	257.2	100.0	341.9	100.0	429.0	100.0	638.8	100.0

출처 : 기획재정부. 『나라살림 예산개요』, 각년도.

〈표 12-8〉은 2010년, 2015년, 2020년 세 개 연도에 복지, 보건, 고용 등 복지관련 예산 내에 주요 항목별 추이가 어떻게 되었는지를 보여주고 있다. 여기서 복지관련예산이란 보건, 복지는 물론, 주택, 노동, 공적연금 등을 포함한 광의의 범주를 전제한 것이다. 가장 빠르게 비중을 높여 나간 것은 노인예산으로서 기초연금액수의 지속적인 증가로 2010년 복지관련 예산 중 4.5%였으나 2020년에는 9.2%로 그 비중이 대폭 상승하였다. 또한 영유아보육의 지속적인 확충이 이루어짐으로써

보육가족여성 분야의 예산도 빠르게 증가하였다. 이 외에도 국민연금은 절대액 자체가 많아 복지관련 예산의 30%대를 차지하고 있다.

〈표 12-8〉 복지 관련 주요 항목별 예산의 변화 추이

항목 \ 연도		2010	2015	2020
정부예산 총계 (조 원, A)		292.8	375.4	554.7
복지 · 보건 · 고용 (조 원 B)		81.2(100.0)	106.4(100.0)	180.5(100.0)
정부지출 내 복지재정 비중 (%, A/B)		27.7	28.3	32.5
주요 복지 항목 예산 구성 (억 원)	기초생활	73,043(9.0)	94,773(8.9)	139,659(7.7)
	취약계층	15,212(1.9)	23,688(2.2)	39,603(2.2)
	아동 · 보육 · 가정*	23,693(2.9)	54,278(5.1)	96,077(5.3)
	노인**	36,630(4.5)	90,362(8.5)	166,323(9.2)
	국민연금	259,856(32.0)	396,612(37.3)	554,491(30.7)
	건강보험 지원	53,826(6.6)	77,442(7.3)	101,956(5.7)

주 : 1) * 2010년과 2015년 예산에는 아동·보육·가정·여성
2) ** 2010년과 2015년 예산에는 청소년·노인으로 분류되어있음.
3) 괄호안은 구성비.
출처 : 기획재정부, 『나라살림 예산개요』, 각년도.

결국 중앙정부 예산 중 복지재정의 뚜렷한 양적 팽창은 한국의 미약한 복지 부문이 일정정도 발전해왔음을 말해 주는 것이기도 하다. 본격적인 복지팽창이 이루어진 외환위기 이후 국민기초생활보장제도의 도입, 이후 기초연금제도와 노인장기요양보험제도가 차례로 도입되었으며, 무상보육, 무상급식 등이 수용되기도 하였다. 여기에 사회적 일자리정책, 사회서비스바우처정책, 비수급빈곤 해소정책 등을 다양하게 전개하면서 재정의 빠른 증가 추세가 동반되었다고 할 수 있다. 2018년부터 문재인정부는 아동수당제도의 도입을 실현하였고, 실업수당에 해당하는 국민취업지원제도도 도입하였다. 또한 기존 제도의 내실화를 위해 기초연금, 장애인연금 등 사회수당의 인상, 사회보험의 급여 수준 및 기초생활보장제도의 부양의무제 단계적 철폐 등을 추진함으로써 향후 복지재정은 더욱 늘어날 것이다.

3) 복지재정의 과제

재정팽창의 이면에는 아직도 풀지 못한 숙제 및 향후 부정적인 영향력을 지속시킬 수 있는 과제 등이 혼재되어 있다. 이것이 최근 복지재정의 괄목할 만한 증대를 액면 그대로 긍정적으로만 평가해 줄 수 없는 부분이기도 하다.

우선, 복지재정의 팽창이 '과연 한국 사회의 복지수요에 부응할 정도였는가' 하는 절대적 관점에서 볼 때 여전히 부족한 상태라는 것이다. 양극화 해소에 있어 국민이 체감할 수 있을 정도가 되려면 더욱 파격적이고 비약적인 복지재정의 확대가 있어야 한다는 점에서 여전히 복지재정의 한계가 드러난다고 볼 수 있다. 이를 위해서는 아직도 복지선진국가들에 비하여 현격한 차이를 보이고 있는 국민부담률 수준을 높여 복지재원의 절대적 · 상대적 확충이 가능하도록 해야할 것이다.

둘째, 보편적 복지의 기조와 빈곤층에 대한 지원 간의 균형문제이다. 2010년 지방선거에서 대두된 보편적 복지는 우리나라에서 그 이전에는 찾아볼 수 없었던 복지국가 담론을 촉발시켰고 그로 인해 보편적 복지라는 선진적 기조가 자리 잡게 되었다. 이로써 중산층까지 확대된 복지제도는 그간 잔여주의에 기초한 복지의 수준을 비약적으로 발전시킬 수 있는 계기가 되었지만, 노인빈곤율을 비롯하여 수급자가 되지 못한 빈곤층의 대규모 존재 등 여전히 빈곤선 이하의 빈곤가구 문제는 커다란 사회문제로 남아 있다. 이로써 보편적 복지를 추진하면서 최하위 빈곤층의 해소 역시 동시에 추진하는 정책 상의 균형적 시각이 요구된다.

셋째, 2000년대 후반부터 사회복지서비스 분야의 재정집행 방식을 민간이나 시장친화적인 방식으로 설계해 나갔다는 점이다. 복지재정의 정상적 수준을 확보할 수 없기에 우회적으로 민간과 시장의 도입을 통해 국가 재정의 부담을 완화하려 한 시도가 향후 복지제도의 왜곡과 기형화를 낳을 수 있다는 점에서 비판을 받을 수밖에 없으며, 최근 복지재정의 팽창에도 불구하고 내적으로는 매우 기형적인 속성을 지닌 것으로 평가하게 하는 근거가 된다.

마지막으로, 복지재정의 지속가능성에 대한 고려가 필요하다. 향후 복지재정은 저출산 · 고령화 및 불평등 · 양극화의 심화, 그리고 기후위기 등 새로운 복합적 사회문제의 대두로 사회적 위험이 늘어날수록 더욱 확대될 수밖에 없음은 명확한 사실이다. 그러나 이미 건강보험재정을 비롯하여 장기요양보험재정, 국민연금재정 등 사회보험의 재정이 늘어나는 폭은 커지고 있고, 사회서비스이 향후 폭발적 증대에 비하면 비효율적인 서비스제공체계가 상당부분 존재하고 있어 복지제도의 구조적 개혁을 통해 국민의 삶의 질 보장과 재정의 지속가능성 사이에 조화가 이루어지도록 해야할 것이다.

요약

현대정부는 국가 및 국민의 안위 보장 기능, 국가경제 안정 및 성장의 관리 기능, 그리고 국민의 사회적 삶의 보장 기능 등 세 가지 중요한 역할을 담당한다. 대부분의 선진국은 이를 위해 정부 재정이 국민총생산의 40% 내외를 차지하고 있는데, 이때 정부 재정이란 중앙정부와 지방정부에서 운영하는 일반회계와 특별회계, 그리고 기금 등으로 구성되어 있다.

우리나라의 경우 국민총생산에서 차지하는 정부 재정의 비중이 최근 30%를 돌파하였으나 그 가운데 사회복지에 사용하는 재정의 구성비가 OECD 선진국가들과 차이를 보이고 있다. 다만 국민의 정부와 참여정부를 거치며 사회복지 분야에 대한 정부예산의 증가 추이가 확고하여 보건, 사회보장 및 복지, 주택건설 및 지역사회개발 등의 복지관련 예산이 빠르게 증가하여 전체 중앙정부 예산의 30%대를 넘어섰음은 그나마 긍정적이다.

그렇지만 OECD에서 발표한 사회지출비에 의하면 아직도 우리나라는 국내총생산 대비 14.8%(2022년)에 머물러 있어 OECD 국가 평균의 2/3정도에 그친다. 이는 우리나라가 조세와 사회보장비를 통해 유발되는 소득재분배 효과에 있어서도 매우 취약한 상황을 만들고 있다.

비록 최근 상대적으로 복지예산의 팽창 속도가 빠르게 전개되고 있으나, 양극화와 고령화 및 저출산 등 사회적 위기 요인을 생각할 때 여전히 절대적으로 미흡하며, 보편적 복지의 기조 속에서 빈곤층 해소 문제도 소홀히 될 수 없는 부분이다. 최근 복지재정을 집행하는 방식으로 민간시장을 활용하는 경향이 확장되는 것 또한 향후 풀어 나가야 할 과제일 것이다.

탐구문제

1. 우리나라가 직면한 심각한 사회적 위기를 생각해 보고, 현재의 복지재정이 이에 대해 적절히 대응하고 있는지를 살펴보자.
2. 우리나라의 복지재정 규모가 절대적으로나 상대적으로 선진복지국가들에 비해 현저히 적은 이유는 무엇이고, 이를 탈피하기 위해서는 어떠한 노력이 필요한가?
3. 우리나라 복지예산 또는 복지재정의 규모와 상대적 비중을 나타내는 여러 가지 다양한 수치를 찾아보자. 이때 같은 연도임에도 불구하고 서로 다른 수치라면 복지예산 또는 복지재정의 개념과 범주에 있어 어떤 차이가 있었는가?

참고문헌

기획재정부. **나라살림 예산개요**. 각년도.

국회예산정책처(2023). 2023 대한민국 지방재정.

김기태·강지원·조성은·여유진·여나금·이원진·오욱찬·류진아·노현주·안영(2023). 문재인정부와 복지국가. 한국보건사회연구원.

김태완·임완섭·김기태·이원진·김영미·김진욱·노법래·주병기 외(2023). 한국사회 격차현상 진단과 대응전략 연구. **경제·인문사회연구회 협동연구총서**.

조성은·김기태·강지원·신영규·송철종·손동기·류진아·장성현·윤홍식·한신실·양종민·최영준·정무권·윤형중(2023). 한국복지국가의 진단과 전망: 한국형 복지국가 모델의 경로와 지향. 한국보건사회연구원.

한국재정정보원(2022). 2022 회계·기금운용 구조.

Briggs, Asa(1961). The Welfare State in Historical Perspective. *European Journal of Sociology*, Vol. 2, No. 2. pp. 221–258.

IMF. *Government Finanace Statistics Yearbook*.

OECD. *Social Expenditure Database*.

PART
05

한국 사회복지의 조망

Introduction to Social Welfare

현대 국가의 역할에 있어 사회복지제도를 통해 시장의 조절기능과 개인의 자조능력으로는 해결할 수 없는 문제들을 해결해 왔다. 그러나 20세기에 이미 복지국가의 틀을 구축해 온 서구 선진국가들과는 달리, 한국은 해방 이후 경제성장에만 전력해 오면서 복지제도의 발달이 상대적으로 지체되었으며 현재 제도의 수준도 미약하다.

제5부에서는 이러한 사회복지제도의 발전 전망을 논한다.

제13장에서는 이런 제도의 발전과정에서 각종 급여의 전달자이자 실현자로서의 사회복지사는 누구이며 어떤 가치와 윤리를 지니고 있어야 하는지를 보여 준다. 사회복지사는 사회구성원들이 직면한 수많은 문제들을 때론 그들 스스로의 힘으로, 때론 사회복지사의 직접적 도움으로, 그리고 때론 사회 전체의 제도적 변화를 통해 해결하도록 한다. 그런 면에서 사회복지사는 다중적인 역할을 지니고 있다. 조력자, 중재자, 중개자, 통합자, 관리자, 교육자, 분석가, 촉진자, 주창자, 협상가, 옹호자 등 다양한 정의가 가능한 이유가 거기에 있다. 이런 다중적인 역할을 하는 과정에서 당연히 윤리적인 딜레마(dilemma)에 빠질 수밖에 없고 이때 사회복지사의 가치관과 윤리강령이 중요해지게 되므로 이에 대해서도 소개한다. 또한 사회복지제도의 급속한 발전으로 현재 한국 사회 내에 사회복지사의 활동폭이 넓어지고 있는 데에 부응하여 새롭게 대두되는 사회복지 실천 분야도 소개함으로써 사회복지사로서의 전망을 세우는 데에 도움이 될 것이다.

제14장은 마지막 장으로, 한국 사회복지의 미래 전망을 제시한다. 여기에서는 한국 사회가 최근 들어 패러다임의 전환을 가져올 수밖에 없는 중대한 환경 변화에 놓여 있다는 사실을 확인하면서, 앞으로 한국 사회복지가 나가야 할 방향을 나름대로 제시하려 한다. 특히 경제와 복지와의 관계를 긍정적으로 인식해야 함을 강조하면서 시대 상황에 맞는 복지정책의 방향성이 무엇인지를 모색하는 장이다. 끝으로 이러한 방향성을 추구하는 데에 있어 한국 사회가 해결해야 하는 주요한 전제조건들이 무엇인지에 대해서도 생각해 보는 장이 될 것이다.

13 사회복지사의 역할과 과제

1. 사회복지사의 역할

사회복지사의 역할이란 사회복지사가 중요하다고 여기는 전문적인 기능과 관련하여 기대되는 행동을 말한다. 여기서는 다양한 수준의 실무현장에서 사용하는 사회복지사의 역할을 소개하고자 한다Zastrow & Kirst-Ashman, 2001 : 51-56.

사회복지사의 역할에 따라 거시체계에 보다 유용한 것과 미시나 중범위체계에 주로 유용한 것들도 있다. 물론 이 세 가지 체계 모두에게 다 통용되는 통합적 접근도 있을 수 있다. 특히 통합적 접근을 하는 사회복지사는 여러 가지 역할을 동시에 담당할 수 있음을 유념하고, 융통성 있게 다양한 체계와 일할 수 있도록 해야 한다. 이러한 사회복지사의 역할에는 조력자enabler, 중재자mediator, 통합자/조정자integrator/coordinator, 관리자manager, 교육자educator, 분석가/평가자analyst/evaluator, 중개자broker, 촉진자facilitator, 주창자initiator, 협상가negotiator, 옹호자advocator 등이 있다.

[그림 13-1]부터 [그림 13-11]까지는 이들 역할들을 개괄적으로 소개한 것이다. 원은 사회복지사와 클라이언트개인이나 소집단, 조직, 지역사회, 거시체계를 뜻하며, 직선과 화살표는 체계들이 어떻게 상호 관련해 있는가를 보여준다. 일반적으로 거시체계에는 지역사회가 들어가며, 중범위체계에는 조직이, 그리고 미시체계에는 개인이나 가족, 소집단 등이 속한다.

1) 조력자

조력자는 이혼이나 실직과 같은 위기 상황에서 부적절한 주거나 탁아와 같은 지역사회 문제에 이르는 다양한 스트레스에 대처하도록 돕는 역할을 한다. 조력자의 역할에 필요한 기술은 희망을 전하고, 저항이나 감정을 줄여 주며, 감정을 인식하고 관리하며, 개인의 강점이나 사회적 자원을 발굴하고 지지해주는 것과 문제를 다루기 용이하도록 분류하며, 목적을 강조하고, 이를 성취하기 위한 방법들을 인식하는 것이다. 사회복지사는 미시, 중범위, 거시체계 모두를 위해 조력자 역할을 수행한다.

[그림 13-1]은 조력자의 역할을 나타낸 것이다. 사회복지사로부터 클라이언트체계의 원으로 향하는 화살표는 클라이언트체계에 대한 사회복지사의 지지를 나타내는 것으로 클라이언트체계가 일련의 행동과정을 보다 잘 수행할 수 있도록 도와주는 역할을 말한다. 이와 달리 약물중독 분야에서 사용되는 '조력자'라는 용어는 약물의 사용과 남용이 지속되지 않도록 약물 남용자를 가까이서 돕는 전문가가 아닌 가족이나 친구를 의미하기 때문에, 여기에서 사용하는 전문가인 사회복지사의 역할과 관련된 '조력자'라는 용어와는 전혀 다른 개념이다.

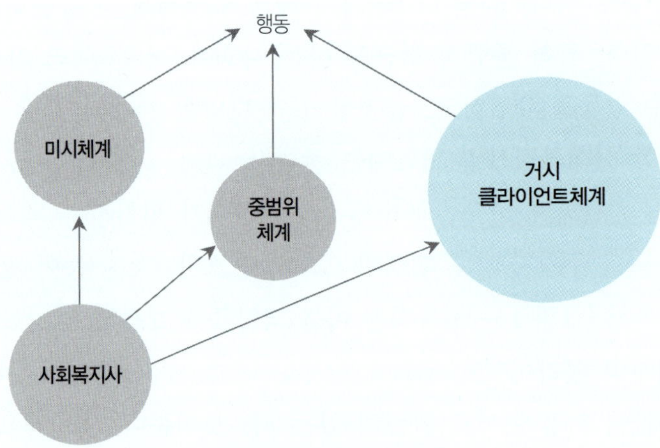

[그림 13-1] 조력자 역할

출처 : Zastrow, C. & Kirst-Ashman, K. K.(2001). p.52.

2) 중재자

중재자는 미시, 중범위, 거시체계 사이의 논쟁이나 갈등을 해결하는 역할을 수행한다. 거시체계 수준에서 중재자는 지역사회 내에서 또는 지역사회와 다른 체계 사이의 다양한 부분들, 즉 하위체계들 간의 차이를 해결해 나가도록 돕는다. 미시나 중범위체계의 차원에서, 예를 들어 이혼이나 양육권의 문제를 둘러싸고 중재의 역할은 더욱 중요하다.

견해가 다른 개인이나 집단 사이의 의사소통을 향상하고 타협하도록 돕는 중재자는 중립을 유지하며 논쟁에서 어느 한쪽 편도 들지 않으며, 양측이 서로의 입장을 이해하고 있는가를 확인해야 한다. 중재자는 위치를 분명히 하고, 의사를 잘못 전달하는지를 인식하며, 관련 당사자가 입장을 명확히 밝히도록 도와준다.

[그림 13-2]는 중재자의 역할을 나타낸 것이다. 가운데 있는 사회복지사의 원은 중재자가 관련된 양측 사이에서 중립적인 입장을 유지한다. 사회복지사 원 밑의 끊어진 선은 의사소통이 단절되었음을 의미하는 것으로, 이 경우에는 차이점으로 나타나는 갈등을 해결할 수 있는 거시체계와 클라이언트의 능력이 부족한 것을 나타낸다.

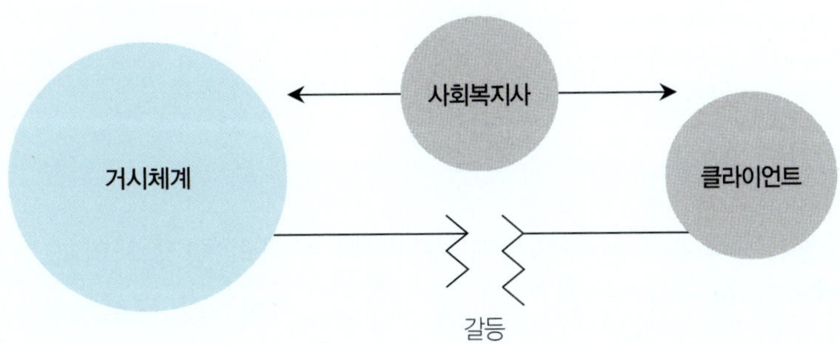

[그림 13-2] 중재자 역할

출처 : Zastrow, C. & Kirst-Ashman, K. K.(2001). p.52.

3) 통합자/조정자

통합이란 다양한 부분들을 단일화하여 전체를 구성하도록 합하는 과정이다. 조정이란 각 부분끼리를 특정한 구성방식으로 모으는 것이다. 사회복지사는 통합자/조정자로서 옹호나 조정 가능성을 파악하는 일에서부터 기술적으로 지원을 하거나, 서비스를 연계하고 수행하기 위해 직접 개입하는 일까지 다양한 방법으로 기능한다.

[그림 13-3]에서 거시체계와 클라이언트체계를 둘러싼 네모난 상자는 두 체계 사이를 조정하는 상호작용이다. 사회복지사로부터 상자로 향하는 화살표는 관련된 모든 체계를 조정하려는 사회복지사의 적극적인 개입을 의미한다.

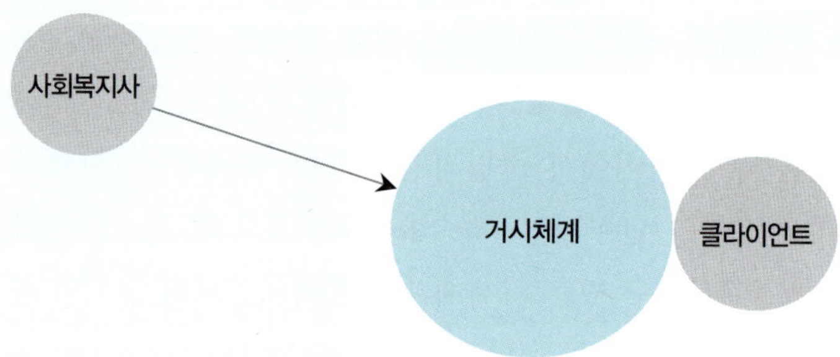

[그림 13-3] 통합자/조정자 역할

출처 : Zastrow, C. & Kirst-Ashman, K. K.(2001). p.53.

4) 관리자

사회복지실천에서 관리는 사회복지 기관이나 부서의 행정 책임과 관련이 있다. 이는 구체적으로 말해서 조직의 목표를 세우고, 서비스의 프로그램을 운영하며, 기관의 효과성과 효율성을 높이고, 재정 자원을 확보하며, 지역사회에게 지지를 얻으며, 기관실무자의 일을 조정하는 일이다. 이를 위한 관리 업무에는 프로그램 개발, 자원의 모금과 배분, 조직구조와 과정의 발전과 안정화, 프로그램 평가와 수정 등이 있다.

[그림 13-4]는 거시체계인 큰 기관의 관리자인 사회복지사를 나타내는 것으로, 거시체계는 이 체계를 위해 일하는 직원과 이들을 감독하는 사회복지사를 포함한다.

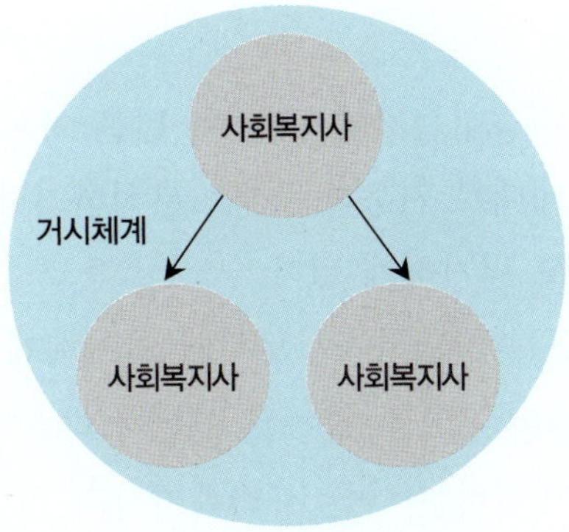

[그림 13-4] 관리자 역할

출처 : Zastrow, C. & Kirst-Ashman, K. K.(2001). p.53.

5) 교육자

교육자의 역할은 사회복지사가 클라이언트와 다른 체계에 정보를 제공하며 기술을 가르치는 일을 포함한다. 효과적인 교육자가 되기 위해 사회복지사는 무엇보다 많이 알아야 하며, 정보를 명확히 전달하고 이해시키기 위해 의사소통을 잘하는 것이 필요하다. [그림 13-5]는 교육자의 역할을 보여 준다.

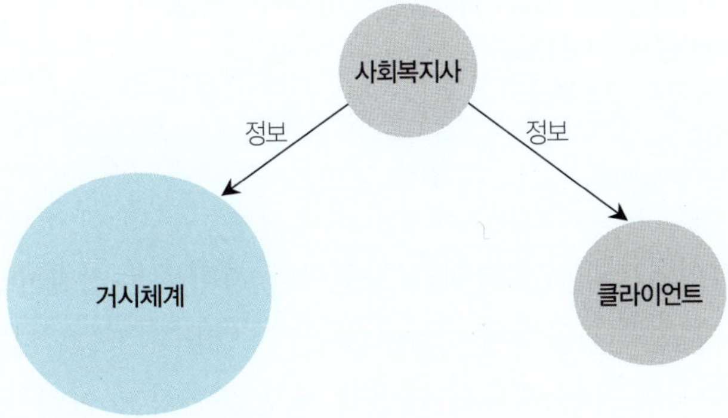

[그림 13-5] 교육자 역할

출처 : Zastrow, C. & Kirst-Ashman, K. K.(2001). p.53.

6) 분석가/평가자

어떻게 다양한 체계가 기능하는가에 관한 폭 넓은 이론적 기초를 가진 사회복지사는 프로그램과 체계가 제대로 기능하는지를 분석하거나 평가할 수 있으며, 자신이 개입하는 것의 효과성도 평가하게 된다.

[그림 13-6]에서 화살표는 사회복지사로부터 거시체계로 향하는 것과 사회복지사와 클라이언트를 연결하는 선으로 향하는 것이 있다. 이 화살표들은 사회복지사가 개별 클라이언트에게 개입하는 다른 사회복지사의 개입 또는 전체 기관의 일에 대한 효과성을 평가할 수 있다는 것을 나타낸다.

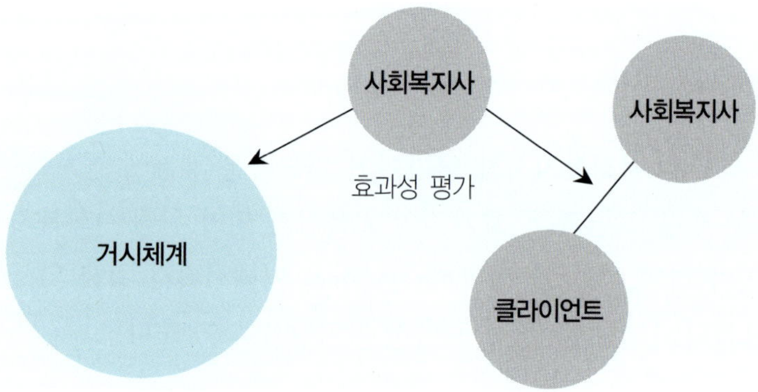

[그림 13-6] 분석가/평가자 역할

출처 : Zastrow, C. & Kirst-Ashman, K. K.(2001). p.54.

7) 중개자

중개자는 클라이언트와 지역사회의 자원이나 서비스를 연결하는 것을 돕는다. 중개자는 클라이언트가 긴급하게 식량이나 주거, 법률적 도움이나 다른 필요한 자원을 얻도록 도와주며, 지역사회의 다양한 부분들이 상호 이익을 증진하기 위해 교류하도록 돕는다. 미시와 중범위체계에서의 중개자 역할을 위해 사회복지사는 지역사회 서비스에 대해 익히 알아야 하며, 서비스 자격 요건에 관한 지식을 갖추고, 클라이언트의 욕구에 민감해야 한다.

[그림 13-7]에 있는 사회복지사로부터 이어진 선은 사회복지사의 중개자 역할을 보여주는 것으로, 클라이언트를 위해 자원을 확보하려는 사회복지사의 적극적인 개입을 의미한다. 화살표는 자원을 제공하는 거시체계로부터 이를 받는 클라이언트체계로 향하고 있다.

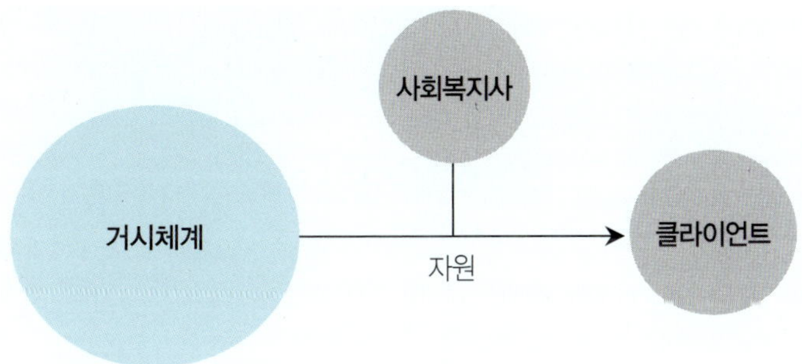

[그림 13-7] 중개자 역할

출처 : Zastrow, C. & Kirst-Ashman, K. K.(2001). p.54.

8) 촉진자

촉진자는 집단의 지도자 역할을 담당한다. 사회복지사는 가족 치료집단이나 과업집단, 감수성훈련집단, 교육집단, 자조집단, 그 밖의 다른 목적을 가진 집단에 개입한다. 촉진자 역할은 거시적 실천에도 적용할 수 있다. 이때 사회복지사는 사람들을 모으고, 의사소통 통로를 만들고, 활동이나 자원을 전달하며, 전문 지식이나 기술에 접할 수 있도록 하여 변화 노력을 촉진하는 책임이 있다.

[그림 13-8]에 사회복지사로부터 거시체계로 향하는 화살표는 촉진자 역할을 하는 사회복지사의 지도력을 나타낸다. 클라이언트체계의 원들은 중범위체계 내의 집단 성원 또는 하위체계이며, 클라이언트체계를 연결하는 선들은 집단의 상호작용과 의사소통을 나타낸다.

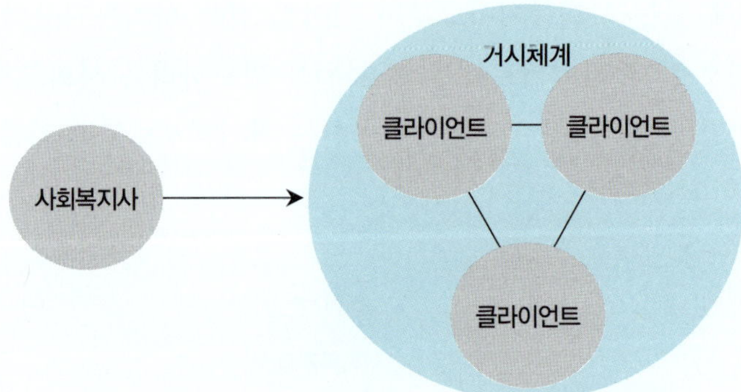

[그림 13-8] 촉진자 역할

출처 : Zastrow, C. & Kirst-Ashman, K. K.(2001). p.54.

9) 주창자

주창자란 이슈에 대한 관심을 불러일으키는 사람을 말한다. 이슈는 지역사회에 존재하는 문제나 개선해야 하는 상황이 중심이 된다. 주창자는 반드시 문제가 있는 곳에만 개입하는 것이 아니다. 흔히, 문제를 예방하거나 현재의 서비스를 향상시키는 것도 변화를 위한 노력의 중요한 이유가 된다. 사회복지사는 기관의 정책이 특정 클라이언트에게 문제를 야기하는 경우, 이를 감독자에게 알려 주어 주의를 기울이게 한다. 클라이언트도 서비스를 향상하는 방법을 찾을 수 있다. 각각의 경우, 이들은 주창자의 역할을 수행한다. 대개, 이러한 역할은 현재의 문제나 혹은 잠재된 문제를 지적한다고 해서 해결되는 것이 아니기 때문에 계속해서 다른 일들로 이어진다.

[그림 13-9]에서 사회복지사로부터 거시체계로 향하는 화살표는 어떻게 거시체계가 클라이언트에게 제공하는 서비스를 향상할 수 있는가에 관한 새로운 의견을 사회복지사가 제안하기 시작하는 것을 보여 준다. 거시체계에 대한 클라이언트 개입의 중요성과 강도를 나타내기 위해 작은 클라이언트체계의 원들이 큰 거시체계와 접하고 있다.

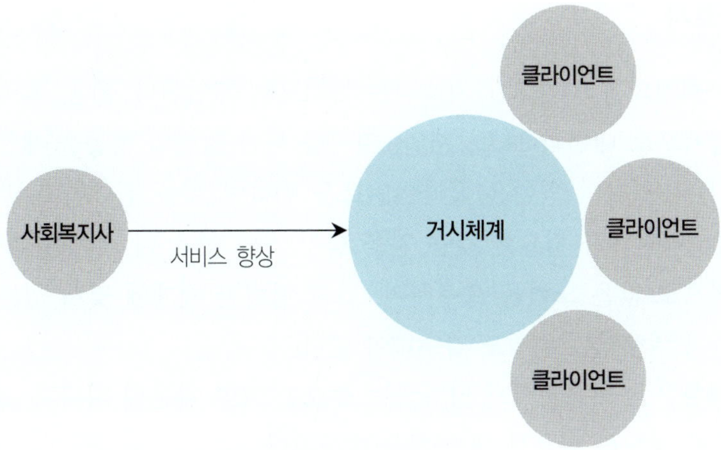

[그림 13-9] 주창자 역할

출처 : Zastrow, C. & Kirst-Ashman, K. K.(2001). p.55.

10) 협상가

협상가란 다른 집단이나 체계에게서 무엇인가를 얻기 위해 노력하는 개인, 집단 또는 조직을 나타낸다. 중재와 마찬가지로, 협상은 모든 쪽이 가능한 한 함께 합의에 도달할 수 있도록 중간지점을 찾는 일을 한다. 중립적인 역할을 하는 중재자와 달리, 협상가는 관련된 어느 한쪽과 연결되어 있다.

[그림 13-10]은 갈등구조의 한쪽에 결합되어 있는 클라이언트와 사회복지사체계를, 다른 한쪽에는 거시체계를 보여 주고 있다.

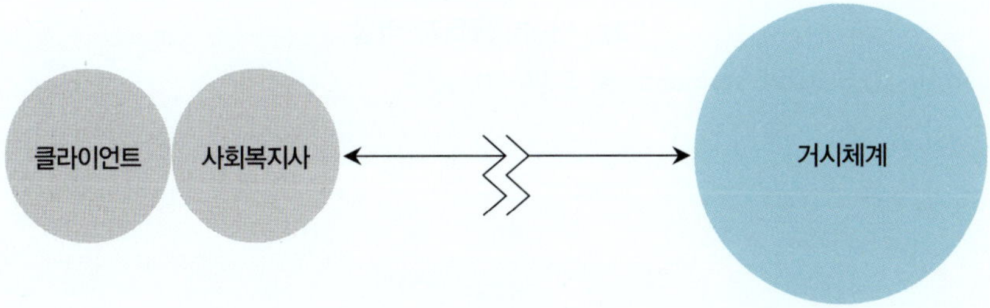

[그림 13-10] 협상자 역할

출처 : Zastrow, C. & Kirst-Ashman, K. K.(2001). p.55.

11) 옹호자

옹호란 사회정의를 지키고 유지하려는 목적으로 개인이나 집단, 지역사회의 입장에서 직접적으로 대변과 보호, 개입, 지지를 하며 일련의 행동을 제안하는 행동을 포함한다. 옹호자의 역할은 클라이언트를 위하여 일을 진행하고 말하는 것으로, 특히 클라이언트가 필요한 것을 얻을 힘이 거의 없을 때 적합한 역할이다. 옹호는 절대적으로 많은 노력을 요구하며, 크고 강력한 체계에 맞서 있는 클라이언트를 옹호하기 위해서는 위험도 감수해야 한다.

옹호자 역할은 사회복지사가 담당하는 중요한 역할 가운데 하나로, 클라이언트 체계가 도움을 절실히 필요할 때 역할을 수행한다.

[그림 13-11]에서 사회복지사로부터 거시체계로 향하는 굵은 선의 화살표는 크고 강력한 체계에 영향을 주기 위해 옹호자가 쏟는 많은 노력과 에너지를 나타낸다.

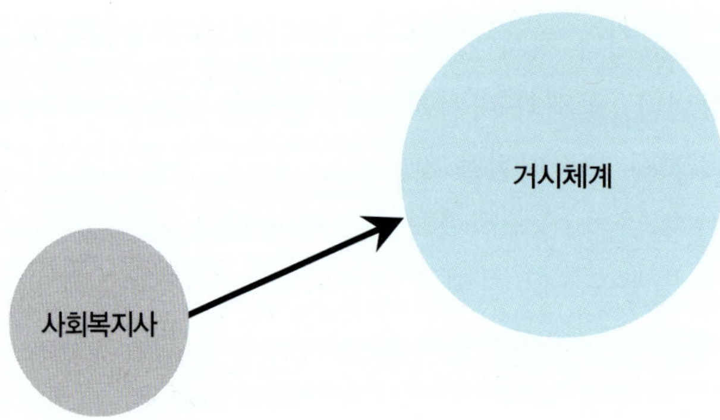

[그림 13-11] 옹호자 역할

출처 : Zastrow, C. & Kirst-Ashman, K. K.(2001). p.56.

2. 사회복지사의 윤리와 자세

1) 사회복지실천과 가치

사회복지사가 사회복지의 가치에 대한 의미를 명백히 밝히는 것과, 사회복지실천에서 자신들의 역할을 분명하게 설명하는 것은 매우 중요하다. 사회복지실천에서 사회복지사는 개인적 가치, 직업적 가치, 클라이언트 또는 클라이언트 집단의 가치, 더 커다란 사회의 가치에 영향을 받는다. 사회복지사의 실천을 안내하는 지식의 선택과 지식 축적은 결국 적재된 가치에 의해 이루어진다.

따라서 가치는 인간의 본질에 관하여 전문직이 갖고 있는 증명되지 않는 신념으로 간주될 수 있다. 이러한 신념은 실무자의 일상적인 활동에 반영되어 전문직의 실천방향을 제시해 주게 된다김융일 외, 2000.

Bartlett1970은 사회복지실천에서의 본질적 3대 요소인 가치, 지식, 기법 중 가치적 요소를 중시했다. 사회복지사는 어떠한 지식이나 개입방법만으로는 충족될 수 없으며 어떠한 뚜렷한 가치나 신념이 선행되어야 함을 시사하고 있다. 전문직 속성에서 가치를 전제로 삼는 윤리강령을 중시함도 이에 연유한다고 보겠다. 특히 사회복지사들은 클라이언트를 원조하는 데 어떠한 생각을 갖는 것이 바람직하며, 문제를 해결하는 데 어떻게 처리함이 바람직한 것인가 하는 사고나 판단을 할 수 있어야 한다.

그렇다면 사회복지사가 갖고 있는 가치 전제는 무엇이며, 어떻게 적용되는가? 사회복지실천에는 두 가지 본질적인 가치 전제가 깔려 있다. 즉, 개인의 존엄성과 독특성에 대한 존중 및 클라이언트의 자기결정에 대한 신념 등이 그것이다장인협, 1989 : 24-26.

(1) 개인의 존엄성과 독특성에 대한 존중

사회복지사에 의하여 일관성 있게 수용되고 지지되는 중심적인 가치 전제들 중의 하나는 각 사람은 존중해야 할 본래적인 존엄성을 지닌 독특한 개인이라는 사실이다. 사람은 충분한 목적 그 자체이며 다른 목적을 위한 수단으로 취급되어서는 안 된다는 것이다. 개인 간의 차이와 다양성은 환영되고 고무되어야 한다. 사회복지 선문직은 어떤 이상적인 모델을 향하여 개인이나 환경을 움직이게 하는 것이 아니라 개인과 환경의 가장 폭넓은 다양성을 허용하면서 개인과 환경 간의 연계를 수립하도록 노력하는 것이다.

이러한 가치 전제의 활용에 유용한 다섯 가지 지침은 다음과 같다.

① 클라이언트의 존엄성에 관하여 의사소통하는 내용을 민감하게 인식할 것.
② 클라이언트에 대한 고정관념stereotype을 갖지 말 것.
③ 클라이언트가 그들의 장점을 발견하여 활용하도록 도와줄 것.
④ 문제해결에 클라이언트의 참여를 기대할 것.
⑤ 클라이언트의 욕구needs보다 욕망wants에 초점을 둘 것.

(2) 클라이언트의 자기결정에 대한 신념

클라이언트의 자기결정 원리는 인간의 타고난 존엄성에 대한 신념으로부터 논리적으로 유래한다. 만약 인간이 천부적인 존엄성을 갖고 있다면 가능한 한 자신이 생활유형을 결정하고, 자신이 원하는 존재가 되도록 허용되어야 한다. 클라이언트의 자기결정에 대한 신념은 사람이 자기 스스로 결정을 하도록 허용되어야 한다는 점을 시사한다.

이러한 자기결정의 개념을 잘 활용하려면 다음과 같은 다섯 가지 요점이 매우 중요하다.

① 자기결정에는 여러 가지 대안들이 요청된다. 대안 없이는 자기결정의 기회도 없다.
② 사회복지사의 주요한 책임은 의사결정을 위한 클라이언트의 기회를 극대화하는 것이다. 사회복지사는 클라이언트를 위하여 최선의 것이 무엇인가에 관한 전문가는 아니며 따라서 클라이언트를 대신하여 결정을 내리는 것은 피해야 한다. 오히려 사회복지사는 공동의 의사결정과정에서 클라이언트를 도와주는 전문가이다.
③ 사회복지사는 클라이언트에게 자신의 견해를 제공할 의무를 갖는다. 이러한 견해는 클라이언트가 고려할 수 있는 대안과 투입으로 제공될 뿐이지, '해답'은 클

라이언트가 내리는 것이다.

④ 클라이언트의 가치가 목표달성을 위한 클라이언트의 노력을 방해하거나 다른 사람의 복지를 침해하지 말아야 한다.

⑤ 클라이언트의 자기결정과 사회복지사의 자기결정은 구별되어야 한다. 전문적인 책임을 맡을 때, 사회복지사는 자신의 결정을 제한하고 클라이언트의 이익과 기회를 극대화할 수 있도록 행동할 책임을 갖는다.

2) 사회복지사의 가치와 윤리 기준

사회복지는 인도주의적 이상과 민주주의 철학으로부터 유래되었고, 개인적이거나 사회적 상호작용으로부터 생겨나는 인간의 욕구를 충족시켜 주기 위하여, 또 인간의 가능성을 개발해 내기 위하여 광범위하게 적용한다. 따라서 전문적인 사회복지사들은 인류의 복지와 자기 실현화를 위한 서비스에 헌신한다. 첫째, 인간과 사회행동에 대한 과학적 지식의 훈련화된 활용을 위하여, 둘째, 개인, 집단, 국가, 세계의 욕구와 열망을 충족시켜 줄 자원의 개발을 위하여, 셋째, 사회정의의 성취를 위하여 헌신한다.

여기서 가치 기준이라는 것이 사회복지에 국한된 것이 아니라 할지라도, 그것들은 사회복지사가 활동을 할 가치와 윤리 영역을 규정하기 시작한다. 사회복지사의 가치 기준에 대한 보다 큰 구체화가 실천에 적절하게 참여하기 위해 필요하다. 사회복지사들에 의해 공유되고 있는 가치 기준을 형성하는 데 도움이 될 만한 목록은 첫째, 인간의 선호하는 개념으로서의 가치, 둘째, 인간을 위해 선호하는 결과로서의 가치, 셋째, 인간을 다루기 위해 선호하는 수단으로서의 가치이다Morales & Sheafor, 2001.

(1) 인간의 선호하는 개념으로서의 가치

사회복지사는 사회복지실천의 방법과 기술들을 효과적으로 이용하기 위해서 그들의 선호하는 차원에서 사람과 환경에 대한 다음의 다섯 가지 기본적 가치 방침들에 동의해야 한다.

첫째, 사회복지사는 모든 사람의 선천적 가치와 존엄함의 가치를 믿어야 한다. 이 가치는 개개인들이 중요하고 완전하며 보람 있는 삶을 살 가치가 있다는 것을 인정한다. 이것은 부유하건 가난하건, 늙거나 젊거나, 천재이거나 저능이거나, 약하거나 강하거나, 소수이거나 다수이거나, 건강하거나 병약하거나에 상관없이 모든 사람을 포함하는 것이다.

둘째, 개개인은 자신이 선천적 재능을 가지고 있으며 삶을 보다 풍요롭게 만들어 줄 수 있는 변화를 향해 나아간다는 사실을 믿어야 한다. 어떠한 사람도 정체적이거나 변화하지 않는다고 생각하지 않고, 전 생애를 통하여 발전할 잠재력을 가지고 있는 존재로 생각한다.

셋째, 각 개인은 그 자신과 사회를 포함한 인류에 대한 책임을 갖고 있음을 믿어야 한다. 각 개인은 그 자신의 이익을 위해 행동하도록 격려 받아야 함에도 불구하고, 그 행동은 전체 사회의 요구와 균형을 맞추어야 함을 의미한다.

넷째, 사람들은 어딘가에 소속해야 될 필요가 있음을 믿어야 한다. 사람들은 지나친 고립을 피하려 하고, 어떤 형태의 상호관계나, 집단이나 그들의 공동사회에 참여하기를 바란다. 이러한 상호작용을 통하여 개인은 안정을 추구할 뿐만 아니라 그들 자신의 행동에 대한 반응을 획득한다.

마지막으로, 개개인에게 공통적인 인간의 욕구가 있음을 믿어야 한다. 물론 각 개인은 근본적으로 특이하고 다른 이들과 다르며, 인생 경험과 능력은 모든 다른 사람들과 다르게 만든다. 그러나 모든 사람은 육체적, 감정적 욕구와 특성과 관련하여 상당부분을 공유하고 있다.

(2) 인간을 위해 선호하는 결과로서의 가치

사회복지사들은 여러 결과를 성취하기 위해 사회가 조직되어져야 한다는 믿음뿐만 아니라 사람들을 위한 인생 경험의 소질에 대한 비슷한 관점을 유지하려는 경향을 가지고 있다. 사회복지실천의 중요한 부분은 사람들이 그들의 목적을 성취할 수 있도록 돕고 그것을 가능하게 만드는 사회의 다양한 요소와 일할 수 있게 하는 데 바쳐진다.

적어도 사람들을 위해서 선호되어지는 결과와 관계된 가치의 세 가지 진술은 계속적으로 사회복지 문헌에 등장한다. 그것은 사회복지사에 의해서 통상적으로 유지되는 암시적인 가치이다.

첫째, 사회는 반드시 자신의 충분한 잠재성을 각자가 인식하고 활용할 수 있도록 성장과 발달의 기회를 제공해야 한다.

둘째, 사회는 반드시 사람들이 자신의 욕구를 알게 하고 배고픔, 불충분한 교육, 차별, 보살핌 없는 질병, 부족한 주택공급 같은 문제를 피할 수 있도록 도울 수 있는 자원과 서비스를 공급해야 한다.

셋째, 사람들은 사회를 구성하는 데 동등한 참여 기회를 가져야만 한다.

(3) 인간을 다루기 위해 선호하는 수단으로서의 가치

이 수준에서의 가치는 사회복지사들이 사람들을 어느 정도 다루어야 하는지를 믿는가와 관련된다. 사회복지사에 의한 개입의 정도는 인간조건의 본성과 모든 사람을 위해 선호되어지는 결과에 대한 가치를 숙고하는 사람들과의 관계 하에서 결정된다.

사회복지사들은 모든 사람을 존경과 존엄으로 다루어야 하고, 그들의 인생의 지향을 결정할 최대의 기회를 갖도록 한다. 또한 모든 사람의 욕구에 대한 사회적 반응을 세우는 데 다른 사람들과 상호작용할 수 있도록 해야 하며, 특별한 개성이나 인생 경험을 인정하여 상투적인 접근보다 독창적인 개성을 인정해야 한다.

3) 사회복지실천과 윤리강령

(1) 사회복지실천의 전문성

어떤 전문 직업에도 직업윤리, 직업적 전문지식, 전문기술의 세 가지 요소가 필수적으로 요구된다. 전문적인 지식과 관련해서 사회복지사는 각종 사회복지제도와 관련 분야에 대한 지식을 포괄적이고도 체계적으로 갖출 필요가 있다. 그리고 전문기술로는 개별사회복지social case worker, 집단사회복지social group worker, 지역사회조직사업community organization 등의 전문적 원조기술을 활용할 수 있는 능력을 갖추지 않으면 안 된다.

기초지식을 기반으로 하여 전문적인 지식과 전문적인 기술을 충분하게 자기의 것으로 만들고, 그 위에 윤리관에 적합한 실천을 수행해 가는 것이 오늘날의 사회복지실천에 있어서 전문성의 구도이다.

(2) 사회복지사의 가치와 윤리

사회복지사는 클라이언트 중심, 이타주의의 가치를 중요한 요소로 삼는 전문직이기 때문에 윤리성이 크게 강조된다. 윤리란 사회관계를 할 때 사람으로서 마땅히 행하거나 지켜야 할 도리이다. 이러한 맥락에서 볼 때 사회복지사의 윤리는 전문인으로서 행하거나 지켜야 할 도리이며, 이것이 바로 전문직 행동의 기준이 되고 원칙이 된다.

사회복지실천이 인간의 존엄성을 유지하고 사람답게 살 수 있도록 직접적인 도움을 줄 뿐만 아니라 그것을 뒷받침할 수 있는 제반 조건을 정비하는 것이라면, 그것에는 개인과 사회의 가치가 반영된다. 특히 사회복지사는 사회적으로 취약한 사람을 대상으로 하는 전문직이기 때문에 클라이언트의 인격성과 인권을 존중하는 윤리성을 강하게 요청한다.

(3) 사회복지사의 윤리강령

사회복지실천의 고유한 윤리를 추구하는 작업은 전문직 단체의 확립이 다른 나라보다 일찍 행해졌던 미국에서 가장 먼저 이루어졌다. 즉, 미국 사회복지사 단체는 1921년에 설립된 후에 1951년에 윤리강령을 발표하고 있다. 그 후 1955년에는 전국적인 단체인 미국사회복지사협회NASW가 결성되면서 사회복지사의 전문성과 함께 그 존재 의의와 관련하여 윤리문제가 논의되었으며, 1986년에는 새로운 윤리강령을 발표하였다.

영국에서도 1975년 영국사회복지사협회가 사회복지실천의 이용자의 출신, 지위, 성별, 연령, 신념, 사회적 공헌도 여하를 막론하고 모든 인간의 가치와 존엄성을 강조하는 윤리강령을 공포한 바 있다.

우리나라에서도 최초로 한국사회복지사협회KASW가 1973년 2월에 윤리강령 초안 제정에 대한 결의를 한 후, 한참 세월이 지나 1982년 1월 15일에 사회복지사 윤리강령을 정식으로 제정, 선포하였다. 이후 1988년 3월 26일(1차 개정), 1992년 10월

22일(2차 개정), 2001년 12월 15일(3차 개정), 2021년 7월 5일(4차 개정), 2023년 4월 11일(5차 개정) 등 다섯 차례의 개정을 통하여 지금의 윤리강령이 만들어졌다. 현재, 윤리강령의 〈전문〉은 다음과 같다.

▮ 사회복지사 윤리강령 ▮

사회복지사는 인본주의 · 평등주의 사상에 기초하여, 모든 인간의 존엄성과 가치를 존중하고 천부의 자유권과 생존권의 보장 활동에 헌신한다.
특히 사회적 · 경제적 약자들의 편에 서서 사회정의와 평등 · 자유와 민주주의 가치를 실현하는 데 앞장선다. 또한, 도움을 필요로 하는 사람들의 사회적 지위와 기능을 향상시키기 위해 저들과 함께 일하며, 사회제도 개선과 관련된 제반 활동에 주도적으로 참여한다. 사회복지사는 개인의 주체성과 자기 결정권을 보장하는 데 최선을 다하고, 어떠한 여건에서도 개인이 부당하게 희생되는 일이 없도록 한다.
이러한 사명을 실천하기 위하여 전문적 지식과 기술을 개발하고, 사회적 가치를 실현하는 전문가로서의 능력과 품위를 유지하기 위해 노력한다. 이에 우리는 클라이언트 · 동료 · 기관 그리고, 지역사회 및 전체사회와 관련된 사회복지사의 행위와 활동을 판단 · 평가하며 인도하는 윤리기준을 다음과 같이 선언하고 이를 준수할 것을 다짐한다.

그리고 〈윤리강령의 목적〉으로 다음과 같이 서술하고 있다.

▮ 윤리강령의 목적 ▮

① 윤리강령은 사회복지 전문직의 사명과 사회복지 실천의 기반이 되는 핵심 가치를 제시한다.
② 윤리강령은 사회복지 전문직의 핵심 가치를 실현하기 위한 윤리적 원칙을 제시하고, 사회복지 실천의 지침으로 사용될 윤리기준을 제시한다.
③ 윤리강령은 사회복지 실천 현장에서 발생하는 윤리적 갈등 상황에서 의사 결정에 필요한 사항을 확인하고 판단하는 데 필요한 윤리 기준을 제시한다.
④ 윤리강령은 사회복지사가 전문가로서 품위와 자질을 유지하고, 자기 관리를 통해 클라이언트를 보호할 수 있도록 안내한다.
⑤ 윤리강령은 사회복지의 전문성을 확보하고 외부 통제로부터 전문직을 보호할 수 있는 기준을 제공한다.
⑥ 윤리강령은 시민에게 전문가로서 사회복지사의 역할과 태도를 알리는 수단으로 작용한다.

이어서 〈윤리강령의 가치와 원칙〉을 서술하고 있는데, 사회복지사는 인간 존엄성과 사회정의라는 사회복지의 핵심 가치에 기반을 두고 사회복지 전문직의 사명을 다하기 위해 노력해야 한다. 이러한 핵심가치와 관련해 "사회복지 전문직이 준수해야 할 윤리적 원칙"을 다음과 같이 제시하고 있다.

▮ 사회복지 전문직이 준수해야 할 윤리적 원칙 ▮

핵심 가치 1. 인간 존엄성

윤리적 원칙: 사회복지사는 인간의 존엄성과 가치를 인정하고 존중한다.
사회복지사는 개인적 · 사회적 · 문화적 · 정치적 · 종교적 다양성을 고려하며 개인의 인권을 보호하고 존중한다.
사회복지사는 클라이언트의 자율성을 존중하고, 자기 결정을 지원한다.
사회복지사는 클라이언트가 역량을 강화하고, 자신과 환경을 변화시킬 수 있도록 지원한다.
사회복지사는 사회복지 실천 과정에서 클라이언트의 개입과 참여를 보장한다.

핵심 가치 2. 사회정의

윤리적 원칙: 사회복지사는 사회정의 실현을 위해 앞장선다.
사회복지사는 개인적 · 집단적 · 사회적 · 문화적 · 정치적 · 종교적 차별에 도전하여 사회정의를 촉진한다.
사회복지사는 개인, 가족, 집단, 지역사회의 다양성을 존중하는 포용적 지역사회를 만들기 위해 노력한다.
사회복지사는 부적절하고 억압적이며 불공정한 사회제도와 관행을 변화시키기 위해 사회의 다양한 구성원들과 협력한다.
사회복지사는 포용적이고 책임 있는 사회를 만들어 가기 위해 연대 활동을 한다.

마지막으로 〈사회복지사의 윤리기준〉으로 ① 기본적 윤리기준, ② 클라이언트에 대한 윤리기준, ③ 사회복지사의 동료에 대한 윤리기준, ④ 기관에 대한 윤리기준, ⑤ 사회에 대한 윤리기준 등으로 구분하여 제시하고 있다. 상세한 것은 '한국사회복지사협회 홈페이지'를 참고하기 바란다.

4) 윤리적 딜레마 해결을 위한 준거틀

(1) 레웬버그와 돌고프의 준거틀

Loewenberg와 Dolgoff1996는 다음과 같은 일정한 순서에 기초한 윤리적 의사결정 접근 방법을 제시했다. 수직적인 구조를 따르는 이러한 해결책이 더 나은 윤리적 행태를 보장한다는 증거는 없지만, 이러한 준거틀은 모두 논리적으로 윤리적 기준을 구성하고 사회복지사로 하여금 체계적이고 신중한 의사결정과정에 참여하도록 돕는 것은 분명하다.

윤리 원칙 1 : 생명보호의 원칙
윤리 원칙 2 : 평등과 불평등의 원칙
윤리 원칙 3 : 자치와 자유의 원칙
윤리 원칙 4 : 최소 해악의 원칙
윤리 원칙 5 : 생활의 질의 원칙
윤리 원칙 6 : 사생활과 비밀보장의 원칙
윤리 원칙 7 : 신실과 사실을 완진히 알릴 원칙

(2) 메티슨의 준거틀

Mattison1997이 제시한 준거틀은 사회복지사가 윤리적 딜레마를 해결하는 데 더욱 쉽게 채택하여 사용할 수 있도록 단계별 과정을 상세히 기술했다. 이 준거틀의 장점은 윤리적 딜레마의 분석과 해결을 이끄는 보다 실용적인 준거틀로서 윤리적 의사결정과정은 가치와 선호도에 매우 민감하다는 끊임없는 자각을 반영하고 있다. 따라서 다음 의사결정의 각 진행 단계마다, 사회복지사는 분석도구의 상호의존도와 개인의 의사결정과정 수행에 주의를 기울여야 한다.

1단계 : 사례 이면의 사실과 사례의 세부사항에 대한 정보수집 · 평가
2단계 : 실천에 대한 고려와 윤리적 요소의 구분
3단계 : 가치 갈등에 대한 확인
4단계 : 사례에 영향을 미치는 윤리강령 원칙들의 확인
5단계 : 가능한 행동양식 결정
6단계 : 어떤 의무가 우선적인지를 평가하고 행동의 선택을 정당화함
7단계 : 해결과 반성

3. 새로운 사회복지실천 영역과 사회복지인력의 활용과제

1) 새로운 사회복지실천 영역

2000년 「국민기초생활 보장법」이 시행되면서 전체적인 사회복지서비스의 전달체계가 더욱 확대되고 있다. 또한 많은 사회문제 해결을 위하여 사회복지시설과 제도들이 속속 신설되고 있는 추세이다. 이러한 양적 팽창은 정신건강 분야, 가정폭력 분야, 학교사회복지 분야, 아동학대 분야, 장애 분야, 교육복지 분야, 주거복지 분야, 문화복지 분야, 기업의 사회공헌 분야, 농어촌복지 분야, 군인복지 분야 등 각 분야에서도 계속되고 있고 앞으로도 그럴 것을 쉽게 예측해 볼 수 있다.

현재 우리나라에서 사회복지사가 활동하고 있는 영역을 보면 사회복지전담공무원 등이 배치되어 있는 정부의 공공사회복지 영역과 민간 영역, 각종 사회복지관을 들 수 있으며, 병원, 상담기관, 생활시설, 그리고 보호관찰 및 갱생보호사업이 이루어지고 있는 교정복지사업 영역 등을 들 수 있다.

앞으로 개발되어야 할 영역으로는 가정, 학교, 기업 등 모든 조직에서 발생하는 폭력의 예방과 대처를 다루는 의무보호서비스protective services 영역, 학생과 청소년들을 위한 학교사회복지 등 교육복지 영역, 산업체 노동자 및 그 가족들을 위한 산업사회복지 영역, 기업의 사회공헌과 민간의 기부와 관련된 기부 및 모금 영역, NGO 영역, 사회적 기업과 협동조합 영역, 농어촌복지 영역, 주거복지 영역, 문화복지 영역, 군인들을 위한 군인복지 영역, 이주노동자와 북한이탈주민 복지를 위한 이주민복지와 다문화복지 영역, 그리고 국제사회보장협약과 각종 국제인권선언 등의 국제사회복지 영역 등을 들 수 있다.

그러나 현재 사회복지 관련 영역에서 활동하고 있는 또 다른 분야 사람들은 종교계, 사회활동계NGO계, 타 전문직 등이다. 노숙자 · 빈민문제 등에서는 성직자와 종교계 인력이, 사회운동 · 가정폭력 · 여성 및 청소년복지 등의 분야에서는 NGO 단체 사회활동가가, 정신건강 · 가족문제 등에는 정신의학 관련 의사와 간호사, 심리학 전문가, 교육상담사, 가정경제학 전문가 등의 타 전문직 등이 사회복지 분야와

겹쳐 있다. 그러므로 국가 전체로는 어떤 직종을 그 분야에 투입하였을 때 가장 효과적이고 효율적일 것인가를 따져 보지 않을 수 없다. 특히 예산을 투입하는 정부 입장에서는 효과적이고 효율적인 결과를 나타낼 집단을 우선 선정하게 될 것이다.

2) 사회복지인력의 활용 과제

확대되는 사회복지 실천영역에 필요한 사회복지인력을 잘 활용하려면 특히 사회복지사는 사회복지직만이 독점적인 역할을 할 수 있는 영역이나 기능을 사회로부터 인정받아야 하는 과제를 안고 있다. 이러한 과제들을 정리해 보면 다음과 같다.

첫째, 앞으로 실업문제나 노동자문제, 군인문제, 학교청소년문제 등 긴급하고 쟁점이 되는 사회문제에 대한 사회복지사의 책임성accountability을 강화시켜야 한다. 이를 위해서는 팀 접근방법에 대해 알아야 하고 타 전문가와의 이해와 교류를 늘려야 한다. 각기 널려 있는 인간 행동과 복지를 위한 전문 서비스들을 어떻게 연계하고 체계화할 것인지는 매우 중요한 부분이다. 예를 들면 노숙자 문제, 가정폭력 문제, 지역정신건강 분야, 가족 분야, 장애인 분야 등에서는 사회복지사뿐만 아니라 정신과의사, 심리학자, 사회운동단체, 특수교사, 지역사회간호사, 재활전문가, 지역활동가, 보육교사 등 함께 하게 되는 타 전문가들이 있다. 이들과의 원활한 의사소통, 그리고 팀별 접근의 유용성들을 알고 그렇게 진행하도록 하는 데 사회복지사의 역할이 매우 중요하다고 본다. 이 부분에서 리더십을 발휘하여 각각 나뉘어 있고 분절되어 있는 전문 영역을 하나로 통합하고 연계하는 의식적이고 전문적인 노력이 필요하다.

둘째, 지역사회복지에 최대한 관심을 가져야 한다. 사회운동단체에서는 지역문제와 관련하여 매우 다각도로 논의하고 고민하면서 지역주민들에게 역량강화empowerment의 기회를 주고 그들이 주체로서 활동하도록 장을 제공하고 있다. 또한 지역주민들의 자발적인 활동들도 그 수를 헤아릴 수 없을 만큼 늘려가고 있다. 따라서 앞으로 사회복지사들은 지역 단위로 일하고 있는 경우가 대부분이므로 지역사회복지 부분에 대한 학습과 함께 체계적인 훈련을 해야 하며, 전문적인 개입활동과 프로그램 개발을 시급히 해야 한다.

셋째, 전문인specialist으로서의 사회복지사와 일반인generalist으로서의 사회복지사 등을 구분하여 각각 발전시켜 나가야 한다. 현재 우리나라의 경우 전문인으로서의 사회복지사는 가족치료사, 정신건강사회복지사, 학교사회복지사, 의료사회복지사 등 각 분야에서 세분화되면서 각자의 영역을 넓혀 가고 있는 추세이다. 그리고 현재까지의 사회복지 현장에서는 주로 specialist만을 전문직으로 인정하고 개발해 가는 추세였다. 그러나 점차 일반인으로서의 사회복지사의 역할과 훈련이 늘어나고 있는 추세이다. 그러나 그렇다고 해서 specialist의 사회복지사의 수나 질이 떨어지고 있는 것은 더더욱 아니다. 다만 여기에서 간과하지 말아야 할 것은 자신이 어떤 형태의 사회복지사가 되고 싶은지를 결정해야만 하고 그에 따른 지식 습득과 훈련을 게을리하지 말아야 한다는 점이다.

넷째, 4차 산업혁명에 따른 전문적인 사회복지 개입이 이루어져야 한다. 클라우스 슈바프K. Schwab는 2016년 다보스포럼 기조연설에서 4차 산업혁명을 "컴퓨터를 중심으로 하는 3차 산업혁명을 기반으로 디지털, 바이오와 물리학 사이의 모든 경계를 허무는 융합 기술혁명"으로 정의하고 정치 · 경제 · 사회의 새로운 패러다임으로 제시하였다. 일반적으로 4차 산업혁명은 '초연결성', '초지능화', '융합화'에 기반하여 모든 것이 상호 연결되고 보다 지능화된 사회로 변화한다는 특징을 갖고 있다. 여기서 초연결성은 ICT를 기반으로 하는 사물인터넷IoT과 만물인터넷IoE의 진화를 통해 인간-인간, 인간-사물, 사물-사물을 대상으로 한 초연결성이 기하급수적으로 확대하는 것을 말한다. 초지능화는 인공지능과 빅데이터의 결합 및 연계를 통해 기술과 산업구조의 초지능화가 강화되는 것을 말하며, 융합화는 '초연결성', '초지능화'에 기반하여 기술간, 산업간, 사물-인간간의 경계가 사라지는 '대융합'의 시대를 전망한다. 이러한 급격한 시대의 변화에 따라 사회복지실천은 기본적으로 클라이언트와 일대일 대면관계 중심의 오프라인 세계에서 이뤄지는 게 원칙이지만 온라인 세계와 융합하여 편하고 편리하게 보완할 수 있다면 더 좋을 것이기 때문에 이런 흐름은 향후 크게 발전할 것으로 보인다.

따라서 사회복지의 체계화, 과학화, 전문성의 강화와 함께 이를 통한 서비스의 개별화가 필요하게 된다. 그것은 인공지능이나 로봇에 의한 대체가 아니라 이들을 보다 적절하게 효율적으로 활용할 수 있는 감성을 지닌 사회복지인력의 전문성과 역할을 강화·확대하기 위한 구체적 방안으로서 4차 산업혁명의 핵심 기술이 가고 있는 장점을 알아야하며, 어떤 기술이 유용한지, 어떤 클라이언트가 우선순위가 되어야 하는지에 대한 형평성도 고려되어야 하고, 아울러 클라이언트의 맞춤형 서비스에 대한 논의와 기술의 활용이 우선 이뤄져야 한다. 이를 위해서는 첫째, 4차 산업혁명의 기술과 기계가 사회복지현장에 활용될 때 맞춤형 프로그램과 데이터를 분류하는데 사회복지사와 관련 학회의 공동 작업이 필요하다. 둘째, 기술과 기계가 사회복지사를 대체 할 수 없는 부분에 대한 논의가 이루어져 앞으로 사회복지 교육과정에 윤리와 가치 변화에 대한 논의와 함께 사회복지사의 역할과 전문 기술, 감정과 소통에 대한 노력이 반영되어야 한다이윤수, 2018. 셋째, 정보복지의 구축이 절대적으로 필요하다. 여기에는 정보통신 쪽으로부터의 접근인 보편적 서비스 대책과 임상적인 사회복지 접근인 직접 서비스체계의 활용 대책, 그리고 다양한 주체의 참여와 협력을 촉진하는 '플랫폼' 기술 활용 대책을 들 수 있다. 넷째, 데이터를 중심으로 하는 증거기반 실천evidence- based practice을 강화해 나가야 한다. 다섯째, 사회복지사들의 사회복지 현장에의 일상적인 참여를 활성화해야 한다. 왜냐하면 사회복지운동 조직의 또 하나의 특징은 실무자 차원의 운동이라는 것인데 그것은 사회복지운동의 역사가 짧고 활동 방향이 대중들의 삶의 현장과 대체로 무관하게 전개되고 있기 때문이다. 그리고 운동의 구체적인 형태도 제한적이고 한시적인 경우가 많다. 이런 제한적인 활동 때문에 운동이 실무자들과 같이 운동에 전문적으로 헌신하는 사람들이 조직해 주는 범위 내에서만 전개되기 쉽다. 따라서 사회복지운동 조직들은 운동에 참여하는 대중이 자신의 생활 현장에서 조직적으로 사회복지운동을 할 수 있는 장을 만들어 주는 데 역점을 두어야 할 것이다. 이를 위해서 사회복지사들이 각종 주민단체와의 연대활동을 일상적으로 맺어 나가야 한다. 또한 자신이 속해 있는 사회복지사협회라는 집단차원에서 다양한 연대활동을 모색해야 하며, 사회복지 개혁모임이나 사회복지 예산대책위원회와 같은 사회복지사 자신들의 조직을 더욱 활성화하여 정치세력화할 필요도 있는데, 이에 대한 사회복지사들의 실천과제가 탐색되어야 한다. 여섯째, 남북관계의 진전뿐만 아니라 국제사회복지 영역에 대한 관심을 가져야 한다. 특히 외국의 원조를 받은 나라에서 원조를 주는 나라로 바뀐 유일한 국가가 아직 한국밖에 없음을 생각해 볼 때, 공식개발원조ODA 기금을 잘 활용하여 발전도상국가의 사회복지를 지원해 줄 책임이 바로 사회복지계에 있다고 할 수 있다. 대학교육과정의 사회복지실습을 발전도상국가 등 국외에서 시행하는 것도 하나의 방법이다.

요약

이 장에서는 사회복지사가 중요하다고 여기는 전문적인 기능과 관련하여 기대되는 행동을 말하는 사회복지사의 대표적인 역할인 조력자, 중재자, 중개자, 통합자/조정자, 관리자, 교육자, 분석가/평가자, 촉진자, 주창자, 협상가, 옹호자 등의 역할에 대해 살펴보았다.

그리고 사회복지사가 수행하는 사회복지실천에는 두 가지 본질적인 가치 전제가 깔려 있다. 첫째, 개인의 존엄성과 독특성에 대한 존중, 둘째, 클라이언트의 자기결정에 대한 신념 등이 그것이다. 이러한 가치 전제를 토대로 사회복지사가 갖는 세 가지 가치 기준은 인간의 선호하는 개념으로서의 가치, 인간을 위해 선호하는 결과로서의 가치, 인간을 다루기 위해 선호하는 수단으로서의 가치 등이다. 이러한 가치 기준에 따라 한국사회복지사는 우리나라 사회복지사 윤리강령을 제정하였다.

그리고 윤리적 딜레마 해결을 위한 대표적인 두 가지 준거틀로서 레웬버그와 돌고프의 준거틀과 메티슨의 준거틀을 들 수 있다. 전자의 준거틀은 논리적인 윤리 기준을 구성하여 사회복지사로 하여금 체계적이고 신중한 의사결정과정에 참여하도록 지원하며, 후자의 준거틀은 의사결정의 각 진행 단계마다 사회복지사가 분석도구의 상호의존도와 개인의 의사결정과정 수행에 주의를 기울이는 데 도움을 준다.

마지막으로, 사회복지의 전반적인 변화와 전망을 토대로 하여 사회문제와 욕구 확대에 따른 새로운 사회복지 실천 분야로 학생, 청소년들을 위한 학교사회복지 등 교육복지 영역, 산업체 노동자 및 그 가족들을 위한 산업사회복지 영역, 기업의 사회공헌 영역, NGO 영역, 농어촌복지 영역, 주거복지 영역, 문화복지 영역, 군인들을 위한 군인복지 영역, 이주노동자와 북한이탈주민 복지를 위한 이주민복지 영역, 그리고 국제사회보장협약과 인권선언 등의 국제사회복지 영역 등을 제시하였다. 그리고 이들 각 영역에 필요한 사회복지인력의 활용 과제를 살펴보았다.

탐구문제

1. 사회복지사의 대표적인 역할인 조력자, 중재자, 중개자, 통합자/조정자, 관리자, 교육자, 분석가/평가자, 촉진자, 주창자, 협상가, 옹호자 등의 역할을 각각 비교하여 설명하라.
2. 우리나라 사회복지사 윤리강령의 특성은 무엇인가?
3. 사회복지사의 윤리적 딜레마 해결을 위한 준거틀은 무엇인가?
4. 새로운 사회복지실천 영역에 필요한 사회복지인력의 활용 과제는 무엇인가?

참고문헌

김융일·조흥식·김연옥(2000). **사회복지실천론**. 나남출판.

이윤수(2018). "4차 산업혁명의 과학기술을 적용하는 사회복지실천에서의 윤리와 가치". **한국사회복지학회** 2018년도 춘계공동학술대회 자료집.

장인협(1989). **사회사업실천방법론(상)**. 서울대출판부.

Bartlett, M.(1970). *The Common Base of Social Work Practice*. NASW Press.

Loewenberg, F. M. & Dolgoff, R.(1996). *Ethical Decisions for Social Work Practice* (5th ed.). Itasca. I.L. : F. E. Peacock.

Mattison, M.(1997). Ethical Decision Making in Social Work Practice, Paper presented at the 15th Annual Baccalaureate Program Directors Conference. Philadelphia, 1997, October.

Morales, A.T. & Sheafor, B.W.(2001). *Social Work : A Profession of Many Faces*. 9th ed. Boston : Allyn and Bacon.

Zastrow, C. & Kirst-Ashman, K. K.(2001). *Understanding Human Behavior and the Social Environment*. 김규수 · 김인숙 · 박미은 · 박정위 · 우국희 · 설진화 · 홍선미 역, **인간행동과 사회환경**. 나눔의집

1. 한국의 복지환경 변화

현재 우리가 당면한 복지환경은 매우 급박하게 변화하고 있으며 복지정책의 패러다임paradigm을 근본적으로 바꾸어야 할 대전환점에 서 있다고 볼 수 있다. 그 이유를 살펴보면 다음 몇 가지로 대표된다.

첫째, 현재 우리 사회에는 사회적 위험social risks이 복합적으로 전개되고 있다. 한편으로는 '구舊 사회적 위험old social risks'으로서, 주로 전통적인 산업사회에서의 소득중단 문제와 연결되는 위험, 즉 실직, 빈곤, 질병, 장애, 노령 등이 이에 해당한다. 우리나라는 이에 대한 대응체계가 여전히 부실한 상태여서, 국민최저선national minimum의 확보를 위한 공공부조제, 최소한의 위험대처 방안인 사회보험 등을 내실화해야 할 과제를 안고 있다. 다른 한편으로 '신新 사회적 위험new social risks'으로서, 최근 현대사회가 탈산업사회, 지식기반사회가 되면서 새롭게 부상하는 위험, 즉 가정 내 아동, 노인, 장애인 등 취약계층에 대한 돌봄기능의 상실, 기술 변화에 따른 고용의 불안 등이 이에 해당한다. 우리나라는 이 부분에서 아직 제대로 대응체계를 갖추지 못한 상태이다. 결국 우리는 선진국가들이 신 사회적 위험에만 대응하면 되는 것과는 달리, 구 사회적 위험과 신 사회적 위험에 대한 대응체계를 동시에 갖추어야 하는 이중 부담의 상황에 놓인 것이다.

둘째, 격차의 심화 현상이다. 앞의 12장에서 보았던대로 한국은 최근 불평등의 심화 현상이 완화되고 있지만, 선진복지국가들에 비하면 여전히 높은 수준이며 외환위기 이전의 상태로 복원되지 않고 있음을 직시해야 한다. 우리나라의 불평등 심화의 근저에는 대외적으로 수출위주의 적극적인 개방정책을 추진하고 있고 대내적으로는 신자유주의의 원칙 하에 기업친화적 정책과 노동의 유연성 추구라는 기저가 있다. 이미 한미 FTA, 한-EU FTA, 한-중 FTA 등 다양한 국가나 경제권과의 자유무역협정을 체결하여 상품과 자본이 더욱더 자유롭게 교류하게 됨으로써, 무한경쟁이 낳은 필연적 결과로서의 양극화가 심화될 수밖에 없다. 또한 IMF 경제위기 이후 추진한 신자유주의 경제정책과 노동정책은 자본분배율의 증대, 저임금 노동자 및 비정규직의 양산을 초래하게 되었다. 여기에 고질적인 부동산투기 등에 의해 자산의 불평등이 존재하며, 나아가 교육의 불평등으로 인한 빈곤의 대물림이 고착되는 조짐을 보임으로써 우리나라의 불평등 구조는 매우 고질적인 문제로 자리 잡게 되었다. 원래 현대국가에서는 이러한 불평등구조를 근본적으로 막을 수 없기에 조세와 복지제도를 통해 사후 보정하게 된다. 그러나 제12장에서 살펴본 바와 같이 우리나라의 경우 복지지출 수준이 낮아 파이pie 증대 효과가 전 국민에게 골고루 나누어지는 적하효과滴下效果, trickling-down effect로 이어질 수 있다는 주장은 애초부터 기대하기 어려웠던 상태이다. 이로써 단순히 불평등의 문제가 아니고 한국사회는 이제 소득과 자산 등의 경제적 수준에 따라 건강, 주거, 교육, 기대여명에 있어 현격한 격차를 보임은 물론 나아가 성별, 기업별, 도농간의 격차로까지 확대되는 이른바 '다중격차사회'로 고착되는 문제에 봉착하고 있다. 이들 격차가 심화되면 한 사회 내에 서로 사회경제적 조건이 완전히 이질적이어서 분리된 두 집단이 존재하는 양극화사회로 발전할 수 있고 이는 사회갈등과 분열로 이어져 사회 구성원 전체의 존재 기반을 불안정하게 만들 수 있다.

셋째, 초저출산, 초고령화에 따른 인구규모 및 그 구성에 있어 격변이 일어나고 있는 점도 향후 복지 환경의 변화에서 매우 핵심적인 것이 될 수밖에 없다. [그림 14-1]은 합계출산율의 국제 비교치인데, 한국은 이미 OECD 국가 중 최저치를 보여 준다. 특히 1970년에서 1995년, 그리고 2020년 등 세 시점에 대한 합계출산율의 하락 추이가 너무나 현저하게 이루어진 국가집단에 속하면서도 결과적으로 초저출산상태에 빠져있는 유일한 국가가 되고 있다. 그 결과 인구의 구성은 어떻게 변화될 것인가를 알기 위해 통계청이 2021년에 발표한 장래인구추계(2020-2070년)를 보자. [그림 14-2]에서 보는 바와 같이 생산연령인구와 유소년 인구의 급감, 고령인구의 급증이 불가피하다지만 현재 상태라면 2070년이 되었을 때 감소된 인구규모와 함께 그 안의 구성비가 노인층 46.4%, 생산연령층 46.1%, 그리고 유소년인구 7.5%라는 기형적 구조가 되고 만다. 이에 따라 노동인구의 내포적內包的 · 외연적

外延的 확대가 필연적 요망사항이 된다. 경제활동인구로의 편입여성, 노인, 장애인 등 확대, 기존 노동인구의 노동생산성 증대 등을 위한 적극적 노동시장정책의 재편도 요구된다. 인구 감퇴의 억제를 위한 출산장려정책, 이를 위한 일과 돌봄의 양립이 가능한 사회구조로의 재편이 요구되기도 한다. 노령인구의 비중 증대에 따른 사회·경제적 대응도 필요해, 실버산업 및 노인복지의 중요성이 증대하고 건강하고 오래 사는 노년기 삶이 중요해질 것이다.

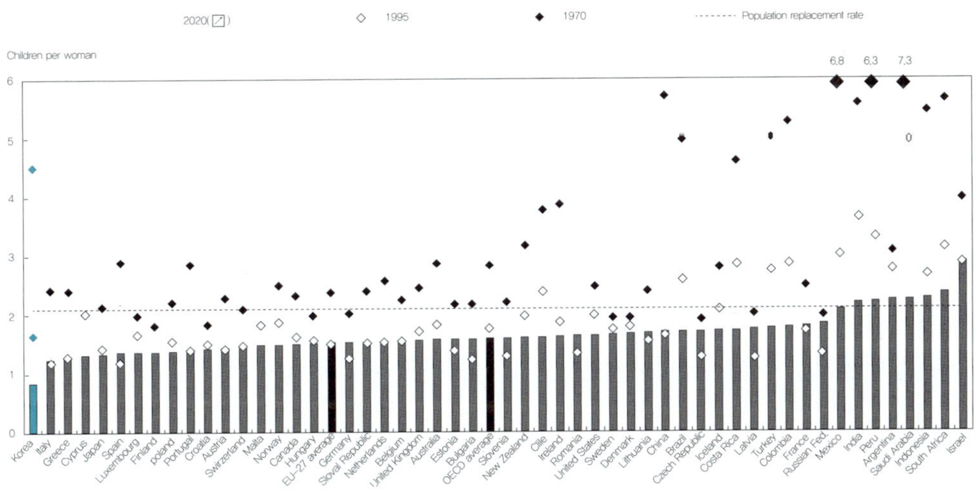

[그림 14-1] 합계출산율의 국제 비교

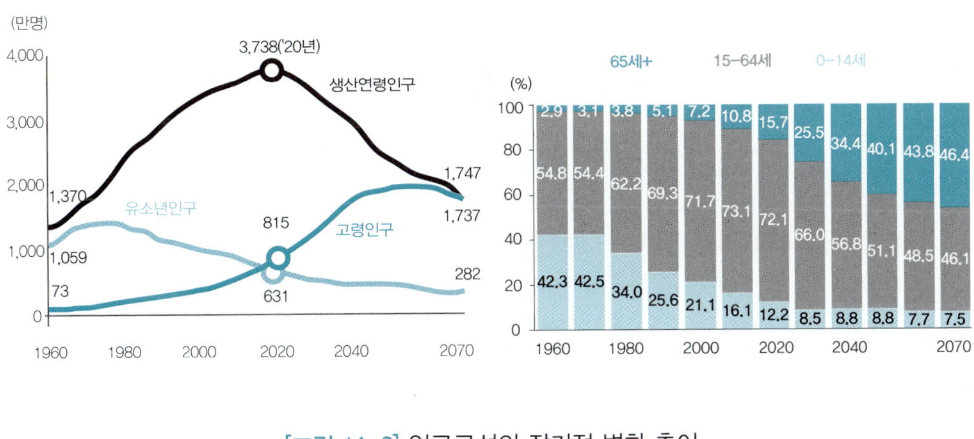

[그림 14-2] 인구구성의 장기적 변화 추이

마지막으로 고려해야 할 중요한 환경변화로 코로나 팬데믹 이후 더욱 격화될 디지털기술의 변화와 기후위기의 대응에 따른 각종 변화를 들 수 있다. 이미 코로나 팬데믹은 우리 사회에 새로운 문명적 대전환이 와야함을 일깨워 주기에 충분했다. 팬데믹기간동안 전 세계적으로 수 천만명이 사망하였고 치명적인 대유행병의 감염에 대한 공포와 일상 생활의 중단으로 인한 고통을 모두가 경험하게 되었다. 이에 인류는 코로나 팬데믹이란 그간 기반을 둔 생산방식, 즉 생태파괴적인 성장방식의 대전환을 전지구적으로 추진하게 되었다. 소위 탄소중립사회로의 전환, 생태전환이라 불리는 이러한 변화는 석탄 등 화석연료를 사용하는 산업이 쇠퇴하고 재생에너지 또는 신재생에너지를 사용하는 산업이 급부상하면서 지역별, 계층별로 상이한 충격이 가해짐으로써 그 피해자들에 대한 사회보장 차원의 대응책이 마련될 수밖에 없다. 이런 접근을 포괄하여 '정의로운 전환just transition'이라고 부르고 있다. 그런가 하면 코로나 팬데믹 이전부터 4차 산업혁명이라고 부르는 디지털기술혁명이 진전되었으나 코로나 시기의 비대면 기술이 각광받는 것에 힘입어 향후 더욱 가속화될 수밖에 없다. 이에 인간 노동의 대체 또는 노동 형태의 변환으로 실업자나 플랫폼노동자의 양산은 기존 산업사회 내지 후기산업사회에 기반을 둔 현재의 복지국가 체제에 근본적인 수정이 불가피하게 된다. 오늘날 기본소득basic income이나 기본서비스basic service를 둘러싼 논쟁들이 격화되는 것도 기존 복지국가의 근본적 변화가 필요하다는 인식에 따른 대안찾기에 다름아니다이태수 외, 2021.

2. 한국 복지발전의 전망

1) 복지정책의 기본 방향 – 보편적 복지국가 구축

앞에서 살펴본 변화에 직면하여 복지정책의 패러다임이 새롭게 구성될 필요가 있다. 먼저, 생산력 변화에 따른 경제성장 전략과 연관된 복지정책이 전개될 필요가 있다. 한국 경제의 성장 동력이 저임금 노동에 근거한 대량 생산과 저가 수출의 방식을 탈피한지 오래이고 자동차, 선박, 전자제품 등의 첨단 기술에 기반한 제품을 중심으로 수출하는 방식이다. 그러나 숙련노동보다는 로봇 등 자동화 공정이 주가 되고 있고, 중소기업을 하청기업으로 하여 수출대기업이 이윤을 독식하는 체제로 경제의 근간이 이루어짐으로써 생산과정에 투입된 생산요소자본, 노동, 토지 등에 대한 1차 분배이자, 임금, 지대 등가 제대로 이루어지지 않고 있다. R&D 투자를 통한 신기술 개발, 고급 인적 자원 육성을 통한 첨단 산업의 진흥 등 지식 기반의 경제가 필요하고 이에 걸맞는 인적 자원의 조달이 절실하다. 이때 필요한 것이 끊임없는 경제적 · 사회적 혁신innovation인데, 이런 혁신의 창달을 위해선 강건한 복지국가가 기반이 되어야 한다. 즉, 혁신으로 인한 성과를 내기 위해 숙명적으로 겪어야하는 수많은 도전과 실패에서도 혁신정신을 잃지 않기 위해서는 '패자부활이 사회'가 필요한 것이고 바로 이는 생계는 물론, 건강, 교육, 육아, 주거, 노후 등에서 인간답게 살아가는 데에 적정한 수준의 조건들이 충족되어야 하고 바로 이런 국가의 역할을 체현한 것이 복지국가라 할 수 있기 때문이다.

[그림 14-3]은 복지국가의 유형별로 혁신지수가 어떻게 관련되는지를 한 눈에 보여주고 있다. 즉 Y축은 GDP에서 사회복지지출비가 차지하는 비중이며 X축은 혁신지수인데, 영국 미국이 대표하는 자유주의형 국가들은 대체적으로 사회복지지출비의 수준은 낮은데, 그중에서 미국이나 캐나다는 시장에서의 극심한 경쟁을 통해 혁신적 시장이 선도적으로 형성되고 복지는 잔여적 특성을 지니는 2사분면에 포진하고 있고, 뉴질랜드나 오스트레일리아 등은 국가주도로 노동이나 자본의 전통적인 생산요소를 투입하는 형태가 되어 혁신성은 떨어지는 3사분면에 위치해있다. 우리가 사민주의형 복지국가로 부르는 국가들 즉 스웨덴, 핀란드, 노르웨이, 덴마크와 대륙형 복지국가 중 독일, 프랑스 등은 국가-시장-사회가 협치를 이루며 보편적 복지가 주 기반을 이루며 창의와 혁신이 발달된 1사분면에 존재한다. 이들을 혁신적 포용국가군이라 명명할 수 있는데 결국 포용성inclusiveness이 높은 복지국가가 혁신성도 높다는 것을 말해준다. 따라서 혁신경제, 혁신사회를 통해 미래의 불확실성에 대한 대처능력을 키우기 위해서도 복지국가가 답임을 알 수 있으며 아직 포용성이 발달하지 않은 한국이 어느 지점을 행해 가야할 지에 대해서도 분명한 시사점을 던져준다고 하겠다.

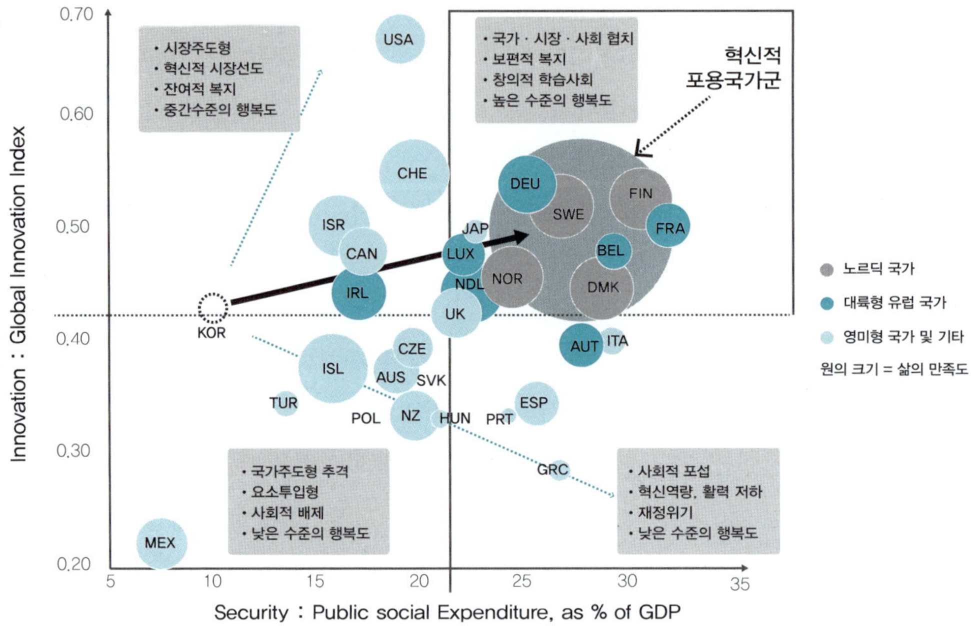

[그림 14-3] 복지국가와 혁신성의 관계

출처 : 대통령직속 정책기획위원회(2019), 231쪽에서 재인용.

또한 앞에서 본 바와 같이 인구의 감소에 따라 사회경제 및 인구 계층상의 구조가 변환되므로 이에 따른 복지정책의 전환도 절실하다. 출생인구의 감소는 이미 심각한 수준이며, 2017년엔 한 해 출생인구가 처음으로 40만 명 아래로 내려간 이래 합계출산율 1.0 이하의 시대, 한 해 출생자 30만 명 이하의 시대가 지속되고 있다. 저출산사회를 원천적으로 막을 수 없다면, 인구감소시대에 적응하는 것이 불가피한데, 이때 한정된 생산인구 내에서 가용한 노동 자원을 모두 활용하는 적극적 보육정책여성 인력 활용, 정년 연장 및 재교육정책노인 인력 활용, 학제개편 및 군복무 단축 등 전방위적인 대응이 이루어져야 할 것이다. 이 가운데 복지는 더 이상 시혜 차원이 아닌 생산력 확보를 위한 인력 육성 및 노동력 확보를 위한 인적 자원 투자 정책으로 접근되어야 함을 말해 준다. 그러나 중장기적으로는 출산율이 일정정도 회복되는 것을 포기할 수는 없다. 그렇다면 출산율과 복지국가의 관계는 어떠한가?

[그림 14-4]에서는 복지국가를 가족주의형, 북유럽형, 영미형, 유럽대륙형으로

나누어 복지국가 수준(GDP 대비 사회복지지출비)과 출산율의 관계를 설명하는 추세선을 계량분석기법으로 찾은 것인데, 그림 안에 우상향의 실선과 같이 두 변수는 양의 관계를 가진 것으로 나타났다. 즉, 복지국가 수준이 높을수록 출산율도 높다는 것이며 그림에서도 북유럽국가군들이 상대적으로 더 높은 출산율 수준을 보이고 있음을 알 수 있다.

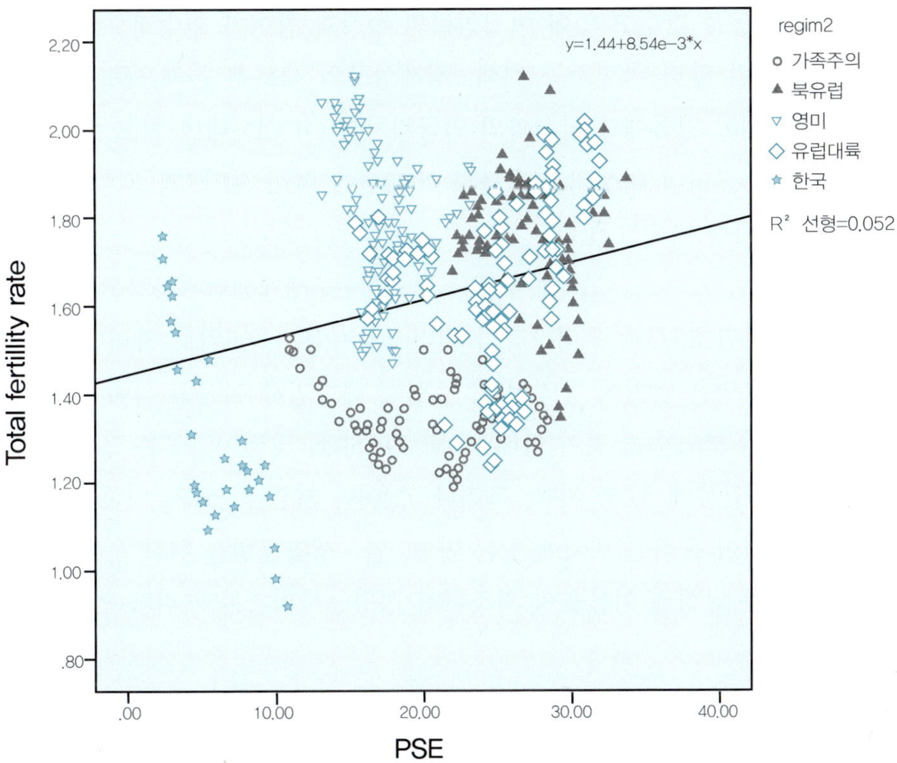

[그림 14-4] 복지국가 수준과 출산율과의 관계

주 : 1) 대상국가로, 가족주의에는 그리스, 일본, 한국, 북유럽에는 스웨덴, 핀란드, 덴마크, 영이에는 미국, 영국, 호주, 캐나다, 유럽대륙에는 독일, 프랑스, 벨기에, 네덜란드, 이탈리아가 포함되어있음.

2) 각 좌표점은 해당국가들에 대해 1990년~2020년 중 데이터가 있는 경우에 한하여 생성되어있음.

출처 : 조성은 외(2023), 203쪽.

다른 한편 양성평등의 진정한 실현이 미래 복지정책 방향의 변화에 중요한 지표가 되어야 한다. 오랜동안 우리 사회는 뿌리 깊은 가부장제 사회가치관이 지배하면서 아들 중심, 남성 중심의 이데올로기가 일상화되어 있었지만 최근에는 인권과 남녀평등 의식이 확산되면서 제도상의 많은 변화를 가져왔다. 그 대표적인 예가 호주제 폐지와 여성할당제 도입이다. 특히 글로벌 경제환경은 지식경제 패러다임으로 전환되고 있고 여성은 지식경제 패러다임에서 요청되는 창조성, 소통능력, 수평적 리더십 등을 갖추고 있어 여성인력의 성장과 참여가 필수적으로 요청되고 있다. 그러나 3만 달러 국민소득 시대, 경제성장의 새로운 동력으로 여성인력의 중요성이 부각되고 있음에도 남성과의 임금격차가 OECD 내에 최고 수준남성 평균임금 대비 70.0%, 2022년 기준이며 여성의 고용률도 2022년에 와서 60.0%가 되어 주요 선진국과는 많은 격차를 가지고 있다.

세계경제포럼World Economic Forum에서 매년 발표하는『세계젠더격차보고서World Gender Gap Report』에 따르면 2023년 우리나라의 젠더격차지수는 105위로 자리매김되어 젠더후진국이란 오명을 갖기에 충격적이다. 실제 대한민국 여성의 삶이 구체적으로 어떤 모습인지를 보여주는 것이 아래 [그림 14-5]다. 맞벌이가구는 2022년 46.1%이고 1인가구가 같은해 34.5%이다. 그러나 고용률, 저임금근로자 비중, 시간당 임금수준에서 여성이 불리한 위치에 있는 반면, 일 · 생활균형을 위한 육아관련 제도 이용률 등에서는 남성의 이용률이 저조하여 성평등사회와는 거리가 먼 것을 확인시켜준다.

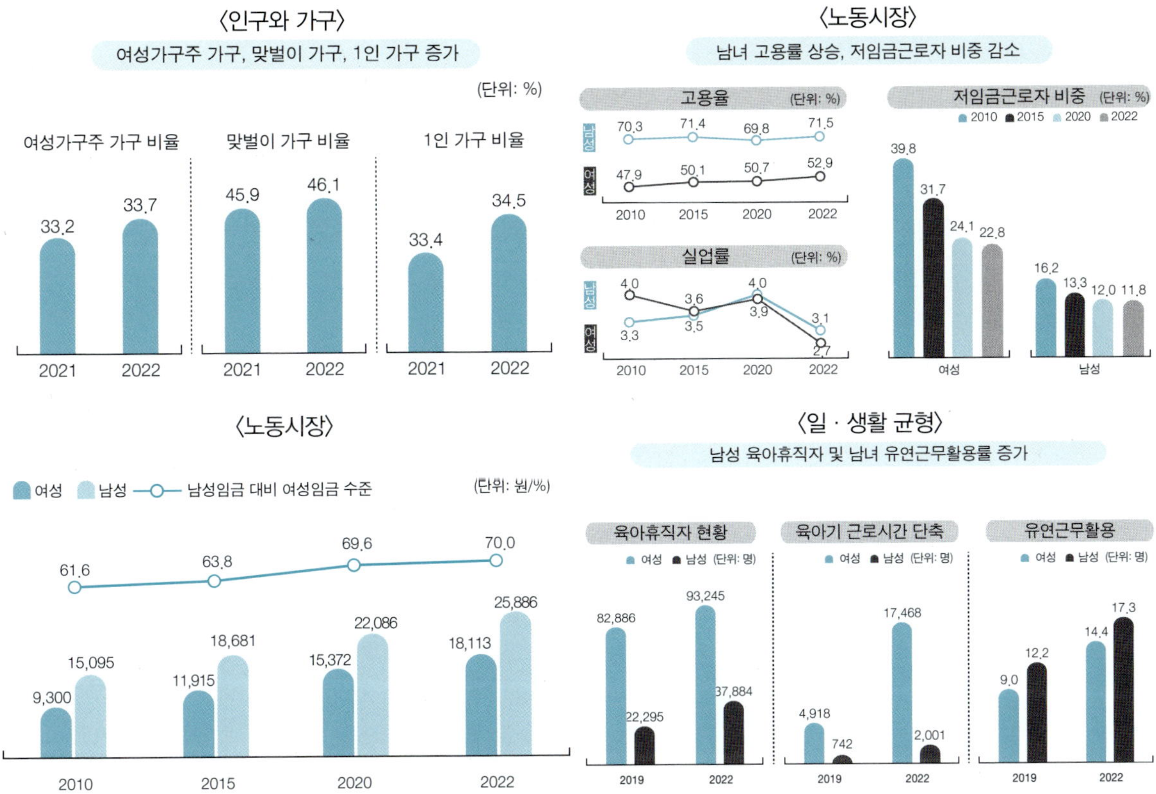

[그림 14-5] 남녀의 삶의 모습

출처 : 여성가족부(2023), 『2023 통계로 보는 남녀의 삶』

그러나 인간의 존엄성과 자유, 평등의 가치를 실현하는 복지국가에서 성별 차이가 존재하는 것은 근본적으로 결함이 갖고 있다는 측면에서 문제시되지 않을 수 없지만, 더 근본적으로 성평등사회를 만드는 과정에서 경제, 사회, 고용의 모든 측면에서 더 견실한 복지국가의 토대가 마련된다는 측면에서도 성평등과 복지국가는 함께 발전되어야할 숙명적 관계에 있다고 할 수 있다.

2) 복지정책의 구현 조건

(1) 재원의 조달 가능성 확보

12장에서 다루었듯 보편적 복지국가군의 수준에 걸맞는 재원을 확보하기 위해서는 GDP 대비 국민부담율을 10%포인트 내외로 더 확보해야된다면 이를 어떻게 해결할 것인가가 매우 중요하면서도 필요조건이 아닐 수 없다.

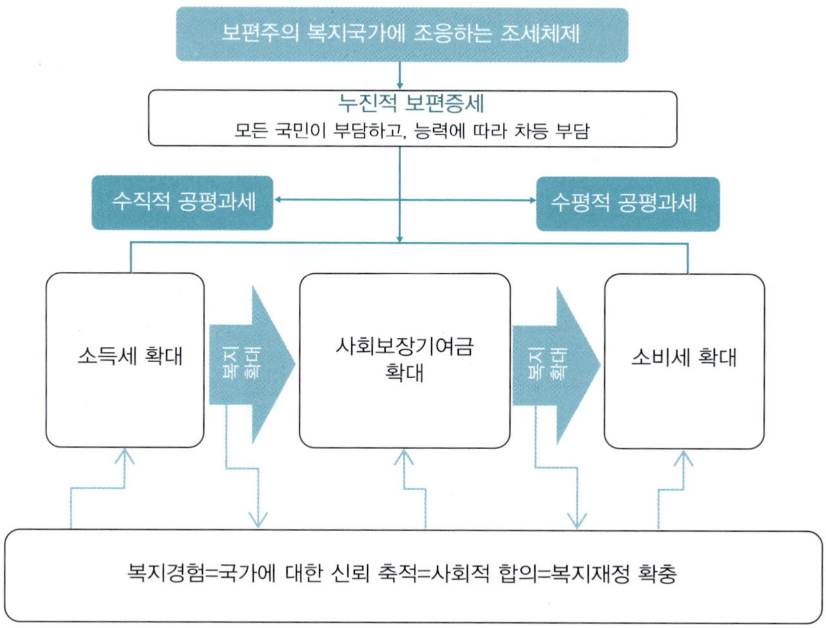

[그림 14-6] 복지재정 확충을 위한 전략

출처 : 비판과대안을 위한 사회복지학회(2015), 341p.

결국 정부지출의 증가는 정부세입의 증가가 전제되어야하고 이는 국민부담의 증가를 통해 이루어진다는 점에서 국민의 동의가 있어야 가능한 일이다. 이런 점에서 현재 정부와 정치권에 대한 국민신뢰가 낮은 것은 매우 불행한 일이다. 따라서 국민의 신뢰와 동의를 얻기 위해서는 복지경험이 선행되어야 하고 이를 통해 세 부담이 결국 자신의 생활 안정과 행복한 사회를 위해 쓰인다는 신뢰가 쌓이는 것이 기반이 되어야 한다. [그림 14-6]에서 가장 밑단에 복지경험이 국가의 신뢰를 쌓고 이것이 증세 등에 대한 사회적 합의를 이끌어내 재정확충이 비로소 가능하다는 점을 표현하고 있다.

그러나 재정확충을 어떻게 할 것인지를 두고는 단계적 전략이 필요하다. 먼저 부자증세, 즉 더 많은 소득을 가지고 있는 이들이 더 많이 내는 수직적 공평과세 전략이 우선된다. 이는 개인의 소득세율 구간 중 고소득층의 세율을 높이는 것이나 상속 · 증여세율을 높이는 것이 대표적인 조세정책이 된다.

조세정의에 대한 일정정도의 사회적 인정이 이루어지면 다음으로는 사회보험료의 인상전략이 이어질 수 있다. 사회보험은 보험료 지출과 혜택이 상응하는 제도이므로 부담의 증가에 대한 거부감이 덜 할 수 있다. 예컨대 아동의 무상의료 또는 건강보장성 강화를 위해 건강보험료를 인상한다거나 은퇴 이후의 노령급여 인상을 위해 국민연금보험료를 인상하는 것이 대표적인 예이다.

이런 전략을 통해 국민들의 신뢰가 두터워지고 이를 통해 정치권에서 증세를 위한 사회적 합의를 할 수 있는 토대가 마련될 수 있으며 마지막으로는 가장 세원이 넓은 보편적인 증세, 즉 누구나 조세 부담을 하는 수평적 과세 전략이 실현되어야 한다. 부가가치세율의 증대 등 간접세를 올려 세원을 대대적으로 확충함으로써 이를 복지재원에 할애하는 방식으로 보편적 복지국가를 구축하게 된다.

결국 모든 국민이 부담하면서도 능력에 따라 차등부담하는 '누진적 보편 증세'가 보편주의 복지국가를 위한 조세체계의 원리가 될 것이다.

(2) 복지와 경제의 선순환에 대한 정당성 확보

흔히 한국 사회에서도 복지와 경제는 악순환할 수 있다는 논거를 통해 복지확대를 부정하는 주장이 대두되고 있다. 그러나 한국 사회에서 진정 양자가 악순환하는 것인가에 대한 진지한 성찰이 요구된다. 특히 복지와 경제의 선순환에 대한 정당성의 확보는 이 시점에서 양극화 해소를 위한 강도 높은 사회정책을 구사함에 있어 매우 중요한 격발자trigger 역할을 할 것이다. 흔히 복지와 경제가 악순환하는 근거로서 다음의 몇 가지를 들고 있다.

첫째, 근로의욕의 저하 가능성이다. 여기에는 연금의 조기퇴직 효과와 실업 · 상병수당의 근로의욕 감소 효과, 그리고 공공부조의 근로유인 감소 효과 등이 구체적으로 거론되는 논거이다. 그러나 우리나라는 국민연금의 실질 급여액이 낮아 조기퇴직 효과는 거의 없으며, 은퇴를 전후하여 자녀 결혼기 등의 현금 수요가 많아 연금제도 하나가 조기퇴직을 유도하지 않는다. 또한 상병수당은 존재하지 않으며, 실업수당 역시 매우 엄격하고 급여기간이 길지 않아 근로의욕 감소효과는 극히 미미하다. 기초생활보장 수급자 중 근로 유능력자는 자활사업 참여를 조건으로 급여를 받기 때문에 근로유인 감소효과가 크지 않다. 그러나 근로소득액이 높아지면 수급자에서 탈락하므로 일을 하지 않거나 소득액을 축소 신고하는 경향이 존재하는 것은 사실이다. 이렇듯 전체적으로 우리나라 복지제도에서 근로의욕이 저하될 가능성을 찾는 것은 쉬운 일이 아니라는 결론이 가능하다.

둘째, 저축률의 저하 가능성이다. 그러나 우리나라는 국민연금이 '수정적립방식'을 택하고 있어 막대한 사회적 투자자본을 형성하고 있다. 오히려 우리나라의 국민연금은 사회적으로 대규모 투자자본을 형성하고 있다는 점에서 일반적으로 연금제도를 통한 민간저축의 구축 효과는 성립하지 않는다.

셋째, 복지재정이 사회적 총 투자자본을 제약할 가능성이다. 이는 우리나라의 복지재정 규모가 미약하여 투자자본 총량을 위축시킬 정도는 아니라는 사실로 방어된다. 오히려 부실한 복지제도가 성장 잠재력을 훼손하는 현상에 주목하여 복지 확충과 성장의 선순환 관계를 유도할 필요성이 있기까지 하다. 1인당 국민소득이 비슷했던 시기에 선진국이 지출한 복지지출비 규모를 생각하면 우리나라의 복지지출비는 미약한 상태임이 명확하다. 따라서 복지재정이 사회적 총 투자를 제약할 상황은 아니다.

그러나 복지와 경제, 고용 간에는 선순환할 수 있는 여지가 충분하다. 의료, 주거, 돌봄, 교육, 노후 등에 선제적 투자를 하는 복지정책은 경제에 유효수요를 창출하고 무엇보다도 인적 자본을 고도화하는 사회투자의 기능을 수행함으로써 경제성장을 촉진함은 물론 지식기반 경제로 나아가게 하고 사회적 경제 증진을 통해 사회적 가치를 창출하는 경제기반을 확충해 나간다. 또한 경제성장은 조세기반을 확충하여 복지의 지속가능성을 확보해 나감으로써 복지와 경제의 선순환 구도가 이루어진다.

또한 복지의 선제적 투자는 다시 사회서비스 등 공공부문의 일자리를 지속적으로 창출하여 고용기회를 확대하고 일을 통한 생활소득을 보장하며 공정 분배가 이루어지게 함으로써 고용부문이 안정화되면서 촉진되도록 기능하고 결국 일을 통한 소득의 확보는 2차 분배를 담당하는 복지제도의 부담을 완화시켜줌으로써 복지와 고용의 선순환 구도를 이루게 된다.

마지막으로 경제성장은 민간부문의 일자리가 지속적으로 창출된다는 것을 의미하게 되며 고용부문이 안정되고 촉진된다는 것은 직업교육이나 기술전환 교육 등을 통해 혁신적인 인적 자원이 조달될 가능성을 높여 혁신경제를 만들어내는 기반이 되어 경제와 고용 간의 선순환 구도가 짜여진다.

이로써 [그림 14-7]과 같이 경제-복지-고용 간의 선순환 구도가 완성된다.

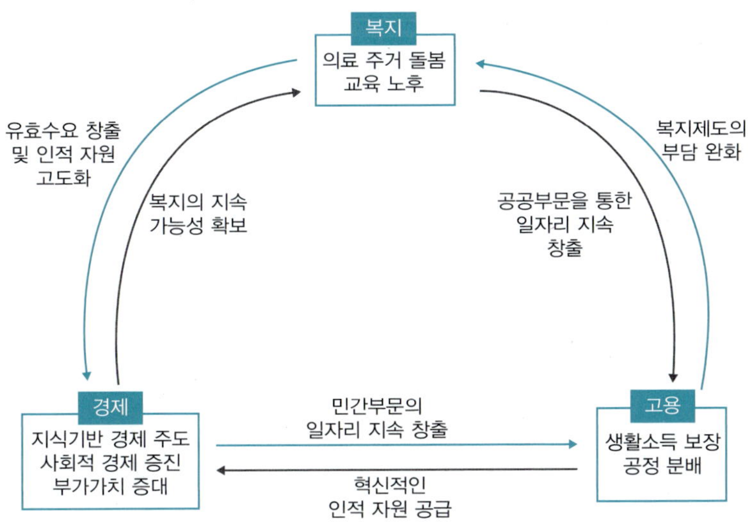

[그림 14-7] 경제-복지-고용 간의 선순환 구도

한국적 상황에서 구체적으로 복지와 경제, 고용 간의 선순환이 작동할 가능성이 여러 가지 측면에서 확보된다.

첫째, 복지의 발달로 보건 및 복지의 일자리 창출 효과가 기대되는 측면이 있다. 보건 및 사회복지서비스 분야는 전형적인 노동집약적 산업으로, 여성 취업자의 수가 많고, 고도의 숙련 노동자와 저숙련 노동자의 공동 취업이 가능한 영역이다. 따라서 보건 및 사회복지서비스의 확충은 그 자체가 대규모 일자리 창출의

한 영역이다. 또한 노인장기요양보험과 국민연금 수급이 본격화되면 노인요양 및 실버산업 분야에서 대규모로 일자리가 창출될 것으로 예상된다. 스웨덴의 경우, 1970년대 보육과 보건부문에서 대규모 일자리를 창출함으로써 완전고용을 달성한 경험이 있음은 잘 알려진 사실이다.

둘째, 사회안전망 구축으로 노동운동의 유연화에 기여한다. 경직화되고 전투적인 노동운동을 합리적이고 유연한 노동운동으로 전환시키기 위해서는 사회안전망의 구축이 전제되어야 한다. 즉, 사회안전망 확보는 사측의 경영 투명성 확보와 더불어 노동운동의 유연화를 위한 사회적 합의의 기본 조건이다.

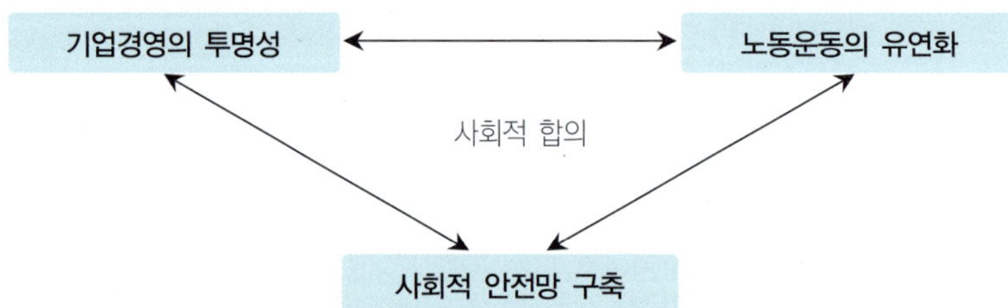

[그림 14-8] 사회적 합의에 기초한 노동운동 유연화 방안

셋째, 노인과 여성의 노동공급 확대와 출산력 향상이 기대된다. 특히 우리나라 여성경제활동 참가율은 20대 후반에 70%를 보이다가 30대가 되면서 결혼이나 출산 등으로 하락하기 시작하여 30대 중반이 되면 60% 수준까지 내려간다. 그리고 자녀의 양육이 끝나가는 40대 중반이 되어서 다시 회복되다가 노인기가 되어서도 비교적 오랜동안 경제활동을 하게되는 전형적인 'M자형'을 보이는데, 이는 선진국에 비할 때 바람직스럽지 않은 양상을 보이는 것이다.

(3) 복지국가의 주체 확보

사회정책 전개의 정당성과 재원조달 가능성을 확보하였다고 해도 이를 주도해 나갈 주체 세력의 확보를 또 하나의 실현조건으로 추가하지 않을 수 없다. 20세기 서구복지국가의 구축과정에서 노동자조합 혹은 그에 기반한 정당이 강력한 복지국가의 주체세력이 되어 계급 간의 타협 또는 양보를 이끌어 낸 경험을 비추어 볼 때 한국 사회에서는 과연 누가 어느 집단이 복지국가의 강력한 추진세력이 될 것인지 관건이 아닐 수 없다.

2010년 6·2지방선거를 계기로 사회적으로 보편적 복지와 선별적 복지에 대한 강렬한 논쟁이 점화되었고, 정치권에서 이에 대한 입장 차이를 강조하면서 각 정당의 정체성을 대변하는 상황이 벌어진 것은 매우 고무적이다. 이후 한국 사회에도 복지정치welfare politics가 시작되어 선거 국면마다 복지국가에 대한 정당 간 철학과 입장 차이가 드러나고 복지정책의 구상이 논쟁을 불러일으키며 주장되는 등 과거보다는 매우 고무적인 양상이 벌어지고 있기는 하다.

더군다나 시민사회에서도 복지국가의 구축이야말로 산업화와 민주화를 넘어선 한국 사회의 현재 시점에서의 시대정신이라는 인식이 팽배해져 있다. 1994년 참여연대가 발족하면서 사회복지위원회를 두고 국민기본선(national minimum) 확보운동을 전개한 것은 시민사회에서 복지국가를 선도하겠다는 매우 상징적인 의미를 가진 흐름이 되었으며 이후 기초생활보장제도의 도입과 복지재정의 확충, 보편적 복지 담론의 확장에 주요한 디딤돌로 작동되었다. 이후 2007년 발족된 복지국가소사이어티를 비롯하여 복지국가실현연석회의, 내가 만드는 복지국가일명 내만복, 복지국가사회복지연대, 복지국가청년네트워크 등의 다채로운 복지국가운동 단체들이 생성된 것 역시 과거에는 볼 수 없었던 희망적인 부분이다. 또한 경기복지시민연대, 인천평화복지시민연대 등 지역에 기반을 둔 지역복지운동단체의 존재도 지역복지의 발전과 복지국가의 시민적 토대를 만든다는 점에서 의미가 크다.

그러나 여전히 한국 사회에는 계급 간의 타협과 양보를 이끌어 내고 복지재원을 마련하기 위한 강력한 사회적 압력을 행사하며 중앙 및 지방정부가 복지정책에 대한 우선순위를 높이도록 하기 위한 압박과 견제를 하기 위해서는 좀 더 분명한 조직적 기반을 갖춘 복지국가 주체세력이 형성되어 있어야 한다.

그럼에도 불구하고 한국 사회에는 아직 강고한 복지국가운동이 자리 잡고 있지 못하며, 그 핵심체로서의 복지국가 주체세력이 취약하다는 사실은 장기적으로 높은 수준의 복지국가 단계로 가는 데 결정적인 한계가 될 것이다.

따라서 이러한 한계를 극복하기 위한 다양한 활동이 요구되는 바이며, 특히 사회복지사 및 사회복지현장 활동가들은 지역사회 내에서 연대와 협동, 나눔의 가치를 통해 복지공동체를 만들어 나가는 데 앞장서는 것은 물론이요, 나아가 한국 사회가 높은 수준의 복지국가로 발전하여 사회정의와 평등, 자유가 실현되도록 하는 데에 자기 활동의 궁극적인 지향을 두어야 할 것이다. 그런 가운데 한국 사회에서는 사회복지계가 복지국가운동을 주도하는 주체의 하나로 자리매김하면서 역동적으로 복지국가 발전에 기여할 수 있게 될 것이다.

요약

한국 사회는 현재 대변환의 시점에 있다. 따라서 복지정책의 패러다임 역시 근본적으로 바뀌어야 할 시점이다. 그 근거로는 첫째, 우리 사회에 이중의 사회적 위험이 동시에 밀려오고 있는 점, 둘째, 세계화 및 개방화를 근본적으로 외면할 수 없는 세계적 조류가 형성되어 있는 가운데 소득불평등이 심화되고 있다는 점, 셋째는 저출산 · 고령화라는 인구학적 변모가 너무나 급격하게 전개되고 있다는 점, 그리고 넷째로 코로나 팬데믹 이후 디지털전환과 생태전환이 더욱 격화됨으로써 이로 인한 산업과 고용부문의 충격이 사회보장제도의 혁신을 도모케 한다.

이러한 변화에 직면하여 지금까지의 복지정책 기조를 재편해야 하는데 우선은 경제성장 전략으로서 복지정책이 갖는 의미를 새롭게 바라보아야 한다. 즉, 더는 자본과 노동의 양으로만 경제가 성장하는 시대가 아니므로 인적 자원개발을 통해 지식기반 사회에서 기술혁신으로 성장이 담보된다고 할 때, 복지정책은 이러한 인적 자원의 질을 제고하는 데 관건이 된다는 것이다. 또한 절대인구의 감소 시대를 맞아서도 여성 · 장애인을 비롯하여 노인과 청년 노동력의 활용이 더욱 절실하며, 취업계층에 대해서도 고용과 교육, 산업이 연계된 인적 자원 계획 등이 수립되어야 하는데, 이러한 과제들 앞에서 복지정책이 적극적으로 기여할 수 있도록 복지정책의 방향을 수립해야 한다.

한편 개방화와 신자유주의의 조류가 범람함으로 인해 사회구조적으로 격차가 심화되어 양극화사회로 갈 가능성이 우려되고 있다. 신빈곤층이 양산되며 중산층의 생활이 불안정한 상태를 면치 못함에 따라 이를 타개하기 위한 복지정책의 강화도 요구된다. 양성평등에 기초하여 여성리더십이 고양되어 여성에 대한 새로운 역할이 부여될 수 있도록 하는 데에 기여하는 복지정책의 기조도 시대적 흐름이 아닐 수 없다.

이러한 막중한 시대적 과제를 해결하기 위해 적극적인 복지정책이 구사된다고 할 때, 이를 위한 구체적인 재원조달 방안의 확보, 복지와 경제의 선순환에 대한 국민적 공감대 확보, 그리고 이러한 복지친화적 담론을 만들어 갈 수 있는 우리 사회의 주체세력의 확보 등이 관건이다.

탐구문제

1. 한국의 복지발전을 제약하는 요인은 무엇이며, 이를 극복할 수 있는 구체적인 방안은 무엇인지 구체적인 방안을 찾아보자.
2. 우리나라 국민은 성장과 분배, 경제와 복지에 대하여 각기 어떤 의식을 갖고 있는지를 보여 주는 자료를 찾아보자. 그로부터 아직도 분배와 복지에 대해 상대적으로 부족한 인식을 지니고 있다는 것이 확인된다면, 그 이유는 무엇인가? 그리고 이를 어떻게 타개해 나갈 수 있는가?
3. 저출산과 사회양극화를 나타내는 주변의 사례를 찾아보고, 이것이 빚어 내는 개인, 가족, 지역, 국가 차원의 영향력은 무엇인가?

참고문헌

대통령직속 정책기획위원회(2019). 광복 100주년을 향한 혁신적 포용국가 미래비전 2045(중간보고용).

비판과 대안을 위한 사회복지학회(2015). 한국복지국가 모델 구축 연구. 전국공무원노동조합.

여성가족부(2023). 2023 통계로 보는 남녀의 삶.

이태수(2011). **왜 복지국가인가**. 이학사.

이태수·이창곤·윤홍식·김진석·남기철·신진욱·반가운(2021). **성공한 나라 불안한 시민**. 헤이북스.

저자소개

조 홍 식(曺興植, Cho, Heung Seek)
서울대학교 사회복지학과 명예교수
E-mail : chohs@snu.ac.kr

▮ 대표저서 ▮

한국의 지속가능한 발전전략과 정책대안(공저, 2014)
평화복지국가(공저, 2013)
인간행동과 사회환경(2010) 외 다수

권 기 창(權奇昶, Kwon, Gi Chang)
한양사이버대학교 사회복지학과 교수
E-mail : window@hycu.ac.kr

▮ 대표저서 ▮

사회복지정책론(2011)
중국노령연금정책의 개혁방향과 평가(2011)
생명윤리입법화의 정책네트워크분석(2003) 외 다수

이 태 수(李兌洙, Lee, Tae Soo)
한국보건사회연구원 원장
E-mail : lts1115@kihasa.re.kr

▮ 대표저서 ▮

복지국가혁명(공저, 2007)
왜 복지국가인가(2011)
사회복지사를 위한 복지경제학(2014) 외 다수

박 경 수(朴景秀, Park, Kyung Su)
한양사이버대학교 사회복지학과 교수
E-mail : kspark@hycu.ac.kr

▮ 대표저서 ▮

한국장애인복지의 이해(공저, 2007)
기업 사회공헌 활동의 동향과 전략(공저, 2010)
발달장애인복지론(공저, 2011) 외 다수

이 용 표(李容標, Lee, Yong Pyo)
가톨릭대학교 사회복지학과 교수
E-mail : ly21@catholic.ac.kr

▮ 대표저서 ▮

정신보건의 이해와 실천패러다임(공저, 2006)
정신장애인 직업재활정책의 경로의존에 관한 연구(2005)
정신의학과 정신장애인 시설수용(2005) 외 다수

엄 규 숙(嚴圭琡, Um, Kyu Sook)
경희사이버대학교 사회복지학과 교수
E-mail : kyusook@khcu.ac.kr

▮ 대표저서 ▮

한국의 여성정책(공저, 2002)
여성빈곤퇴치를 위한 정책개발 연구(공저, 2003),
여성과 과학기술. 잃어버린 고리를 찾아서(공역, 2004) 외 다수

박 기 훈(朴基勳, Pak, Ki Hun)
서울사이버대학교 사회복지학부 교수
E-mail 주소: koureisha@iscu.ac.kr

▮ 대표저서 ▮

노인의 삶의 보람 노동 의미 및 가능성에 대한 일 고찰(2017)
E-learning 기반 자원봉사이론 교육 프로그램 효과에 관한 연구(2017)
노인 노동력활용에서 나타나는 복지와 노동의 통합 문제 연구(2016) 외 다수

제4판

사회복지학개론

초 판 1쇄 발행 2008년 2월 20일
초 판 6쇄 발행 2012년 2월 16일
개 정 4쇄 발행 2015년 1월 27일
제3판 3쇄 발행 2021년 7월 15일
제4판 2쇄 발행 2026년 1월 7일

지 은 이 | 조흥식 · 권기창 · 이태수 · 박경수 · 이용표 · 엄규숙 · 박기훈
펴 낸 이 | 김기섭
편 집 인 | 오선율
펴 낸 곳 | 창지사 www.changjisa.com
08589 서울시 금천구 가산디지털 1로 83 파트너스타워 1차 9층
전화 (02)719-2211~3
팩스 (02)701-9386
등 록 | 1977년 4월 28일 · 제1-421호

ISBN 978-89-426-1865-1 (93330)

값 25,000원